高职高专路桥类专业规划教材

GAOZHI GAOZHUAN LUQIAOLEI ZHUANYE GUIHUA JIAOCAI

公路与桥梁试验检测

杜建华　主　编
孟凡成　杜立峰　副主编
林玉森　主　审

中国电力出版社
www.cepp.com.cn

本书为高职高专路桥类专业系列规划教材。全书以最新的公路工程技术规范、标准、试验检测规程为依据，介绍了公路和桥梁工程试验检测的方法和程序。内容包括：绪论，试验检测数据处理，路面基层无机稳定结合料试验，沥青混合料试验，道路现场质量检测，混凝土无损检测，桥梁地基检测，桥梁基础检测，桥梁荷载试验，桥梁荷载试验实例共9章，每章后附有复习思考题。

　　本书内容精炼实用，重点突出路桥工程试验检测职业能力的培养。本书是高职高专院校道路桥梁工程技术专业和公路工程检测技术专业教学用书，可供相关专业教学使用，或作为相关专业继续教育及职业培训教材，也可供土建类相关专业师生和从事试验室建设的工程技术人员参考。

图书在版编目（CIP）数据

公路与桥梁试验检测/杜建华主编 . —北京：中国电力出版社，2009.8（2017.6 重印）
高职高专路桥类专业规划教材
ISBN 978 – 7 – 5083 – 9065 – 9

Ⅰ . 公… 　Ⅱ . 杜… 　Ⅲ . ①道路工程 – 试验 – 高等学校：技术学校 – 教材
②道路工程 – 检测 – 高等学校：技术学校 – 教材③桥梁试验 – 检测 – 高等
学校：技术学校 – 教材 　Ⅳ . U41 　U446

中国版本图书馆 CIP 数据核字（2009）第 118434 号

中国电力出版社出版发行
北京市东城区北京站西街 19 号 　100005 　http：//www. cepp. sgcc. com. cn
责任编辑：王晓蕾 　　责任印制：蔺义舟 　　责任校对：王瑞秋
北京雁林吉兆印刷有限公司印刷·各地新华书店经售
2009 年 8 月第 1 版·2017 年 6 月第 4 次印刷
787mm×1092mm 　1/16·16.75 印张·412 千字
定价：32.00 元

前　言

　　质量是工程的生命，试验检测是工程质量管理的重要手段。客观、准确、及时地试验检测数据，是工程实践的真实记录，是指导、控制和评定工程质量的科学依据。加强公路工程试验检测，充分发挥其在质量控制、评定中的重要作用，已成为公路工程质量管理的重要手段。随着我国公路建设事业的迅速发展，对工程质量管理、监督检测工作提出了更高要求，对试验检测人员的业务素质与技术水平也提出了更高的要求。为满足路桥专业高技能人才对试验检测基本知识和基本操作技能的需要，编写了本书。

　　本书编写按照高职高专教学要求，以培养学生实践工程能力为目的，突出高职高专教育实践性和应用性的特点，重在培养学生的专业能力。同时紧密追随公路工程检测技术的发展，具有很强的针对性与先进性。本书编写过程中，充分考虑到教学规律，以方便作为教材供教学使用。

　　本书由石家庄铁路职业技术学院杜建华主编，石家庄铁道学院林玉森博士主审。全书共9章，第1章由河北交通职业技术学院付淑芳编写，第2章由江西交通职业技术学院刘燕编写，第3章由山东交通职业技术学院张晓燕编写，第4章4.1～4.3由山东交通职业技术学院李若军编写，第4章4.4～4.7和第5章由石家庄铁路职业技术学院杜立峰编写，第6章由吉林交通职业技术学院孟凡成编写，第7章7.1和7.2由中铁隧道集团北京中铁隧建筑有限公司杜华林编写，第7章7.3由中交路桥（河北）有限公司侯喜冬编写，绪论和第8章由石家庄铁路职业技术学院杜建华编写，第9章由河北道桥工程检测有限公司田寿编写，全书由杜建华统稿。

　　本教材配合教学总课时数约72学时，其中技能性实训不少于36学时。

　　值本书出版之际，向关心、帮助本书编写的有关领导和专家、附于本书后的主要参考文献作者们致以最诚挚的感谢！

　　由于作者水平有限，书中谬误和疏漏之处在所难免，敬请读者给予批评指正。

编　者
2009 年 4 月

目　　录

前　言
绪　论 ·· 1
第1章　试验检测数据处理 ··· 11
　1.1　抽样检验 ·· 11
　1.2　质量数据的整理 ··· 12
　1.3　数据的分布特征 ··· 15
　1.4　可疑数据的取舍方法 ··· 18
　1.5　质量数据的统计方法 ··· 20
　复习思考题 ··· 32
第2章　路面基层无机稳定结合料试验 ·· 33
　2.1　无机结合料稳定土的击实试验 ·· 33
　2.2　无机结合料稳定土的无侧限抗压强度试验 ··· 38
　2.3　水泥或石灰稳定土中水泥或石灰剂量的测定方法 ·· 42
　2.4　无机结合料稳定类材料的其他试验 ·· 48
　复习思考题 ··· 49
第3章　沥青混合料试验 ·· 50
　3.1　沥青混合料试件制作（击实法） ·· 50
　3.2　压实沥青混合料密度试验（表干法） ·· 54
　3.3　沥青混合料马歇尔稳定度试验 ··· 61
　3.4　沥青混合料车辙试验 ·· 64
　3.5　沥青混合料中沥青含量试验（离心分离法） ·· 68
　复习思考题 ··· 70
第4章　道路现场质量检测 ··· 71
　4.1　路基路面几何尺寸检测 ··· 71
　4.2　路面厚度检测 ·· 73
　4.3　路基路面压实度检测 ·· 75
　4.4　路面平整度检测 ··· 84
　4.5　路面抗滑性能检测 ·· 91
　4.6　路基路面强度指标检测 ·· 100
　4.7　路面外观与沥青路面渗水系数检测 ·· 114
　复习思考题 ·· 119
第5章　混凝土无损检测 ·· 120
　5.1　概述 ··· 120
　5.2　回弹法测定混凝土抗压强度 ·· 122

5.3 超声法检测混凝土强度 ·························· 129
5.4 超声—回弹综合法检测混凝土强度 ·················· 130
5.5 局部破损检测方法 ···························· 133
5.6 超声法检测混凝土缺陷 ························ 135
5.7 混凝土内钢筋位置和钢筋锈蚀的检测 ················ 146
复习思考题 ································ 148

第6章 桥梁地基检测 ······························ 149
6.1 规范法确定地基容许承载力 ···················· 149
6.2 载荷试验 ······························ 155
6.3 标准贯入试验 ·························· 159
复习思考题 ································ 161

第7章 桥梁基础检测 ······························ 162
7.1 钻（挖）孔桩施工过程质量检测 ·················· 162
7.2 灌注桩完整性检测 ························ 166
7.3 基桩承载力检测 ·························· 179
复习思考题 ································ 191

第8章 桥梁荷载试验 ······························ 192
8.1 桥梁结构静载试验的目的、内容及程序 ·············· 192
8.2 桥梁结构静载试验的方案设计 ·················· 193
8.3 静载试验测试仪器 ························ 197
8.4 试验现场组织 ·························· 210
8.5 试验数据分析 ·························· 213
8.6 桥梁结构动力载荷试验 ······················ 220
复习思考题 ································ 231

第9章 桥梁荷载试验实例 ·························· 233
9.1 桥梁静载试验实例 ························ 233
9.2 桥梁静动载试验实例 ······················ 240

附录 ·································· 249
附录Ⅰ 正态分布概率系数表 ···················· 249
附录Ⅱ t分布概率系数表 ······················ 250
附录Ⅲ 相关系数检验表 ······················ 251
附录Ⅳ 测区混凝土强度换算表 ·················· 252

参考文献 ································ 258

绪　　论

1. 试验检测的目的和意义

工程试验检测工作是公路工程施工技术管理中的一个重要组成部分，同时，也是公路工程施工质量控制和竣工验收评定工作中不可缺少的一个主要环节。通过试验检测能充分地利用当地原材料，能迅速推广应用新材料、新技术和新工艺；能用定量的方法科学地评定各种材料和构件的质量；能合理地控制并科学地评定工程质量。因此，工程试验检测工作对于提高工程质量、加快工程进度、降低工程造价、推动公路工程施工技术进步，将起到极为重要的作用。公路工程试验检测技术是一门正在发展的新兴学科，它融试验检测基本理论和测试操作技能及公路工程相关学科基础知识于一体，是工程设计参数、施工质量控制、施工验收评定、养护管理决策及各种技术规范和规程修订的主要依据。

为使公路满足使用要求，必须在精心设计的基础上，严格按照设计文件和现行施工技术规范的要求认真组织施工。作为施工技术人员和工程试验检测人员或质量控制管理人员，在整个施工期间，应在吃透并领会设计文件、熟悉现行施工技术规范和试验检测规程的前提下，严格做好路用材料质量、施工控制参数、现场施工过程质量和分部分项工程验收这四个关键环节的把关工作。

随着公路技术等级的提高，各级公路管理部门和施工单位已对加强质量检测与施工质量控制和验收工作高度重视。但在许多工程中，仍有部分单位不具备原材料质量试验检测和施工质量控制试验检测的基本条件，有些单位虽然已购置了一定数量的试验检测仪器设备，也建立了试验检测机构并配备了相应的试验检测技术人员，但由于多种原因，使已建成的试验室不能发挥应有的作用。工程实践经验证明：不重视施工检测和施工现场质量控制管理工作，而仅靠经验评估是造成工程出现早期破坏的重要原因之一。因此，要想切实提高道路工程施工质量、缩短施工工期、降低工程投资，在建立健全工程质量控制检查制度的同时必须配备一定数量的试验检测设备和相应的专职试验检测技术人员。

2. 试验检测人员的要求

为确保检测工作质量，试验检测人员应认真履行岗位职责，做好本职工作，应根据以下要求，发现自己的不足之处，努力提高自己的能力。

（1）检测人员应熟悉检测任务、内容、项目。合理选择检测仪器，熟悉仪器的性能；使用精密、贵重，大型检测仪器设备者，应经过培训，考核合格后，取得操作证书方可上岗操作；会进行日常养护，进行一般或常规仪器的检验与校正。

（2）检测人员应掌握与所检测项目相关的技术标准，了解本领域国内外测试技术、检测仪器的现状及发展方向，并具有学习与应用国内外最新技术进行检测的能力。

（3）检测人员应能正确如实地填写原始记录；原始记录不得用铅笔填写，必须有检测人员、计算和校核人员的签名；原始记录如确需更改，作废数据上应画两条水平线，将正确数据填在上方，盖更改人的印章；原始记录保管期不得少于两年；检测结果必须由在本领域五年以上工作经验者校核；校核者必须在检测记录和报告中签字，以示负责。

（4）检测人员应了解计量法常识及国际单位制基本内容，能运用数理统计方面的知识对检测结果进行数据处理。

（5）检测人员要坚持原则、忠于职守、作风正派、秉公办事，要以数据说话，不受行政或其他方面的影响。

3. 现行国家试验检测规范规程

公路工程检测是依据国家统一的试验规程、规范、标准等（详见参考文献）。主要有：

（1）《公路土工试验规程》（JTG E40—2007）；

（2）《公路工程沥青及沥青混合料试验规程》（JTJ 052—2000）；

（3）《公路工程水泥及水泥混凝土试验规程》（JTG E30—2005）；

（4）《公路工程岩石试验规程》（JTG E41—2005）；

（5）《公路工程水质分析操作规程》（JTJ 056—1984）；

（6）《公路工程无机结合料稳定材料试验规程（附条文说明）》（JTJ 057—1994）；

（7）《公路工程集料试验规程》（JTG E42—2005）；

（8）《公路土工合成材料试验规程》（JTG E50—2006）；

（9）《公路路基路面现场测试规程》（JTG E60—2008）；

（10）《公路工程技术标准》（JTG B01—2003）；

（11）《公路工程质量检验评定标准》（JTG F80/1—2004）；

（12）《公路水泥混凝土路面设计规范》（JTG D40—2003）；

（13）《公路路基设计规范》（JTG D30—2004）；

（14）《公路沥青路面设计规范》（JTG D50—2006）；

（15）《公路路基施工技术规范》（JTG F10—2006）；

（16）《公路路面基层施工技术规范》（JTJ 034—2000）；

（17）《公路沥青路面施工技术规范》（JTG F40—2004）；

（18）《公路水泥混凝土路面施工技术规范》（JTG F30—2003）；

（19）《公路工程地质勘察规范》（JTJ 064—1998）；

（20）《公路桥涵设计通用规范》（JTG D60—2004）；

（21）《公路圬工桥涵设计规范》（JTG D 61—2005）；

（22）《公路钢筋混凝土及预应力混凝土桥涵设计规范》（JTG D62—2004）；

（23）《公路桥涵地基与基础设计规范》（JTJ D63—2007）；

（24）《公路桥涵施工技术规范》（JTJ 041—2000）；

（25）《公路工程基桩动测技术规程》（JTG/T F81—01—2004）。

4. 公路工程质量检验与等级评定的依据

《公路工程质量检验评定标准》（JTG F80/1—2004）适用于公路工程施工单位、工程监理单位、建设单位、质量检测机构和质量监督部门对公路工程质量的管理、监控和检验评定；适用于四级及四级以上公路新建、改建工程的质量检验评定。

根据建设任务、施工管理和质量检验评定的需要，应在施工准备阶段按表 A-1 和 A-2 将建设项目，划分为单位工程、分部工程和分项工程。施工单位、工程监理单位和建设单位应按相同的工程项目划分进行工程质量的监控和管理。

（1）单位工程。在建设项目中，根据签订的合同，具有独立施工条件的工程。

（2）分部工程。在单位工程中，应按结构部位、路段长度及施工特点或施工任务划分为若干个分部工程。

（3）分项工程。在分部工程中，应按不同的施工方法、材料、工序及路段长度等划分为若干个分项工程。

表 A-1　　　　　　　　　　　　　　一般建设项目的工程划分

单位工程	分 部 工 程	分 项 工 程
路基工程（每10km或每标段）	路基土石方工程*①（1～3km 路段）②	土方路基*，石方路基*，软土地基*，土工合成材料治层*等
	排水工程（1～3km 路段）	管节预制，管道基础及管节安装，检查（雨水）井砌筑*，土沟，浆砌排水沟*，盲沟，跌水，急流槽*，水簸箕，排水泵站等
	小桥及符合小桥标准的通道*，人行天桥，渡槽（每座）	基础及下部构造*，上部构造预制、安装或浇筑*，桥面*，栏杆，人行道等
	涵洞、通道（1～3km 路段）	基础及下部构造*，主要构件预制、安装或浇筑*，填土，总体等
	砌筑防护工程（1～3km 路段）	挡土墙*，墙后填土，抗滑桩*，锚喷防护*，锥、护坡，导流工程，石笼防护等
	大型挡土墙*、组合式挡土墙（每处）	基础*，墙身*，墙背填土，构件预制*，构件安装*，筋带，锚杆、拉杆，总体*等
路面工程（每10km或每标段）	路面工程（1～3km 路段）*	底基层，基层*，面层*，垫层，连接层，路缘石，人行道，路肩，路面边缘排水系统等
桥梁工程③（特大、大中桥）	基础及下部构造*（每桥或每墩、台）	扩大基础*，桩基*，地下连续墙*，承台*，沉井*，桩的制作*，钢筋加工及安装，墩台身（砌体）浇筑*，墩台身安装，墩台帽，组合桥台*，台背填土，支座垫石和挡块等
	上部构造预制和安装*	主要构件预制*，其他构件预制*，钢筋加工及安装，预应力钢筋的加工和张拉，梁板安装，悬臂拼装，顶推施工梁，拱圈节段预制，拱的安装，转体施工拱，劲性骨架拱肋安装，钢管拱肋制作*，钢管拱肋安装，吊杆制作和安装*，钢梁制作*，钢梁安装，钢梁防护*等
	上部构造现场浇筑*	钢筋加工及安装，预应力筋的加工和张拉，主要构件浇筑*，其他构件浇筑*，悬臂浇筑*，劲性骨架混凝土*，钢管混凝土拱*等
	总体、桥面系和附属工程	桥梁总体*，桥面防水层施工，桥面铺装*，钢桥面铺装*，支座安装，搭板，伸缩缝安装，大型伸缩缝安装*，栏杆安装，混凝土护栏，人行道铺设，灯柱安装等
	防护工程	护坡，护岸*④，导流工程*，石笼防护*，砌石工程*等
	引道工程	路基*，路面*，挡土墙*，小桥，涵洞*，护栏等
互通立交工程	桥梁工程*（每座）	桥梁总体，基础及下部构造*，上部构造预制、安装或浇筑*，支座安装，支座垫石，桥面铺装*，护栏，人行道等
	主线路基路面工程*（1～3km 路段）	见路基、路面等分项工程
	匝道工程（每条）	路基*，路面*，通道*，护坡，挡土墙*，护栏等
隧道工程	总体	隧道总体*等
	明洞	明洞浇筑，明洞防水层，明洞回填*等
	洞口工程	洞口开挖，洞口边仰坡防护，洞门和翼墙的浇（砌）筑*，截水沟、洞口排水沟等
	洞身开挖	洞身开挖*（分段）等
	洞身衬砌	（钢纤维）喷射混凝土支护，锚杆支护，钢筋网支护，仰拱，混凝土衬砌*，钢支撑，衬砌钢筋等
	防排水	防水层，止水带，排水沟等
	隧道路面	基层*，面层*等
	装饰	装饰工程
	辅助施工措施	超前锚杆，超前钢管等

单位工程	分 部 工 程	分 项 工 程
环保工程	声屏障（每处）	声屏障
	绿化工程（1～3km 路段或每处）	中央分隔带绿化，路侧绿化，互通立交绿化，服务区绿化，取弃土场绿化等
交通安全设施（每20km 或每路段、标段）	标志*（5～10km 路段）	标志*
	标线、突起路标（5～10km 路段）	标线*，突起路标等
	护栏*、轮廓标（5～10km）	波形梁护栏*，缆索护栏*，混凝土护栏*，轮廓标等
	防眩设施（5～10km 路段）	防眩板、网等
	隔离栅、防落网（5～10km 路段）	隔离栅、防落网等
机电工程	监控设施	车辆检测器，气象检测器，闭路电视监视系统，可变标志，光电缆线路，监控（分）中心设备安装及软件调测，大屏幕投影系统，地图板，计算机监控软件与网络等
	通信设施	通信管道与光电缆线路，光纤数字传输系统，数字程控交换系统，紧急电话系统，无线移动通信系统，通信电源等
	收费设施	入口车道设备，出口车道设备，收费站设备及软件，收费中心设备及软件，IC 卡及发卡编码系统，闭路电视监视系统，内部有线对讲及紧急报警系统，收费站内光、电缆及塑料管道，收费系统计算机网络等
	低压配电设施	中心（站）内低压配电设备，外场设备电力电缆线路等
	照明设施	照明设施
	隧道机电设施	车辆检测器，气象检测器，闭路电视监视系统，紧急电话系统，环境检测设备，报警与诱导设施，可变标志，通风设施，照明设施，消防设施，本地控制器，隧道监控中心计算机控制系统，隧道监控中心计算机网络，低压供配电等
房屋建筑工程	（按其专业工程质量检验评定标准评定）	

① 表内标注*号者为主要工程，评分时权值为 2；不带*者为一般工程，权值为 1。

② 按路段长度划分的分部工程，高速公路、一级公路宜取低值，二级及二级以下公路可取高值。

③ 斜拉桥和悬索桥可参照表 A–2 进行划分。

④ 护岸参照挡土墙。

表 A–2　　　　特大斜拉桥和悬索桥为主体建设项目的工程划分

单位工程	分 部 工 程	分 项 工 程
塔及辅助、过渡墩（每座）	塔基础*	钢筋加工及安装，扩大基础，桩基*，地下连续墙*，沉井*等
	塔承台*	钢筋加工及安装，双壁钢围堰*，封底，承台浇筑*等
	索塔*	索塔*
	辅助墩	钢筋加工，基础，墩台身浇（砌）筑，墩台身安装，墩台帽，盖梁等
	过渡墩	
锚碇	锚碇基础*	钢筋加工及安装，扩大基础，桩基*，地下连续墙*，沉井*，大体积混凝土构件*等
	锚体*	锚固体系制作*，锚固体系安装*，锚碇块体，预应力锚索的张拉与压浆*等
上部结构制作与防护（钢结构）	斜拉索*	斜拉索制作与防护*
	主缆（索股）*	索股和锚头的制作与防护*
	索鞍*	主索鞍和散索鞍制作与防护*
	索夹	索夹制作与防护
	吊索	吊索和锚头制作与防护*等
	加劲梁*	加劲梁段制作*，加劲梁防护等

续表

单位工程	分部工程	分项工程
上部结构浇筑与安装	悬浇*	梁段浇筑*
	安装*	加劲梁安装*，索鞍安装*，主缆架设*，索夹和吊索安装*等
	工地防护*	工地防护*
	桥面系及附属工程	桥面防水层的施工，桥面铺装，钢桥面板上防水粘结层的洒布，钢桥面板上沥青混凝土铺装*，支座安装*，抗风支座安装，伸缩缝安装，人行道铺设，栏杆安装，防撞护栏等
	桥梁总体	桥梁总体*
引桥		（参见表 A-1 "桥梁工程"）
引道		（参见表 A-1 "路基工程"和"路面工程"）
互通立交工程		（参见表 A-1 "互通立交工程"）
交通安全设施		（参见表 A-1 "交通安全设施"）

注：表内标注*号者为主要工程，评分时给以 2 的权值；不带*号者为一般工程，权值为 1。

5. 工程质量评分方法

施工单位应对各分项工程按公路工程质量检验评定标准（JTG F80/1—2004）所列基本要求、实测项目和外观鉴定进行自检，按"分项工程质量检验评定表"及相关施工技术规范提交真实、完整的自检资料，对工程质量进行自我评定。工程监理单位应按规定要求对工程质量进行独立抽检，对施工单位检评资料进行签认，对工程质量进行评定。建设单位根据对工程质量的检查及平时掌握的情况，对工程监理单位所作的工程质量评分及等级进行审定。质量监督部门、质量检测机构可依据本标准对公路工程质量进行检测评定。

工程质量检验评分以分项工程为单元，采用 100 分制进行。在分项工程评分的基础上，逐级计算各相应分部工程、单位工程、合同段和建设项目评分值。

（1）分项工程质量评分。分项工程质量检验内容包括基本要求、实测项目、外观鉴定和质量保证资料四个部分。只有在其使用的原材料、半成品、成品及施工工艺符合基本要求的规定，且无严重外观缺陷和质量保证资料真实并基本齐全时，才能对分项工程质量进行检验评定。

涉及结构安全和使用功能的重要实测项目为关键项目（在文中以"△"标识），其合格率不得低于 90%（属于工厂加工制造的交通工程安全设施及桥梁金属构件不低于 95%，机电工程为 100%），且检测值不得超过规定极值，否则必须进行返工处理。

实测项目的规定极值是指任一单个检测值都不能突破的极限值，不符合要求时该实测项目为不合格。

采用本标准附录 B 至附录 I（包括路基、路面压实度评定、水泥混凝土弯拉强度评定、水泥混凝土抗压强度评定、喷射混凝土抗压强度评定、水泥砂浆强度评定、半刚性基层和底基层材料强度评定、路面结构层厚度评定、路基、柔性基层、沥青路面弯沉值评定）所列方法进行评定的关键项目，不符合要求时则该分项工程评为不合格。

分项工程的评分值满分为 100 分，按实测项目采用加权平均法计算。存在外观缺陷或资料不全时，须予减分。

$$分项工程得分 = \frac{\sum[检查项目得分 \times 权值]}{\sum 检查项目权值}$$

分项工程评分值=分项工程得分−外观缺陷减分−资料不全减分

1）基本要求检查。分项工程所列基本要求，对施工质量优劣具有关键作用，应按基本要求对工程进行认真检查。经检查不符合基本要求时，不得进行工程质量的检验和评定。

2）实测项目计分。对规定检查项目采用现场抽样方法，按照规定频率和下列计分方法对分项工程的施工质量直接进行检测计分。

检查项目除按数理统计方法评定的项目以外，均应按单点（组）测定值是否符合标准要求进行评定，并按合格率计分。

$$检查项目合格率（\%）= \frac{检查合格的点（组）数}{该项目的全部检查点（组）数} \times 100\%$$

$$检查项目得分=检查项目合格率 \times 100$$

3）外观缺陷减分。对工程外表状况应逐项进行全面检查，如发现外观缺陷，应进行减分。对于较严重的外观缺陷，施工单位须采取措施进行整修处理。

4）资料不全减分。分项工程的施工资料和图表残缺，缺乏最基本的数据，或有伪造涂改者，不予检验和评定。资料不全者应予减分，减分幅度视资料不全情况，每项减 1～3 分。

（2）分部工程和单位工程质量评分。表 A–1 和表 A–2 分项工程和分部工程区分为一般工程和主要（主体）工程，分别给以 1 和 2 的权值。进行分部工程和单位工程评分时，采用加权平均值计算法确定相应的评分值。

$$分部（单位）工程评分值 = \frac{\sum[分项（分部）工程评分值 \times 相应权值]}{\sum 分项（分部）工程权值}$$

（3）合同段和建设项目工程质量评分。合同段和建设项目工程质量评分值按《公路工程竣（交）工验收办法》计算。

$$合同段工程质量得分 = \frac{\sum[单位工程得分 \times 单位工程投资额]}{\sum 单位工程投资额}$$

$$合同段工程质量鉴定得分=合同段工程质量得分−内业资料扣分$$

$$建设项目工程质量评分值 = \frac{\sum[合同段工程质量鉴定得分 \times 合同段工程投资额]}{\sum 合同段工程投资额}$$

（4）质量保证资料。施工单位应有完整的施工原始记录、试验数据、分项工程自查数据等质量保证资料，并进行整理分析，负责提交齐全、真实和系统的施工资料和图表。工程监理单位负责提交齐全、真实和系统的监理资料。质量保证资料应包括以下六个方面：

1）所用原材料、半成品和成品质量检验结果；

2）材料配合比、拌和加工控制检验和试验数据；

3）地基处理、隐蔽工程施工记录和大桥、隧道施工监控资料；

4）各项质量控制指标的试验记录和质量检验汇总图表；

5）施工过程中遇到的非正常情况记录及其对工程质量影响分析；

6）施工过程中如发生质量事故，经处理补救后，达到设计要求的认可证明文件等。

6. 工程质量等级评定

（1）分项工程质量等级评定。分项工程评分值不小于 75 分者为合格，小于 75 分者为不合格；机电工程、属于工厂加工制造的桥梁金属构件不小于 90 分者为合格，小于 90 分者为不合格。

评定为不合格的分项工程，经加固、补强或返工、调测，满足设计要求后，可以重新评定其质量等级，但计算分部工程评分值时按其复评分值的 90% 计算。

（2）分部工程质量等级评定。如所属各分项工程全部合格，则该分部工程评为合格；如所属任一分项工程不合格，则该分部工程为不合格。

（3）单位工程质量等级评定。如所属各分部工程全部合格，则该单位工程评为合格；如所属任一分部工程不合格，则该单位工程为不合格。

（4）合同段和建设项目质量等级评定。

合同段和建设项目所含单位工程全部合格，其工程质量等级为合格；所属任一单位工程不合格，则合同段和建设项目为不合格。

［例 A］一个单位工程是路基工程，其分部工程是路基土石方工程，而石方路基属于其中一个分项工程。

（1）石方路基基本要求为：

1）石方路堑的开挖宜采用光面爆破法。爆破后应及时清理险石、松石，确保边坡安全、稳定。

2）修筑填石路堤时应进行地表清理，逐层水平填筑石块，摆放平稳，码砌边部。填筑层厚度及石块尺寸应符合设计和施工规范规定，填石空隙用石碴、石屑嵌压稳定。上、下路床填料和石料最大尺寸应符合规范规定。采用振动压路机分层碾压，压至填筑层顶面石块稳定，18t 以上压路机振压两遍无明显标高差异。

3）路基表面应整修平整。

（2）实测项目。实测项目见表 A–3 所列。

表 A–3　　　　　　　　　　　　石 方 路 基 实 测 项 目

项次	检查项目		规定值或允许偏差		检查方法和频率	权值
			高速公路 一级公路	其他公路		
1	压实		层厚和碾压遍数符合要求		查施工记录	3
2	纵断高程/mm		+10，−20	+10，−30	水准仪：每 200m 测 4 断面	2
3	中线偏位/mm		50	100	经纬仪：每 200m 测 4 点，弯道加 HY、YH 两点	2
4	宽度/mm		不小于设计		米尺：每 200m 测 4 处	2
5	平整度/mm		20	30	3m 直尺：每 200m 测 2 处×10 尺	2
6	横坡（%）		±0.3	±0.5	水准仪：每 200m 测 4 断面	1
7	边坡	坡度	不陡于设计值		每 200m 抽查 4 处	1
		平顺度	符合设计要求			

（3）外观鉴定。

1）上边坡不得有松石。不符合要求时，每处减 1～2 分。

2）路基边线直顺，曲线圆滑。不符合要求时，单向累计长度每 50m 减 1～2 分。

7. 工程质量检验评定用表

分项工程、分部工程、单位工程、建设项目（合同段）质量评定表和工程汇总表的记录格式见表 A-4～表 A-8 所列。

表 A-4　　　　　　　　　**分项工程质量检验评定表**

分项工程名称：　　　　　　　　　　　　　　所属分部工程名称：

所属建设项目：　　　　　　　　　　　　　　工程部位：（桩号、墩台号、孔号）

施工单位：　　　　　　　　　　　　　　　　监理单位：

基本要求																		
实测项目	项次	检查项目	规定值或允许偏差	实测值或实测偏差值										质量评定			
				1	2	3	4	5	6	7	8	9	10	平均、代表值	合格率（%）	权值	得分
	合计																
外观鉴定											减分			监理意见			
质量保证资料											减分						
工程质量等级评定				评分：								质量等级：					

检验负责人：　　　　　检测：　　　　　记录：　　　　　复核：　　　　　年 月 日

注：机电工程的功能试验检查项目，规定值或允许偏差是指功能或试验要求；实测值或实测差是指检查结果，即"通过"或"不通过"。

表 A-5　　　　　　　　　**分部工程质量检验评定表**

分部工程名称：　　　　　　　　　　　　　　所属单位工程：

所属建设项目：　　　　　　　　　　　　　　工程部位：（桩号、墩台号、孔号）

施工单位：　　　　　　　　　　　　　　　　监理单位：

	分 项 工 程					备注
	工程名称	质 量 评 定				
		实得分	权值	加权得分	等级	
施工单位						
	合计					
质量等级			加权平均分			
评定意见						

检验负责人：　　　　　计算：　　　　　复核：　　　　　年 月 日

表 A–6　　　　　　　　　　　　**单位工程质量检验评定表**

单位工程名称：　　　　　　　　　　　　所属建设项目：

路线名称：　　　　　　　　　　　　　　工程地点、桩号：

施工单位：　　　　　　　　　　　　　　监理单位：

	分　项　工　程					备注
	工程名称	质　量　评　定				
		实得分	权值	加权得分	等级	
施工单位						
	合　计					
质量等级			加权平均分			
评定意见						

检验负责人：　　　　计算：　　　　复核：　　　　年 月 日

表 A–7　　　　　　　　　**建设项目（合同段）质量检验评定表**

项目名称：　　　　　　　　　　　　路线名称：

起迄桩号：　　　　　　　　　　　　完工日期：

施工单位	单位工程			
	工程名称	实得分	投资额	
质量等级		加权平均分		
评定意见				

检验负责人：　　　　计算：　　　　复核：　　　　年 月 日

表 A-8 _____工程汇总表

工　　程	实得分	权值	加权得分	等级	备注
加权平均分			质量等级		

检验负责人：　　　　计算：　　　　复核：　　　　年　月　日

第1章　试验检测数据处理

工程质量的评价是以各种试验检测数据为依据的，试验检测采集得到的大量原始数据类多量大，存在各种误差，甚至还有一些要剔除的错误数据。所以，原始数据一定要经过分析处理，才能取得可靠的试验检测结果。本章以数理统计与概率论为基础，介绍试验检测数据的处理方法。

1.1　抽样检验

1. 总体与样本

检验是质量管理工作的重要内容之一，常称为质量检验，其主要功能是对产品的合格性进行控制。在工程质量检验中，除重要项目外，大多数采用抽样检验，这就涉及总体与样本的概念。

在数理统计中，把研究对象的全体称为总体；而把组成总体的各个元素称为个体；从总体中抽取若干个个体的过程称为抽样；抽样的结果称为样本；而组成样本的每一个个体，就是该样本中的一个样品；样本中样品的数目叫样本容量。

2. 抽样检验的意义

检验的基本意义在于将用某种方法检验物品的结果与质量判定标准比较，判断出各个物品是"优良品"还是"不良品"，或者与产品"批"的判定标准作比较，判断出批是"合格批"还是"不合格批"。从此意义上说，检验分为对"各个产品"的检验和对"批"的检验两种情况。

在产品检验中，全数检验的应用场合很少，大多数情况下是采取抽样检验。这是由于：

（1）无破损检验仪具器械的种类少，性能难以稳定，在不采用无破损性检验时，就得采用破损性检验，而破损性检验是不可能对全部产品都做检验的。

（2）产品批的质量往往有所波动，尤其是在产品数量大、金额高、检验项目多的场合，采用全数检验实际做不到，用无破损检验又有可能导致产品不良品率增高而带来重大经济损失。

（3）当检验对象为连续性物体或粉块混合物时（如沥青、水泥），在一般情况下可能对全体物品的质量特性进行检测试验。

3. 抽样检验的条件

抽样检验是从批中抽取较少的样本进行检验，根据试验结果来判定全批产品是否合格，因此，为了取得准确的判定结果，抽样检验应注意以下条件：

（1）要明确批的划分。注意将相同厂家、相同品种或标号的产品划在一个批内。

（2）合理选用取样方法。在抽样检验中样本的代表性非常重要，为使所抽取的样本能成为批的可靠代表，常采用如下方法：

1）单纯随机取样。如果总体中每个个体被抽到的机会是均等的，并且在抽取一个个体之后总体内成分不变（抽样的独立性），这种抽样方法称为单纯随机抽样。这是一种完全随机化的取样，适用于对总体缺乏基本了解的场合。它是利用随机表或随机骰子数等工具进行取样，可以保证总体每个单位出现的概率相同。

2）分层取样。按与研究内容有关的因素或指标先将总体划分成几个层（部分），可从所有分层中按一定比例取样。如两台拌和机同时拌制原材料相同的同强度等级混凝土时可采用此法检验混凝土的质量特性，也可将两种样品混合进行试验，了解混合产品的质量特性。

3）两级取样。当物品由许多货箱堆积在一起，构成批量时，按单纯随机抽样相当麻烦。此时可先进行第一级随机抽样，挑出几箱物品，然后从已挑选的每个箱中再对物品进行随机取样。

4）系统取样。当对总体实行单纯随机抽样有困难时，可采用一定间隔抽样，称为系统抽样，或等距抽样。如连续作业时或产品为连续体时的抽样便采用此法。如测定路基土压实度，由于路基是连续体，可随机确定起点位置，然后按规范规定间隔测定各点压实度。

（3）明确检验标准。检验标准是指确定产品质量等级的判定标准。质量检验的结果，要依据产品技术标准和相关的产品图样、过程（工艺）文件或检验规程的规定进行对比，确定每项质量特性是否合格，从而对单件产品或批产品质量进行判定。

（4）要有统一的试验检测方法。产品质量判定标准应与统一的试验检测方法所测定结果相比照，如果试验方法不统一，试验结果偏差很大，容易造成各种误判，抽样检验也就失去其应有的意义。对于公路工程各种产品，大多数情况为现场加工制作，质量检测也多在现场进行，因此，加强现场检测方法的统一，保证检测仪器性能的稳定，提高操作人员的技术熟练程度是十分必要的。

1.2 质量数据的整理

工程质量控制、评价是以数据为依据的，质量数据主要来源于工程建设过程中的各种检验与使用过程中的必要检验。只有对这些检验数据进行收集、处理、分析，才能达到对生产施工过程的了解和掌控。

1. 质量数据的分类

质量数据是指对工程（或产品）进行某种质量特性的检查、试验、化验等所得到的量化结果，这些数据向人们提供了工程（或产品）的质量评价和质量信息。

（1）按质量数据的特征分类。按质量数据的本身特征分类可分为计量值数据和计数值数据两种。

1）计量值数据。是指可以连续取值的数据，属于连续型变量，如长度、时间、重量、强度等（但测量结果可以是连续的，也可以是不连续的）。这些数据都可以用测量工具进行测量，这类数据的特点是：在任何两个数值之间都可以取得精度较高的数值。

2）计数值数据。是指只能计数、不能连续取值的数据。如废品的个数、合格的分项工程数、出勤的人数等。此外，凡是由计数值数据衍生出来的量，也属于计数值数据。如合格率、缺勤率等虽都是百分数，但由于它们的分子是计数值，所以它们都是计数值数据。同理，由计量值数据衍生出来的量，也属于计量值数据。

（2）按质量数据收集的目的不同分类。按质量数据收集的目的不同分类，可以分为控制性数据和验收性数据两种。

1）控制性数据。是指以工序质量作为研究对象，定期随机抽样检验所获得的质量数据。它用来分析、预测施工（生产）过程是否处于稳定状态。

2）验收性数据。是以工程产品（或原材料）的最终质量为研究对象，为分析、判断其质量是否达到技术标准或用户的要求，而采用随机抽样检验获取的质量数据。

2. 质量数据的整理

（1）数值的修约。在进行具体的数值运算前，按照一定的规则确定一致的位数，然后舍去某些数值后面多余的尾数的过程被称为数值修约，指导数值修约的具体规则被称为数值修约规则。当实验结果由于计算或其他原因位数较多时，需采用数值修约规则进行凑整。

科技工作中测定和计算得到的各种数值，除另有规定者外，修约时应按照国家标准文件《数值修约规则》进行。

数值修约时应首先确定"修约间隔"、"有效位数"，即保留位数。一经确定，修约值必须是"修约间隔"的整数倍，保留至"有效位数"。然后指定表达方式，即选择根据"修约间隔"保留到指定位数，或将数值修约成 n 位"有效位数"。

使用以下"进舍规则"进行修约：

1）拟舍弃数字的最左一位数字小于 5 时则舍去，即保留的各位数字不变。

2）拟舍弃数字的最左一位数字大于 5 或等于 5，而其后跟有并非全部为 0 的数字时则进一即保留的末位数字加 1。指定"修约间隔"或"有效位数"明确时，以指定位数为准。

3）拟舍弃数字的最左一位数字等于 5，而右面无数字或皆为 0 时，若所保留的末位数字为奇数则进 1，为偶数（包含 0）则舍弃。

4）负数修约时，取绝对值按照上述（1）～（3）规定进行修约，再加上负号。

5）不允许连续修约。

为便于记忆，以上规则可归结为"小舍大入五归偶"几个字。如下列的数值修约到小数点后的第二位：

$$2.71279 \rightarrow 2.71$$
$$3.14519 \rightarrow 3.15$$
$$3.35671 \rightarrow 3.36$$
$$4.43500 \rightarrow 4.44$$
$$5.62500 \rightarrow 5.62$$

采用这种数字修约的意义在于，修约后修约值之和变大与变小的可能性是一样的。由于数字修约而引起的误差称为舍入误差，也叫凑整误差，此规则使凑整误差成为偶数误差，而不造成系统误差（由某种固定的原因造成的误差，若能找出原因，设法加以测定，就可以消除）。

（2）数据的统计特征量。质量检测数据既存在差异性又存在规律性，质量控制中就是要应用数理统计方法从反映工程质量的数据差异性中寻找其规律性，从而预测和控制工程质量。

工程质量数据的统计特征量分为两类：一类表示统计数据的规律性，如算术平均值、加权平均值、中位数等；一类表示统计数据的差异性，如极差、标准偏差、变异系数等。

1）算术平均值 $\bar{x}$：即 n 次测定数据的平均值，是表示一组数据集中位置最有用的统计特征量，经常用样本的算术平均值来代表总体的平均水平。样本的算术平均值则用 $\bar{x}$ 表示，如

果 n 个样本数据为 x_1、x_2、x_3、…、x_n，那么样本的算术平均值为：

$$\bar{x} = \frac{1}{n}(x_1 + x_2 + \cdots + x_n) = \frac{1}{n}\sum_{i=1}^{n} x_i \tag{1-1}$$

[例1-1] 某一级公路水泥稳定碎石基层，现测得某段的无侧限抗压强度 R 数值如下：3.91、4.16、3.48、3.86、3.62、3.95、3.82、3.56、3.76、3.58、3.68、4.02（单位：MPa）。求无侧限抗压强度的平均值。

解： 由式（1-1）可知，无侧限抗压强度的平均值为：

$$\bar{x} = (3.91+4.16+3.48+3.86+3.62+3.95+3.82+3.56+3.76+3.58+3.68+4.02)/12$$
$$= 3.78\text{MPa}$$

2）中位数 $\tilde{x}$：将数据按大小顺序排列，位于正中间的数据称为中位数 $\tilde{x}$。n 为奇数时，居中者即是；n 为偶数时，正中间两个数据的平均值即是。

[例1-2] 检测值同 [例1-1]，求中位数。

解： 检测值按大小顺序排列为：4.16、4.02、3.95、3.91、3.86、3.82、3.76、3.68、3.62、3.58、3.56、3.48，则中位数为

$$\tilde{x} = \frac{3.82+3.76}{2} = 3.79\text{MPa}$$

3）极差 R：指一组平行测定数据中最大者（$x_{\max}$）和最小者（$x_{\min}$）之差，即

$$R = x_{\max} - x_{\min} \tag{1-2}$$

[例1-3] 检测值同 [例1-1]，求极差。

解： [例1-1] 中 $x_{\max}=4.16$，$x_{\min}=3.48$，由式（1-2）可知：

$$\text{极差} R = x_{\max} - x_{\min} = 4.16 - 3.48 = 0.68\text{MPa}$$

4）标准偏差 S：标准偏差有时又叫标准差、均方差，在质量检验中，总体的标准偏差 σ 一般不易取得，样本的标准偏差计算公式为

$$S = \sqrt{\frac{\sum_{i=1}^{n}(x_i - \bar{x})^2}{n-1}} \tag{1-3}$$

[例1-4] 检测值同 [例1-1]，求样本标准偏差 S。

解： 由式（1-3）可知，样本的标准偏差为

$$S = \{[(4.16-3.78)^2+(4.02-3.78)^2+(3.95-3.78)^2+(3.91-3.78)^2+(3.86-3.78)^2$$
$$+(3.82-3.78)^2+(3.76-3.78)^2+(3.68-3.78)^2+(3.62-3.78)^2+(3.58-3.78)^2$$
$$+(3.56-3.78)^2+(3.48-3.78)^2]/(12-1)\}^{1/2}=0.21\text{MPa}$$

5）变异系数 C_v：变异系数又称标准差率或离散系数，是标准差与平均数的比值，记为 C_v。

$$C_v = \frac{S}{\bar{x}} \times 100\% \tag{1-4}$$

[例1-5] 检测值同 1-1，求变异系数 C_v。

解： 由式（1-4）可知，变异系数为

$$C_\mathrm{v}=0.21/3.78\times100\%=5.56\%$$

当进行两个或多个资料变异程度的比较时，如果度量单位与平均数相同，可以直接利用标准差来比较。如果单位和（或）平均数不同时，比较其变异程度就不能采用标准差，而需采用标准差与平均数的比值（相对值）来比较。变异系数可以消除单位和（或）平均数不同对两个或多个资料变异程度比较的影响。

作用：反映单位均值上的离散程度，常用在两个总体均值不等的离散程度的比较上。若两个总体的均值相等，则比较标准差系数与比较标准差是等价的。

1.3　数据的分布特征

质量数据具有一定的规律性，这种规律性一般用概率分布来描述。概率分布的形式很多，在公路工程质量控制和评价中，常用到正态分布和 t 分布。

1. 正态分布

正态分布是应用最多、最广泛的一种概率分布，而且是其他概率分布的基础。

（1）正态分布函数。正态分布的概率密度函数为

$$f(x)=\frac{1}{\sqrt{2\pi}\sigma}\mathrm{e}^{-\frac{(x-\mu)^2}{2\sigma^2}}\quad(-\infty<x<\infty)\tag{1-5}$$

式中　x——随机变量；

　　　μ——正态分布的平均值；

　　　σ——正态分布的标准差。

平均值 μ 是 $f(x)$ 曲线的位置参数，它决定曲线最高点的横坐标。标准差 σ 是 $f(x)$ 曲线的形状参数，它的大小反映了曲线的宽窄程度。σ 越大，曲线低而宽，说明观测值落在 μ 附近的概率越小，观测值越分散。σ 越小，曲线高而窄，说明观测值落在 μ 附近的概率越大，观测值越集中（图 1-1）。

（2）正态分布的特点。正态分布的特点是：

1）集中性：正态曲线的高峰位于正中央，即均数所在的位置。

2）对称性：正态曲线以均数为中心，左右对称，曲线两端永远不与横轴相交。

3）均匀变动性：正态曲线由均数所在处开始，分别向左右两侧逐渐均匀下降。

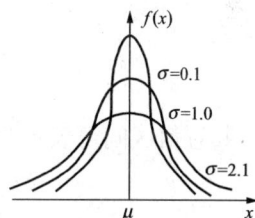

图 1-1　正态分布曲线

4）曲线与横坐标轴所围成的面积等于 1，即 $\int_{-\infty}^{+\infty}f(x)\,\mathrm{d}x=1$。

（3）标准正态分布。一般地，随机变量 x 服从参数 μ 与 σ 正态分布，可记作 $x\sim N(\mu,\sigma)$。特别地，当 $\mu=0$，$\sigma=1$ 时的正态分布，称之为标准正态分布，用 $N(0,1)$ 表示它的概率密度函数为：

$$f(x)=\frac{1}{\sqrt{2\pi}}\mathrm{e}^{-\frac{x^2}{2}}\tag{1-6}$$

（4）正态分布与置信区间。对于正态分布 $N(\mu,\sigma)$，它的测量值落入区间 (a,b) 的

可能性是明确的，它等于 $x_1=a$，$x_2=b$ 时横坐标与曲线所围成的面积，用式（1-7）表示：

$$P(a<x<b)=\phi\left(\frac{b-\mu}{\sigma}\right)-\phi\left(\frac{a-\mu}{\sigma}\right) \tag{1-7}$$

式中

$$\phi(a)=\int_{-\infty}^{a}\frac{1}{\sqrt{2\pi}}e^{-\frac{x^2}{2}}\mathrm{d}x$$

$$\phi(b)=\int_{-\infty}^{b}\frac{1}{\sqrt{2\pi}}e^{-\frac{x^2}{2}}\mathrm{d}x$$

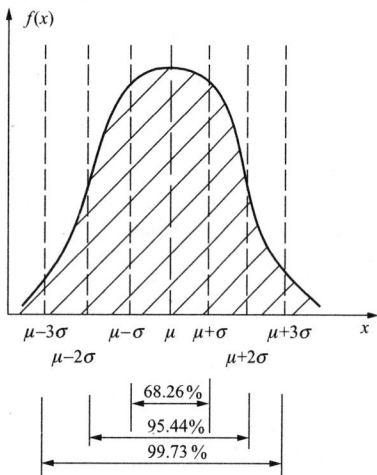

图 1-2   正态分布与置信区间

利用式（1-7），可求双边置信区间的几个重要数据（图1-2）。

$$P\{\mu-\sigma<x\leqslant\mu+\sigma\}=0.682\ 6$$
$$P\{\mu-2\sigma<x\leqslant\mu+2\sigma\}=0.954\ 4$$
$$P\{\mu-3\sigma<x\leqslant\mu+3\sigma\}=0.997\ 3$$
$$P\{\mu-1.96\sigma<x\leqslant\mu+1.96\sigma\}=0.950\ 0$$

双边置信区间可统一写成

$$\mu-\mu_{(1-\beta)/2}\cdot\sigma<x\leqslant\mu+\mu_{(1-\beta)/2}\cdot\sigma \tag{1-8}$$

式中
β——显著性水平；
$1-\beta$——置信水平；
$\mu_{(1-\beta)/2}$——双边置信区间的正态分布临界值；
$\mu-u_{(1-\beta)/2}\cdot\sigma$——置信下限；
$\mu+u_{(1-\beta)/2}\cdot\sigma$——置信上限。

同理可得，单边置信区间的几个重要数据为

$$P\{x\leqslant\mu+\sigma\}=P\{x\geqslant\mu-\sigma\}=0.841\ 3$$
$$P\{x\leqslant\mu+2\sigma\}=P\{x\geqslant\mu-2\sigma\}=0.977\ 2$$
$$P\{x\leqslant\mu+3\sigma\}=P\{x\geqslant\mu-3\sigma\}=0.998\ 7$$
$$P\{x\leqslant\mu+1.645\sigma\}=P\{x\geqslant\mu-1.645\sigma\}=0.950\ 0$$

其置信区间可表示为

$$x>\mu-u_{(1-\beta)}\cdot\sigma \text{ 或 } x\leqslant\mu+u_{(1-\beta)}\cdot\sigma \tag{1-9}$$

式中 $\mu-u_{(1-\beta)}\cdot\sigma$——单边置信下限；
$\mu+u_{(1-\beta)}\cdot\sigma$——单边置信上限。

显著性水平一般用 α 表示。由于公路工程中 α 用于表示保证率（即置信水平），为便于区别，故该处用 β 表示显著性水平，保证率 $\alpha=1-\beta$。

在公路工程中质量检验与评定中常把式（1-8）中的 $u_{(1-\beta)/2}$ 和式（1-9）中的 $u_{(1-\beta)}$ 称为保证率系数，常用 $Z_{a/2}$ 或 Z_a 表示，其取值与公路等级有关，而且常用样本的平均值 $\bar{x}$ 与标准偏差 S 分别代替式（1-9）中的 μ 与 σ。如构件的抗压强度下波动界限可表示为：$R=\bar{R}-Z_aS$。正态分布概率系数见附录 I。其应用如下：

[**例 1-6**] 检测值同 [例 1-1]，若设计强度 $R_d=3.2\text{MPa}$，要求保证率为 95%，判断基层无侧限抗压强度时是否符合设计强度。

解：由 [例 1-1]、[例 1-4] 计算可知，强度平均值 $\bar{R}=3.78\text{MPa}$，标准偏差 $S=0.21\text{MPa}$。

$$令 R = \bar{R} - Z_a S$$

$$则 Z_a = \frac{\bar{R} - R_d}{S} = \frac{3.78 - 3.2}{0.21} = 2.762$$

查附录一可知，β=0.002 89−(0.002 89−0.002 80)×0.2=0.002 87

保证率 P=1−0.002 87=0.997 13=99.71%>95%，故基层无侧限抗压强度符合设计强度。

2. t 分布

设 $X \sim N$（0，1），$Y \sim x^2$（n），并且 X 与 Y 互相独立，则称统计量 $T = x / \sqrt{\dfrac{y}{x}}$ 所服从的分布为自由度 n 的 t 分布，记作 $T \sim t$（n）。T 分布的概率密度函数为

$$t\ (X,\ n) = \frac{\Gamma\left(\dfrac{n+1}{2}\right)}{\Gamma\left(\dfrac{n}{2}\right)\sqrt{n\pi}}\left(1 + \frac{X^2}{n}\right)^{-(n+1)/2} \tag{1-10}$$

式中　X——随机变量；

　　　n　——样本容量，在数理统计学中称自由度。

当随机变量 X 服从自由度为 n 的 t 分布时，记作 $X \sim t$（n）其分布图形如图 1-3 所示。

可以证明：当 $n \to \infty$ 时，t 分布趋于正态分布，一般来说，当 $n>30$ 时，t 分布与正态分布 N（0，1）非常接近。但对于较小的 n 值，t 分布与正态分布之间有较大的差异，且：

$$P\{|T| \geqslant t_0\} \geqslant P\{|X| \geqslant t_0\} \tag{1-11}$$

其中 $X \sim N$（0，1），即 t 分布的尾部比在标准正态分布的尾部有着更大的概率。

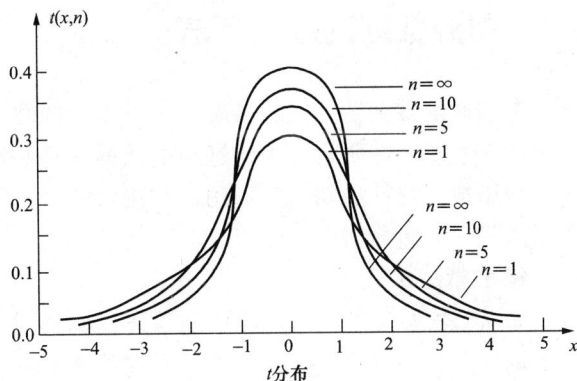

图 1-3　t 分布曲线

在施工质量评价中，通常在总体标准偏差 σ 未知时，利用样本标准偏差 S 代替总体标准偏差 σ 来估计平均值置信区间。

设（x_1，…，x_n）为正态分布总体，由抽样分布定理可知：

$$T = \frac{\bar{X} - \mu}{S / \sqrt{n}} \sim t\ (n-1) \tag{1-12}$$

因此，根据给定的 β 和自由度，由附录Ⅱ《t 分布概率系数表》查得 $t_{(1-\beta)/2}$（n−1）之值，由此得平均值 μ 的双边置信区间：

$$\bar{x} - t_{(1-\beta)/2}(n-1)\frac{S}{\sqrt{n}},\ \bar{x} + t_{(1-\beta)/2}(n-1)\frac{S}{\sqrt{n}} \tag{1-13}$$

同理可得 μ 的单边置信区间：

$$\mu < \bar{x} + t_{1-\beta}(n-1)\frac{S}{\sqrt{n}} \ 或 \ \mu > \bar{x} - t_{1-\beta}(n-1)\frac{S}{\sqrt{n}} \tag{1-14}$$

由上述可知，计算一个评定路段的测定值代表值时，对单侧检验的指标，按式（1–15）计算；对双侧检验的指标按式（1–16）计算。

$$x' = \bar{x} \pm St_a / \sqrt{n} \qquad (1\text{–}15)$$

$$x' = \bar{x} \pm St_{a/2} / \sqrt{n} \qquad (1\text{–}16)$$

式中 x' ——一个评定路段内测定值的代表值；

$\bar{x}$ ——一个评定路段内测定值的算术平均值；

t_a 或 $t_{a/2}$ ——t 分布概率系数表中随自由度和置信水平（保证率）而变化的参数，见附录Ⅱ。

[例1–7] 数据同 [例1–6]，用 t 分布法判断基层无侧限抗压强度是否符合设计强度。

解： 由 [例1–1]、[例1–4] 计算可知强度平均值 $\bar{R}$ =3.78MPa，标准偏差 S=0.21MPa。

又保证率 a=95%，查附录Ⅱ可知，$t_a / \sqrt{n}$ =0.518

强度测定代表值 $R = \bar{R} - St_a / \sqrt{n}$

$\qquad\qquad$ =3.78–0.21×0.518

$\qquad\qquad$ =3.67MPa>R_d=3.2MPa

故基层无侧限抗压强度符合设计强度。

1.4 可疑数据的取舍方法

工程质量常会发生波动情况。由于质量的波动，自然会引起质量检测数据的参差不齐，有时还会发现一些明显过大或过小的数据，这些数据为可疑数据。因此，在进行数据分析之前，应用数理统计法判别其真伪，并决定取舍。常用的方法有拉依达法、肖维纳特法、格拉布斯法等，下面分别作一介绍。

1. 拉依达法

当试验次数较多时，可简单地用 3 倍标准差（3S）作为确定数据取舍的标准。当某一测量数据（x_i）与其测量结果的算术平均值（$\bar{x}$）之差大于 3 倍标准差时，用公式表示为：

$$|x_i - \bar{x}| > 3S \qquad (1\text{–}17)$$

则该测量数据应舍弃。

由于该方法是以 3 倍标准偏差为判别标准，所以也称 3 倍标准偏差法，简称 3S 法。

取 3S 的理由是：根据随机变量的正态分布规律，在多次试验中，测量值落在 $\bar{x} - 3S$ 与 $\bar{x} + 3S$ 之间的概率 99.73%，出现在此范围之外的概率为 0.27%，也就是在近 400 次试验中才能遇到一次，这种事件为小概率事件，出现的可能性很小，几乎是不可能，因而在实际试验中，一旦出现，就认为该测量数据是不可靠的，应将其舍弃。

另外，当测量值与平均值之差大于 2 倍标准差（即$|x_i - \bar{x}| > 2S$）时，则该测量值应保留，但需存疑。如发现生产（施工）、试验过程中，有可疑的变异时，该测量值应予舍弃。

[例1–8] 检测值同 [例1–1]，试用 3S 法判断其取舍。

解： 分析上述 12 个数据，x_{max}=4.16MPa 和 x_{min}=3.48MPa 最可疑。故应首先判别 x_{max} 和 x_{min}。

又由 [例1–1]、[例1–4] 计算可知 $\bar{x}$ =3.78MPa，S=0.21MPa。

因　　　　　　　　$|x_{max} - \bar{x}| = |4.16 - 3.78| = 0.38\text{MPa} < 3S = 0.63\text{MPa}$

$$|x_{min} - \bar{x}| = |3.48 - 3.78| = 0.3\text{MPa} < 3S = 0.63\text{MPa}$$

故上述测量数据均不能舍弃。

拉依达法简单方便，不需查表，但要求较宽，当试验检测次数较多或要求不高时可以应用，当试验检测次数较少时（如 $n<10$），在一组测量值中即使混有异常值，也无法舍弃。

2. 肖维纳特法

进行 n 次试验，其测量值服从正态分布，以概率 $1/2n$ 设定一判断范围 $(-K_n S, K_n S)$，当偏差（测量值 x_i 与其算数平均值 $\bar{x}$ 之差）超出该范围时，就意味着该测量值 x_i 可疑，应予舍弃。因此，肖维纳特法对可疑数据的舍弃标准为

$$\frac{|x_i - \bar{x}|}{S} \geq K_n \qquad (1-18)$$

式中　K_n——肖维纳特系数，与试验次数 n 有关，见表 1–1。

表 1–1　　　　　　　　　　　　　肖 维 纳 特 系 数 K_n

n	K_n	n	K_n	n	K_n	n	K_n	n	K_n	n	K_n
3	1.38	8	1.86	13	2.07	18	2.20	23	2.30	50	2.58
4	1.53	9	1.92	14	2.12	19	2.22	24	2.31	75	2.71
5	1.65	10	1.96	15	2.13	20	2.24	25	2.33	100	2.81
6	1.73	11	2.00	16	2.15	21	2.26	30	2.39	200	3.02
7	1.80	12	2.03	17	2.17	22	2.28	40	2.49	300	3.20

［例 1–9］检测值同［例 1–1］，试用肖维纳特法进行判别。

解：查表 1–1，当 $n=12$ 时，$K_n=2.03$，对于测量值 $x_{max}=4.16$。则有：

$\dfrac{|4.16 - 3.78|}{0.21} = 1.81 < K_n = 2.03$，则说明该数据不应舍弃。

肖维纳特法改善了拉依达法，但从理论上分析，当 $n \to \infty$，$K_n \to \infty$ 时，所有异常值都无法舍弃。此外，肖维纳特系数与置信水平之间无明确联系，已逐渐被格拉布斯法所代替。

3. 格拉布斯法

格拉布斯法假定测量结果服从正态分布，根据顺序统计量来确定可疑数据的取舍。例如做 n 次重复试验，测得的结果为 x_1，x_2，…，x_i，…，x_n，而且 x_i 服从正态分布。

为了检验 x_i（$i=1$，2，…，n）中是否有可疑值，可将 x_i 按其值由小到大顺序重新排列，得：

$$x_{(1)} \leq x_{(2)} \leq \cdots \leq x_{(n)}$$

根据顺序统计原则，给出标准化顺序统计量 g：

当最小值 $x_{(1)}$ 可疑时，则 $g = \dfrac{\bar{x} - x_{(1)}}{S}$ $\qquad (1-19)$

当最大值 $x_{(n)}$ 可疑时，则 $g = \dfrac{x_{(n)} - \bar{x}}{S}$ $\qquad (1-20)$

式中　$\bar{x}$——测量值的算术平均值；

S ——测量值的标准差。

根据格拉布斯统计量的分布，在指定的显著性水平下，求得判别可疑值的临界值，格拉布斯法的判别标准为

$$g \geq g_0(\beta, n) \qquad (1-21)$$

则可疑值 $x_{(i)}$ 是异常的，应予舍弃。其中 $g_0(\beta, n)$ 值列于表1-2。

利用格拉布斯法每次只能舍弃一个可疑值，若有两个以上的可疑数据，应该一个一个数据舍弃。舍弃第一个数据后，检测次数由 n 变为 $n-1$，以此为基础再判别第二个可疑数据是否应舍弃。每次均值和均方差要重新计算，再决定取舍。

表1-2   格拉布斯系数 $g_0(\beta, n)$ 表

n	β		n	β		n	β	
	0.01	0.05		0.01	0.05		0.01	0.05
3	1.15	1.15	13	2.61	2.33	23	2.96	2.62
4	1.49	1.46	14	2.66	2.37	24	2.99	2.64
5	1.75	1.67	15	2.70	2.41	25	3.01	2.66
6	1.94	1.82	16	2.74	2.44	30	3.10	2.74
7	2.10	1.94	17	2.78	2.47	35	3.18	2.81
8	2.22	2.03	18	2.82	2.50	40	3.24	2.87
9	2.32	2.11	19	2.85	2.53	50	3.34	2.96
10	2.41	2.18	20	2.88	2.56	100	3.59	3.17
11	2.48	2.24	21	2.91	2.58			
12	2.55	2.29	22	2.94	2.60			

[例1-10] 用格拉布斯法判别 [例1-1] 测量数据的真伪。

解：（1）检测值从小到大排列为：3.48、3.56、3.58、3.62、3.68、3.76、3.82、3.86、3.91、3.95、4.02、4.16

（2）计算数据特征量： $\bar{x} =3.78$MPa， $S=0.21$MPa

（3）计算统计量： $g_{(1)} = \dfrac{\bar{x} - x_{(1)}}{S} = \dfrac{3.78 - 3.48}{0.21} = 1.43$

$$g_{(12)} = \dfrac{x_{(12)} - \bar{x}}{S} = \dfrac{4.16 - 3.78}{0.21} = 1.81$$

由于 $g_{(12)} > g_{(1)}$，首先判别 $x_{12}=4.16$

（4）选定显著性水平 $\beta=0.05$，并根据 $\beta=0.05$ 和 $n=12$，由表1-2查得：

$$g_0(0.05, 12) = 2.29$$

（5）判别：由于 $g_{(12)} =1.81 < g_0(0.05, 12) =2.29$，所以不应舍弃。

仿照上述方法对余下的11个数据进行判别，经计算没有异常值。

1.5   质量数据的统计方法

质量数据的统计就是运用统计性规律，收集、整理、分析、利用数据，并以这些数据作为判断、决策和解决质量问题的依据。

质量数据中比较常用而有效的统计方法有频数分布直方图法、排列图法、因果分析图法、控制图法、分层法、相关图法和统计调查分析法等。本节主要介绍常用的频数分布直方图、控制图法和相关图法等方法。

1. 频数分布直方图法

频数分布直方图即质量分布图，简称直方图，是把收集到的质量数据，按要求进行频数统计，然后在直角坐标系中将频数统计结果画成长方形（柱状）连接图。

（1）直方图的绘制。频数是指在重复试验中，随机事件出现的次数。频数的统计方法有两种：一是以单个数值进行统计，即某个数据重复出现的次数就是它的频数；二是按区间数值进行统计，即是在已收集的数据中按照一定划分范围把整个数值分成若干区间，按每个区间内数值重复出现的次数作为这个区间的频数。在质量控制中，一般多采用第二种方法，也就是按区间进行频数统计。下面结合实例说明绘制频数分布直方图的方法与步骤。

[例 1-11] 某沥青混凝土拌和过程中，油石比的抽检结果列于表 1-3 中，试绘制该检测结果的直方图。

表 1-3　　　　　　　　　　油 石 比 检 测 数 据

顺序	数据										最大	最小	极差
1	6.12	6.35	5.84	5.84	5.95	6.14	6.05	6.03	5.81	5.86	6.35	5.81	0.54
2	5.78	6.25	5.94	5.80	5.90	5.86	5.99	6.16	6.18	5.79	6.25	5.78	0.44
3	5.67	5.64	5.88	5.71	5.82	5.94	5.91	5.84	5.68	5.91	6.94	5.64	0.30
4	6.03	6.00	5.95	5.96	5.88	5.74	6.06	5.81	5.76	5.82	6.06	5.74	0.32
5	5.89	5.88	5.64	6.00	6.12	6.07	6.25	5.74	6.16	5.66	6.25	5.64	0.61
6	5.58	5.73	5.81	5.57	5.93	5.96	6.04	6.09	6.01	6.04	6.09	5.57	0.52
7	6.11	5.82	6.26	5.54	6.26	6.01	5.98	5.85	6.06	6.01	6.26	5.54	0.72
8	5.86	5.88	5.97	5.99	5.84	6.03	5.91	5.95	5.82	5.88	5.99	5.82	0.17
9	5.85	6.43	5.92	5.89	5.90	5.94	6.00	6.20	6.14	6.07	6.43	5.85	0.58
10	6.08	5.86	5.96	5.53	6.24	6.19	6.21	6.32	6.05	5.97	6.32	5.53	0.79

解：1）收集数据。一般应不少于 50～100 个数据，本例为 100 个数据。

2）数据分析与整理。收集的数据中找出最大值与最小值，并计算其极差。

本例中：$x_{max}=6.43$，$x_{min}=5.53$

极差 $R=x_{max}-x_{min}=0.9$

3）确定组数与组距。通常先定组数，后定组距。组数用 B 表示，应根据收集数据总数而定。当数据总数为 50 以下时，B=5～7 组；总数为 50～100 时，B=6～10 组；总数为 100～250 时，B=7～12 组；总数为 250 以上时，B=10～20 组。

组距用 h 表示，其计算公式为

$$h=R/B \tag{1-22}$$

本例中取组数 B=10，则组距 $h=\dfrac{0.9}{10}=0.09$。

4）确定组界值。为避免数据恰好落在组界上，组界值要比原数据的精度高一些。

第一组的下界值为

$$x_{min}-\frac{h}{2}$$

第一组的上界值为 $$x_{\min} + \frac{h}{2}$$

第一组的上界值就是第二组的下界值，第二组的下界值加上组距 h 就是第二组的上界值，其余依次类推。

本例中第一组的组界值为

$$\left(5.53 - \frac{0.09}{2}\right) \sim \left(5.53 + \frac{0.09}{2}\right) = 5.485 \sim 5.575$$

5) 统计频数。组界值确定后按组号统计频数、频率（相对频数）。

本例统计结果见表1-4。

表1-4   频 数 统 计 表

序号	分组区间	频数	相对频数	序号	分组区间	频数	相对频数
1	5.485~5.575	3	0.03	7	6.025~6.115	14	0.14
2	5.575~5.665	4	0.04	8	6.115~6.205	9	0.09
3	5.665~5.755	6	0.06	9	6.205~6.295	6	0.06
4	5.755~5.845	14	0.14	10	6.295~6.385	2	0.02
5	5.845~5.935	21	0.21	11	6.385~6.475	1	0.01
6	5.935~6.025	20	0.20	合计		100	1.00

6) 绘制直方图：以横坐标为质量特性，纵坐标为频数（或频率）作直方图，如图1-4所示。

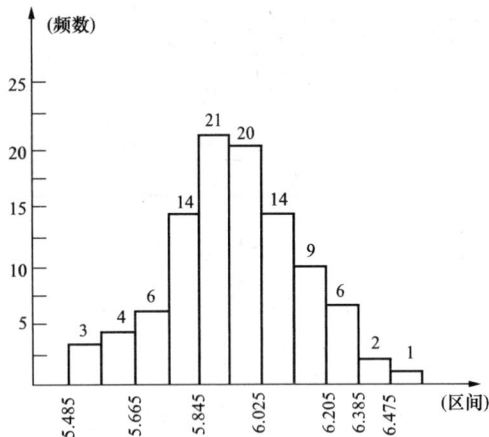

图1-4 直方图

由图1-4可知，如果收集的检测数据越多，分组越细，直方图就越接近光滑曲线，这条曲线就是概率分布曲线，常用的概率分布曲线是前面提到的正态分布和 t 分布。

（2）直方图的应用 作直方图的目的，是通过观察图的形状来判断质量是否稳定，质量分布状态是否正常，预测不合格率。直方图在质量控制中的用途，主要有估计可能出现的不合格率、考察工序能力、判断质量分布状态和判断施工能力。

1）估计可能出现的不合格率。质量评定标准一般都有上下两个标准界限值，上限为 T_u，下限为 T_L，故不合格率有超上限不合格率 P_u 和超下限不合格率 P_L，总的不合格率为

$$P = P_u + P_L \tag{1-23}$$

为了计算 P_u 与 P_L 引入相应的系数

$$\left.\begin{array}{l} K_u = \dfrac{|T_u - \bar{x}|}{S} \\[2mm] K_L = \dfrac{|T_L - \bar{x}|}{S} \end{array}\right\} \tag{1-24}$$

根据 K_u、K_L 查《正态分布概率系数表》(附录 I),即可确定相应的超上限不合格率和超下限不合格率。

[**例 1-12**] 在 [例 1-11] 中,已知油石比的质量标准为 T_u=6.50%,T_L=5.50%,试计算可能出现的不合格率 P。

解:经计算 $\bar{x}$ =5.946%,S=0.181%,则:

$$K_u = \frac{|T_u - \bar{x}|}{S} = \frac{|6.50 - 5.946|}{0.181} = 3.06$$

$$K_L = \frac{|T_L - \bar{x}|}{S} = \frac{|5.50 - 5.946|}{0.181} = 2.46$$

查《正态分布概率系数表》(附录 I):

$$K_u = 3.06 \text{ 时} \qquad P_u = 0.001\,12$$
$$K_L = 2.46 \text{ 时} \qquad P_L = 0.006\,95$$

故可能出现的不合格率为 $P = P_u + P_L = 0.008\,1 = 0.81\%$

2) 判断质量分布状态。当生产条件正常时,直方图应该是中间高,两侧低,左右接近对称的正常型图形,如图 1-5(a)所示。

当出现非正常型图形时,就要进一步分析原因,并采取措施加以纠正。常见的非正常型图形有图 1-5(b)~(f)五种类型。

① 折齿形。图形出现凹凸状,如图 1-5(b)所示,这多是分组不当或组距确定不当所致。

② 孤岛型。出现孤立的小直方图,如图 1-5(c)所示,这是由于少量材料不合格或短时间内工人操作不熟练所造成的。

③ 双峰值。图形出现两个峰顶,如图 1-5(d)所示,一般是由于两组生产条件不同的数据混淆在一起所造成的。

④ 缓坡型。图形向左或向右成缓坡状,即平均值 $\bar{x}$ 过于偏左或偏右,如图 1-5(e)所示,这是由于工序施工过程中的上控制界限或下控制界限太严所造成的。

⑤ 绝壁型。直方图的分布中心偏向一侧,如图 1-5(f)所示,常是由操作者的主观因素所造成的,或是在工序检验中出现了人为干扰现象。这时应重新进行数据统计或重新按规定检验。

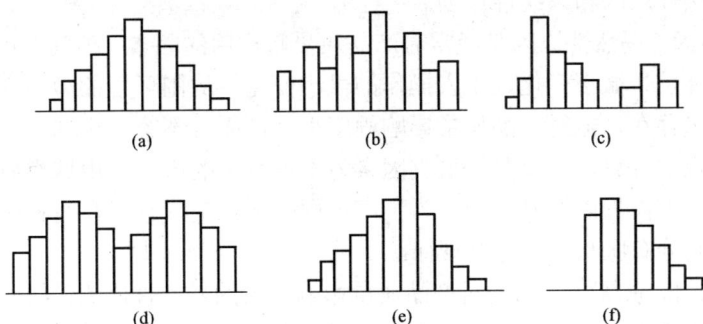

图 1-5　常见的直方图图形

3) 判断施工能力。将正常型直方图与质量标准进行比较,即可判断实际生产施工能力。如图 1-6 所示,表示质量标准要求的界限,T 代表实际质量特性值分布范围。比较结果一般有以下几种情况:

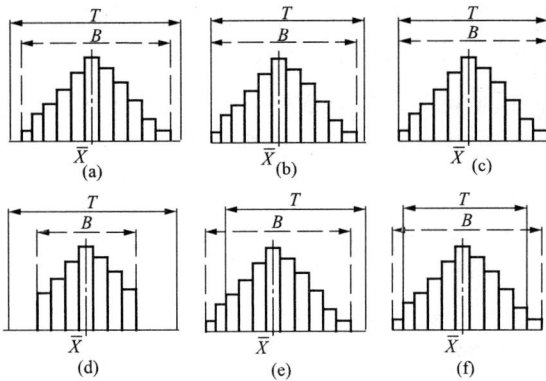

图1-6 实际质量分布与质量标准的关系

① B在T中间，两边各有一定余地，这是理想的控制状态，如图1-6（a）所示。

② B虽在T之内，但偏向一侧，有可能出现超上限或超下限不合格品，要采取纠偏措施，如图1-6（b）所示。

③ B与T相重合，实际分布太宽，极易产生超上限与超下限的不合格品，要采取措施提高工序能力，如图1-6（c）所示。

④ B过分小于T，说明工序能力过大，不经济，如图1-6（d）所示。

⑤ B过分偏离T的中心，已经产生超上限或超下限的不合格品，需要调整，如图1-6（e）所示。

⑥ B大于T，已经产生大量超上限与超下限的不合格品，说明工序能力不能满足技术要求，如图1-6（f）所示。

2. 控制图法*

直方图法是质量控制的静态分析法，反映的是质量在某一段时间里的静止状态。然而产品都是在动态的生产过程中形成的，因此，在质量控制中单用静态分析法显然是不够的，还必须有动态分析法。只有动态分析法，才能随时了解生产过程中质量的变化情况，及时采取措施，使生产处于稳定状态，起到预防出现废品的作用。控制图就是典型的动态分析法。

控制图又称管理图，是1924年美国贝尔研究所的休哈特博士提出的，控制图又称为管理图，目前已成为质量控制常用的统计分析工具。它是一种有控制界限的图，用来区分引起质量波动的原因是偶然的还是系统的，可以提供系统原因存在的信息，从而判断生产过程是否处于受控状态。

（1）质量波动原因。工程质量总是具有波动性，质量数据总是具有差异性。影响工程质量波动的原因有很多，一般包括人（Man）、机具设备（Machine）、材料（Material）、工艺方法（Method）、和环境（Enviroment）等五方面的因素（简称4M1E）。这五方面的原因又可归纳为两类，即偶然性原因和系统性原因。

1）偶然性原因。偶然性原因是经常对产品质量起作用的因素，但其出现具有随机性，如原材料成分和性能发生微小变化，工人操作的微小变化，周围环境的微小变化等。这些因素在生产施工中大量存在，但对产品质量影响程度很小，而且不容易识别和消除，甚至消除这些因素在经济上也不合算，所以又称这类因素为不可避免的原因。由这类原因造成的质量波动是正常的波动，不需加以控制，即认为生产过程处于稳定状态。在此状态下，当有大量的质量特性值时，其分布服从正态分布规律。

2）系统性原因。系统性原因是对产品质量影响很大的异常性因素，如原材料质量规格的显著变化，工人不遵守操作规程，机械设备的调整不当，检测仪器的使用不合理，周围环境的显著变化等。这类原因一般比较容易识别，并且一经消除，其作用和影响不复存在，所以这类因素是可以避免的。质量控制就是要防止、发现、排除这些异常因素，保证生产过程在正常稳定状态下进行。

控制图法就是利用生产过程处于稳定状态下的产品质量特性值分布服从正态分布这一统一规律，来识别生产过程的异常因素，控制生产过程中由于系统性原因造成的质量波动，保证工序处于控制状态。

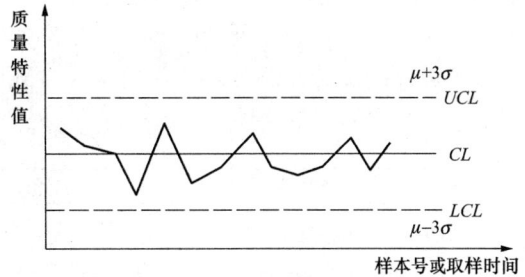

图 1-7 控制图基本形式

（2）控制图的基本形式。控制图是判断生产过程的质量状态和控制工序质量的一种有效的工具。控制图的基本形式如图 1-7 所示。

控制图一般有三条线：上面的一条线为控制上限，用符号 UCL 表示；中间的一条叫中线，用符号 CL 表示；下面的一条叫控制下限，用符号 LCL 表示。在生产过程中按规定取样，测定其特性值，将其统计量作为一个点画在控制图上，然后连接各点成一条折线，即表示质量波动情况。

（3）控制图的分类。

1）按用途划分。控制图按其用途可分为两类，一类是供分析用的控制图，用控制图分析生产过程中有关质量特性值的变化情况，看工序是否处于稳定受控状态；再一类是供管理用的控制图，主要用于发现生产过程是否出现了异常情况，以预防产生不合格品。

2）按质量特性值的类型及其统计量划分。由于数据分为计量值与计数值两大类，因此控制图分为计量值控制图和计数值控制图两大类型。又因各种类型的控制图所选择的统计量不同，因此又可分为不同种类的控制图。常用的各种控制图的特点及适用场合见表 1-5。

表 1-5 控制图种类及适用场合

类别	名称	管理图符号	特 点	适用场合
计量值控制图	均值—极差控制图	$\bar{x} - R$	最常用，判断工序是否异常的效果好，但计算工作量大	适用于产品批量较大而且稳定正常的工序
	中位数—极差控制图	$\tilde{x} - R$	计算简便，但效果较差些，便于现场使用	
	两极控制图	$L - S$	一张图可同时控制均值和方差,计算简单,使用方便	
	单值—移动极差控制图	$x - R_S$	简便省事，并能及时判断工序是否处于稳定状态。缺点是不易发现工序分布中心的变化	因各种原因（时间费用等）每次只能得到一个数据或希望尽快发现并消除异常原因
计数值控制图	不合格品数控制图	p_n	较常用，计算简单，操作工人易于理解	样本容量相等
	不合格品率控制图	p	计算量大，管理界限凹凸不平	样本容量可以不等
	缺陷数控制图	C	较常用，计算简单，操作工人易于理解，使用简便	样本容量（面积或长度）相等
	单位缺陷数控制图	U	计算量大，管理界限凹凸不平	样本容量（面积或长度）不等

（4）控制界限的确定原理。控制图中的控制界限是根据数理统计学原理，采取"3 倍标准偏差法"计算确定。即将中心线定在被控制对象的平均值（包括单值、平均值、极差、中位数等的平均值）上面，以中心线为基准向上向下各量 3 倍标准偏差即为控制上限和控制下

限。因为控制图是以正态分布为理论依据，所以采用 3 倍标准偏差法可以在最经济的条件下，实现工序控制，达到保证产品质量的目的。

各类控制图的控制界限计算公式及公式中采用的系数见表 1-6 和表 1-7。

表 1-6　　　　　　　　　　控 制 界 限 计 算 公 式

数据	控制图种类	控制界限	中 心 线	备 注
计量值	平均值 $\bar{x}$	$\bar{\bar{x}} \pm A_2 \bar{R}$	$\bar{\bar{x}} = \sum\limits_{i=1}^{K} \bar{x}_i / K$	$A_2 \bar{R} = 3S$
	极差 R	$D_4 \bar{R}, \ D_3 \bar{R}$	$\bar{R} = \sum\limits_{i=1}^{K} R_i / K$	$D_4 \bar{R} = \bar{R} + 3S$ $D_3 \bar{R} = \bar{R} - 3S$
	中位数 $\tilde{x}$	$\bar{\tilde{x}} \pm m_3 A_2 \bar{R}$	$\bar{\tilde{x}} = \sum\limits_{i=1}^{K} \tilde{x}_i / K$	$m_3 A_2 \bar{R} = 3S$
	单值 x	$\bar{x} \pm E_2 \bar{R}$	$\bar{x} = \sum\limits_{i=1}^{K} x_i / K$	$E_2 \bar{R} = 3S$
	移动极差 R_s	$D_4 \bar{R}_s, \ D_3 \bar{R}_s$	$\bar{R}_s = \sum\limits_{i=2}^{K} R_{si} / (K-1)$	$D_4 \bar{R}_s = \bar{R}_s + 3S$ $D_3 \bar{R}_s = \bar{R}_s - 3S$
	最大值和最小值 $L-S$	$M \pm A_9 \bar{R}$	$\bar{L} = \dfrac{1}{K}\sum\limits_{i=1}^{K} L_i$ $\bar{S} = \dfrac{1}{K}\sum\limits_{i=1}^{K} S_i$	$A_9 \bar{R} = 3S$ $M = \dfrac{1}{2}(\bar{L} + \bar{S})$
计数值	不合格品数 p_n	$\bar{p}_n \pm 3\sqrt{\bar{p}_n(1-\bar{p})}$	$\bar{p}_n = \sum\limits_{i=1}^{K} p_{ni} / K$	$\sqrt{\bar{p}_n(1-\bar{p})} = S$
	不合格品率 p	$\bar{p} \pm 3\sqrt{\dfrac{\bar{p}(1-\bar{p})}{n_i}}$	$\bar{p} = \sum\limits_{i=1}^{K} p_{ni} / \sum\limits_{i=1}^{K} n_i$	$\sqrt{\dfrac{\bar{p}(1-\bar{p})}{n_i}} = S$
	缺陷数 C	$\bar{C} \pm 3\sqrt{\bar{C}}$	$\bar{C} = \sum\limits_{i=1}^{K} C_i / K$	$\sqrt{\bar{C}} = S$
	单位缺陷数 U	$\bar{U} \pm 3\sqrt{\dfrac{\bar{U}}{n_i}}$	$\bar{U} = \sum\limits_{i=1}^{K} U_i / \sum\limits_{i=1}^{K} n_i$	$\sqrt{\dfrac{\bar{U}}{n_i}} = S$

注：表中"K"为样本组数。

表 1-7　　　　　　　　　　控 制 图 系 数 表

样本数 n	$\bar{x}$ 控制图	R 控制图		$\tilde{x}$ 控制图	x 控制图	$L-S$ 控制图
	A_2	D_4	D_3	$m_3 A_2$	E_2	A_9
2	1.88	3.27	—	1.88	2.66	2.70
3	1.02	2.58	—	1.19	1.77	1.83
4	0.73	2.28	—	0.80	1.46	1.52
5	0.58	2.11	—	0.69	1.29	1.36
6	0.48	2.00	—	0.55	1.18	1.26
7	0.42	1.92	0.08	0.51	1.11	1.91
8	0.37	1.86	0.14	0.43	1.05	1.14
9	0.34	1.82	0.18	0.41	1.01	1.10
10	0.31	1.78	0.22	0.36	0.98	1.07

注：表中"—"表示不考虑下控制界限。

（5）控制图的绘制。以 $\bar{x}-R$ 控制图为例来说明。这是将 $\bar{x}$ 控制图和 R 控制图联用的一种方式，一般把 $\bar{x}$ 控制图放在 R 图的上面，主要观察控制平均值和标准偏差的变动。$\bar{x}-R$ 控制图的理论根据比较充分，检测生产过程不稳定的能力也强，因此是最常用的一组控制图。其绘制步骤如下：

1）收集数据，把数据按时间和分批的顺序排列、分组。数据收集的个数参见表 1–8。

表 1–8　　　　　　　　　　　　控制图的样本与样本容量

控制图名称	样 本 数 K	样 本 容 量 n	备　　注
$\bar{x}-R$ 图 $\tilde{x}-R$ 图 $L-S$ 图	一般 K=20～25	一般 3～6	$\bar{x}$ 图的样本容量常取 3 或 5
$x-R_s$ 图	K=20～30	1	
p_n 图、p 图	一般 K=20～25	$1/p$～$5/p$	
C 图、U 图		尽可能使样本中缺陷数 C=1～5	

2）计算各组的平均值、极差（计算公式见表 1–9）。

表 1–9　　　　　　　　　　　　各 控 制 图 计 算 公 式

图名称	步　　　骤	计 算 公 式	备　　注
$\bar{x}-R$ 图	（1）计算各样本平均值 $\bar{x}_i$ （2）计算各样本极差 R_i	$\bar{x}_i = \dfrac{1}{n}\sum_{j=1}^{n} x_{ij}$ $R_i = \max(x_{ij}) - \min(x_{ij})$	x_{ij}——第 i 样本中的第 j 个数据 i=1, 2, $\cdots$, K; j=1, 2, $\cdots$, n; $\max(x_{ij})$——第 i 样本中最大值; $\min(x_{ij})$——第 i 样本中最小值
$\tilde{x}-R$ 图	（1）找出或计算出各样本的中位数 $\tilde{x}_i$ （2）计算各样本极差 R_i	$\tilde{x}_i = x_{\frac{n+1}{2}}$（$n$ 为奇数） $\tilde{x}_i = \dfrac{1}{2}\left(x_{i\frac{n}{2}} + x_{i\frac{n+1}{2}}\right)$（$n$ 为偶数） $R_i = \max(x_{ij}) - \min(x_{ij})$	$x_{\frac{n+1}{2}}$——n 为奇数时，第 i 样本中按大小顺序排列起的数据列中间位置的数据; $\dfrac{1}{2}\left(x_{i\frac{n}{2}} + x_{i\frac{n+1}{2}}\right)$——$n$ 为偶数时，第 i 样本中按大小顺序排列起的数据列中间位置的两个数据的平均值
$L-S$ 图	（1）找出各组最大值 L_i 和最小值 S_i （2）计算最大值平均值 $\bar{L}$ 和最小值 $\bar{S}$ 平均值 （3）计算平均极差 $\bar{R}$ （4）计算范围中值 M	$L_i = \max(x_{ij})$ $S_i = \min(x_{ij})$ $\bar{L} = \dfrac{1}{K}\sum_{i=1}^{k} L_i$ $\bar{S} = \dfrac{1}{K}\sum_{i=1}^{k} S_i$ $\bar{R} = \bar{L} - \bar{S}$　$M = \dfrac{\bar{L}+\bar{S}}{2}$	
$x-R_s$ 图	计算移动极差 R_{si}	$R_{si} = \lvert x_i - x_{i-1} \rvert$	
p_n 图	计算平均不合格品率 $\bar{p}$	$\bar{p} = \dfrac{\bar{p}_n}{n}$　$\bar{p}_n = \dfrac{\sum\limits_{i=1}^{k}(p_n)_i}{K}$	$(p_n)_i$——第 i 样本的不合格品数（各样本样本容量皆为 n）
p 图	计算各组不合格品率 p_i	$p_i = \dfrac{p_{ni}}{n_i}$	n_i——第 i 样本的样本容量（各样本样本容量可以不等）
C 图	计算各样本的平均缺陷数 $\bar{c}$	$\bar{c} = \dfrac{\sum\limits_{i=1}^{k} c_i}{K}$	c_i——第 i 样本的缺陷数（各样本样本容量相等）
U 图	计算各样本的单位缺陷数 u_i	$u_i = \dfrac{c_i}{n_i}$	各样本容量不等

3）计算各组平均值的平均值、极差的平均值。

4）计算控制界限。

5）建立坐标，画出控制图。中心线用实线表示，控制界限用虚线表示，并将样本数据按抽样顺序描在图上。

[**例1–13**] 表1–10是路面基层厚度检测结果。该路面基层厚度的 $\bar{x}-R$ 控制图绘制方法如下：

表 1–10   基层厚度检测结果与计算表

日期	组号	实 测 偏 差/cm					$\sum x_i$	平均值 $\bar{x}_i$	极差 R_i
		x_1	x_2	x_3	x_4	x_5			
5/3	1	2	−0.5	−1	−0.5	0.8	0.8	0.16	3.0
6/3	2	0	1.7	−1	1	−1	0.7	0.14	2.7
7/3	3	−1	1	1	−0.5	1	1.5	0.30	2.0
8/3	4	1	1	0	0	0	0	0	2.0
9/3	5	1	1	0.5	1.5	−1	3.0	0.60	2.5
10/3	6	1	2	−1	0.5	2	4.5	0.90	3.0
11/3	7	2	0.5	2	1	0	5.5	1.10	2.0
12/3	8	2	2.5	0.5	1	1	7	1.40	2.0
13/3	9	2	−1	1.5	1	1.5	5	1.00	3.0
14/3	10	0	0.5	0	0	1.5	1	0.20	2.0
合　　计							29	5.8	24.2

解： 由表1–10可知，本例中 n=5，K=10

（1）计算各组的平均值 $\bar{x}_i$、极差 R_i，并列入表1–10中。

（2）计算各组平均值的平均值、极差的平均值。

$$\bar{\bar{x}} = \frac{\bar{x}_1 + \bar{x}_2 + \cdots + \bar{x}_K}{K} = 5.8/10 = 0.58$$

$$\bar{R} = \frac{R_1 + R_2 + \cdots + R_K}{K} = 24.2/10 = 2.42$$

（3）计算控制界限：

$\bar{x}$ 控制图：$CL = \bar{\bar{x}} = 0.58$

$\qquad UCL = \bar{\bar{x}} + A_2\bar{R} = 0.58 + 0.58 \times 2.42 = 1.98$

$\qquad LCL = \bar{\bar{x}} - A_2\bar{R} = 0.58 - 0.58 \times 2.42 = -0.82$

R 控制图：$CL = \bar{R} = 2.42$

$\qquad UCL = D_4\bar{R} = 2.11 \times 2.42 = 5.11$

$\qquad LCL = D_3\bar{R}$ （$n \leqslant 6$ 不考虑）

（式中 A_2、D_3、D_4 都是由 n=5 决定的系数，见表1–7）

（4）画出控制图，如图1–8所示。

（5）控制图的观察分析。应用控制图的主要目的是分析判断生产过程是否处于稳定状态，预防不合格品的出现。

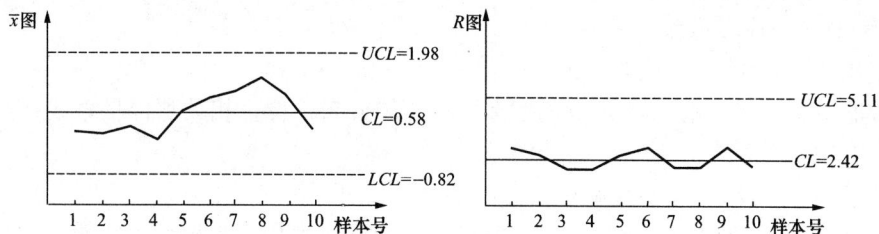

图 1-8　$\bar{x} - R$ 控制图

当控制图的点子满足以下两个条件：一是点子没有跳出控制界限；二是点子随机排列没有缺陷，就认为生产过程基本上处于控制状态，即生产正常。否则，就认为生产过程发生了异常变化，必须把引起这种变化的原因找出来，排除掉。点子在控制界限内排列的缺陷，包括以下几种情况：

1）点子连续在中心线一侧出现 7 个以上。

2）连续 7 个以上的点子上升或下降。

3）点子在中心线一侧多次出现，如连续 11 个点中至少有 10 个点在同一侧；或连续 14 个点中至少有 12 个点、连续 17 个点中至少有 14 点、连续 20 个点中至少有 16 点出现在同一侧。

4）点子接近控制界限，如连续 3 个点中至少有两个点在中心线上或中心线下 2 倍标准偏差横线以外出现；或连续 7 点中至少有 3 点、连续 10 点中至少有 4 点在横线外出现。

5）点子出现周期性波动。

3. 相关图法

相关图又称散布图，可用来分析研究两种数据之间是否存在相关关系。把两种数据列出之后，在坐标纸上打点，就可得到一张相关图。从点子的散布情况可以判断两种数据之间的特性。在质量控制中借助相关图进行相关分析，可研究质量结果和原因之间的关系，进一步弄清影响质量特性的主要因素。

（1）相关图的作图方法。

1）数据收集。成对地收集两种特性的数据作成数据表，数据应在 30 组以上。

2）设计坐标在坐标纸上以原因作 X 轴，以结果（特性）作 Y 轴，找出 x、y 最大值和最小值，以最大值与最小值的差定坐标长度，并定出适当的坐标刻度。

3）数据打点入座。将集中整理后的数据依次相应用"·"标出纵横坐标交点，当两个同样数据的交点重合时用"⊙"表示。

4）标注说明。在图中适当位置写明数据个数、收集时间、工程部位名称、制图人、和制图日期等。

（2）相关图的观察分析。相关图的几种类型如图 1-9 所示。

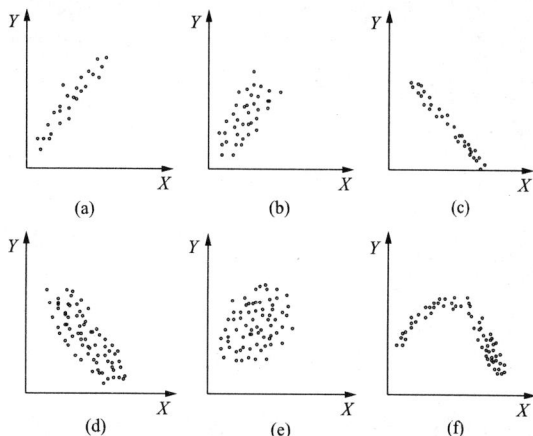

图 1-9　相关图的基本类型

在该图中，分别表示以下关系：

1）正相关。x 增加，y 也明显增加，如图 1-9（a）所示。

2）弱正相关。x 增加，y 大体上也增加，但点的分布不像正相关那样呈直线状，如图 1-9（b）所示。

3）负相关。x 增加，y 明显减少，如图 1-9（c）所示。

4）弱负相关。x 增加，y 大体减少，但点的分布不像负相关那样呈直线状，如图 1-9（d）所示。

5）不相关。x 增减对 y 无影响，即 x 与 y 没有关系，如图 1-9（e）所示。

6）非线性相关。点的分布呈曲线状，如图 1-9（f）所示。

（3）回归分析。作出相关图后，即可根据回归分析揭示两个变量（因素）之间的相关关系，并可确定它们之间的定量表达式——回归方程。

在实际问题中，有时两个变量之间的关系是线性，而有时两个变量之间则存在非线性关系。因此，一般情况下，试验结果的数学表示包括三个方面的工作：

1）确定回归方程的类型。

2）确定回归方程的回归系数。

3）回归方程相关关系的判断。

由于篇幅所限，下面仅讨论线性回归分析。对于非线性问题往往可以通过变量变化为线性回归问题进行处理。

一元线性回归是工程中常遇到的配直线和问题。通过试验，可以得到若干组的对应数据，根据这些数据画出相关图，当点大致分布在一条直线附近时，说明两变量之间存在线性关系，即可以用一条适当的直线来表示这两个变量的关系。此直线方程为

$$Y=a+bx \tag{1-25}$$

式中　x——自变量；

　　　Y——因变量；

　a、b——回归系数。

平面上的直线很多，而 a、b 值构成的最优直线必须使 $Y=a+bx$ 方程的函数值 Y_i 与实际观察值 y_i 之差为最小。理论分析和工程实践均表明，最小二乘法确定的回归方程偏差最小。

最小二乘法的基本原理为：当所有测量数据偏差的平方和最小时，所配的直线最优。根据这个条件可以求得

$$b=L_{xy}/L_{xx} \tag{1-26}$$

$$a=\bar{y}-b\bar{x} \tag{1-27}$$

式中　$L_{xy}=\sum_{i=1}^{n}(x_i-\bar{x})(y_i-\bar{y})=\sum_{i=1}^{n}x_iy_i-n\bar{x}\,\bar{y}$ 　　　　　（1-28）

$$L_{xx}=\sum_{i=1}^{n}(x_i-\bar{x})^2=\sum_{i=1}^{n}x_i^2-n\bar{x}^2 \tag{1-29}$$

[例 1-14] 对 30 块混凝土试件进行强度试验，分别测定其抗压强度 R 和回弹值 N，试验结果列于表 1-11 中，试确定 $R-N$ 之间的线性回归方程。

表 1-11					R-N 试 验 结 果				
序号	1	2	3	4	5	6	7	8	9	10
x（N）	27.1	27.5	30.3	31.0	35.7	35.4	38.9	37.6	26.9	25.0
y（R）/MPa	12.2	11.6	16.9	17.5	20.5	32.1	31.0	32.9	12.0	10.8
序号	11	12	13	14	15	16	17	18	19	20
x（N）	28.0	31.0	32.2	37.8	36.6	36.6	24.2	31.0	30.4	33.3
y（R）/MPa	14.4	18.4	22.8	27.9	32.9	30.8	10.8	15.2	16.3	22.4
序号	21	22	23	24	25	26	27	28	29	30
x（N）	37.2	38.4	37.6	22.9	30.5	30.4	29.7	36.7	37.8	36.0
y（R）/MPa	31.7	27.0	32.5	10.6	12.9	14.6	18.0	25.4	23.2	28.3

解：经计算：$\bar{x}=32.46$ $\bar{y}=21.14$

$$\sum_{i=1}^{n} x_i^2 = 32\,247.27 \qquad \sum_{i=1}^{n} x_i y_i = 21\,574.35$$

根据式（1-28）和式（1-29）可求得 $L_{xx}=637.72$ $L_{xy}=988.22$

根据式（1-26）和式（1-27）可求得 $b=L_{xy}/L_{xx}=1.550$ $a=\bar{y}-b\bar{x}=-29.173$

则回归方程为

$$Y=-29.173+1.550x$$

或

$$R=-29.173+1.550N$$

这里，回归系数 b 的物理意义是：回弹值 N 每增减 1，抗压强度增减 1.550MPa。

任何两个变量 x、y 的若干组试验数据，都可以按上述方法配置一条回归直线，假如两变量 x、y 之间根本不存在线性关系，那么所建立的回归方程就毫无实际意义。因此，需要引入一个数量指标来衡量其相关程度，这个指标就是相关系数，用 r 表示

$$r=\frac{L_{xy}}{\sqrt{L_{xx}L_{yy}}} \qquad (1-30)$$

式中 $$L_{yy}=\sum_{i=1}^{n}\left(y_i-\bar{y}\right)^2 = \sum_{i=1}^{n} y_i^2 - n\bar{y}^2 \qquad (1-31)$$

相关系数 r 是描述回归方程线性相关的密切程度的指标，其取值范围为 $-1 \leqslant r \leqslant 1$。$r$ 的绝对值越接近 1，x 与 y 之间的线性关系越好，当 $r=\pm1$ 时，x 与 y 之间符合直线函数关系，称 x 与 y 完全相关，这时所有数据点均在一条直线上；如果 r 趋近于 0，则 x 与 y 之间没有线性关系，这时 x 与 y 可能不相关，也可能是曲线相关。

对于一个具体问题，只有当相关系数 r 的绝对值大于临界值 r_β 时，才可用直线近似表示 x 与 y 之间的关系，也就是 x 与 y 之间存在线性相关关系，其中临界值 r_β 与测量数据的个数 n 和显著性水平 β 有关。其值列于附录Ⅲ。

［**例 1-15**］试验结果同［例 1-14］，试检验 R-N 的相关性（取显著性水平 $\beta=0.05$）。

解：经计算：$\sum_{i=1}^{n} y_i^2 = 15\,232.64$ $\bar{y}=21.14$

根据式（1-31）可求得： $L_{yy}=1825.65$

相关系数：
$$r=\frac{L_{xy}}{\sqrt{L_{xx}L_{yy}}}=0.915\ 9$$

由试验次数 $n=30$，显著性水平 $\beta=0.05$，查本书附录Ⅲ，得相关系数临界值 $r_{0.05}=0.361$。

故 $r>r_{0.05}$，说明混凝土抗压强度 R 与回弹值 N 是线形相关的，而且例 1-14 中所确定的直线回归方程是有意义的。

复习思考题

1. 何谓总体、样本？

2. 质量数据的统计特征量有哪些？

3. 随机抽样检查的方法有哪几种？

4. 质量数据的统计方法有哪几种？

5. 最小二乘法的基本原理是什么？

6. 请修约以下数据（保留两位小数）。

15.352 8；125.555 0；15.358 2；19.999 8；10.050 1；16.687 5；10.355 3；10.445 4；16.465 0

7. 某路段沥青混凝土面层抗滑性能检测，摩擦系数的检测值分别为：58、56、60、53、48、54、50、61、57、55，求摩擦系数的平均值、中位数、极差、标准偏差、变异系数。

8. 某路段路基施工质量检查中，用标准轴载测得 10 点的弯沉（单位 0.01mm）分别为：100、101、102、110、95、98、96、93、103、104，试计算该段路的代表性弯沉值。（保证率系数 $Z_a=2.0$）

9. 某路段二灰碎石基层无侧限抗压强度试验结果为（单位 MPa）：0.792、0.306、0.968、0.804、0.447、0.894、0.702、0.424、0.498、1.075、0.815，请分别用拉依达法、肖维纳特法、和格拉布斯法对上述数据进行取舍判断。

第2章 路面基层无机稳定结合料试验

在粉碎或原状松散的土中掺入一定量的无机结合料（包括水泥、石灰或工业废渣）和水，经拌和得到的混合料在压实和养护后，其抗压强度符合规定要求的材料称为无机结合料稳定材料。作为目前在公路工程中应用较广泛的一种结构，无机结合料稳定材料基层与底基层的指标是施工过程中控制的要点。本章主要讨论无机结合料稳定土的击实试验方法、无机结合料稳定土的无侧限抗压强度试验方法和水泥或石灰剂量测定方法。

2.1 无机结合料稳定土的击实试验

1. 概述

不同的无机结合料稳定土，在不同的无机结合料剂量、不同的含水量、不同的击实功下可以达到不同的密实度，在公路工程的施工质量控制过程中，要求在一定压实功的作用下达到最大的密实度。因此必须通过击实试验，测定无机结合料稳定土含水量与干密度的关系，从而确定其最佳含水量和最大干密度，作为施工时压实控制的依据。

2. 试验方法

（1）目的和适用范围。

1）本试验法适用于在规定的试筒内，对水泥稳定土（在水泥水化前）、石灰稳定土及石灰（或水泥）粉煤灰稳定土进行击实试验，以绘制稳定土的含水量–干密度关系曲线，从而确定其最佳含水量和最大干密度。

2）试验骨料的最大粒径宜控制在 25mm 以内，最大不得超过 40mm（圆孔筛）。

3）试验方法类别。本试验方法分三类，各类击实方法的主要参数见表 2–1。

表 2–1　　　　　　　　　　　　　试 验 方 法 类 别

| 类别 | 锤的质量/kg | 锤击面直径/cm | 落高/cm | 试筒尺寸 | | | 锤击层数 | 每层锤击次数 | 平均单位击实功/J | 容许最大粒径/mm |
				内径/cm	高/cm	容积/cm³				
甲	4.5	5.0	45	10	12.7	997	5	27	2.687	25
乙	4.5	5.0	45	15.2	12.0	2177	5	59	2.687	25
丙	4.5	5.0	45	15.2	12.0	2177	3	98	2.677	40

（2）仪器设备。

1）击实筒：小型，内径 100mm、高 127mm 的金属圆筒，套环高 50mm，底座；中型，内径152mm、高 170mm 的金属圆筒，套环高 50mm，直径 151mm 和高 50mm 的筒内垫块，底座。

2）击锤和导管：击锤的底面直径 50mm，总质量 4.5kg。击锤在导管内的总行程为450mm。

3）天平：感量 0.01g。

4）台秤：称量 15kg，感量 5g。

5）圆孔筛：孔径 40mm、25mm 或 20mm 以及 5mm 的筛各 1 个。

6）量筒：50mL、100mL 和 500mL 的量筒各 1 个。

7）直刮刀：长 200～250mm、宽 30mm 和厚 3mm，一侧开口的直刮刀，用以刮平和修饰粒料大试件的表面。

8）刮土刀：长 150～200mm、宽约 20mm 的刮刀。用以刮平和修饰小试件的表面。

9）工字型刮平尺：30mm×50mm×310mm，上下两面和侧面均刨平。

10）拌和工具：约 400mm×600mm×70mm 的长方形金属盘，拌和用平头小铲等。

11）脱模器。

12）测定含水量用的铝盒、烘箱等其他用具。

3. 试料准备

将具有代表性的风干试料（必要时，也可以在 50℃烘箱内烘干）用木锤或木碾捣碎。土团均应捣碎到能通过 5mm 的筛孔。但应注意不使粒料的单个颗粒破碎或不使其破碎程度超过施工中拌和机械的破碎率。

如试样是细粒土，将已捣碎的具有代表性的土过 5mm 筛备用（用甲法或乙法做试验）。

如试料中含有粒径大于 5mm 的颗粒，则先将试料过 25mm 的筛，如存留在筛孔 25mm 筛的颗粒的含量不超过 20%，则过筛料留作备用（用甲法或乙法做试验）。

如试料中粒径大于 25mm 的颗粒含量过多，则将试料过 40mm 的筛备用（用丙法试验）。

每次筛分后，均应记录超尺寸颗粒的百分率。

在预定做击实试验的前一天，取有代表性的试料测定其风干含水量。对于细粒土，试样应不少于 100g；对于中粒土（粒径小于 25mm 的各种骨料），试样应不少于 1000g；对于粗粒土的各种骨料，试样应不少于 2000g。

4. 试验步骤

（1）甲法。

1）将已筛分的试样用四分法逐次分小，至最后取出约 10～15kg 试料。再用四分法将已取出的试料分成 5～6 份，每份试料的干质量为 2.0kg（对于细粒土）或 2.5kg（对于各种中粒土）。

2）预定 5～6 个不同含水量，依次相差 1%～2%（对于中粒土，在最佳含水量附近取 1%，其余取 2%。对于细粒土，取 2%，但对于黏土，特别是重黏土，可能需要取 3%。），且其中至少有两个大于和两个小于最佳含水量。对于细粒土，可参照其塑限估计素土的最佳含水量。一般其最佳含水量较塑限约小 3%～10%，对于砂性土接近 3%，对于黏性土约为 6%～10%。天然砂砾土，级配骨料等的最佳含水量与集料中细土的含量和塑性指数有关，一般变化在 5%～12% 之间。对于细土少的、塑性指数为 0 的未筛分碎石，其最佳含水量接近 5%。对于细土偏多的、塑性指数较大的砂砾土，其最佳含水量约在 10% 左右。水泥稳定土的最佳含水量与素土的接近，石灰稳定土的最佳含水量可能较素土大 1%～3%。

3）按预定含水量制备试样。将 1 份试料平铺于金属盘内，将事先计算得的该份试料中应加的水量均匀地喷洒在试料上，用小铲将试料充分拌和到均匀状态（如为石灰稳定土和水泥、石灰综合稳定土，可将石灰和试料一起拌匀），然后装入密闭容器或塑料袋内浸润备用。

浸润时间：黏土 12～24h，粉土 6～8h，砂土、砂砾土、红土砂砾、级配砂砾等可以缩短到 4h 左右，含土很少的未筛分碎石、砂砾和砂可缩短到 2h。

应加水量可按式（2-1）计算

$$Q_\mathrm{w} = \left(\frac{Q_\mathrm{n}}{1+0.01\omega_\mathrm{n}} + \frac{Q_\mathrm{c}}{1+0.01\omega_\mathrm{c}} \right) \times 0.01\omega - \frac{Q_\mathrm{n}}{1+0.01\omega_\mathrm{n}} \times 0.01\omega_\mathrm{n} - \frac{Q_\mathrm{c}}{1+0.01\omega_\mathrm{c}} \times 0.01\omega_\mathrm{c} \quad (2\text{-}1)$$

式中　Q_w——混合料中应加的水量（g）；

　　　Q_n——混合料中素土（或骨料）的质量（g），其原始含水量为 ω_n，即风干含水量（%）；

　　　Q_c——混合料中水泥或石灰的质量（g），其原始含水量为 ω_c（%）；

　　　ω　——要求达到的混合料的含水量（%）。

4）将所需要的稳定剂水泥加到浸润后的试料中，并用小铲、泥刀或其他工具充分拌和到均匀状态。加有水泥的试样拌和后，应在 1h 内完成下述击实试验，拌和后超过 1h 的试样，应予作废（石灰稳定土和石灰粉煤灰除外）。

5）试筒套环与击实底板应紧密连接。将击实筒放在坚实地面上，取制备好的试样（仍用四分法）400～500g（其量应使击实后的试样等于或略高于筒高的 1/5）倒入筒内，整平其表面并稍加压紧，然后按所需击数进行第一层试样的击实。击实时，击锤应自由铅直落下，落高应为 45cm，锤迹必须均匀分布于试样面。第一层击实完后，检查该层高度是否合适，以便调整以后几层的试样用量。用刮土刀或改锥将已击实层的表面"拉毛"，然后重复上述做法，进行其余四层试样的击实。最后一层试样击实后，试样超出试筒顶的高度不得大于 6mm，超出高度过大的试件应该作废。

6）用刮土刀沿套环内壁削挖（使试样与套环脱离）后，扭动并取下套环。齐筒顶细心刮平试样，并拆除底板。如试样底面略突出筒外或有孔洞，则应细心刮平或修补。最后用工字型刮平尺齐筒顶和筒底将试样刮平。擦净试筒的外壁，称其质量并准确至 5g。

7）用脱模器推出筒内试样。从试样内部从上到下取两个有代表性的样品（可将脱出试件用锤打碎后，用四分法采取），测定其含水量，计算至 0.1%。两个试样的含水量的差值不得大于 1%。所取样品的数量见表 2-2（如只取一个样品测定含水量，则样品的质量应为表列数值的两倍）。

表 2-2　　　　　　　　　　　　稳定土含水量的样品数量

最大粒径/mm	样品质量/g
2	约 50
5	约 100
25	约 500

烘箱的温度应事先调整到 110℃左右，以使放入的试样能立即在 105～110℃的温度下烘干。

8）按 3）～7）项的步骤进行其余含水量下稳定土的击实和测定工作。

凡已用过的试样，一律不再重复使用。

（2）乙法。在缺乏内径 10cm 的试筒时，以及在需要与承载比等试验结合起来进行时，采用乙法进行击实试验。本法更适宜于粒径达 25mm 的骨料。

1）将已过筛的试料用四分法逐次分小，至最后取出约 30kg 试料。再用四分法将取出的试料分成 5～6 份，每份试料的干重约为 4.4kg（细粒土）或 5.5kg（中粒土）。

2）以下各步的做法与甲法第 2）～第 8）项相同，但应该先将垫块放入筒内底板上，然后加料并击实。所不同的是，每层需取制备好的试样约 900g（对于水泥或石灰稳定细粒土）或 1100g（对于稳定中粒土），每层的锤击次数为 59 次。

（3）丙法。

1）将已过筛的试料用四分法逐次分小，至最后取出约 33 kg 试料。再用四分法将取出的试料分成 6 份（至少要 5 份），每份重约 5.5 kg（风干质量）。

2）预定 5～6 个不同含水量，依次相差 1%～2%。在估计的最佳含水量左右可只差 1%，其余差 2%。

3）同甲法第 3）项。

4）同甲法第 4）项。

5）将试筒、套环与夯击底板紧密地连接在一起，并将垫块放在筒内底板上。击实筒应放在坚实（最好是水泥混凝土）地面上，取制备好的试样 1.8kg 左右［其量应使击实后的试样略高于（高出 1～2mm）筒高的 1/3］倒入筒内，整平其表面，并稍加压紧。然后按所需击数进行第一层试样的击实（其击 98 次）。击实时，击锤应自由铅直落下，落高应为 45cm，锤迹必须均匀分布于试样面。第 1 层击实后检查该层的高度是否合适，以便调整以后两层的试样用量。用刮土刀或改锥将已击实的表面"拉毛"，然后重复上述做法，进行其余两层试样的击实。最后一层试样击实后，试样超出试筒顶的高度不得大于 6mm。超出高度过大的试件应该作废。

6）用刮土刀沿套环内壁削挖（使试样与套环脱离）后，扭动并取下套环。齐筒顶细心刮平试样，并拆除底板，取走垫块。擦净试筒的外壁，称重，准确至 5 g。

7）用脱模器推出筒内试样。从试样内部从上到下取两个有代表性的样品（可将脱出试件用锤打碎后，用四分法采取），测定其含水量，计算至 0.1%。两个试样的含水量的差值不得大于 1%。所取样品的数量应不少于 700g，如只取一个样品测定含水量，则样品的数量应不少于 1400g。烘箱的温度应事先调整到 110℃左右，以使放入的试样能立即在 105～110℃的温度下烘干。

8）按第 3）～第 7）项进行其余含水量下稳定土的击实和测定。凡已用过的试样，一律不再重复使用。

5. 计算及制图

（1）按式（2-2）计算每次击实后稳定土的湿密度

$$\rho_w = \frac{Q_1 - Q_2}{V} \tag{2-2}$$

式中　ρ_w ——稳定土的湿密度（g/cm^3）；

　　　Q_1 ——试筒与湿试样的合质量（g）；

　　　Q_2 ——试筒的质量（g）；

　　　V ——试筒的容积（cm^3）。

（2）按式（2-3）计算每次击实后稳定土的干密度

$$\rho_d = \frac{\rho_w}{1 + 0.01\omega} \tag{2-3}$$

式中　ρ_d ——试样的干密度（g/cm^3）；

　　　ω ——试样的含水量（%）。

（3）以干密度为纵坐标，以含水量为横坐标，在普通直角坐标纸上绘制干密度与含水的关系曲线，驼峰形曲线顶点的纵横坐标分别为稳定土的最大干密度和最佳含水量。最大干密度用两位小数表示。如最佳含水量的值在 12%以上，是用整数表示（即精确到 1%）；如最佳含水量的值在 6%~12%，则用一位小数"0"或"5"表示（即精确到 0.5%）；如最佳含水量的值小于 6%，则取一位小数，并用偶数表示（即精确到 0.2%）。

如试验点不足以连成完整的驼峰形曲线，则应该进行补充试验。

（4）超尺寸颗粒的校正。当试样中大于规定最大粒径的超尺寸颗粒的含量为 5%~30%时，按式（2-4）对试验所得最大干密度和最佳含水量进行校正，超尺寸颗粒的含量小于 5%时，可以不进行校正（超尺寸颗粒的含量少于 5%时，它对最大干密度的影响位于平行试验的误差范围内）。

最大干密度按式（2-4）校正：

$$\rho'_{dm} = \rho_{dm}(1-0.01p) + 0.9 \times 0.01pG'_\alpha \qquad (2-4)$$

式中　ρ'_{dm} ——校正后的最大干密度（g/cm³）；

ρ_{dm} ——试验所得的最大干密度（g/cm³）；

p ——试样中超尺寸颗粒的百分率（%）；

G'_α ——超尺寸颗粒的毛体积相对密度。

计算精确至 0.01g/cm³。

最佳含水量按式（2-5）校正：

$$\omega'_0 = \omega_0(1-0.01p) + 0.01p\omega_\alpha \qquad (2-5)$$

式中　ω'_0 ——校正后的最佳含水量（%）；

ω_0 ——试验所得的最佳含水量（%）；

p ——试样中超尺寸颗粒的百分率（%）；

ω_α ——超尺寸颗粒的吸水量（%）。

6. 精密度或允许误差

应做两次平行试验，两次试验最大干密度的差应不超过 0.05g/cm³（稳定细粒土）和 0.08g/cm³（稳定中粒土和粗粒土），最佳含水量的差应不超过 0.5%（最佳含水量小于 10%）和 1.0%（最佳含水量大于 10%）。

7. 记录与报告

（1）记录。本试验的记录格式见表 2-3。

表 2-3　　　　　　　　　稳 定 土 击 实 试 验

工程名称＿＿＿＿＿＿＿＿＿＿＿＿　　　结合料含水量（%）＿＿＿＿＿＿＿＿＿

试样编号＿＿＿＿＿＿＿＿＿＿＿＿　　　试验方法＿＿＿＿＿＿＿＿＿＿＿＿＿

混合料名称＿＿＿＿＿＿＿＿＿＿＿　　　试验者＿＿＿＿＿＿＿＿＿＿＿＿＿＿

结合料剂量（%）＿＿＿＿＿＿＿＿＿　　校核者＿＿＿＿＿＿＿＿＿＿＿＿＿＿

骨料含水量（%）＿＿＿＿＿＿＿＿＿　　试验日期＿＿＿＿＿＿＿＿＿＿＿＿＿

	试 验 序 号			1	2	3	4	5	6
干密度	加水量	g							
	筒+湿试样的质量	g							
	筒的质量	g							

续表

试验序号			1	2	3	4	5	6
干密度	湿试样质量	g						
	湿密度	g/cm³						
	干密度	g/cm³						
含水量	盒号							
	盒+湿试样的质量	g						
	盒+干试样的质量	g						
	盒的质量	g						
	水的质量	g						
	干试样的质量	g						
	含水量	%						
	平均含水量	%						

（2）报告。报告应包括以下内容：

1）试样的最大粒径、超尺寸颗粒的百分率。

2）水泥的种类和标号或石灰中有效氧化钙和氧化镁的含量（%）。

3）水泥和石灰的剂量（%）或石灰粉煤灰土（粒料）的配合比。

4）所用试验方法类别。

5）最大干密度（g/cm³）。

6）最佳含水量（%）并附击实曲线。

2.2 无机结合料稳定土的无侧限抗压强度试验

1. 概述

材料的强度不仅与材料品种有关，而且与试验与养护条件有关。根据《公路工程无机结合料稳定材料试验规程》（JTJ 057—1994）的规定，材料组成设计一般以 7d 的无侧限抗压强度为准，即在路面结构设计过程中，无侧限抗压强度是用来评价无机集合料稳定材料强度的关键指标之一。无侧限抗压强度的大小，直接影响到无机结合料稳定材料的路用性能，因此，必须进行无机结合料稳定材料的无侧限抗压强度试验。

2. 试验方法

（1）目的和适用范围。本试验方法适用于测定无机结合料稳定土（包括稳定细粒土、中粒土和粗粒土）试件的无侧限抗压强度。本试验方法包括：按照预定干密度用静力压实法制备试件以及用锤击法制备试件。试件都是高:直径=1:1的圆柱体。应该尽可能用静力压实法制备等干密度的试件（用击锤制备最大干密度的试件往往会遇到困难）。其他稳定材料或综合稳定土的抗压强度试验也可以参照本方法。

（2）仪器设备。

1）圆孔筛：孔径 40mm、25mm（或 20mm）及 5mm 的筛各一个。

2）试模：适用于下列不同土的试模尺寸为：

细粒土（最大粒径不超过 10mm）：试模的直径×高=50mm×50mm；

中粒土（最大粒径不超过 25mm）：试模的直径×高=100mm×100mm；

粗粒土（最大粒径不超过 40mm）：试模的直径×高=150mm×150mm。

3）脱模器。

4）反力框架：规格为 400kN 以上。

5）液压千斤顶：200～1000kN。

6）夯锤和导管：击锤的底面直径 50mm，总质量 4.5kg。击锤在导管内的总行程为 450mm。

7）密封湿气箱或湿气池放在能保持恒温的小房间内（约 6～8m²，高 2m，热天用空调保持恒温，冷天用温度控制器和电炉保持恒温）。

8）水槽：深度应大于试件高度 50mm。

9）路面材料强度试验仪或其他合适的压力机，但后者的规格应不大于 200kN。

10）天平：感量 0.01g。

11）台秤：称量 10kg，感量 5g。

12）量筒、拌和工具、漏斗、大小铝盒、烘箱等。

3. 试验前准备工作

（1）试料准备。将具有代表性的风干试料（必要时，也可以在 50℃烘箱内烘干），用木锤和木碾捣碎，但应避免破碎粒料的原粒径。将土过筛并进行分类。如试料为粗粒土，则除去大于 40mm 的颗粒备用；如试料为中粒土，则除去大于 25mm 或 20mm 的颗粒备用；如试料为细粒土，则除去大于 10mm 的颗粒备用。

在预定做试验的前一天，取有代表性的试料测定其风干含水量。

对于细粒土，试样应不少于 100g；对于粒径小于 25mm 的中粒土，试样应不少于 1000g；对于粒径小于 40mm 的粗粒土，试样的质量应不少于 2000g。

（2）采用击实试验法确定无机结合料混合料的最佳含水量和最大干密度。

（3）配制混合料。

1）对于同一无机结合料剂量的混合料，需要制相同状态的试件数量（即平行试验的数量）与土类及操作的仔细程度有关。

对于无机结合料稳定细粒土，至少应该制 6 个试件；对于无机结合料稳定中粒土和粗粒土，至少分别应该制 9 个和 13 个试件。

2）称取一定数量的风干土并计算干土的质量，其数量随试件大小而变。对于 50mm×50mm 的试件，1 个试件约需干土 180～210g；对于 100mm×100mm 的试件，1 个试件约需干土 1700～1900g；对于 150mm×150mm 的试件，1 个试件约需干土 5700～6000g。

对于细粒土，可以一次称取 6 个试件的土；对于中粒土，可以一次称取 3 个试件的土；对于粗粒土，一次只称取一个试件的土。

3）将称好的土放在长方盘（约 400mm×600mm×70mm）内。向土中加水，对于细粒土（特别是黏土）使其含水量较最佳含水量小 3%，对于中、粗粒土可按最佳含水量加水，将土和水拌和均匀后放在密闭容器内浸润备用。如为石灰稳定土和水泥、石灰综合稳定土，可将石灰和土一起拌匀后进行浸润。

浸润时间：黏土 12～24h，粉土 6～8h，砂性土、砂砾土、红土砂砾、级配砂砾等可以缩短到 4h 左右；含土很少的未筛分碎石、砂砾及砂可以缩短到 2h。

4）在浸润过的试料中，加入预定数量的水泥或石灰（水泥或石灰剂量按干土，即干骨料质量的百分率计）并拌和均匀。在拌和过程中，应将预留的 3%的水（对于细粒土）加入土中，使混合料的含水量达到最佳含水量。拌和均匀的加有水泥的混合料应在 1h 内按下述方法制成试件，超过 1h 的混合料应该作废。其他结合料稳定土，混合料虽不受此限，但也应尽快制成试件。

（4）按预定的干密度制件。用反力框架和液压千斤顶制件。制备一个预定干密度的试件，需要的稳定土混合料数量 m_1（g）随试模的尺寸而变。

$$m_1 = \rho_d V(1+\omega) \tag{2-6}$$

式中　　V ——试模的体积；

　　　　ω ——稳定土混合料的含水量（%）；

　　　　ρ_d ——稳定土试件的干密度（g/cm^3）。

将试模的下压柱放入试模的下部（事先在试模的内壁及上下压柱的底面涂一薄层机油），但外露 2cm 左右。将称量的规定数量 m_2（g）的稳定土混合料分 2～3 次灌入试模中（利用漏斗），每次灌入后用夯棒轻轻均匀插实。如制的是 50mm×50mm 的小试件，则可以将混合料一次倒入试模中。然后将上压柱放入试模内。应使其也外露 2cm 左右（即上下压柱露出试模外的部分应该相等）。

将整个试模（连同上下压柱）放到反力框架内的千斤顶上（千斤顶下应放一扁球座），加压直到上下压柱都压入试模为止。维持压力 1min。解除压力后，取下试模，拿去上压柱，并放到脱模器上，利用千斤顶和下压柱将试件顶出（用水泥稳定有黏结性的材料时，制作后可以立即脱模，用水泥稳定无黏结性材料时，最好过几小时再脱模）。称试件的质量 m_2，小试件准确到 1g；中试件准确到 2g；大试件准确到 5g（小试件指 50mm×50mm 的试件，中试件指 100mm×100mm 的试件，大试件指 150mm×150mm 的试件。下同）。然后用游标卡尺量试件的高度 h，准确到 0.1mm。

用击锤制件，步骤同前。只是用击锤（可以利用做击实试验的锤，但压柱顶面需要垫一块牛皮或胶皮，以保护锤面和压柱顶面不受损伤）将上下压柱打入试模内。

（5）养护。试件从试模内脱出并称量后，应立即放到密封湿气箱和恒温室内进行保温、保湿养护。但中试件和大试件应先用塑料薄膜包覆，有条件时，可采用蜡封保湿养护。养护时间视需要而定，作为工地控制，通常都只取 7d。整个养护期间的温度，在北方地区应保持（20±2）℃，在南方地区应保持（25±2）℃。

养护期的最后一天，应该将试件浸泡在水中，水的深度应使水面在试件顶上约 2.5cm。在浸泡水中之前，应再次称试件的质量 m_3。在养护期间，试件质量的损失应该符合下列规定：小试件不超过 1g；中试件不超过 4g；大试件不超过 10g。质量损失超过此规定的试件，应该作废。

4. 试验步骤

1）将已浸水一昼夜的试件从水中取出，用软的旧布吸去试件表面的可见自由水，并称试件的质量 m_4。

2）用游标卡尺量试件的高度 h_1，准确到 0.1mm。

3）将试件放到路面材料强度试验仪的升降台上（台上先放一扁球座），进行抗压试验。试验过程中，应使试件的形变等速增加，并保持速率约为 1mm/min。记录试件破坏时的最大压力 P（N）。

4）从试件内部取有代表性的样品（经过打破）测定其含水量 ω_1。

5. 计算

试件的无侧限抗压强度 R_c 用下列相应的公式计算：

对于小试件 　　　　　　　$R_c = P/A = 0.000\ 51P$ MPa 　　　　　　　(2-7)

对于中试件 　　　　　　　$R_c = P/A = 0.000\ 127P$ MPa 　　　　　　(2-8)

对于大试件 　　　　　　　$R_c = P/A = 0.000\ 057P$ MPa 　　　　　　(2-9)

式中　P ——试件破坏时的最大压力（N）；

　　　A ——试件的截面积，$A = \pi D^2/4$，D 为试件的直径（mm）。

6. 精密度或允许误差

若干次平行试验的偏差系数 C_v（%）应符合下列规定：

小试件　　　不大于 10%

中试件　　　不大于 15%

大试件　　　不大于 20%

7. 报告

报告应包括以下内容：

1）材料的颗粒组成。

2）水泥的种类和标号或石灰的等级。

3）确定最佳含水量时的结合料用量以及最佳含水量（%）和最大干密度（g/cm³）。

4）水泥或石灰剂量（%）或石灰（或水泥）、粉煤灰和骨料的比例。

5）试件干密度（准确到 0.01 g/cm³）或压实度。

6）吸水量以及测抗压强度时的含水量（%）。

7）抗压强度：小于 2.0MPa 时，采用两位小数，并用偶数表示；大于 2.0MPa 时，采用 1 位小数。

8）若干试验结果的最小值和最大值、平均值 $\bar{R}_c$、标准值 S、偏差系数 C_v 和 95%概率的值 $R_{c0.95}(=\bar{R}_c - 1.645S)$。

8. 记录格式

本试验的记录格式见表 2-4。

表 2-4　　　　　　　　　　　无侧限抗压强度试验

工程名称＿＿＿＿＿＿　　　　　试件尺寸/cm＿＿＿＿＿＿

路段范围＿＿＿＿＿＿　　　　　养护龄期/d＿＿＿＿＿＿

混合料名称＿＿＿＿＿＿　　　　加载速度/（mm/min）＿＿＿＿＿＿

结合料剂量（%）＿＿＿＿　　　试验者＿＿＿＿＿＿

最大干密度/（g/cm³）＿＿＿　　校核者＿＿＿＿＿＿

试件压实度（%）＿＿＿＿　　　试验日期＿＿＿＿＿＿

试件号						
试件制备方法						
制件日期						
试验日期						
养护前试件质量（m_2）	g					

续表

浸水前试件质量（m_3）	g					
浸水后试件质量（m_4）	g					
养护期间的质量损失[①]（m_2-m_3）	g					
吸水量（m_4-m_3）	g					
养护前试件的高度（h）	cm					
浸水后试件的高度（h）	cm					
试验的最大压力（P）	N					
无侧限抗压强度（R_c）	MPa					

① 指水分损失。如养护后试件掉粒或掉块，不作为水分损失。

2.3 水泥或石灰稳定土中水泥或石灰剂量的测定方法

1. 概述

所谓水泥或石灰剂量是指水泥或石灰占混合料干重的百分率。

对于石灰稳定类，当石灰剂量较低时，石灰主要起稳定作用，土的塑性，膨胀、吸水量、聚水量减少，土的密度、强度得到稳定。随着剂量的增加，石灰土的强度和稳定性均提高。但当剂量超过一定范围，过多的石灰在土的空隙中以自由灰存在，将导致石灰土的强度下降。而对于水泥稳定类，随着水泥剂量的增加，水泥土的物理—力学性质也将显著地改善，但不存在最佳水泥剂量。过多的水泥用量，虽可获得强度增加，但经济上是不合理的。因此对于无机结合料稳定类基层与底基层，必须测定水泥或石灰的剂量。

目前测定水泥或石灰剂量的方法主要有 EDTA 滴定法、直读式测钙仪测定石灰土中石灰剂量等方法，现分述如下。

2. EDTA 滴定法

（1）目的和适用范围。

1）本试验方法适用于在工地快速测定水泥和石灰稳定土中水泥和石灰的剂量，并可用以检查拌和的均匀性。用于稳定的土可以是细粒土，也可以是中粒土和粗粒土。本方法不受水泥和石灰稳定土龄期（7d 以内）的影响。工地水泥和石灰稳定土含水量的少量变化（±2%），实际上不影响测定结果。用本方法进行一次剂量测定，只需 10min 左右。

2）本方法也可以用来测定水泥和石灰综合稳定土中结合料的剂量。

（2）仪器设备。

1）滴定管（酸式）50mL，1 支。

2）滴定台，1 个。

3）滴定管夹，1 个。

4）大肚移液管：10mL，10 支。

5）锥形瓶（即三角瓶）：200mL，20 个。

6）烧杯：2000mL（或 1000mL），1 只；300mL，10 支。

7）容量瓶：1000mL，1 个。

8）搪瓷杯：容量大于 1200mL，10 只。

9）不锈钢棒（或粗玻璃棒），10 根。

10）量筒：100mL 和 50mL，各一只；50mL，2 只。

11）棕色广口瓶：60mL，1 只（装钙红）。

12）托盘天平：称量 500g、感量 0.5g 和称量 100g、感量 0.1g，各一台。

13）秒表 1 只。

14）表面皿：ϕ9cm，10 个。

15）研钵：ϕ12～13cm，1 个。

16）土样筛：筛孔 2.0mm 或 2.5mm，1 个。

17）洗耳球（1 两或 2 两），1 个。

18）精密试纸：pH12～14。

19）聚乙烯桶 20L，1 个（装蒸馏水）；10L，2 个（装氯化铵及 EDTA 二钠标准液）；5L，1 个（装氢氧化钠）。

20）毛刷，去污粉，吸水管、塑料勺、特种铅笔，厘米纸。

21）洗瓶（塑料）500mL，1 只。

（3）试剂。

1）0.1mol/m^3 乙二胺四乙酸二钠（简称 EDTA 二钠）标准液：准确称取 EDTA 二钠（分析纯）37.226g，用微热的无二氧化碳蒸馏水溶解，待全部溶解并冷至室温后，定容至 1000mL。

2）10%氯化铵（NH$_4$Cl）溶液：将 500g 氯化铵（分析纯或化学纯）放在 10L 的聚乙烯桶内，加蒸馏水 4500mL，充分振荡，使氯化铵完全溶解。也可以分批在 1000mL 烧杯内配制，然后倒入塑料桶内摇匀。

3）1.8%氢氧化钠（内含三乙醇胺）溶液：用 100g 架盘天平称 18g 氢氧化钠（NaOH）（分析纯），放入洁净干燥的 1000mL 蒸馏水使其全部溶解，待溶液冷至室温后，加入 2mL 三乙醇胺（分析纯），搅拌均匀后储于塑料桶中。

4）钙红指示剂：将 0.2g 钙试剂羟酸钠（分子式 C$_{21}$H$_{13}$O$_7$N$_2$SNa，分子量 460.39）与 20g 预先在 105℃烘箱中烘 1h 的硫酸钾混合。一起放入研钵中，研成极细粉末，储于棕色广口瓶中，以防吸潮。

（4）准备标准曲线。

1）取样。取工地用石灰和骨料。风干后分别过 2.0 或 2.5mm 筛，用烘干法或酒精法测其含水量（如为水泥可假定其含水量为 0%）。

2）混合料组成的计算。

① 公式：干料质量=湿料质量/（1+含水量）

② 计算步骤：

a. 求干混合料质量=300g/（1+最佳含水量）。

b. 干土质量=干混合料质量/（1+石灰（或水泥）剂量）。

c. 干石灰（或水泥）质量=干混合料质量-干土质量。

d. 湿土质量=干土质量×（1+土的风干含水量）。

e. 湿石灰质量=干石灰×（1+石灰的风干含水量）。

f. 石灰土中应加入的水=300g-湿土质量-湿石灰质量。

③ 准备 5 种试样，每种 2 个样品（以水泥骨料为例），如下：

第 1 种：称 2 份 300g 骨料（如为细粒土，则每份的质量可以减为 100g）分别放在 2 个搪瓷杯内，骨料的含水量应等于工地预期达到的最佳含水量。骨料中所加的水应与工地所用的水相同（300g 为湿质量）。

第 2 种：准备 2 份水泥剂量为 2%的水泥土混合料试样，每份均重 300g，并分别放在 2 个搪瓷杯内。水泥土混合料的含水量应等于工地预期达到的最佳含水量。混合料中所加的水应与工地所用的水相同。

第 3 种、第 4 种、第 5 种：各准备 2 份水泥剂量分别为 4%、6%、8%（在此，准备标准曲线的水泥剂量为：0%、2%、4%、6%和 8%，实际工作中应使工地实际所用水泥或石灰的剂量位于准备标准曲线时所用剂量的中间）的水泥土混合料试样，每份均重 300g，并分别放在 6 个搪瓷杯内，其他要求同第 1 种。

④ 取一个盛有试样的搪瓷杯，在杯内加 600mL10%氯化铵溶液（当仅用 100g 混合料时，只需 200mL10%氯化铵溶液），用不锈钢搅拌棒充分搅拌 3min（每分钟搅 110～120 次）。如水泥（或石灰）土混合料中的土是细粒土，则也可以用 1000 mL 具塞三角瓶代替搪瓷杯，手握三角瓶（瓶口向上）用力振荡 3min（每分钟 120 次±5 次），以代替搅拌棒搅拌。放置沉淀 4min［如 4min 后得到的是混浊悬浮液，则应增加放置沉淀时间，直到出现澄清悬浮液为止，并记录所需的时间，以后所有该种水泥（或石灰）土混合料的试验，均应以同一时间为准］，然后将上部清液转移到 300mL 烧杯内，搅匀，加盖表面皿待测。

⑤ 用移液管吸取上层（液面下 1～2cm）悬浮液 10.0mL 放入 200mL 的三角瓶内，用量筒量取 500mL1.8%氢氧化钠（内含三乙醇胺）溶液倒入三角瓶中，此时溶液 pH 值为 12.5～13.0（可用 pH12～14 精密试纸检验），然后加入钙红指示剂（体积约为黄豆大小），摇匀，溶剂呈玫瑰红色。用 EDTA 二钠标准液滴定到纯蓝色为终点，记录 EDTA 二钠的耗量（以 mL 计，读至 0.1mL）。

⑥ 对其他几个搪瓷杯中的试样，用同样的方法进行试验，并记录各自的 EDTA 二钠的耗量。

⑦ 以同一水泥或石灰剂量混合料消耗 EDTA 二钠毫升数的平均值为纵坐标，以水泥或石灰剂量（%）为横坐标制图。两者的关系应是一根平滑的曲线，如图 2-1 所示。如素骨料或水泥或石灰改变，必须重做标准曲线。

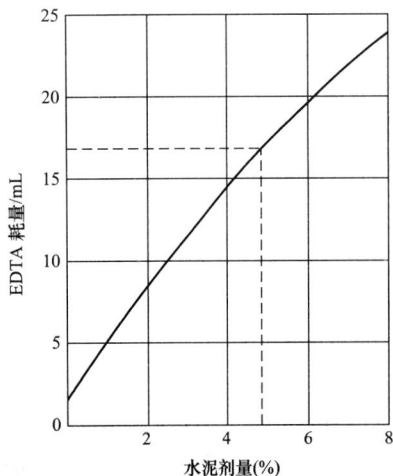

图 2-1 标准曲线

（5）试验步骤。

1）选取有代表性的水泥土或石灰土混合料，称 300g 放在搪瓷杯中，用搅拌棒将结块搅散，加 600mL10%氯化铵溶液，然后如前述步骤那样进行试验。

2）利用所绘制的标准曲线，根据所消耗的 EDTA 二钠毫升数，确定混合料中的水泥或石灰剂量。

（6）注意事项。

1）每个样品搅拌的时间、速度和方式应力求相同，以增加试验的精度。

2）做标准曲线时，如工地实际水泥剂量较大，素骨料和低剂量水泥的试样可以不做，而直接用较高的剂量做试验，但应有两种剂量大于实用剂量，以及两种剂量小于实用剂量。

3）配制的氯化铵溶液最好当天用完，不要放置过久，以免影响试验的精度。

（7）报告。报告应包括以下内容：① 混合料名称；② 试验方法名称；③ 试验数量 n；④ 试验结果极小值和极大值；⑤ 实验结果平均值；⑥ 试验结果标准差；⑦ 试验结果偏差系数。

（8）记录格式。本试验的记录格式见表 2-5。

表 2-5　　　　　　　　　　　水泥或石灰剂量的测定

工程名称＿＿＿＿＿＿＿　　　　　试验方法＿＿＿＿＿＿＿

结构层名称＿＿＿＿＿＿　　　　　试 验 者＿＿＿＿＿＿＿

稳定剂种类＿＿＿＿＿＿　　　　　校 核 者＿＿＿＿＿＿＿

试样标号＿＿＿＿＿＿＿　　　　　试验日期＿＿＿＿＿＿＿

试 样 编 号		1	2	3	4	5	6	7
EDTA 耗量	mL							
结合料剂量	%							

3. 直读式测钙仪法

（1）目的和适用范围。本试验方法适用于测定新拌石灰土中石灰的剂量。

（2）仪器设备。

1）钙离子选择性电极（PVC 薄膜），1 支。

2）饱和甘汞电极，232（或 330）型，1 支。

3）直读式测钙仪，1 台。

4）架盘天平：感量 0.1g 及 0.5g，各 1 台。

5）量筒：1000mL、2000mL、50mL，各 1 只。

6）具塞三角瓶：1000mL，10 个（或搪瓷杯 10 个）；500mL，4 个。

7）烧杯：2000mL，1 个；300mL，10 个；50mL，15 个。

8）容量瓶：1000mL，1 个。

9）塑料瓶（桶）：10L，2 个；1000mL，3 个；250mL，2 个。

10）土壤筛：2mm 或者 2.5mm 筛孔，1 个。

11）大肚移液管：100mL，1 支。

12）干燥器：1 个。

13）表面皿：ϕ90mm，10 个；ϕ50mm，15 个。

14）计量器：1 只。

15）搅拌子：20 只。

16）电炉、石棉网，各 1 个。

17）洗瓶：500mL，1 个。

18）其他：吸水管，洗耳球，粗、细玻璃棒，试剂勺。

（3）制备溶液。

1）10%氯化铵溶液。将 100g 氯化铵放入大烧杯中，加水（饮用水即可）900mL（配制体积，可根据待测样品数量确定），搅拌均匀后，存放于塑料桶内保存。

2）10^{-1}mol/m³氯化钙标准溶液。将分析纯碳酸钙（$CaCO_3$）在180℃烘箱中烘2h后，取出放入干燥器内冷却45min。用万分之一天平或千分之一天平准确称取已冷却的碳酸钙10.009g放入300mL烧杯中，盖上表面皿。用少许蒸馏水润湿后，从杯口用吸水管沿杯壁逐滴滴入1:5稀盐酸（18mL盐酸加90mL蒸馏水）并轻摇杯子，使碳酸钙全部溶解。然后用洗瓶吹洗表面皿和杯壁，移至电炉上加热并保持微沸5min，以驱除二氧化碳。冷却后转移至1000mL容量瓶中，用蒸馏水多次沿杯壁冲洗烧杯，将冲洗的水一并倒入容量瓶中。当蒸馏水加到约950mL左右时，再用20%氢氧化钠调至中性，使pH值为7。最后用蒸馏水稀释至刻度，反复摇匀，静置后倒入1000mL塑料瓶（装有各种溶液的塑料瓶（桶）均应贴上标签，写明浓度、溶液名称和配制日期）中备用。

3）10^{-2}mol/m³氯化钙标准溶液。用大肚移液管吸取100mL10^{-1}mol/m³氯化钙标准溶液放入1000mL容量瓶中，加蒸馏水稀释到刻度后，充分摇匀，转入1000mL塑料瓶中备用。

4）10^{-3}mol/m³氯化钙标准溶液。用大肚移液管吸取100mL10^{-2}mol/m³氯化钙标准溶液放入1000mL容量瓶中，加蒸馏水稀释到刻度后，充分摇匀，转入1000mL塑料瓶中备用。

5）氯化钾饱和溶液。用感量为0.1g的架盘天平称分析纯氯化钾（KCl）70g，放入300mL烧杯中，用量筒取200mL蒸馏水倒入烧杯内，用玻璃棒充分搅动，溶液中应留用结晶（溶液呈过饱和状态），移入塑料瓶中备用。

6）20%氢氧化钠溶液。用感量0.1g的架盘天平迅速称取40g分析纯氢氧化钠（NaOH）放入300mL烧杯中，加入160mL新煮沸并已冷却的蒸馏水。用玻璃棒充分搅匀后，转入塑料瓶中备用（若用玻璃瓶装，瓶塞应改用橡皮塞，避免因久放瓶塞打不开）。

（4）准备仪器和电极。

1）钙电极（见图2-2）：在测定的前一天，应将内参比电极从套管中取出，向管中滴入10^{-1}mol/m³氯化钙标准溶液15滴左右。再将内参比电极装回管内。在每天进行测定之前，将钙电极有薄膜的一端放在10^{-2}mol/m³氯化钙标准溶液中浸泡2h，使电极活化。使用前取出电极，用水冲洗并以软纸吸干电极上的水分。

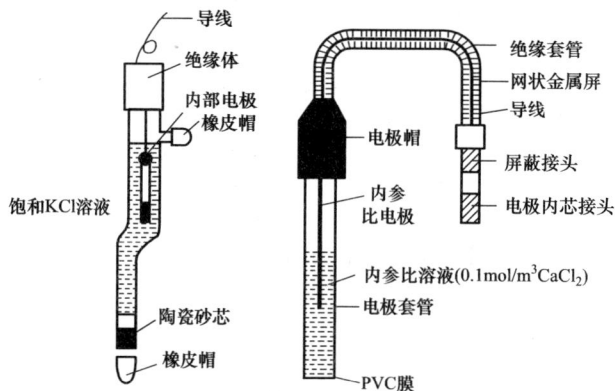
图2-2 钙电极和甘汞电极

2）甘汞电极：检查内液面是否与上部加液口平，若内液面低时，拔去加液口橡皮帽并用滴管添加氯化钾饱和溶液。测定时拔去上端加液口橡皮帽和下端橡皮帽。用水冲洗并以软纸吸干水分。

3）仪器：在测定前接通测钙仪电源，使仪器预热 20min。

（5）准备石灰土标准剂量浸提液。

1）土样：将现场土通过孔径 2mm 或 2.5mm 筛。

2）石灰：将现场所用石灰通过孔径 2mm 或 2.5mm 筛后，贮入具塞的容器内备用。

3）测定土和石灰的风干含水量。

4）确定石灰土的最佳含水量。

5）计算 6%、14%石灰土中石灰、土和水的质量。

6）石灰土标准剂量浸提液的制备：

用准备好的土和石灰配制 6%、14%（可以根据设计剂量选择石灰土标准浸提液剂量的上限。如果剂量高时，标定所用剂量的上限可以是 16%或 18%等。此时，标定仪器过程中调节旋钮 II 应使之显示 16.0 或 18.0 等）的石灰土标准剂量浸提液供标定仪器用。用感量为 0.1g 和 0.5g 的架盘天平按本条 5 中计算得的量分别称取准备好的土样和石灰，制备以上两种剂量的石灰土混合料各 300g，分别放入 1000mL 具塞三角瓶（或搪瓷杯）中，混匀。用刻度吸管（或量筒）加入本条 5 中计算得的水量。再用量筒加入 10%氯化铵溶液 600mL（对于细粒土，也可以用 100g 混合料。此时可将混合料放入 500mL 具塞三角瓶中，并加 200mL10%氯化铵溶液）。盖紧塞子用手振荡（或用不锈钢棒搅拌）2min，保持每分钟 120 次±5 次，静止 4min 后将上部清液倒入干燥、洁净的 500mL 具塞三角瓶中，摇匀，瓶外加贴标签，供以后标定仪器时用。

当石灰品种、土质和水质相同时，制备的 6%、14%的石灰土标准剂量浸提液可供连续标定 10d 之用。

（6）标定仪器。将上述制备好的标准液分别倒出 25～30mL 于干燥、洁净的 50mL 烧杯中，各加入一只搅拌子。先将 6%标准液放在直读式测钙仪上，待仪器开始搅拌后放入钙电极和甘汞电极（见图 2-3），停止搅拌后，调整校正 I 旋钮，使之显示 6.0；采样读数结束。将电极提起，取下 6%标准液。用水冲洗电极并用软纸吸干电极上的水。再将装有 14%标准液的烧杯放在直读式测钙仪上，开始搅拌后，放入钙电极和甘汞电极。停止搅拌后，调整校正 II 旋钮，使之显示 14.0。如此重复 2～3 次。每次 6%和 14%标准液校正均能显示 6.0 和 14.0 时，仪器标定即完毕。

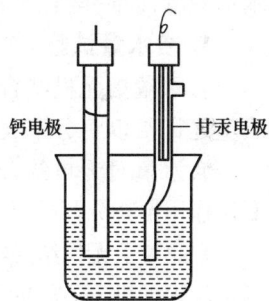

钙电极　　甘汞电极

图 2-3　测试示意图

（7）试验步骤。

1）从施工现场同一位置取约 1000g 具有代表性的石灰土试样，经进一步拌匀之后，使其全部通过 2mm 或 2.5mm 筛孔。

2）用感量 0.5g 的架盘天平称取两份石灰土试样各 300g，并分别放入两个 1000mL 具塞三角瓶中，每个三角瓶中加 10%氯化铵溶液 600mL。盖紧塞子用手振荡（或用不锈钢棒搅拌）2 min，保持每分钟 120 次±5 次。静止 4min 后将 25～30mL 待测液倒入干燥、洁净的 500mL 烧杯中。加入一只搅拌子并放在直读式测钙仪上，仪器开始搅拌后，放入钙电极和甘汞电极，待停止搅拌后，仪器显示的数值即为该样品的石灰剂量。再重复测试一次，取两次测试结果的平均值。

（8）注意事项。

1）在计算6%和14%混合料的组成时，应使混合料的最佳含水量与施工碾压时的最佳含水量相近。

2）若土、石灰或水质有变化时，必须重新配置6%和14%（或16%、18%）石灰土标准剂量浸提液，并用它标定仪器。

3）制备每个样品的浸提液时，搅拌的时间、速度和方式应力求相同。配制的氯化铵溶液当天用完，不宜放置过久。

4）所用器具必须用水冲洗干净。

5）每测完一个样品应用蒸馏水或自来水冲洗电极，并用软纸吸干后再测下一个样品。

6）若进行全天测试，午间休息时可将钙电极薄膜端浸泡在 10^{-3}mol/m^3 氯化钙标准溶液中，下午测定前不必进行活化。下午测定结束后应用水冲洗电极，并用软纸将水吸干，套上橡皮帽，然后挂起干放保存，次日用前再进行活化。

7）在连续使用时，钙电极的内参比液应每周更换一次，以保证试验的稳定性。

（9）报告及记录格式。报告同 EDTA 滴定法；记录格式同 EDTA 滴定法，但除去 EDTA 耗量。

2.4 无机结合料稳定类材料的其他试验

无机结合料稳定材料除击实试验、无侧限抗压强度试验、水泥或石灰剂量的测定外，还包括含水量试验、间接抗拉强度试验（劈裂试验）、室内抗压回弹模量试验和石灰的化学分析，本节只做简单介绍。

1. 含水量试验

含水量指无机结合料稳定土中水的质量（湿稳定土和干稳定土的质量之差）与干稳定土质量之比，以百分率表示。

含水量对无机结合料稳定材料的强度有很大影响，当含水量过小时，其发生化学与物理变化作用不充分，不能保证土团得到最大限度的粉碎和均匀拌和，也不能保证达到最大压实度要求，因此对于无机结合料稳定类结构层，均存在一个最佳含水量。因此，必须对含水量进行试验测定。根据烘干方式的不同，目前测定含水量的试验方法有烘干法、砂浴法和酒精法。

烘干法是测定无机结合料稳定土含水量的标准方法，是使用烘箱在105～110℃的条件下将稳定土烘至恒重得到干稳定土，湿稳定土和干稳定土的质量之差与干稳定土的质量之比的百分率即为稳定土的含水量。采用烘干法得到的含水量结果最为准确。但烘干时间较长，通常需要16～24h，某些土或试样数量过多或试验很潮湿，可能需要烘更长的时间。

砂浴法适用于在工地快速测定无机结合料稳定土的含水量，试验是将盛有试样的铝盒或方盘放在正在加热的砂浴内，并经常用调土刀搅拌试样，促使水分蒸发，使试样干燥，得到干稳定土，湿稳定土和干稳定土的质量之差与干稳定土的质量之比的百分率即为稳定土的含水量。应注意的是，当土中含有大量石膏、碳酸钙或有机质时，不应使用砂浴法。

酒精法适用于在工地快速测定无机结合料稳定土的含水量，试验时将酒精倒在蒸发皿内的试样上，使其浸没试样，并用刮土刀拌和酒精和土样将大土块破碎，然后点火燃烧，使蒸发皿冷却，得到干稳定土，进而得到含水量。酒精法适用于细粒土和中粒土，对于粗粒土，因为需要大量酒精，而且大火有危险，所以不宜使用酒精法。如果土中含有大量黏土、石膏、石灰质或有机质，也不能使用酒精法。

2. 间接抗拉强度试验（劈裂试验）

在路面设计中不仅要求材料的抗压弹性模量，而且要求材料的抗拉强度或间接抗拉强度（劈裂强度），以及材料在标准条件下的参数和在现场条件下的参数、材料强度和模量与时间的变化等。

间接抗拉强度试验（劈裂试验）适用于测定无机结合料稳定土（包括稳定细粒土、中粒土和粗粒土）试件的间接抗拉强度。试验包括：试料准备（同本章第二节无侧限抗压强度试验中的试料准备），按照击实试验方法确定无机结合料混合料的最佳含水量和最大干密度，按预定干密度用静力压实法制备试件以及击锤法制备高:直径=1:1 的圆柱体试件，养护，将试件放在压力机升降台的压条上，顶面也放一压条，使试样的形变等速增加，记录破坏时的最大压力，最后用公式计算其间接抗拉强度。

3. 室内抗压回弹模量

抗压回弹模量是路面结构设计中的一个基本参数，其值的大小直接影响到路面材料的强度特性和应力—应变特性，影响到路面结构厚度的取值。目前室内抗压回弹模量试验方法主要有两种：承载板法和顶面法。

承载板法适用于在室内对无机结合料稳定细粒土和中粒土进行抗压回弹模量试验，试验加载主要仪器为杠杆压力仪或其他合适的仪器、承载板、试模和千分表。顶面法使用范围更广，不仅适用于细粒土、中粒土，还适用于粗粒土，试验主要设备有加载主机、测量形变的装置和千分表。试验时，将预定的单位压力 p 分成 5～6 等份，作为每次施加的压力值，然后分级加载，待荷载作用达 1min 时记录千分表的读数；同时卸去荷载，让试件的弹性形变恢复，到 0.5min 时记录千分表的读数，直至记录最后一级荷载下的回弹形变。试验操作完毕，计算每级荷载下的回弹形变 l（等于加荷时平均读数卸荷时平均读数），以单位压力 p 为横坐标（向右），回弹形变 l 为纵坐标（向下），绘制 p 与 l 的关系曲线，按照规程的公式计算回弹模量 E。

4. 石灰的化学分析

大量的试验表明，钙石灰比镁石灰稳定土的初期强度为高，特别是在剂量不大的情况下，但镁石灰稳定土的后期稳定效果并不比钙石灰差，尤其是在剂量较大时，还优于钙石灰。石灰的等级愈高（CaO+MgO 的含量愈高）时，在同样石灰剂量下有较多的 CaO 和 MgO 起作用，因而稳定效果愈好。因此，在选择石灰时必须进行化学分析。

石灰的化学分析主要包括有效氧化钙的测定、氧化镁的测定和有效氧化钙和氧化镁合量的测定。相应的试验方法详见现行的《公路工程无机结合料稳定材料试验规程》，这里不再介绍。

复习思考题

1. 击实试验中如果存在超颗粒尺寸，怎么处理？

2. 无机结合料稳定土的无侧限抗压强度试验主要采用哪些检测器具？

3. EDTA 滴定法适用于什么情况？直读式测钙仪适用于什么情况？

4. 无机结合料稳定材料含水量的测定的方法有几种？有什么不同之处？各适用于什么情况？

第3章 沥青混合料试验

3.1 沥青混合料试件制作（击实法）

沥青混合料的制备和试件成型，是按照设计的配合比，应用现场实际材料，在试验室用小型拌和机按规定的温度制备成沥青混合料；然后将这种混合料在规定成型温度下，用击实法制成直径为 101.6mm、高为 63.5mm 的圆柱体试件，供测定其物理常数和力学性质用。

1. 试验目的

（1）本方法适用于标准击实法制作沥青混合料试件，以供试验室进行沥青混合料物理力学性质试验使用。

（2）标准击实法适用于马歇尔试验、间接抗拉试验（劈裂法）等所使用的 ϕ 101.6×63.5mm 圆柱体试件的成型。

（3）沥青混合料试件制作时的矿料规格及试件数量应符合如下规定：

1）沥青混合料配合比设计及在试验室人工配制沥青混合料制作试件时，试件直径不小于骨料公称最大粒径的 4 倍，厚度不小于骨料公称最大粒径的 1～1.5 倍。对直径 101.6mm 的试件，骨料公称最大粒径应不大于 26.5mm。对粒径大于 26.5mm 的粗粒式沥青混合料，其大于 26.5mm 的骨料应用等量的 13.2～26.5mm 骨料代替（代替法）。一组试件的数量不得少于 4 个，必要时宜增加至 5～6 个。

2）用在拌和厂及施工现场采集的拌和沥青混合料成品试样制作直径 ϕ 101.6mm 的试件时，按下列规定选用不同的方法及试件数量：

① 当骨料公称最大粒径小于或等于 26.5mm 时，可直接取样（直接法）；一组试件的数量通常为 4 个。

② 当骨料公称最大粒径大于 26.5mm，但不大于 31.5mm 时，宜将大于 26.5mm 的骨料筛除后使用（过筛法）。一组试件数量仍为 4 个，如采用直接法，一组试件的数量应增加至 6 个。

③ 当骨料公称最大粒径大于 31.5mm 时必须采用过筛法。过筛的筛孔为 26.5mm，一组试件仍为 4 个。

2. 试验仪器

（1）标准击实仪：由击实锤、ϕ 98.5mm 平圆形压实头及带手柄的导向棒组成。用人工或机械将压实锤举起，从 457.2mm±1.5mm 高度沿导向棒自由落下击实。标准击实锤质量为 4536g±9g。

（2）标准击实台：用以固定试模，在 200mm×200mm×457mm 的硬木墩上面有一块 305mm×305mm×25mm 的钢板，木墩用 4 根钢筋固定在下面的水泥混凝土板上。木墩采用青冈栎、松或其他干密度为 0.67～0.77g/cm³ 的硬木制成，人工击实均必须有此标准击实台。

自动击实仪是标准击实锤及标准击实台安装一体，并用电力驱动使击买锤连续击实试件且可自动记数的设备，击实速度为 60±5 次/min。大型击实法电动击实的功率不小于 250W。

（3）试验室用沥青混合料搅拌机：能保证拌和温度并充分拌和均匀，可控制拌和时间，容量不小于 10L。搅拌叶自转速度 70～80r/min，公转速度 40～50r/min。

（4）脱模机：电动或手动，可无破损地推出圆柱体试件，备有标准圆柱体试件尺寸的推出环。

（5）试模：由高碳钢或工具钢制成，每组包括内径 106±0.2mm，高 87mm 的圆柱形金属筒。底座（直径约 120.6mm）和套筒（内径 101.6mm、高 70mm）各 1 个。

（6）烘箱：大、中型各一台，装有温度调节器。

（7）天平或电子秤：用于称量矿料的，感量不大于 0.5g；用于称量沥青的，感量不大于 0.1g。

（8）沥青运动黏度测定设备：毛细管黏度计，赛波特重油黏度计或布洛克菲尔德黏度计。

（9）插刀或大螺丝刀。

（10）温度计：分度为 1℃。宜采用有金属插杆的热电偶沥青温度计，金属插杆的长度不小于 300mm。量程 0～300℃，数字显示或度盘指针的分度 0.1℃，且有留置读数功能。

（11）其他：电炉或煤气炉、沥青熔化锅、拌和铲、标准筛、滤纸（或普通纸）。胶布、卡尺、秒表、粉笔、棉纱等。

3. 试验准备

（1）确定制作沥青混合料试件的拌和与压实温度。

1）按公路工程沥青及沥青混合料试验规程（JTJ 052—2000）规范规定的方法测定沥青的黏度，绘制黏度曲线，并按表 3-1 的要求确定适用于沥青混合料拌和及压实的等黏温度。

表 3-1　　　　　　　　　　　适用于沥青混合料拌和及压实的沥青等黏温度

沥青结合料种类	粘度与测定方法	适用于拌和的沥青结合料黏度	适用于压实的沥青结合料黏度
石油沥青 （含改性沥青）	表观黏度 T0325 运动黏度 T0619 赛波特黏度 T0623	(0.17±0.02) Pa·s (170±20) mm²/s (85±10) s	(0.28±0.03) Pa·s (280±30) mm²/s (140±15) s
煤沥青	恩格拉度 T0622	25±3	40±5

2）当缺乏沥青黏度测定条件时，试件的拌和与压实温度可按规范从表 3-2 中选用。并根据沥青品种和标号作适当调整。针入度小、稠度大的沥青取高限，针入度大、稠度小的沥青取低限，一般取中值。对改性沥青，应根据改性剂的品种和用量，适当提高混合料的拌和和压实温度，对大部分聚合物改性沥青，需要在基质沥青的基础上提高 15～30℃左右，掺加纤维时，尚需要提高 10℃左右。

表 3-2　　　　　　　　　　　沥青混合料拌和与压实温度参考值

沥青结合料种类	拌和温度/℃	压实温度/℃
石油沥青	130～160	120～150
煤沥青	90～120	80～110
改性沥青	160～175	140～170

3）常温沥青混合料的拌和及压实在常温下进行。

（2）试样采集。按《公路工程沥青及沥青混合料试验规程》（JT 052—2000）中 T0701 在拌和厂或施工现场采集沥青混合料试样。将试样置于烘箱中或加热的砂浴上保温，在混合料中插入温度计测量温度，待混合料温度符合要求后成型。需要适当拌和时可倒入已加热的小型沥青混合料拌和机中适当拌和，时间不超过1min，但不得用铁锅在电炉或明火上加热炒拌。

（3）材料准备。

1）人工配制沥青混合料材料准备：

① 将各种规格的矿料置于105±5℃的烘箱中烘干至恒重（一般不少于4～6h）。根据需要，粗骨料可先用水冲洗干净后烘干。也可将粗细骨料过筛后用水冲洗再烘干备用。

② 按规定试验方法分别测定不同粒径规格粗、细骨料及其填料（矿粉）的各种密度。按《公路工程沥青及沥青混合料试验规程》（JTJ 052—2000）中T0603测定沥青的密度。

③ 将烘干分级的粗细骨料，按每个试件设计级配要求称其质量，在一个金属盘中混合均匀，矿粉单独加热，置于烘箱中预热至沥青拌和温度以上约15℃（采用石油沥青时通常为163℃；采用改性沥青时通常需180℃）备用。一般按一组试件（每组4～6个）备料，但进行配合比设计时宜对每个试件分别备料。当采用替代法时，对粗集料中粒径大于26.5mm的部分，以13.2mm～26.5mm粗骨料等量代替。常温沥青混合料的矿料不应加热。

④ 将按《公路工程沥青及沥青混合料试验规程》（JTJ 052—2000）中T0601采集的沥青试样用恒温烘箱或油浴、电热套熔化加热至规定的沥青混合料拌和温度备用，但不得超过175℃；当不得已采用燃气炉或电炉直接加热进行脱水时，必须使用石棉垫隔开。

⑤ 用沾有少许黄油的棉纱擦净试模、套筒及击实座等，置于100℃左右烘箱中加热1h备用。常温沥青混合料用试模不加热。

2）拌制沥青混合料。

① 黏稠石油沥青或煤沥青混合料。

a. 将沥青混合料拌和机预热至拌和温度以上10℃左右备用（对试验室试验研究、配合比设计及采用机械拌和施工的工程，严禁用人工炒拌法热拌沥青混合料）。

b. 将每个试件预热的粗细骨料置于拌和机中，用小铲子适当混合，然后再加入需要数量的已加热至拌和温度的沥青（如沥青已称量在一专用容器内时，可在倒掉沥青后用一部分热矿粉将沾在容器壁上的沥青擦拭一起倒入拌和锅中），开动拌和机一边搅拌一边将拌和叶片插入混合料中拌和1～1.5min，然后暂停拌和，加入单独加热的矿粉，继续拌和至均匀为止，并使沥青混合料保持在要求的拌和温度范围内。标准的总拌和时间为3min。

② 液体石油沥青混合料。将每组（或每个）试件的矿料置于已加热至55～100℃的沥青混合料拌和机中，注入要求数量的液体沥青，并将混合料边加热边拌和，使液体沥青中的溶剂挥发至50%以下。拌和时间应通过事先试拌决定。

③ 乳化沥青混合料。将每个试件的粗细骨料置于沥青混合料拌和机（不加热，也可用人工炒拌）中，注入计算的用水量（阴离子乳化沥青不加水）后，拌和均匀并使矿料表面完全湿润，再注入设计的沥青乳液用量，在1min内使混合料拌匀，然后加入矿粉后迅速拌和，使混合料拌成褐色为止。

4. 成型步骤

（1）将拌好的沥青混合料，均匀称取一个试件所需的用量（标准马歇尔试件约1200g，大型马歇尔试件约4050g）。当已知沥青混合料的密度时，可根据试件的标准尺寸计算并乘以1.03得到要求的混合料数量。当一次拌和几个试件时，宜将其倒入经预热的金属盘中。用小铲适当拌和均匀分成几份，分别取用。在试件制作过程中，为防止混合料温度下降，应连盘放在烘箱中保温。

（2）从烘箱中取出预热的试模及套筒，用沾有少许黄油的棉纱擦拭套筒、底座及击实锤底面，将试模装在底座上，垫一张圆形的吸油性小的纸，按四分法从四个方向用小铲将混合料铲入试模中，用插刀或大螺丝刀沿周边插捣 15 次，中间 10 次。插捣后将沥青混合料表面整平成凸圆弧面。对大型马歇尔试件，混合料分两次加入，每次插捣次数同上。

（3）将温度计插入至混合料中心附近，检查混合料温度。

（4）待混合料温度符合要求的压实温度后，将试模连同底座一起放在击实台上固定，在装好的混合料上面垫一张吸油性小的圆纸，再将装有击实锤及导向棒的压实头插入试模中，然后开启电动机或用人工将击实锤从 457mm 的高度自由落下，击实规定的次数（75、50 或 35 次）。对大型马歇尔试件，击实次数为 75 次（相应于标准击实 50 次的情况）或 112 次（相应于标准击实 75 次的情况）。

（5）之后，取下套筒，将试模掉头，装上套筒，然后以同样的方法和次数击实另一面。在乳化沥青混合料试件的两面击实后，将其中一组试件在室温下横向放置 24h，另一组试件置温度为 105℃±5℃的烘箱中养护 24h。将养护试件取出后再立即两面锤击各 25 次。

（6）试件击实结束后，立即用镊子取掉上下面的纸，用卡尺量取试件离试模上口的高度并由此计算试件高度。如高度不符合要求时，试件应作废，并按式（3-1）调整试件的混合料质量，以保证高度符合 63.5mm±1.3mm（标准试件）或 95.3mm±2.5mm（大型试件）的要求。

$$调整后混合料质量 = \frac{要求试件高度 \times 原用混合料质量}{所得试件的高度} \tag{3-1}$$

卸去套筒和底座，将装有试件的试模横向放置冷却至室温后（不少于 12h），置脱模机上脱出试件。用于《公路工程沥青及沥青混合料试验规程》（JTJ 052—2000）中 T0709 作现场马歇尔指标检验的试件，在施工质量检验过程中如急需试验，允许采用电风扇吹 1 h 或浸水冷却 3min 以上的方法脱模，但浸水脱模法不能用于测量密度、空隙率等各项物理指标。

（7）将试件仔细置于干燥洁净的平面上，供试验用。

5. 结果处理

所得试验数据全部记入试验报告，并根据《公路工程沥青及沥青混合料试验规程》（JTJ 052—2000）要求确定所制作试件是否合格。

6. 试验报告

试验时，应填写沥青混合料试件制作方法记录表，见表 3-3。

表 3-3　　　　　　　　　　　　沥青混合料试件制作方法记录表

材料名称		初拟用途		试验时间	
沥青混合料级配组成	矿料名称	制备单个试件所需质量/g		加入沥青质量/g	矿料配比/%

试件编号	制件日期	拌和温度 T_1/℃	击实温度 T_2/℃	试件尺寸/mm		试件用途
				高度 h	直径 d	
备　注						

结论:

3.2　压实沥青混合料密度试验（表干法）

1. 概述

试件密度或相对密度的测定方法在实际使用中是一个非常重要而又困难的问题，尤其对空隙率较大或吸水率大的试件（如沥青碎石及粗粒式沥青混凝土），这个问题国内外均未解决。《公路工程沥青及沥青混合料试验规程》关于压实沥青混合料试件的密度试验方法有 4 个：水中重法（T0705）、表干法（T0706）、蜡封法（T0707）、体积法（T0708），是在参照国外的标准如 ASTM D 1188（蜡封法）、D 2726（表干法）、D 3202（开级配用体积法）等以及我国长期以来的工程实践的基础上编写的。不同的方法适用于不同的情况，使用时应根据实际情况按相关规范的规定选择。

密度是在一定条件下测量的单位体积的质量，单位为 t/m³ 或 g/cm³，通常以 ρ 表示。相对密度是所测定的各种密度与同温度下水的密度的比值，也称比重，以 γ 表示，单位无量纲。

由于沥青材料内部没有孔隙，测定的密度只有一种。但对沥青混合料来说，由于材料状态及测定条件的不同，计算用的体积所考虑的骨料内部的孔隙及骨料与骨料之间的空隙情况不同，计算的密度也就不同。图 3–1 表示了几种典型情况。

各种不同密度的基本意义如下：

（1）真实密度。规定条件下，材料单位真实体积（不包括任何孔隙和空隙）的质量，也叫真密度。

（2）毛体积密度。规定条件下，材料单位毛体积（包括材料实体、开口及闭口孔隙）的质量。当质量以干燥质量（烘干或空气干燥）为准时，称为绝对毛体积密度，简称毛体积密度。当质量以表干质量（饱和面干，包括开口孔隙中的水）为准时，称表干毛体积密度，也叫表干密度。

（3）表观密度。规定条件下，材料单位表观体积（包括材料实体、闭口孔隙，但不包括开口孔隙）的质量，也叫视密度。

沥青混合料的组成如图 3–1 所示，它包括 6 部分：

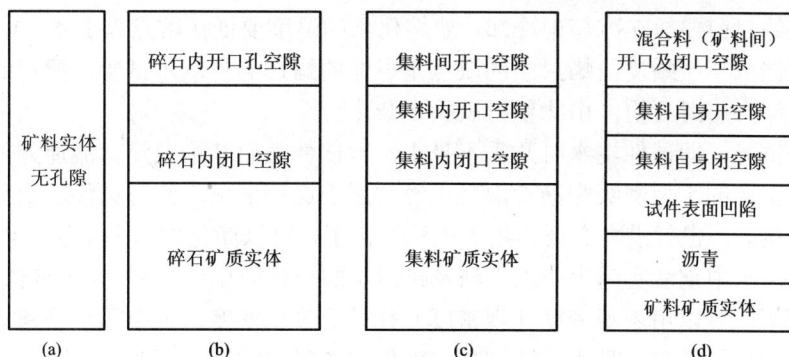

图 3-1　几种材料的典型组成情况

（a）石粉；（b）单颗粒碎石；（c）骨料混合料；（d）沥青混合料

1）各种矿料的矿质骨料（按磨成粉的无空隙状态考虑）。

2）沥青（都充填在骨料之间的间隙中，只裹覆在矿料表面，假定不被骨料吸收）。

3）骨料本身的闭空隙。

4）骨料本身的开空隙（在混合料中基本上已经被沥青封闭成闭孔隙）。

5）被沥青裹覆的矿料之间的空隙（包括开口的与闭口的）。

6）试件表面由于与试模接触得不到正常压实而产生的表面凹陷。

沥青混合料试件的空中质量相当于所有矿料的烘干质量（骨料是加热后拌和的）加上沥青质量，这个数值是一定的。各种不同的密度实际上是由于所测定体积的含义不同而已。沥青混合料各部分空隙或孔隙的比例将因矿料级配、沥青用量、压实程度而不同。本规程规定的沥青混合料密度的四种测定方法中，最基本的方法是表干法测定的毛体积密度（T0706），此法为美国 ASTM D 2726 及 AASHTO 166 方法。

所谓毛体积是指试件饱和面干状态下表面轮廓水膜所包裹的全部体积，试件内与外界流通的所有开口孔隙均已被水充满。试件的体积包括矿质实体和沥青体积，骨料内部的闭孔隙和骨料之间以被沥青封闭的闭空隙，与外流通的开口孔隙都计入了体积。但是试件轮廓以外的试件表面的凹陷是不包括在毛体积中的。毛体积相对密度 γ_f 的基本公式

$$\gamma_f = \frac{m_a}{m_f - m_w} \tag{3-2}$$

式中　m_a——试件的沥青混合料干燥试件的空中质量（气干质量）；

　　　m_w——水中质量；

　　　m_f——试件的表干质量。

由此可见，用表干法测定时，关键是在用拧干的湿毛巾擦试件表面时要制造一种真正的饱和面干状态。表面既不能有多余的水膜，又不能把吸入孔隙中的水分擦走。以得到真正的毛体积。

但是当沥青混合料的空隙率很大，即开口孔隙较多较大时，沥青混合料的饱和面干状态便很难形成。当试件从水中取出来时，开口孔隙中的水即会跟着流出。用毛巾擦的时候，也会将开口孔隙中的水吸出。为了解决这个问题，提出了蜡封法测定其密度。

蜡封法（T0707）是用蜡把开口孔隙封闭起来成为饱和的饱和面干状态，所以它与表干法一样，都是以包括开口孔隙及闭口孔隙在内的毛体积作为计算密度的体积。但蜡封法也不容易测量准确，它的关键在于蜡封时既要把孔隙封住，又不能让蜡吸入空隙中。在试验规程

中规定试件在蜡封前要放在冰箱中冷却，蜡熔化后的温度要低（熔点以上 4℃），使试件一浸入蜡中马上凝固成一层蜡皮。蜡封法的缺点是表面的蜡影响马歇尔试验，要把蜡刮掉，为了好刮，只能先涂一层滑石粉，由此使得试验复杂化。

有另一种情况，即试件浸水时几乎不吸水，即试件表面基本上没有流通外部的开孔隙，例如许多非常密实的Ⅰ型密级配沥青混凝土经常属于这种情况。此时试件的饱和面干质量与空中质量非常接近，也就没有必要再用表干法测定了，可以简化成水中重法（T 0705）测定。

规程规定用水中重法实际上是表干法及蜡封法的一种简化或特例。为了使试验尽量简化，在此特殊情况下，可以用表观密度（视密度）代替毛体积密度。水中重法是建立在沥青混合料试件浸入水中后，几乎不吸水，即试件内部仅存在闭空隙，表面开口孔隙均已被沥青封住的特殊情况的基础上的，由此测定的试件体积与蜡封法或表干法测定的毛体积实际上是相同的。是不是可以简化为水中重法，可以从称水中重时是不是吸水看出来，也可以用测定试件的吸水率检验。沥青混合料试件的吸水率为达到饱和面干状态时所吸收的水的体积与试件毛体积之比（体积比），并由式（3–3）计算

$$S_a = \frac{m_f - m_a}{m_f - m_w} \qquad (3\text{–}3)$$

应该注意的是沥青混合料的吸水率与骨料的吸水率的概念及计算方法是不同的，骨料的吸水率是吸收水量与骨料烘干质量之比（质量比），即

$$S_a = \frac{m_f - m_a}{m_a} \qquad (3\text{–}4)$$

体积法是空隙率特别大，不能用以上方法测定时的特殊情况。

在实践中，同一个试件，采用表干法、蜡封法、水中重法得到的密度不一致，这是很正常的。它可能是水中重法测定时水被吸入了试件内部，也可能是表干法擦拭试件不标准，也可能是蜡封法封蜡方法不对。

总而言之，测定沥青混合料密度的基本方法是表干法，当试件吸水率大于 2% 时，应用蜡封法测定。

不过，实际的试件情况是很难判断开口空隙，很难判断开口空隙的大小及水会不会流出或吸入的。所以《公路沥青路面施工技术规范》（JTJ F40—2004）对不同的混合料品种和类型明确规定了采用不同的方法。各单位不宜随意更改规定，采用与众不同的方法。

1）当试件有一定的吸水性，但吸水率小于 2%，试件浸水后，天平读数可较快达到稳定，可采用表干法。这是最常用的方法。

2）凡吸水率大于 2% 的各种沥青混凝土试件，应用蜡封法测定。

3）对空隙率大于 10% 时应用体积法测定。

将四种方法的计算参数列于表 3–4 以比较。

表 3–4　　　　　　　　　　　　试验规程规定的四种测试方法的简单比较

方法	计算用试件质量	计算用的试件体积
水中重法	试件的空中质量	混合料体积+试件内部的闭空隙（开空隙几乎可忽略）
表干法	试件的空中质量	混合料体积+试件内部的闭空隙+连通表面的开空隙
蜡封法	试件的空中质量	混合料体积+试件内部的闭空隙+连通表面的开空隙
体积法	试件的空中质量	混合料体积+试件内部的闭空隙+连通表面的开空隙+表面凹陷

我国这些试验方法的适用性，基本上与国外是一致的。例如日本铺装试验法便览规定，对表面致密不吸水的可用水中重法，表面平整但有吸水的用表干法，表面粗糙、有较多间隙的用蜡封法。实际上直至粗粒式沥青混凝土空隙率 3%～7% 的都采用表干法测定。而美国 AASHTO 的试验法明确规定，对空隙率小于 10% 的密式沥青混合料，当吸水率小于 2% 时，用 AASHTO T 275 或 ASTM D 1188 的蜡封法测定。对空隙率大于等于 10% 的开式沥青混合料可用 AASHTO T 269 的体积法测定。不过在美国是没有规定水中重法测定视密度的。

表干法的密度、空隙率等其他物理指标的计算方法与原试验规程相同，但是这是简化方法，实际情况要复杂得多。

首先，关于沥青混合料的各种密度的名称叫法，我国使用中一直比较混乱，没有严格的定义，这也与骨料的各种密度的名词不统一有关。本试验规程参照美国沥青学会 MS-2《沥青混合料及其他热拌沥青混合料的配合比设计方法》等对矿料及沥青混合料的密度或相对密度作如下规定：

无论是骨料还是沥青混合料试件，其基本定义是一样的。若试件空中质量即干燥质量（绝干质量）为 m_a，表干质量为 m_f，水中质量为 m_w，则

① 毛体积相对密度，通常所说的毛体积相对密度是指绝干毛体积相对密度，按 ASTM D 2726、D 1188、AASHTO T 166、T 275 及本规程 T 0706（蜡封法）计算

$$\gamma_{毛体积} = \frac{m_a}{m_f - m_w} \tag{3-5}$$

② 表干相对密度，即饱和面干毛体积相对密度，按式（3-6）计算

$$\gamma_{表} = \frac{m_f}{m_f - m_w} \tag{3-6}$$

③ 表观相对密度，按试验规程 T 0705 求得

$$\gamma_{表} = \frac{m_a}{m_a - m_w} \tag{3-7}$$

④ 有效相对密度，对应的密度称为有效密度。它是考虑了沥青吸入骨料内部的影响后计算得到的（见后述）。

在试验规程中，水中重法测定的是视密度及表观相对密度，表观法、蜡封法、体积法测定的都是毛体积密度。

2. 试验方法

（1）试验目的。

1）表干法适用于测定吸水率不大于 2% 的各种沥青混合料试件，包括 Ⅰ 型或较密实的 Ⅱ 型沥青混凝土、抗滑表层混合料、沥青玛蹄脂碎石混合料（SMA）试件的毛体积相对密度或毛体积密度。

2）本方法测定的毛体积密度适用于计算沥青混合料试件的空隙率、矿料间隙率等各项体积指标。

（2）试验仪器。

1）浸水天平或电子秤：当最大称量在 3kg 以下时，感量不大于 0.1g；最大称量在 3kg 以上时，感量不大于 0.5g；最大称量 10kg 以上时，感量 5g，应有测量水中重的挂钩。

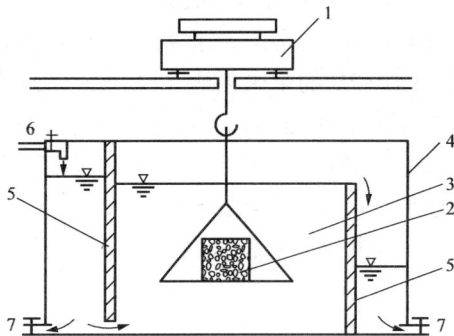

图 3-2　溢流水箱及下挂法
水中重称量方法示意图

1—浸水天平或电子秤；2—试件；3—网篮；4—溢流水箱；
5—水位搁板；6—注入口；7—放水阀门

2）网篮。

3）溢流水箱：如图 3-2 所示。使用洁净水，有水位溢流装置，保持试件和网篮浸入水中后的水位一定。

4）试件悬吊装置：天平下方悬吊网篮及试件的装置，吊线应采用不吸水的细尼龙线绳，并有足够的长度。对轮碾成型机成型的板块状试件可用铁丝悬挂。

5）秒表。

6）毛巾。

7）电风扇或烘箱。

3. 试验步骤

（1）选择适宜的浸水天平或电子秤，最大称量应不小于试件质量的 1.25 倍，且不大于试件质量的 5 倍。

（2）除去试件表面的浮粒，称取干燥试件的空中质量（m_a），根据选择的天平的感量读数，准确至 0.1g、0.5g 或 5g。

（3）挂上网篮，浸入溢流水箱中，调节水位，将天平调平或复零，把试件置于网篮中（注意不要晃动水），浸水 3～5min，称取水中质量（m_w）。若天平读数持续变化，不能很快达到稳定，说明试件吸水较严重，不适于采用此法测定，应改用蜡封法测定。

（4）从水中取出试件，用洁净柔软的拧干湿毛巾轻轻擦去试件的表面水（不得吸走空隙内的水），称取试件的表干质量（m_f）。

4. 结果处理

（1）计算试件的吸水率，取一位小数。试件的吸水率即试件吸水体积占沥青混合料毛体积百分率，按式（3-8）计算

$$S_a = \frac{m_f - m_a}{m_f - m_w} \times 100\% \qquad (3-8)$$

式中　S_a——试件的吸水率（%）；

　　　m_a——干燥试件的空中质量（g）；

　　　m_w——试件的水中质量（g）；

　　　m_f——试件的表干质量（g）。

（2）计算试件的毛体积相对密度和毛体积密度，取三位小数。当试件的吸水率符合 $S_a<2\%$ 要求时，试件的毛体积相对密度和毛体积密度按式（3-9）、式（3-10）计算，当吸水率 $S_a>2\%$ 要求时，应改用蜡封法测定。

$$\gamma_f = \frac{m_a}{m_f - m_w} \qquad (3-9)$$

$$\rho_f = \frac{m_a}{m_f - m_w} \times \rho_w \qquad (3-10)$$

式中　γ_f——用表干法测定的试件毛体积相对密度，无量纲；

　　　ρ_f——用表干法测定的试件毛体积密度（g/cm³）；

ρ_w ——常温水的密度（≈1g/cm³）。

（3）试件的空隙率按式（3–11）计算，取一位小数

$$VV = \left(1 - \frac{\gamma_f}{\gamma_t}\right) \times 100\%$$ （3–11）

式中　VV——试件的空隙率；

γ_t——测定的沥青混合料理论最大相对密度（当实测理论最大相对密度有困难时，也可采用按式（3–12）或式（3–13）计算的理论最大相对密度）；

γ_f——试件的毛体积相对密度，用表干法测定（当试件吸水率 S_a >2%时，由蜡封法或体积法测定，当按规定容许采用水中重法测定时，也可用表观相对密度 γ_a 代替）。

（4）计算试件的理论最大相对密度或理论最大密度，取 3 位小数。

1）当已知试件的油石比时，试件的理论最大相对密度可按式（3–12）计算

$$\gamma_t = \frac{100 + P_a}{\dfrac{P_1}{\gamma_1} + \dfrac{P_2}{\gamma_2} + \cdots + \dfrac{P_n}{\gamma_n} + \dfrac{P_a}{\gamma_a}}$$ （3–12）

式中　　　γ_t——理论最大相对密度，无量纲；

P_a——油石比（%）；

γ_a——沥青的相对密度（25/25℃）

P_1，…，P_n——各种矿料占矿料总质量的百分率（%）；

γ_1，…，γ_n——各种矿料对水的相对密度。对粗骨料，宜采用与沥青混合料同一种相对密度，即当混合料采用表干法、蜡封法或体积法测定的毛体积相对密度时，粗骨料也采用毛体积相对密度；而当混合料采用水中重法测定的表观相对密度代替时，粗骨料也采用表观相对密度。对细骨料（砂、石屑）和矿粉均采用表观相对密度。矿料的相对密度按《公路工程集料试验规程》（JTJ E42—2005）规定的方法测定。

2）当已知试件的沥青含量时，试件的理论最大相对密度按式（3–13）计算

$$\gamma_t = \frac{100}{\dfrac{P_1'}{\gamma_1} + \dfrac{P_2'}{\gamma_2} + \cdots + \dfrac{P_n'}{\gamma_n} + \dfrac{P_b}{\gamma_a}}$$ （3–13）

式中　P_1'，…，P_n'——各种矿料占沥青混合料总质量的百分率（%）；

p_b——沥青含量（%）。

3）试件的理论最大密度按式（3–14）计算：

$$\rho_t = \gamma_t \times \rho_w$$ （3–14）

式中　ρ_t——理论最大密度（g/cm³）。

（5）试件中沥青的体积百分率可按下面公式计算，取一位小数

$$VA = \frac{P_b \times \gamma_f}{\gamma_a}$$ （3–15）

$$VA = \frac{100 \times P_a \times \gamma_f}{(100 + P_a) \times \gamma_a}$$ （3–16）

式中　VA——沥青混合料试件的沥青体积百分率（%）。

（6）试件中的矿料间隙率，可按下面公式计算

$$VMA = VA + VV \qquad (3-17)$$

或

$$VMA = \left(1 - \frac{\gamma_f}{\gamma_{sb}} \times P_s\right) \times 100\% \qquad (3-18)$$

式中　VMA ——沥青混合料试件的矿料间隙率；

　　　P_s ——沥青混合料中各种矿料占沥青混合料总质量的百分率之和；

　　　γ_{sb} ——全部矿料对水的平均相对密度，按式（3-19）计算。

$$\gamma_{sb} = \frac{100}{\dfrac{P_1}{\gamma_1} + \dfrac{P_2}{\gamma_2} + \cdots + \dfrac{P_n}{\gamma_n}} \qquad (3-19)$$

式（3-17）适用于空隙率按计算的理论最大相对密度计算的情况；式（3-18）适用于空隙率按实测的理论最大相对密度计算的情况，取一位小数。

（7）试件的沥青饱和度 VFA 按式（3-20）计算，取一位小数

$$VFA = \frac{VA}{VA + VV} \times 100 \qquad (3-20)$$

式中　VFA——沥青混合料试件的沥青饱和度（%）。

5. 试验报告

应在试验报告中注明沥青混合料的类型及采用的测定密度的方法，报告内容见表3-5。

表 3-5　　　　　　　　　沥青混合料密度试验报告（表干法）

一、混合料类型：_____

二、试验方法：_____

三、试验记录：

材料名称				初拟用途				试验日期	
矿料名称								沥青标号	
矿料表观密度 /（g/cm³）								沥青密度 /（g/cm³）	
矿料比例（%）								油石比（%）	
试件编号	试件空气中质量 m_a/g	试件水中质量 m_w/g	理论相对密度 /（g/cm³）	毛体积密度 /（g/cm³）	体积百分率（%）	空隙率（%）	矿料间隙率（%）	沥青饱和度（%）	
备注									

结论：

3.3　沥青混合料马歇尔稳定度试验

马歇尔稳定度的试验方法自 B.马歇尔提出，迄今已经半个多世纪，经过许多研究者的改进，目前普遍测定马歇尔稳定度（MS）、流值（FL）和马歇尔模数（T）三项指标。稳定度是指标准尺寸试件在规定温度和加荷速度下，在马歇尔仪中最大的破坏荷载（kN）；流值是达到最大破坏荷载时的试件的垂直变形（以 0.1mm 计）；马歇尔模数为稳定度除以流值的商。

沥青混合料稳定度试验是将沥青混合料制成直径 101.6mm、高 63.5mm 的圆柱形试件，在稳定度仪上测定其稳定度和流值，以这两项指标来表征其高温时的抗变形能力。

根据沥青混合料的力学指标（稳定度和流值）和物理常数（密度、空隙率和沥青饱和度等），以及水稳性（残留稳定度）和抗车辙（动稳定度）检验。即可确定沥青混合料的配合组成。

1. 试验目的

（1）本方法适用于马歇尔稳定度试验和浸水马歇尔稳定度试验，以进行沥青混合料的配合比设计或沥青路面施工质量检验。浸水马歇尔稳定度试验（根据需要，也可进行真空饱水马歇尔试验）供检验沥青混合料受水损害时抵抗剥落的能力时使用，通过测试其水稳定性，检验配合比设计的可行性。

（2）本方法适用于按《公路工程沥青及沥青混合料试验规程》（JTJ 052—2000）中 T0702 成型的标准马歇尔试件圆柱体。

2. 试验仪器

（1）沥青混合料马歇尔试验仪：符合国家标准《沥青混合料马歇尔试验仪》（GB/T 11823）技术要求的产品，对用于高速公路和一级公路的沥青混合料宜采用自动马歇尔试验仪，用计算机或 X—Y 记录仪记录荷载—位移曲线，并具有自动测定荷载与试件垂直变形的传感器、位移计，能自动显示或打印试验结果。对 ϕ63.5mm 的标准马歇尔试件，试验仪最大荷载不小于 25kN，读数准确度为 100N，加载速率应能保持 50mm/min±5mm/min。钢球直径 16mm，上下压头曲率半径为 50.8mm，当采用 ϕ152.4mm 大型马歇尔试件时，试验仪最大荷载不得小于 50kN，读数准确度为 100N，上下压头的曲率半径为 152.4mm±0.2mm，上下压头间距为 19.05mm±0.1mm。

（2）恒温水槽：控温准确度为 1℃，深度不小于 150mm。

（3）真空饱水容器：包括真空泵及真空干燥器。

（4）烘箱。

（5）天平：感量不大于 0.1g。

（6）温度计：分度为 1℃。

（7）卡尺。

（8）其他：棉纱、黄油。

3. 试验准备

（1）按标准击实法成型马歇尔试件。标准马歇尔试件尺寸应符合直径 101.6±0.2mm、高 63.5mm±1.3mm 的要求。大型马歇尔试件尺寸应符合直径 152.4mm±0.2mm、高 95.3mm±2.5mm 的要求。一组试件的数量最少不得少于 4 个。

（2）测量试件的直径及高度：用卡尺测量试件中部的直径，用马歇尔试件高度测定器或用卡尺在十字对称的四个方向量测离试件边缘 10mm 处的高度，准确至 0.1mm，并以其平均值作为试件的高度。如试件高度不符合 63.5mm±1.3mm 或 95.3mm±2.5mm 要求或两侧高度差大于 2mm 时，此试件应作废。

（3）按规程规定的方法测定试件的密度、空隙率、沥青体积百分率、沥青饱和度、矿料间隙率等物理指标。

（4）将恒温水槽调节至要求的试验温度，对黏稠石油沥青或烘箱养护过的乳化沥青混合料为 60±1℃，对煤沥青混合料为 33.8±1℃，对空气养护的乳化沥青或液体沥青混合料为（25±1）℃。

4. 试验步骤

（1）标准马歇尔试验方法。

1）将试件置于已达到规定温度的恒温水槽中保温。保温时间，对标准马歇尔试件需 30～40min，对大型马歇尔试件需 45～60min。试件之间应有间隔，底下应垫起，离容器底部不小于 5cm。

2）将马歇尔试验仪的上下压头放入水槽或烘箱中达到同样温度。将上下压头从水槽或烘箱中取出擦拭干净内面。为使上下压头滑动自如，可在下压头的导棒上涂少量黄油。再将试件取出置于下压头上，盖上上压头，然后装在加载设备上。

3）在上压头的球座上放妥钢球，并对准荷载测定装置的压头。

4）当采用自动马歇尔试验仪时，将自动马歇尔试验仪的压力传感器、位移传感器与计算机或 X—Y 记录仪正确连接，调整好适宜的放大比例，调整好计算机程序或将 X—Y 记录仪的记录笔对准原点。

5）当采用压力环和流值计时，将流值计安装在导棒上，使导向套管轻轻地压住上压头，同时将流值计读数调零。调整压力环中百分表，对零。

6）启动加载设备，使试件承受荷载，加载速度为 50mm/min±5mm/min。计算机或 X—Y 记录仪自动记录传感器压力和试件变形曲线，并将数据自动存入计算机。

7）当试验荷载达到最大值的瞬间，取下流值计，同时读取压力环中百分表读数及流值计的流值读数。

8）从恒温水槽中取出试件至测出最大荷载值的时间，不得超过 30s。

（2）浸水马歇尔试验方法。浸水马歇尔试验方法与标准马歇尔试验方法的不同之处在于，试件在已达规定温度恒温水槽中的保温时间为 48h。其余均与标准马歇尔试验方法相同。

（3）真空饱水马歇尔试验方法。试件先放入真空干燥器中，关闭进水胶管，开动真空泵，使干燥器的真空度达到 98.3kPa（730mmHg）以上，维持 15min，然后打开进水胶管，靠负压进入冷水流使试件全部浸入水中，浸水 15mm 后恢复常压；取出试件再放入已达规定温度的恒温水槽中保温 48h，其余均与标准马歇尔试验方法相同。

5. 结果处理

（1）试件的稳定度及流值。

1）当采用自动马歇尔试验仪时，将计算机采集的数据绘制成压力和试件变形曲线，或由 X—Y 记录仪自动记录的荷载与变形曲线。按图 3-3 所示的方法，在切线方向延长曲线，与

横坐标轴交于 O_1。将 O_1 作为修正原点，从 O_1 起量取相应于荷载最大值时的变形作为流值（FL）以 mm 计，准确至 0.1mm，最大荷载即为稳定度（MS），以 kN 计，准确至 0.01kN。

2）采用压力环和流值计测定时，根据压力环标定曲线，将压力环中百分表的读数换算为荷载值，或者由荷载测定装置读取的最大值即为试样的稳定度（MS），以 kN 计，准确至 0.01kN。

由流值计及位移传感器测定装置读取的试件垂直变形，即为试件的流值（FL），以 mm 计，准确至 0.1mm。

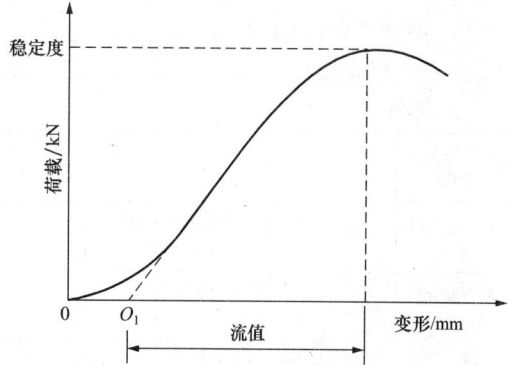

图 3-3　马歇尔试验结果的修正方法

（2）试件的马歇尔模数。试件的马歇尔模数按式（3-21）计算

$$T = \frac{MS}{FL} \tag{3-21}$$

式中　T——试件的马歇尔模数（kN/mm）；

　　　MS——试件的稳定度（kN）；

　　　FL——试件的流值（mm）；

（3）试件的浸水残留稳定度。试件的浸水残留稳定度按式（3-22）计算。

$$MS_0 = \frac{MS_1}{MS} \times 100 \tag{3-22}$$

式中　MS_0——试件的浸水残留稳定度（kN）；

　　　MS_1——试件浸水 48h 后的稳定度（kN）。

（4）试件的真空饱水残留稳定度

试件的真空饱水残留稳定度按式（3-23）计算

$$MS_0' = \frac{MS_2}{MS} \times 100\% \tag{3-23}$$

式中　MS_0'——试件真空饱水残留稳定度（kN）；

　　　MS_2——试件真空饱水后浸水 48h 后的稳定度（kN）。

6. 分析

（1）当一组测定值中某个测定值与平均值之差大于标准差的 k 倍时，该测定值应予舍弃，并以其余测定值的平均值作为试验结果。当试件数目 n 为 3、4、5、6 个时，k 值分别为 1.15、1.46、1.67、1.82。

（2）采用自动马歇尔试验时，试验结果应附上荷载—变形曲线原件或自动打印结果，并报告马歇尔稳定度、流值、马歇尔模数，以及试件尺寸、试件的密度、空隙率、沥青用量、沥青体积百分率、沥青饱和度、矿料间隙率等各项物理指标。

7. 试验报告

试验报告格式和内容见表 3-6。

表 3-6　　沥青混合料马歇尔稳定度试验报告

一、混合料类型：＿＿＿＿＿＿＿＿＿＿＿＿＿＿＿

二、试验方法：＿＿＿＿＿＿＿＿＿＿＿＿＿＿＿

三、试验记录：

沥青混合料用途		矿料品种		矿粉相对密度 γ_t（F）		拌和温度/℃	
沥青混合料类型		粗骨料相对密度 γ_t（G）		沥青品种		击实温度/℃	
沥青混合料配比		细骨料相对密度 γ_t（s）		沥青相对密度 γ_t（a）		击实次数	

试件编号	沥青用量（%）	试件在空气中质量 m_0/g	试件在水中质量 m_1/g	试件毛体积密度/（g/cm³）	试件理论密度/（g/cm³）	试件中沥青体积百分率 VA（%）	试件间隙率 VV（%）	试件矿料间隙率 VMA（%）	沥青饱和度 VFA（%）	稳定度 MS/kN	流值 FL/（1/10mm）	马歇尔模数 Tl（kN/mm）	浸水稳定度 MS_1/kN	残留稳定度 MS_0（%）
①	②	③	④=②/（②－③）	⑤	⑥=①×④/ ρ_t(a)	⑦=1－④/⑤	⑧=⑥+⑦	⑨=⑥/⑧	⑩	⑪	⑫=⑩×10/⑪	⑬	⑭=⑬/10×100%

结论：

3.4　沥青混合料车辙试验

沥青混合料是一种典型的流变性粘弹性材料，其物理力学性能与温度和荷载作用时间密切相关，它的强度和劲度模量随着温度的升高而降低，所以沥青路面在夏季高温时，在重交通荷载重复作用下，由于交通的渠化，在轮迹带逐渐形成中间下凹、两侧鼓起的变形，成为"车辙"。沥青混合料的高温稳定性，是指沥青混合料在夏季高温（通常 60℃）条件下经受车辆荷载长期作用后，不产生车辙和波浪等病害的性能。

多年来，许多研究者致力于评价沥青混合料高温稳定性方法的研究，先后曾提出过许多评价的方法，特别是马歇尔稳定度已经成为国际通用的方法，为许多国家采用。近年来，由于流变学在沥青混合料中应用的发展，采用蠕变（Creep）和劲度（Stiffness）来研究沥青混合料的高温稳定性较为普遍。此外，还应用动稳定度（Dynamic Stability，简称 DS）车辙试验、室内大型环道试验和加速加载试验来评价沥青混合料的抗车辙能力。

我国现行规范规定，采用马歇尔稳定度试验来评价沥青混合料高温稳定性，进行沥青混合料级配设计；对于高速公路、一级公路、城市快速路、主干路用沥青混合料，还应通过车辙试验用动稳定度指标检验其抗车辙性能。

目前，我国国内通常采用蠕变试验和车辙试验来评价连续密级配沥青混合料的高温稳定性，并且都认为是有效的试验方法，但对于间断级配的沥青混合料是否适宜，是值得探讨的一个问题。

1. 试验目的

（1）测定沥青混合料的高温抗车辙能力，供沥青混合料配合比设计的高温稳定性检验使用。

（2）车辙试验的试验温度和轮压可根据有关规定和需要选用，非经注明，试验温度为 60℃，轮压为 0.7MPa。根据需要，如在寒冷地区采用 45℃，在高温条件下采用 70℃等，但应在报告中注明。计算动稳定度的时间，原则上为试验开始后 45~60min。

（3）本方法适用于用轮碾成型机碾压成型的长 300mm、宽 300mm、厚 50mm 的板块状试件。也适用于现场切割制作长 300mm、宽 150mm、厚 50mm 的板块状试件。根据需要，试件的厚度也可采用 40mm。

2. 试验仪器

（1）车辙试验机：如图 3-4 所示，主要由下列几部分组成

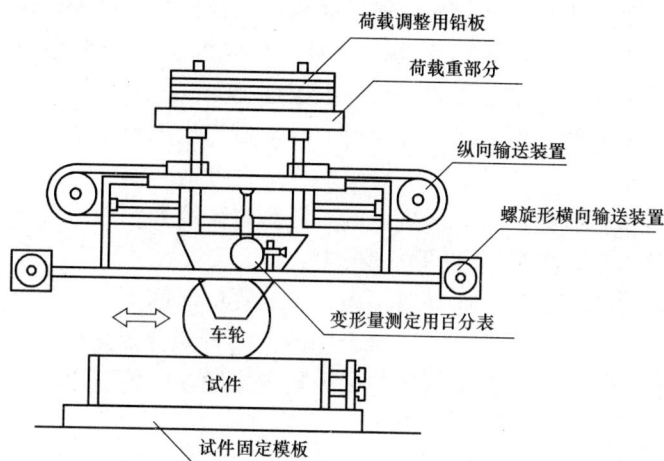

图 3-4　车辙试验机

1）试件台：可牢固地安装两种宽度（300mm 及 150mm）的规定尺寸试件的试模。

2）试验轮：橡胶制的实心轮胎，外径 ϕ 200mm，轮宽 50mm，橡胶层厚 15mm。橡胶硬度（国际标准硬度）20℃时为 84±4，60℃时为 78±2。轮胎橡胶硬度应注意检验，不符合要求者应及时更换。试验轮行走距离为 230±10mm，往返碾压速度为 42±1 次/min（21 次往返/min）。允许采用曲柄连杆驱动试验台运动（试验轮不移动）或链驱动试验轮运动（试验台不动）的任一种方式。

3）加载装置：使试验轮与试件的接触压强在 60℃时为 0.7±0.05MPa，施加的总荷重为 78kg 左右，根据需要可以调整。

4）试模：钢板制成，由底板及侧板组成，试模内侧尺寸长为 300mm、宽为 300mm、厚为 50mm（试验室 制作），亦可固定 150mm 宽的现场切制试件。

5）变形测量装置：自动检测车辙变形并记录曲线的装置，通常用 LVDT、电测百分表或非接触位移计。

6）温度检测装置：自动检测并记录试件表面及恒温室内温度的温度传感器、温度计、精密度 0.5℃。

（2）恒温室。车辙试验机必须整机安放在恒温室内，室内装有加热器、气流循环装置及自动温度控制设备，能保持恒温室温度在 60±1℃（试件内部温度 60℃±0.5℃），根据需要亦可为其他需要的温度。用于保温试件并进行试验。温度应能自动连续记录。

（3）台秤。称量 15kg，感量不大于 5g。

3. 试验准备

（1）试验轮接地压强测定。测定在 60℃时进行。在试验台上放置一块 50mm 厚的钢板，其上铺一张毫米方格纸，再铺一张新的复写纸，以规定的 700N 荷载后试验轮静压复写纸，即可在方格纸上得出轮压面积，并由此求得接地压强。当压强不符合 0.7±0.05MPa 时，荷载应予适当调整。

（2）按规程用轮碾成型法制作车辙试验试块。在试验室或工地制备成型的车辙试件，其标准尺寸为 300mm×300mm×50mm。也可从路面切割得到 300mm×150mm×50mm 的试件。

当直接在拌和厂取拌和好的沥青混合料样品制作试件检验生产配合比设计或混合料生产质量时，必须将混合料装入保温桶中，在温度下降至成型温度之前迅速送达试验室制作试件，如果温度稍有不足，可放在烘箱中加热（时间不超过 30min）后使用。也可直接在现场用手动碾或压路机碾压成型试件，但不得将混合料放冷却后二次加热重塑制作试件。重塑制件的试验结果仅供参考，不得用于评定配合比设计检验是否合格。

（3）如需要，将试件脱模，按规程规定的方法测定密度及空隙率等各项物理指标。如经水浸，应用电扇将其吹干，然后再装回原试模中。

（4）试件成型后，连同试模一起在常温条件下放置的时间不得少于 12h。对聚合物改性沥青混合料，放置的时间以 48h 为宜，使聚合物改性沥青充分固化后方可进行车辙试验，但室温放置时间也不得长于一周。为使试件与试模紧密接触，应使四边的方向位置不变。

4. 试验步骤

（1）将试件连同试模一起，置于已达到试验温度（60±1）℃的恒温室中，保温不少于 5h，也不得多于 24h。在试件的试验轮不行走的部位，粘贴一个热电偶温度计（也可在试件制作时预先将热电偶导线埋入试件一角），以控制试件温度稳定在（60±0.5）℃。

（2）将试件连同试模移置于轮辙试验机的试验台上，试验轮在试件的中央部位，其行走方向须与试件碾压或行车方向一致。开动车辙变形自动记录仪，然后启动试验机，使试验轮往返行走，时间约 1h，或最大变形达到 25mm 时为止。试验时，记录仪自动记录变形曲线（图 3–5）及试件温度。

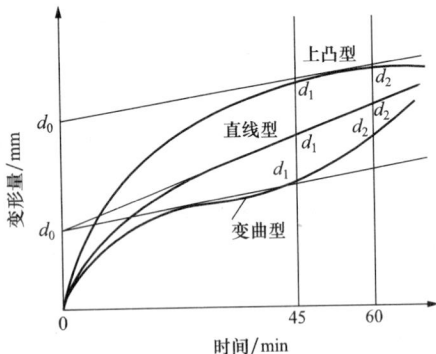

图 3–5 车辙试验自动记录的变形曲线

注：对 300mm 宽试验时变形较小的试件，也可对一块试件在两侧 1/3 位置上进行两次试验，取平均值作试验结果。

5. 结果处理

（1）从图 3–5 上读取 45min（t_1）及 60min（t_2）时的车辙变形 d_1 及 d_2，准确至 0.01mm。

当变形过大，在未到 60min 时变形已达 25mm 时，则以达到 25mm（d_2）时的时间为 t_2，将其前 15min 为 t_1，此时的变形量为 d_1。

（2）沥青混合料试件的动稳定度按式（3–24）计算

$$DS = \frac{(t_2 - t_1)N}{d_2 - d_1} C_1 C_2 \qquad (3\text{--}24)$$

式中 DS——沥青混合料的动稳定度（次/mm）；

d_1 ——对应于时间 t_1 的变形量（mm）；

d_2 ——对应于时间 t_2 的变形量（mm）；

C_1 ——试验机类型修正系数，曲柄连杆驱动试件的变速行走方式为 1.0，链驱动试验轮的等速方式为 1.5；

C_2 ——试件系数，试验室制备的宽 300mm 的试件为 1.0，从路面切割的宽 50mm 的试件为 0.8；

N ——试验轮往返碾压速度，通常为 42 次/min。

6. 试验分析

（1）同一沥青混合料或同一路段的路面，至少平行试验三个试件。当三个试件动稳定度变异系数小于 20%时，取其平均值作为试验结果。变异系数大于 20%时应分析原因，并追加试验。如计算动稳定度值大于 6000 次/mm 时，记作>6000 次/mm。

（2）试验报告应注明试验温度、试验轮接地压强、试件密度、空隙率及试件制作方法等。

（3）精密度或允许差确定：重复性试验动稳定度变异系数的允许差为 20%。

7. 试验报告

试验报告格式和内容见表 3–7。

表 3–7　　　　　　　　　　　沥青混合料车辙试验报告

一、混合料类型：＿＿＿＿＿＿＿＿＿＿＿＿＿＿＿＿＿＿

二、试验方法：＿＿＿＿＿＿＿＿＿＿＿＿＿＿＿＿＿＿＿

三、变形测量设备：＿＿＿＿＿＿＿＿＿＿＿＿＿＿＿＿＿

四、测温装置：＿＿＿＿＿＿＿＿＿＿＿＿＿＿＿＿＿＿＿

五、试验记录：

试验温度/℃		试件制作方法		成型时间/h	
试模尺寸/mm		长　　　　　宽　　　　　高			
试件编号	1		2		3
试验轮接地压强/MPa					
试件密度/（g/cm³）					
加载荷重/kg					
碾压速度/（次/min）					
碾压时间/min	t_1:	t_2:	t_1:	t_2:	t_1:	t_2:
最大变形量/mm	d_1:	d_2:	d_1:	d_2:	d_1:	d_2:

结论：

3.5　沥青混合料中沥青含量试验（离心分离法）

离心分离法测定黏稠石油沥青拌制的沥青混合料中沥青含量（或油石比）是现行规范规定的标准试验方法。适用于热拌热铺沥青混合料路面施工时的沥青用量检测，以评定拌和厂产品质量；也适用于旧路调查时检测沥青混合料的沥青用量，用此法抽提的沥青溶液可用于回收沥青，以评定沥青的老化性质。

1. 试验仪器

（1）离心抽提仪：由试样容器及转速不小于 3000r/min 的离心分离器组成，分离器备有滤液出口。容器盖与容器之间用耐油的圆环形滤纸密封。滤液通过滤纸排出后从出口流出收入回收瓶中，仪器必须安放稳固并有排风装置。

（2）圆环形滤纸。

（3）回收瓶：容量 1700mL 以上。

（4）压力过滤装置。

（5）天平：感量不大于 0.01g、1mg 的天平各一台。

（6）量筒：最小分度 1mL。

（7）电烘箱：装有温度自动调节器。

（8）三氯乙烯：工业用。

（9）碳酸铵饱和溶液：供燃烧法测定滤纸中的矿粉含量用。

（10）其他：小铲、金属盘、大烧杯等。

2. 试验准备

（1）按沥青混合料取样方法，在拌和厂从运料卡车采取沥青混合料试样，放在金属盘中适当拌和，待温度稍下降至 100℃ 以下时，用大烧杯取混合料试样质量 1000～1500g（粗粒式沥青混合料用高限，细粒式用低限，中粒式用中限），准确至 0.1g。

（2）如果试样是路上用钻机法或切割法取得的，应用电风扇吹风使其完全干燥，置微波炉或烘箱中适当加热后成松散状态取样，但不得用锤击以防集料破碎。

3. 试验步骤

（1）向装有试样的烧杯中注入三氯乙烯溶剂，将其浸没，浸泡 30min，用玻璃棒适当搅动混合料，使沥青充分溶解。

（2）将混合料及溶液倒入离心分离器，用少量溶剂将烧杯及玻璃棒上的黏附物全部洗入分离容器中。

（3）称取洁净的圆环滤纸质量，准确至 0.01g。注意，滤纸不宜多次反复使用，有破损者不能使用，有石粉黏附时应用毛刷清除干净。

（4）将滤纸垫在分离器边缘上，加盖紧固，在分离器出口处放上回收瓶，上口应注意密封，防止流出液成雾状散失。

（5）开动离心机，转速逐渐增至 3000r/min，沥青溶液通过排出口注入回收瓶，待流出停止后停机。

（6）从上盖的孔中加入新溶液，数量大体相同，稍停 3～5min 后，重复上述操作，如此数次直到流出的抽提液成清澈的淡黄色为止。

（7）卸下上盖，取下圆环形滤纸，在通风橱或室内空气中蒸发干燥，然后放入 105±5℃的烘箱中干燥，称取质量，其增量部分（m_2）为矿粉的一部分。

（8）将容器中的集料仔细取出，在通风橱或室内空气中蒸发后放入 105±5℃烘箱中烘干（一般需 4h），然后放入大干燥器中冷却至室温，称取集料质量（m_1）。

（9）用压力过滤器过滤回收瓶中的沥青溶液，由滤纸的增量（m_3）得出泄漏入滤液中的矿粉，如无压力过滤器时，也可用燃烧法测定。

（10）用燃烧法测定抽提液中矿粉质量的步骤如下：

1）将回收瓶中的抽提液倒入量筒中，准确定量至 mL（V_a）。

2）充分搅匀抽提液，取出 10mL（V_b）放入坩埚中，在热浴上适当加热使溶液试样呈暗黑色后，置高温炉（500~600℃）中烧成残渣，取出坩埚冷却。

3）向坩埚中按每 1g 残渣 5mL 的用量比例，注入碳酸铵饱和溶液，静置 1h，放入 105±5℃炉箱中干燥。

4）取出放在干燥器中冷却，称取残渣质量（m_4），准确至 1mg。

4. 结果处理

（1）沥青混合料中矿料的总质量按式（3-25）计算

$$m_a = m_1 + m_2 + m_3 \qquad (3-25)$$

式中　m_a——沥青混合料中矿料部分的总质量（g）；

　　　m_1——容器中留下的集料干燥质量（g）；

　　　m_2——圆环形滤纸在试验前后的增量（g）；

　　　m_3——泄漏入抽提液中的矿粉质量（g）；

用燃烧法时可按式（3-26）计算。

$$m_3 = m_4 \frac{V_a}{V_b} \qquad (3-26)$$

式中　V_a——抽提液的总量（mL）；

　　　V_b——取出的燃烧干燥的抽提液数量（mL）；

　　　m_4——坩埚中燃烧干燥的残渣质量（g）。

（2）沥青混合料中的沥青含量按式（3-27）计算，油石比按式（3-28）计算

$$P_b = \frac{m - m_a}{m} \qquad (3-27)$$

$$P_a = \frac{m - m_a}{m_a} \qquad (3-28)$$

式中　m——沥青混合料的总质量（g）；

　　　P_b——沥青混合料的沥青含量（%）；

　　　P_a——沥青混合料的油石比（%）。

5. 试验分析

同一沥青混合料试样至少平行试验两次，取平均值作为试验结果。两次试验结果的差值应小于 0.3%，当大于 0.3%但小于 0.5%时，应补充平行试验一次，以 3 次试验的平均值作为试验结果，3 次试验的最大值与最小值之差不得大于 0.5%。

试验记录见表 3–8、表 3–9。

表 3–8　　　　　　　　　用压力过滤器过滤回收瓶中沥青溶液试验记录表

试样名称		沥青混合料总质量 m/g	
洁净滤纸质量/g		干燥后滤纸质量/g	
滤纸增量 m_1/g		干燥后集料质量 m_2/g	
滤液中矿粉 m_3/g		矿料总质量 $m_a=m_1+m_2+m_3$/g	
沥青含量 P_b（%）	$P_b=\dfrac{m-m_a}{m}$		
油石比 P_a（%）	$P_a=\dfrac{m-m_a}{m_a}$		

试验者＿＿＿＿＿＿　　计算者＿＿＿＿＿＿　　校核者＿＿＿＿＿＿　　试验日期＿＿＿＿＿＿

表 3–9　　　　　　　　用燃烧法测定抽提液中矿粉质量试验记录表

试样名称		沥青混合料总质量 m/g	
洁净滤纸质量/g		干燥后滤纸质量/g	
滤纸增量 m_1/g		干燥后集料质量 m_2/g	
抽提液总量 V_a/mL		取出抽提液数量 V_b/mL	
残渣质量 m_4/g		抽体液中矿粉质量 $m_3=m_4V_a/V_b$/g	
矿料总质量 $m_a=m_1+m_2+m_3$/g			
沥青含量 P_b（%）	$P_b=\dfrac{m-m_a}{m}$		
油石比 P_a（%）	$P_a=\dfrac{m-m_a}{m_a}$		

试验者＿＿＿＿＿＿　　计算者＿＿＿＿＿＿　　校核者＿＿＿＿＿＿　　试验日期＿＿＿＿＿＿

复习思考题

1. 什么是沥青混合料的真实密度、毛体积密度和表观密度？

2. 沥青混合料密度试验有几种方法？有什么不同之处？

3. 简述表干法试验步骤。

4. 简述马歇尔稳定度试验步骤。

5. 简述车辙试验步骤。

6. 规范规定，在进行沥青混合料马歇尔稳定度数据处理时，当一组测定值中某个数据与平均值之差大于标准差的 k 倍，该测定值应予舍弃，并以其余测定值的平均值作为试验结果。今有一人进行马歇尔试验，一组 4 个试件，测定的稳定度 8.2、8.5、9.6、14.0kN，请详细计算该组马歇尔试件的最后平均稳定度。

第4章 道路现场质量检测

4.1 路基路面几何尺寸检测

1. 概述

路基路面的几何尺寸，即宽度、纵断面高程、横坡及路线偏位等是施工质量检查及竣工验收的规定项目。

路基路面宽度的测定方法看来很简单，但对宽度的定义则各有各的理解，尤其是当路面有路拱、横坡时，路面宽度必须是水平宽度，如果尺子贴了地面量，测定的是斜面，这是不正确的。另外，测定时不得使用皮尺，必须使用钢尺。

现在道路设计时对纵断面高程规定的断面位置并不统一，有的以路线位置为设计断面，有的以路基边缘为设计断面，对有无中央分隔带的情况也不一致，为此检测方法没有规定测定断面的位置，仅规定按照道路设计标准决定测定断面位置。

高程检验的关键在于测定高程的位置是否准确。在路基测定时，施工桩号尚在，还比较容易准确。但在路面竣工以后及旧路调查时，桩号已经没有，或者已成了新桩号，如果恢复桩号位置不准确，高程测定值将无法检验是否符合要求。例如对纵坡5%的路段，桩号相差1m，高程相差5cm，便已超过了竣工验收的允许差。所以检测方法规定恢复桩号要准确，这对于用最新的全站仪测量可以做到，但对普通经纬仪，尤其是山区公路就困难了。这一点应当特别注意。

路基路面在中心线处建有路拱时，横坡的测定变得很困难，因为路拱是一个曲线，设计横坡则是指直线部分的横坡。测量时路基横坡是指路槽顶面的横坡，路面横坡是路面中心线与路面边缘高程之差对距离的比值。由于路拱断面往往并非一直线，故测定值仅仅是平均横坡，与设计横断面形状的横坡将有所不同，这一点在比较时应该注意。即可将设计横坡设计横断面图进行计算，换算成设计的平均横坡，然后计算实测横坡与设计横坡之差。

2. 路基路面几何尺寸检测

（1）适用范围。本方法适用于路基路面各部分的宽度、高程、横坡及中线偏位等几何尺寸的检测，以供道路施工过程、路面交竣工验收及旧路调查使用。

（2）仪具与材料。本方法需要下列仪具与材料：

1）长度量具：钢卷尺。

2）经纬仪、精密水准仪、全站仪、塔尺或全站仪。

3）其他：粉笔等。

（3）方法与步骤。

1）准备工作

① 在路基或路面上准确恢复桩号。

② 根据有关施工规范或《公路工程质量检验评定标准（土建工程）》（JTG F80/1—2004）的要求，按随机取样的方法，在一个检测路段内选取测定的断面位置及里程桩号，在测定断

面作上标记。通常将路面宽度、横坡、高程及中线偏位选取在同一断面位置，且宜在整数桩号上测定。

③ 根据道路设计的要求，确定路基路面各部分的设计宽度的边界位置。在测定位置上用粉笔做上记号。

④ 根据道路设计的要求，确定设计高程的纵断面位置，在测定位置上用粉笔做上记号。

⑤ 根据道路设计的要求，在与中线垂直的横断面上确定成型后路面的实际中心线位置。

⑥ 根据道路设计的路拱形状，确定曲线与直线部分的交界位置及路面与路肩（或硬路肩）的交界处，作为横坡检验的基准；当有路缘石或中央分隔带时，以两侧路缘石边缘为横坡测定的基准点，用粉笔做上记号。

2）路基路面各部分的宽度及总宽度测试步骤。用钢尺沿中心垂直方向上水平量取路基路面各部分的宽度，以 m 表示，对高速公路及一级公路，准确至 0.005m；对其他等级公路，准确至 0.01m。测量时量尺应保持水平，不得将尺紧贴路面量取，也不得使用皮尺。

3）纵断面高程测定应按下列步骤执行。

① 将精密水准仪架设在路面平顺处调平，将塔尺竖立在中线的测定位置上，以路线附近的水准点高程作为基准，测记测定点的高程读数，以 m 表示，准确至 0.001m。

② 连续测定全部测点，并与水准点闭合。

4）路面横坡测定应按下列步骤执行。

① 对设有中央分隔带的路面：将精密水准仪架设在路面平顺处调平，将塔尺分别竖立在路面与中央分隔带分界的路缘带边缘 d_1 处及路面与路肩交界处（或外侧路缘石边缘）的标记 d_2 处，d_1 与 d_2 两测点必须在同一横断面上，测量 d_1 和 d_2 处的高程，记录高程读数，以 m 表示，准确至 0.001m。

② 对无中央分带的路面：将精密水准仪架设在路面平顺处调平，将塔尺分别竖立在路拱曲线与直线部分的交界位置 d_1 及路面与路肩（或硬路肩）的交界位置 d_2 处，d_1 与 d_2 两测点必须在同一横断面上，测量 d_1 与 d_2 处的高程，记录高程读数，以 m 表示，准确至 0.001m。

③ 用钢尺测量两测点的水平距离，以 m 表示，对高速公路及一级公路，准确至 0.005m；对其他等级公路，准确至 0.01m。

5）中线偏位测试步骤。

① 有中线坐标的道路：首先从设计资料中查出待测点 P 的设计坐标，用经纬仪对该设计坐标进行放样，并在放样点 P' 做好标记，量取 PP' 的长度，即为中线偏位 Δ_{CL}，以 mm 表示。对高速公路及一级公路，准确至 5mm；对其他等级公路，准确至 10mm。

② 无中线坐标的低等级道路：应首先恢复交点或转点，实测偏角和距离，然后采用链距法、切线支距法或偏角法等传统方法敷设道路中线的设计位置，量取设计位置与施工位置之间的距离，即为中线平面偏位 Δ_{CL}，以 mm 表示，准确至 10mm。

3. 计算

（1）按式（4-1）计算各个断面的实测宽度 B_{1i} 与设计宽度 B_{0i} 之差。总宽度为路基路面各部分宽度之和。

$$\Delta B_i = B_{1i} - B_{0i} \qquad (4-1)$$

式中　B_{1i}——各断面的实测宽度（m）；

　　　B_{0i}——各断面的设计宽度（m）；

ΔB_i——各断面的宽度和设计宽度的差值（m）。

（2）按式（4-2）计算各个断面的实测高程 H_{1i} 与设计高程 H_{0i} 之差。

$$\Delta H_i = H_{1i} - H_{0i} \qquad (4-2)$$

式中　H_{1i}——各断面的纵断面高程实测（m）；

　　　H_{0i}——各断面的纵断面设计高程（m）；

　　　ΔH_i——各断面的纵断面实测高程和设计高程的差值（m）。

（3）各测定断面的路面横坡按式（4-3）计算，准确至一位小数。按式（4-4）计算实测横坡 i_{1i} 与设计横坡 i_{0i} 之差。

$$i_{1i} = \frac{d_{1i} - d_{2i}}{B_{1i}} \times 100 \qquad (4-3)$$

$$\Delta i_i = i_{1i} - i_{0i} \qquad (4-4)$$

式中　　i_{1i}——各测定断面的横坡（%）；

d_{1i}、d_{2i}——各断面测点 d_1 与 d_2 处的高程读数（m）；

　　B_{1i}——各断面测点 d_1 与 d_2 之间的水平距离（m）；

　　　i_{0i}——各断面的设计横坡（%）；

　　　Δi_i——各断面的横坡和设计横坡的差值（%）。

（4）根据数据整理方法计算一个评定路段内各测定断面的宽度、高程、横坡以及中线偏位的平均值、标准差、变异系数，但加宽及超高部分的测定值不参加计算。

4. 报告

（1）以评定路段为单位列出桩号、宽度、高程、横坡以及中线偏位测定的记录，记录平均值、标准差、变异系数。注明不符合规范要求的断面。

（2）纵断面高程测试报告中应报告实测高程与设计高程的差值，低于设计高程为负，高于设计高程为正。

（3）路面横坡测试报告中应报告实测横坡与设计横坡的差值，实测横坡小于设计横坡差值为负；实测横坡大于设计横坡差值为正。

（4）质量记录：

1）《路基路面宽度检测记录表》。

2）《路基、路面横坡度检测记录表》。

3）《路基边坡检测记录表》。

4）《路基、路面纵断高程检测记录表》。

5）《路基、路面中线偏位检测记录表》。

4.2　路面厚度检测

1. 概述

路面厚度是施工过程中质量控制和施工验收的必测项目。路面厚度的检测，通常规定以测量钻孔试件厚度或挖坑法为标准试验方法，属于破坏性试验。在沥青路面施工过程中，应尽量采用无破损方法进行检验，以减少对路面造成损坏或留下后患。

随着检测技术的发展，短脉冲雷达测定路面厚度已经得到了普遍应用。短脉冲雷达是目前公路行业用于路面厚度无损检测应用最广的雷达，它具有测值精度高、工作稳定、测试效率高等特点，沥青面层的测试误差一般可控制在 3mm 内。

本节重点讲述挖坑及钻芯法测定路面厚度试验方法，短脉冲雷达测试路面厚度试验方法详见《公路路基路面现场测试规程》（JTG E60—2008）。

2. 挖坑及钻芯法测定路面厚度试验方法

图 4-1　路面芯样钻机及钻头

（1）目的与适用范围。本方法适用于路面各层施工过程中的厚度检验及工程交工验收检查使用。

（2）仪器与材料。

1）挖坑用镐、铲、凿子、锤子、小铲、毛刷。

2）路面取芯样钻机及钻头（图 4-1），冷却水。钻头的标准直径为 ϕ 100mm，如芯样仅供测量厚度，不做其他试验时，对沥青面层与水泥混凝土板也可用直径 ϕ 50mm 的钻头，对基层材料有可能损坏试件时，也可用直径 ϕ 150mm 的钻头，但钻孔深度均必须达到层厚。

3）量尺：钢板尺、钢卷尺、卡尺。

4）补坑材料：与检查层位的材料相同。

5）补坑用具：夯、热夯、水等。

6）其他：搪瓷盘、棉纱等。

（3）方法与步骤。基层或砂石路面的厚度可用挖孔法测定，沥青面层及水泥混凝土路面板的厚度应用钻孔法测定。

1）挖坑法厚度测试步骤。

① 根据现行规范的要求：按随机取样决定挖坑检查的位置，如为旧路，该点有坑洞等显著缺陷或接缝时，可在其旁边检测。

② 在选择试验地点，选一块约 40cm×40cm 的平坦表面，用毛刷将其清扫干净。

③ 根据材料坚硬程度，选择镐、铲凿子等适当的工具，开挖这一层材料，直至层位底面。在便于开挖的前提下，开挖面积应尽量缩小，坑洞大体呈圆形，边开挖边将材料铲出，置搪瓷盘中。

④ 用毛刷将坑底清扫，确认为下一层的顶面。

⑤ 将钢板尺平放横跨于坑的两边，用另一把钢尺或卡尺等量具尽量在坑的中部位置垂直伸至坑底，测量坑底至钢板尺的距离，即为检查层的厚度，以 mm 计，准确到 1mm。

2）钻孔取芯样法厚度测试步骤。

① 根据现行规范的要求，按随机取样法决定钻孔检查的位置，如为旧路，该点有坑洞等显著缺陷或接缝时，可在其旁边检测。

② 用路面取芯钻机钻孔。芯样的直径符合材料要求，钻孔深度必须达到层厚。

③ 仔细取出芯样，清除底面灰土，找出与下层的分界面。

④ 用钢板尺或卡尺沿圆周对称的十字方向四处量取表面至上下层界面的高度，取其平均值，即为该层的厚度，准确到 1mm。

3）在施工过程中，当沥青混合料还未冷却时，可根据需要随机选择测点，用大螺丝刀插入至沥青层底面深度后用尺读数，量取沥青层的厚度，以 mm 计，准确至 1mm。

4）用与取样层相同的材料填补挖坑或钻孔。

① 适当清理坑中残留物，钻孔时留下的积水应用棉纱吸干。

② 对无机结合料稳定层及水泥混凝土路面板，应按相同配合比用新拌的材料分层填补并用小锤压实。水泥混凝土中宜掺加少量快凝早强剂。

③ 对无机结合料基层，可用挖坑时取出的材料，适当加水拌和后分层填补，并用小锤压实。

④ 对正在施工的沥青路面，用相同级配的热拌沥青混合料分层填补并用加热的铁锤或热夯压实，旧路钻孔也可用乳化沥青混合料修补。

⑤ 所有坑补结束时，宜比原面层略鼓出少许，用重锤或压路机压实平整。

补坑工序如有疏忽，遗留或补的不好，易成为隐患而导致开裂，因此，所有挖抗，钻孔均应仔细做好。

（4）计算。

1）按式（4–5）计算实测厚度 T_{1i} 与设计厚度 T_{0i} 之差。

$$\Delta T_i = T_{1i} - T_{0i} \tag{4–5}$$

式中　　T_{1i}——路面的实测厚度（cm）；

　　　　T_{0i}——路面的设计厚度（cm）；

　　　　ΔT_i——路面的实测厚度与设计厚度的差值（cm）。

2）计算一个评定路段检测的厚度的平均值、标准差、变异系数，并计算代表厚度。

3）当为检查路面总厚度时，则将各层平均厚度相加即为路面总厚度。

（5）报告。路面厚度检测报告应列表填写，并记录与设计厚度之差，不足设计厚度为负，大于设计厚度为正。

4.3　路基路面压实度检测

1. 概述

检测压实度方法有挖坑灌砂法、核子密湿度仪法、环刀法、钻芯法和无核密度仪法。

挖坑灌砂法是施工过程中最常用的试验方法之一。此方法表面上看起来颇为简单，但实际操作时经常掌握不好，引起较大误差，又因为它是测定压实度的依据，所以是质量检测部门与施工单位之间发生矛盾的环节，因此应严格遵循试验规程的每个细节，以提高试验精度。

核子密湿度仪是国外用于现场控制压实度最常用的方法，随着国内各种新规范的实施，用核子密湿度仪测定路基路面材料的密度、含水率的检测方法已得到广泛的应用。核子密湿度仪测定压实度法适用于现场用核子密湿度仪以散射法或直接投射法测定路基或路面材料的密度和含水量，并计算施工压实度。核子密湿度仪是现场检测压实度较常用的一种方法，仪器按规定方法标定后，其检测结果可作为工程质量评定与验收的依据。核子密湿度法可检测土壤、碎石、土石混合物、沥青混合料和非硬化水泥混凝土等材料；属非破坏性检测，允许对同一测试位置进行重复测试，并检测密度和压实度的变化，以确定合适的碾压方法，达到所要求的压实度。

钻芯法适用于检测从压实的沥青路面上钻取的沥青混合料芯样试件的密度，以评定沥青面层的施工压实度。沥青混合料面层的压实度是按照施工规范规定的方法测定的混合料试样的毛体积密度与标准密度之比值，以百分率表示。压实度是施工质量管理的最为重要的指标之一，沥青路面的成败与否，压实是最重要的工序。

无核密度仪测定压实度试验方法适用于现场无核密度仪快速测定沥青路面各层沥青混合料的密度，并计算施工压实度，但测定结果不宜用于评定验收或仲裁。无核密度仪可用于检测铺筑完工的沥青路面、现场沥青混合料铺筑层密度及快速检查混合料的离析。应用无核密度仪时，必须严格标定，通过对比试验检验，确认其可靠性，另外每 12 月要将无核密度仪送到授权服务中心进行标定和检查。

以下重点讲述压实度检测中常用的挖坑灌砂法和环刀法，其他压实度检测方法详见现行的《公路工程路基路面现场测试规程》（JTG E60—2008）。

2. 压实度试验检测方法

（1）挖坑灌砂法测定压实度试验方法。

1）目的和适用范围。

① 本方法适用于现场测定基层（或底基层）、砂石路面及路基土的各种材料压实层的密度和压实度检测。但不适用于填石路堤等有大孔洞或大孔隙材料的压实度检测。

② 用挖坑灌砂法测定密度和压实度时，应符合下列规定：

a. 当骨料的最大粒径小于 13.2mm，测定层的厚度不超过 150mm 时，宜采用 ϕ100mm 的小型灌砂筒测试。

b. 当骨料的最大粒径等于或大于 13.2mm，但不大于 31.5mm，测定层的厚度不超过 200mm 时，应用 ϕ150mm 的大型灌砂筒测试。

2）仪器设备。本试验需要下列仪器设备：

① 灌砂筒：有大小两种，根据需要采用。形式和主要尺寸见图 4-2 及表 4-1。当尺寸与

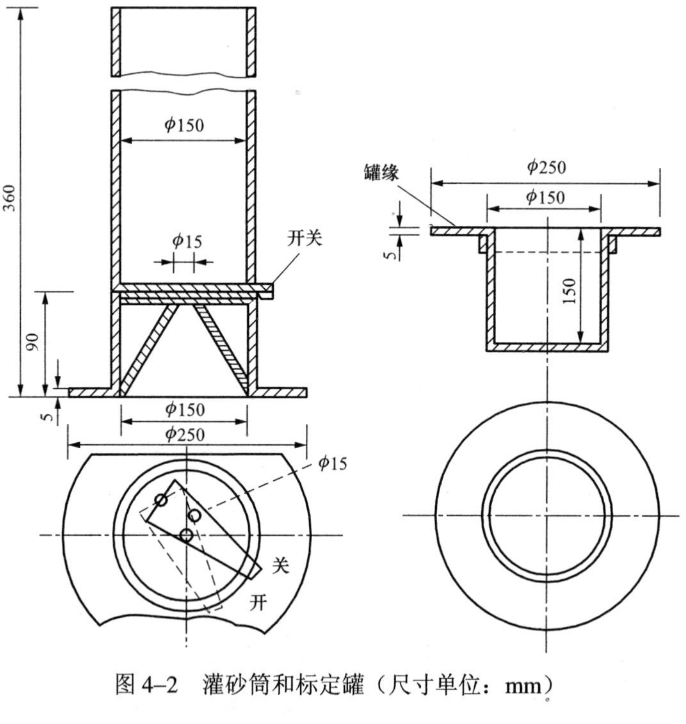

图 4-2　灌砂筒和标定罐（尺寸单位：mm）

表中不一致，但不影响使用，亦可使用。上部为储砂筒，筒底中心有一个圆孔。下部装一倒置的圆锥形漏斗，漏斗上端开口，直径与储砂筒的圆孔相同，漏斗焊接在一块铁板上，铁板中心有一圆孔与漏头上开口相接。自储砂筒筒底与漏斗顶端铁板之间设有开关。开关为一薄铁板，一端与筒底及漏斗铁板铰接在一起，另一端伸出筒身外，开关铁板上也有一个相同直径的圆孔。

表 4-1   灌砂仪的主要尺寸要求表

结　　构		小型灌砂筒	大型灌砂筒
储砂筒	直径/mm	100	150
	容积/cm³	2120	4600
流砂孔	直径/mm	10	15
金属标定罐	内径/mm	100	150
	外径/mm	150	200
金属方盘基板	边长/mm	350	400
	深/mm	40	50
中孔	直径/mm	100	150

注：如骨料的最大粒径超过 31.5mm，则应相应地增大灌砂筒和标定罐的尺寸；如骨料的最大粒径超过 53mm，灌砂筒和现场试洞的直径应为 200mm。

② 金属标准罐：用薄铁板作金属罐，上端周围有一罐缘。

③ 基板：用薄铁板制作，用于小灌砂筒的基板为边长 350mm 深 40mm 的金属方盘，盘的中心有一直径为 150mm 的圆孔。

④ 玻璃板：边长约 500～600mm 的方形板。

⑤ 试样盘：小筒挖出的试样可用饭盒存放、大筒挖出的试样可用 300mm×500mm×400mm 的搪瓷盘存放。

⑥ 天平或台秤：称量 10～15kg，感量不大于 1g，用于含水率测定的天平精度，对细粒土、中粒土、粗粒土宜分别为 0.01g、0.1g、1.0g。

⑦ 含水量测定器具：如铝盒、烘箱等。

⑧ 量砂：粒径 0.30～0.60mm 清洁干燥的均匀砂，约 20～40kg。使用前须洗净、烘干，并放置足够的时间，使其与空气的湿度达到平衡。

⑨ 盛砂的容器：塑料桶等。

⑩ 其他：凿子、螺丝刀、铁锤、长把勺、长把小簸箕、毛刷等。

3）方法步骤。

① 按现行试验方法对检测对象试样用同种材料进行击实试验，得到最大干密度 ρ_c 及最佳含水率。

② 按规定要求选用适宜的灌砂筒。

③ 标定灌砂筒下部圆锥体内砂的质量，步骤如下：

a. 在灌砂筒筒口高度上，向灌砂筒内装砂至距筒顶的距离不超过 15mm 左右为止。称取装入筒内砂的质量 m_1，准确至 1g。以后每次标定及试验都应该维持装砂高度与质量不变。

b. 将开关打开，使灌砂筒筒底的流砂孔、圆锥形漏斗上端开口圆孔及开关铁板中心的圆孔上下对准重叠在一起，让砂自由流出，并使流出砂的体积与工地所挖试坑内的体积相当（或等于标定罐的容积），然后关上开关。

c. 不晃动灌砂筒的砂，轻轻地将灌砂筒移至玻璃板上，将开关打开，让砂流出，直到筒内砂不再下流时，将开关关上，并细心地取走灌砂筒。

d. 收集并称量留在玻璃板上的砂或称量筒内的砂，准确至 1g。玻璃板上的砂就是填满筒下圆锥体的砂（m_2）。

e. 重复上述测量三次，取其平均值。

④ 标定量砂的单位质量 ρ_s（g/cm^3）其步骤如下：

a. 用水确定标定罐的容积 V，准确至 1mL。

b. 在灌砂筒中装入质量为 m_1 的砂，并将灌砂筒放在标定罐上，将开关打开，让砂流出。在整个流砂过程中，不要碰动灌砂筒，直到灌砂筒内的砂不再下流时，将开关关闭，取下灌砂筒，称取筒内剩余砂的质量 m_3，准确至 1g。

c. 按式（4-6）计算填满标定罐所需砂的质量 m_a

$$m_a = m_1 - m_2 - m_3 \tag{4-6}$$

式中　m_a——标定罐中砂的质量（g）；

　　　m_1——装入灌砂筒内砂的总质量（g）；

　　　m_2——灌砂筒下部圆锥体内砂的质量（g）；

　　　m_3——灌砂入标定罐后，筒内剩余砂的质量（g）。

d. 重复上述测量 3 次，取其平均值。

e. 按式（4-7）计算量砂的松方密度 ρ_s

$$\rho_s = \frac{m_a}{V} \tag{4-7}$$

式中　ρ_s——量砂的单位质量（g/cm^3）；

　　　V——标定罐的体积（cm^3）。

⑤ 试验步骤：

a. 在试验地点，选一块平坦表面，并将其清扫干净，其面积不小于基板面积。

b. 将基板放在平坦表面上。当表面的粗糙度较大时，则将盛有量砂（m_5）的灌砂筒放在基板中间的圆孔上。将罐砂筒的开关打开，让砂流入基板的中孔内，直到储砂筒内的砂不再下流时关闭开关。取下灌砂筒，并称量筒内砂的质量（m_6），准确至 1g。

c. 取走基板，并将留在试验地点的量砂收回，重新将表面清扫干净。

d. 将基板放回清扫干净的表面上（尽量放在原处），沿基板中孔凿洞（洞的直径与灌砂筒一致）。在凿洞的过程中，应注意不使凿出的材料丢失，并随时将凿松的材料取出装入塑料袋中，不要使水分蒸发，也可放在大试样盆内。试洞的深度应等于测定层厚度，但不得有下层材料混入，最后将洞内的全部凿松材料取出，对土基或基层，为防止试样盘内材料的水分蒸发，可分几次称取材料的质量，全部取出材料的总质量为 m_w，准确至 1g。

e. 从挖出的全部材料中取有代表性的样品，放在铝盒或洁净的搪瓷盒内，测定其含水量（ω，以%计）。样品的数量如下：用小灌砂筒测定时，对于细粒土，不少于 100g；对于各种中粒土，不少于 500g。用大灌砂筒测定时，对于细粒土，不少于 200g；对于各种中粒土，不少于 1000g；对于粗粒土或水泥、石灰，粉煤灰等无机结合稳定材料，宜将取出的全部材料烘干，且不少于 2000g，称其质量 m_d。

f. 将基板安放在试坑上，将灌砂筒安放在基板中间（储砂筒内放满砂到要求质量 m_1），使灌砂筒的下口对准基板的中孔及试洞，打开灌砂筒的开关，让砂流入试坑内。在此期间，应注意勿碰动灌砂筒。直到储砂筒内的砂不再下流时，关闭开关。仔细取走灌砂筒，并称量剩余砂的质量 m_4，准确至 1g。

g. 如清扫干净的平坦表面的粗糙度不大，也可省去②和③的操作。在试洞挖好后，将灌砂筒直接对准放在试坑上，中间不需要放基板。打开筒的开关，让砂流入试坑内。在此期间，应注意勿碰动灌砂筒。直到储砂筒内的砂不再下流时，关闭开关。仔细取走灌砂筒，并称量剩余砂的质量 m_4'，准确至 1g。

h. 仔细取出试筒内的量砂，以备下次试验时再用。若量砂的湿度已发生变化或量砂中混有杂质，则应该重新烘干、过筛，并放置一段时间，并使其与空气的湿度达到平衡后再用。

⑥ 试验注意事项。为使试验做得准确，应注意以下几个环节：

a. 量砂要规则，如果重复使用时一定要注意晾干，处理一致，否则影响量砂的松方密度。

b. 每换一次量砂，都必须测定松方密度，灌砂筒下部圆锥体内砂的数量也应该每次重新标定。因此量砂宜事先准备较多数量。切勿到试验时临时找砂，又不进行标定，仅使用以前的数据。

c. 地表面处理要平，只要表面凸出一点（即使 1mm），使整个表面高出一薄层，其体积便算到试坑中去了，将影响试验结果，因此本方法一般宜采用先放上基板测定一次粗糙表面消耗的量砂。只有在非常光滑的情况下方可省去此步骤操作。

4）计算。

① 按式（4-8）计算填满试坑所用的砂的质量 m_b(g)：

灌砂时，试坑上放基板

$$m_b = m_1 - m_4 - (m_5 - m_6) \qquad (4\text{-}8)$$

灌砂时，试坑上不放基板

$$m_b = m_1 - m_4' - m_2 \qquad (4\text{-}9)$$

式中　　　　m_b——填满试坑的砂的质量（g）；

m_1——灌砂前灌砂筒内砂的质量（g）；

m_2——灌砂筒下部圆锥体内砂的质量（g）；

m_4、m_4'——灌砂后，灌砂筒内剩余砂的质量（g）；

$(m_5 - m_6)$——灌砂筒下部圆锥体及基板和粗糙表面间砂的合计质量（g）。

② 按式（4-10）计算试坑材料的湿密度（湿容重）ρ_w（g/cm³）

$$\rho_w = \frac{m_w}{m_b} \rho_s \qquad (4\text{-}10)$$

式中　m_w——试坑中取出的全部材料的质量（g）；

ρ_s——量砂的松方密度（g/cm³）。

③ 按式（4–11）计算试坑材料的干密度 ρ_d（g/cm³）

$$\rho_d = \frac{\rho_w}{1+0.01\omega} \qquad (4-11)$$

式中 ω——试坑材料的含水量（%）。

④ 当以水泥、石灰、粉煤灰等无机结合料稳定土的场合，可按式（4–12）计算干密度 ρ_d（g/cm³）。

$$\rho_d = \frac{m_d}{m_b}\rho_S \qquad (4-12)$$

式中 m_d——试坑中取出的稳定土的烘干质量（g）。

⑤ 按式（4–13）计算施工压实度（K）：

$$K = \frac{\rho_d}{\rho_C} \times 100 \qquad (4-13)$$

式中 K——测试地点的施工压实度（%）；

ρ_d——试样的干密度（g/cm³）；

ρ_C——由击实试验得到的试样的最大干密度（g/cm³）。

当试坑材料组成与击实试验的材料有较大差异时，可用试坑材料作标准击实，求取实际的最大干密度。

5）报告。各种材料的干密度均准确至 0.01g/cm³。

（2）环刀法测定压实度试验方法

1）目的和适用范围。

① 本方法规定在公路工程现场用环刀法测定土基及路面材料的密度及压实度。

② 本方法适用于测定细粒土及无机结合料稳定细粒土的密度。但对无机结合料稳定细粒土，其龄期不宜超过 2d，且宜用于施工过程中的压实度检验。

2）仪具与材料技术要求。

① 人工取土器：如图 4–3 所示，包括环刀、环盖，定向筒和击实锤系统（导杆、落锤、手柄）。环刀内径 6～8cm，高 2～3cm，壁厚 1.5～2mm。

② 电动取土器：如图 4–4 所示，由底座、行走轮、立柱、齿轮箱、升降机构、取芯头等组成。

a. 底座：由底座平台（16）、定位销（15）、行走轮（14）组成。平台是整个仪器的支撑基础；定位销供操作时仪器定位用；行走轮供换点取芯时仪器近距离移动用，当定位时四只轮子可扳起离开地表。

b. 立柱：由立柱（1）与立柱套（11）组成，装在底座平台上，作为升降机构、取芯机构、动力和传动机构的支架。

c. 升降机构：由升降手轮（9）、锁紧手柄（8）组成，供调整取芯机构高低用。松开锁紧手柄，转动升降手轮，取芯机构即可升降，到所需位置时拧紧手柄定位。

d. 取芯机构：由取芯头（10）、升降轴（2）组成。取芯头为金属圆筒，下口对称焊接两个合金钢切削刀头，上端面焊有平盖，其上焊螺母，靠螺旋接于升降轴上。取芯头由三种规格，即 50mm×50mm、70mm×70mm、100mm×100mm，取芯头为可换式。另配有相应的取芯套筒、扳手、铝盒等。

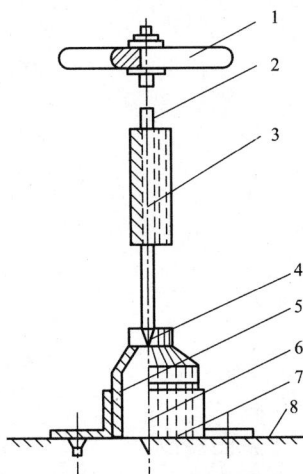

图 4-3　人工取土器

1—手柄；2—导杆；3—落锤；4—环盖；5—环刀；
6—定向筒；7—定向筒齿钉；8—试验地面

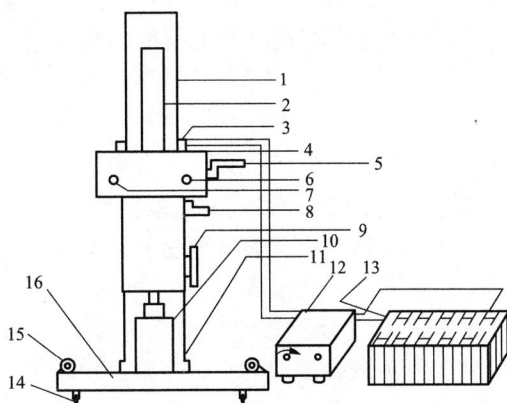

图 4-4　电动取土器

1—立柱；2—升降轴；3—电源输入；4—直流电机；5—升降手柄；
6、7—电源指示；8—锁紧手柄；9—升降手轮；10—取芯头；11—立柱套；
12—调速器；13—蓄电池；14—定位销；15—行走轮；16—底座平台

e. 动力和传动机构：主要由直流电机（4）、调速器（12）、齿轮箱组成，另配蓄电池（13）和充电器。当电机工作时，通过齿轮箱的齿轮将动力传给取芯机构，升降轴旋转，取芯头进入旋切状态。

f. 电动取土器主要技术参数为：工作电压 DC24V（36A·h）；转速 50～70r/min，无级调速；整机质量约 35kg。

③ 天平：感量 0.1g（用于取芯头内径小于 70mm 样品的称量），或 1.0g（用于取芯头内径 100mm 样品的称量）。

④ 其他：镐、小铁锹、修土刀、毛刷、直尺、钢丝锯、凡士林、木板及测定含水量设备等。

3）方法与步骤。

① 按有关试验方法对检测对象试样用同种材料进行击实试验，得到最大干密度及最佳含水率。

② 用人工取土器测定黏土及无机结合料稳定细粒土密度的步骤：

a. 擦净环刀，称取环刀质量 m_2。准确至 0.1g。

b. 在试验地点，将面积约 30cm×30cm 的地面清扫干净，并将压实层铲去表面浮动及不平整的部分，达一定深度，使环刀打下后，能达到要求的取土深度，但不得将下层扰动。

c. 将定向筒齿钉固定于铲平的地面上。顺次将环刀、环盖放入定向筒内与地面垂直。

d. 将导杆保持垂直状态，用取土器落锤将环刀打入压实层中，至环盖顶面与定向筒上口齐平为止。

e. 去掉击实锤和定向筒，用镐将环刀及试样挖出。

f. 轻轻取下环盖，用修土刀自边到中削去环刀两端余土，用直尺检测直到修平为止。

g. 擦净环刀外壁，用天平称取出环刀及试样合计质量 m_1，准确到 0.1g。

h. 自环刀中取出试样，取具有代表性的试样，测定其含水率 ω。

③ 用人工取土器测定砂性土或砂层密度的步骤。

a. 如为湿润的砂土，试验时不能使用击实锤和定向筒，在铲平的地面上，细心挖出一个直径较环刀外径略大的砂土柱，将环刀刃口向下，平置于砂土柱上，用两手平稳地将环刀垂直下压，直至砂土柱突出环刀上端约 2cm 为止。

b. 削掉环刀口上的多余砂土，并用直尺刮平。

c. 在环刀上口盖一块平滑的木板，一手按住木板，另一手用小铁锹将试样从环刀底部切断，然后将装满试样的环刀反转过来，削掉环刀口上部多余砂土，并用直尺刮平。

d. 擦净环刀外壁，称环刀与试样合计质量 m_1，准确到 0.1g。

e. 自环刀中取具有代表性的试样测定其含水率 ω。

f. 干燥的砂土不能挖成砂土样柱时，可直接把环刀压入或打入土中。

④ 用电动取土器测定无机结合料细粒土和硬塑土密度的步骤。

a. 装上所需规格的取芯头。在施工现场取芯前，选择一块平整的路段，将四只行走轮打起，四根定位销钉采用人工加压的方法，压入路基土层中。松开锁紧手柄，旋转升降手轮，使取芯头刚好与土层接触，锁紧手柄。

b. 将电瓶与调速器接通，调速器的输出端接入取芯机电源插口。指示灯亮，显示电路已通；启动开关，电动机工作，带动取芯机构转动。根据土层含水率调节转速，操作升降手柄，上提取芯机构，停机，移开机器。由于取芯圆筒外表有几条螺旋状突起，切下的土屑排在筒外顺螺纹上旋抛出地表，因此，将取芯套筒套在切削好的土芯立柱上摇动即可取出样品。

c. 取出样品，立即按取芯套筒长度用修土刀或钢丝锯修平两端，制成所需规格土芯，如拟进行其他试验项目，装入铝盒，送试验室备用。

d. 用天平称量土芯带套筒质量 m_1，从土芯中心部分取试样测定含水率 ω。

4）计算。

① 按式（4-14）计算试样的湿密度及干密度。

$$\rho = \frac{4 \times (m_1 - m_2)}{\pi d^2 h} \qquad (4\text{-}14)$$

$$\rho_d = \frac{\rho}{1 + 0.01\omega} \qquad (4\text{-}15)$$

式中　ρ ——试样的湿密度（g/cm³）；

ρ_d ——试样的干密度（g/cm³）；

m_1 ——环刀或取芯套筒与试样合计质量（g）；

m_2 ——环刀或取芯套筒质量（g）；

d ——环刀或取芯套筒直径（cm）；

h ——环刀或取芯套筒高度（cm）；

ω ——试样的含水率（%）。

② 按式（4-16）计算施工压实度：

$$K = \frac{\rho_d}{\rho_C} \times 100 \qquad (4\text{-}16)$$

式中　K——测试地点的施工压实度（%）；

ρ_d ——试样的干密度（g/cm³）；

ρ_{C} ——由击实试验得到的试样的最大干密度（g/cm^3）。

5）报告。试验应报告土的鉴别分类、含水率、湿密度、干密度、最大干密度、压实度等。

3. 压实度检测结果的评定

路基、路面压实度以 1～3km 长的路段为检验评定单元，按要求的检测频率及方法进行现场压实度抽样检查，求算每一测点的压实度 K_i。

压实度的评定要点是：

（1）控制平均压实度的置信下限，以保证总体水平；

（2）规定单点极值不得超出给定值，防止局部隐患；

（3）规定扣分界限以区分质量优劣。

检验评定段的压实度代表值 K（算术平均值的下置信界限）为：

$$K = \bar{k} - t_\alpha S / \sqrt{n} \geqslant K_0 \tag{4-17}$$

式中　$\bar{k}$ ——检验评定段内各测点压实度的平均值；

t_α ——t 分布表中随各测点数和保证率（或置信度）而变的系数；高速、一级公路：基层、底基层为 99%，路基、路面面层为 95%；其他公路：基层、底基层为 95%，路基、路面面层为 90%；

S ——检测值的均方差；

n ——检测点数；

K_0 ——压实度标准值。

1）路基、基层和底基层：$K \geqslant K_0$，且单点压实度 K_i 全部大于等于规定值减 2 个百分点时，评定路段的压实度可得规定满分；当 $K \geqslant K_0$，且单点压实度全部大于等于规定极值时，对于测定值低于规定值减 2 个百分点的测点，按其占总检查点数的百分率计算扣分值；$K<K_0$ 或某一单点压实度 K_i 小于规定极值时，该评定路段压实度为不及格，评为零分。

路堤施工段较短时，分层压实度应点点符合要求，且实际样本数不小于 6 个。

2）沥青面层：当 $K \geqslant K_0$ 且全部观测点大于等于规定值减 1 个百分点时，评定路段的压实度可得规定的满分；当 $K \geqslant K_0$ 时，对于测定值低于规定值减 1 个百分点的测点，按其占总检查点数的百分率计算扣分值；$K<K_0$ 时，评定路段的压实度为不合格，评为零分。

4. 核子密度湿度仪法测定压实度简介

非破坏性试验使用的仪器是各种核子仪，它利用放射性元素测量路基土或路面结构层材料的密度和含水量。20 世纪 80 年代以前，这类仪器主要在美国和前苏联应用；近年来，使用核子仪的国家逐渐增多，核子仪的应用逐渐普遍。美国生产的核密实度含水量测定仪，既可在现场测定密实度，也可在现场测定含水量。

这种仪器有几种不同的型号：有一种插入式核密实度含水量测定仪，在使用前需要在拟测量的位置打一个洞（洞深等于拟测的深度），然后将探头插入洞中进行测量，此法又称为直接透射法。另一种是表面式核密实度含水量测定仪，可以直接放在表面上进行测量，无需打洞，此法又称为散射法；更先进的一种核密实度含水量测定仪还带有电子计算机。这类仪器的优点是：测量速度快，需要的人员少，可用于测量各种土（包括冻土）和路面材料的密度及它们的含水量，因此受到质量检验人员的欢迎。

但核子仪的缺点之一是，超标的放射性对人类有害。国内曾不止一次检验发现进口的核密实度含水量测定仪的放射性超过规定，使用时要注意：仪器工作时，所有人员必须退后到距离仪器 2m 以外的地方；仪器不使用时，应将手柄放置于安全位置，仪器应装入专用的仪器箱内，放置在符合核辐射的安全规定的地方；仪器应当由经过有关部门的审查合格的专人保管，专人使用。

在现场选定的位置上应用核子仪测量一次，取得读数后将仪器在原位转 180° 测量第二次，记录读数后，再将仪器在原位置转 90° 测量第三次，记录数据后，再将仪器在原位置转 180°。测量第四次，记录数据。最后，将四次读数的平均值作为该点核子仪湿密度与含水量的测量值，并用灌砂法测定其湿密度。取样品测定含水量后，计算用灌砂法测得的干密度。一般需要在不少于 15 个位置进行这种对比测定，计算两者之间的相关系数，相关系数应大于0.9。国际上通常以灌砂法作为测定现场密度的标准方法。用核子仪测定现场密度后，需用所得的相关方程将核子仪所测得的值换算成为相当于灌砂法的测定值。

核子仪测得的含水量需与含水量的标准试验方法——烘干法进行比较，计算两者的相关方程。用核子仪测定现场土或材料的含水量后，用相关方程将核子仪测得的含水量换算成相当于烘干法的含水量。

实践证明，用核子仪测得的土层或材料层湿密度与灌砂法测得的湿密度比，二者相差不大；核子仪测得的含水量与烘干法测得的含水量相比，往往有明显差别。

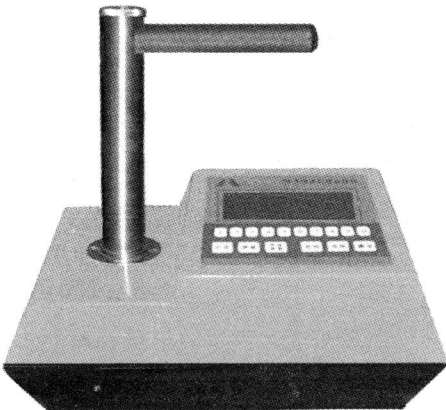

图 4–5　HSMD–1002 型核子快速密度水分仪（表面型）

HSMD–1002 表面型核子快速密度水分仪（图4–5）采用国际最新技术，能快速、准确地测量工程施工中泥土、骨料、沥青和混凝土结构的湿密度、压实度、含水量、空隙率。仪器采用高精度进口探测器，测量精度高，稳定性好。整机由微电脑控制，全中文操作，菜单显示，界面友好，操作简单方便，具备打印、查调、删除、通信等功能，采用长寿命紧凑化设计，体积小、重量轻、携带方便。测量深度可从地表至地下 15cm，且使用的放射源活度只有国内外同类产品的 20%。可广泛应用于道路、机场、停车场、土工建筑物、桥梁地基、堤坝、水库等各种建筑材料路面的工程质量测量。

4.4　路面平整度检测

路面平整度是评定路面使用品质的重要指标之一。它既是一个路面外观指标，又是衡量路面质量及现有路面破坏程度的一个重要指标。它直接关系到行车安全以及车辆的通行能力和运营的经济性，还影响着路面的使用年限。

路面不平使车辆在行驶中产生行驶阻力和振动，行驶阻力消耗车辆的功率并且影响车辆动力系统和传动系统的寿命。而在冲击下产生的振动，直接影响了车辆平顺性、乘坐舒适性以及承载系的可靠性和使用寿命。同时阻力和振动也对车速和操纵稳定性产生影响。所以，路面平整度是运行环境中的主要因素。另外，路面的平整性（平整度）对车辆营运费用有较多影响。平整度影响如此显著，一方面通过零件维修等费用明显的反映出不平整造成车辆振动，使零件与车辆破坏的费用猛增，远远超过了油耗；另一方面，影响费用的另一因素——速度，它是平整度的隐函数。用路面凹凸不平的程度，来表征平整性的质量。

测量路面平整度的指标：一是为了检查控制路面施工质量与验收路面工程；二是根据测定的路面平整度指标以确定养护维修计划。

路面平整度包括纵断面和横断面两个方面。测定平整度的仪器种类繁多，国外这方面从最初的直尺式测定仪发展成为可以记录车行道真实断面形状的横断面记录仪。国内除了 3m 直尺外，还有 JLP-80N 型间断式路面平整度仪。国内最常用的测试方法是 3m 直尺法和路面平整度仪测定法。

1. 3m 直尺测定法

3m 直尺测定法有单尺测定最大间隙及等距离（1.5m）连续测定两种，前者常用于施工时质量控制和检查验收，单尺测定时要计算出测定段的合格率。等距离连续测试也可用于施工质量检查验收，但要算出标准差，用标准差来表示平整程度。它与用 3m 连续式平整度仪测定的路面平整度有较好的相关关系。

3m 直尺测定法的特点是设备简单，结果直观，间断测试，工作效率低，用直尺与路面之间的最大间隙 h（mm）反映凹凸程度。

（1）目的和适用范围。

1）本方法规定用 3m 直尺测定路表面的平整度。定义 3m 直尺基准面距离路表面的最大间隙表示路基路面的平整度，以 mm 计。

2）本方法适用于测定压实成型的路面各层表面的平整度，以评定路面的施工质量，也可用于路基表面成型后的施工平整度检测。

（2）量测仪器。

1）直尺：测量基准面长度为 3m，基准面应平直，用硬木或铝合金等材料制成。

2）最大间隙测量器具：

① 楔形塞尺：硬木或金属制的三角形塞尺，有手柄。塞尺的长与高度之比不小于 10，宽度不大于 15mm，边部有高度标记，刻度读数分辨率小于或等于 0.2mm。

② 深度尺：金属制的深度测量尺，有手柄。深度尺测量杆端头直径不小于 10mm，刻度读数分辨率小于或等于 0.2mm。

③ 其他：皮尺或钢尺、粉笔等。

（3）方法与步骤。

1）准备工作：

① 按有关规范规定选择测试路段。

② 测试路段的测试地点选择：当为沥青路面施工过程中的质量检测时，测试地点应选在接缝处，以单杆测定评定；除高速公路以外，可用于其他等级公路路基路面工程质量检查验收或进行路况评定，每200m 测 2 处，每处连续测量 10 尺。除特殊需要者外，应以行车道一侧车轮轮迹（距车道线 0.8～1.0m）作为连续测定的标准位置。对旧路已形成车辙的路面，应取车辙中间位置为测定位置，用粉笔在路面上做好标记。

③ 清扫路面测定位置处的污物。

2）测试步骤：

① 施工过程中检测时，按根据需要确定的方向，将 3m 直尺摆在测试地点的路面上。

② 目测 3m 直尺底面与路面之间的间隙情况，确定间隙为最大的位置。

③ 用有高度标线的塞尺塞进间隙处，量测其最大间隙的高度（mm）；或者用深度尺在最大间隙位置量测直尺上顶面距地面的深度，该深度减去尺高即为测试点的最大间隙高度，准确至 0.2mm。

（4）计算。单杆检测路面的平整度计算，以 3m 直尺与路面的最大间隙为测定结果。连续测定 10 尺时，判断每个测定值是否合格，根据要求，计算合格百分率，并计算 10 个最大间隙的平均值。

$$合格率（\%）=合格尺数/总测尺数×100$$

（5）报告。单杆检测的结果应随时记录测试位置及检测结果。连续测定 10 尺时，应报告平均值、不合格尺数、合格率。

2. 连续式平整度仪测定平整度试验方法

连续式平整度仪是近年来我国用于测定路面平整度的新型仪器，它的主要优点是可沿路面连续测量。它一般采用先进的微机处理技术可自动计算、自动打印、自动显示路面平整的均方差、正、负超差等各项技术指标，并绘出路面平整度偏差曲线。

（1）目的和适用范围。

1）本方法规定用连续式平整度仪量测路面的不平整度的标准差σ，以表示路面的平整度，以 mm 计。

2）本方法适用于测定路表面的平整度，评定路面的施工质量和使用质量，不适用于在已有较多坑槽、破损严重的路面上测定。

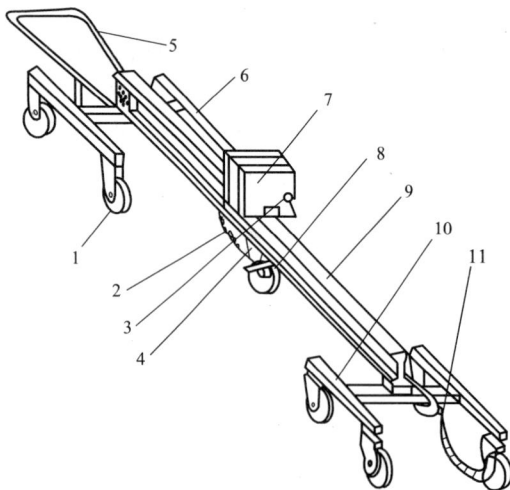

图 4-6 连续式平整度仪构造图

1—脚轮；2—拉簧；3—离合器；4—测量架；5—牵引架；6—前架；7—记录计；8—测定轮；9—纵梁；10—后梁；11—软轴

（2）仪具。

1）连续式平整度仪：

① 整体结构：连续式平整度仪构造如图 4-6 所示。除特殊情况外，连续式平整度仪的标准长度为 3m，其质量应符合仪器标准的要求。中间为一个 3m 长的机架，机架可缩短或折叠，前后各有 4 个行车轮，前后两组轮的轴间距离为 3m。

② 标准差测量传感器：安装在机架中间，可以是能起落的测定轮，或非接触式位移传感器，如激光或超声位移测量传感器。

③ 其他辅助机构：蓄电池电源，距离传感器，与数据采集、处理、存储、输出部分配套的采集控制箱及计算机、打印机。

④ 测定间距为 10cm，每一计算区间的长度为 100m 并输出一次结果。

⑤ 可记录测试长度（m）、曲线振幅大于某一定值（如 3、5、8、10mm 等）的次数、曲线振幅的单向（凸起或凹下）累计值及以 3m 机架为基准的中点路面偏差曲线图，计算

打印。

⑥ 机架装有一牵引钩及手拉柄，可用人力或汽车牵引。

2）牵引车：小面包车或其他小型牵引汽车。

3）皮尺或测绳。

（3）方法与步骤。

1）准备工作。

① 选择测试路段。

② 当为施工过程中质量检测需要时，测试地点根据需要决定；当为路面工程质量检查验收或进行路况评定需要时，通常以行车道一侧车轮轮迹带作为连续测定的标准位置。对旧路已形成车辙的路面，取一侧车辙中间位置为测定位置。当以内侧轮迹带或外侧轮迹带作为测定位置时，测定位置距车道标线 80～100cm。

③ 清扫路面测定位置处的脏物。

④ 检查仪器，检测箱各部分应完好、灵敏，并将各连接线接妥，安装记录设备。

2）测试步骤。

① 将连续式平整度测定仪置于测试路段路面起点上。

② 在牵引汽车的后部，将连续式平整度仪与牵引汽车连接好，按照仪器使用手册依次完成各项操作。

③ 启动牵引汽车，沿道路纵向行驶，横向位置保持稳定。

④ 确认连续式平整度仪工作正常。牵引连续式平整度仪的速度应保持匀速，速度宜为 5km/h，最大不得超过 12km/h。

在测试路段较短时，亦可用人力拖拉平整度仪测定路面的平整度，但拖拉时应保持匀速前进。

（4）检测数据的处理。

1）连续式平整度测定仪测定后，按每 10cm 间距采集的位移值自动计算每 100m 计算区间的平整度标准差（mm），还可记录测试长度（m）。

2）每一计算区间的路面平整度以该区间测定结果的标准差表示，按式（4-18）计算：

$$\sigma_i = \sqrt{\frac{\sum d_i^2 - \left(\sum d_i\right)^2 / N}{N-1}} \qquad (4-18)$$

式中　σ_i——各计算区间的平整度计算值（mm）；

d_i——以 100m 为一个计算区间，每隔一定距离（自动采集间距为 10cm，人工采集间距为 1.5m）采集的路面凹凸偏差位移值（mm）；

N——计算区间用于计算标准差的测试数据个数。

3）计算一个评定路段内各区间平整度标准差的平均值、标准差、变异系数。

（5）报告。试验应列表报告每一个评定路段内各测定区间的平整度标准差，各评定路段平整度的平均值、标准值、变异系数以及不合格区间数。

3. 车载式颠簸累积仪测定平整度试验方法

（1）目的与适用范围。

1）本方法适用于各类颠簸累积仪在新建、改建路面工程质量验收和无严重坑槽、车辙等病害的正常行车条件下连续采集路段平整度数据。

2）本方法的数据采集、传输、记录和处理分别由专用软件自动控制进行。

（2）仪具与材料技术要求

1）测试系统。由承载车辆、距离测量装置、颠簸累积值测试装置和主控制系统组成。主控制系统对测试装置的操作实施控制，完成数据采集、传输、存储与计算过程。

2）设备承载车要求。

根据设备供应商的要求选择测试系统承载车辆。

3）测试系统基本技术要求和参数。

① 测试速度：30～80km/h。

② 最大测试幅值：±20cm。

③ 垂直位移分辨率：1mm。

④ 距离标定误差：<0.5%。

⑤ 系统工作环境温度：0～60℃。

⑥ 系统软件能够依据相关关系公式自动对颠簸累积值进行换算，间接输出国际平整度指数 IRI。

（3）方法与步骤。

1）准备工作：

① 测试车辆具备下列条件之一时，都应进行仪器测值与国际平整度指数 IRI 的相关性标定，相关系数 R 应不低于 0.99：在正常状态下行驶超过 20 000km；标定的时间间隔超过 1 年；减震器、轮胎等发生更换、维修。

② 检查测试车轮胎气压，应达到车辆轮胎规定的标准气压；车胎应清洁，不得黏附杂物；车上载重、人数以及分布应与仪器相关性标定试验时一致。

③ 距离测量系统需要现场安装的，根据设备操作手册说明进行安装，确保紧固装置安装牢固。

④ 检查测试系统，各部分应符合测试要求，不应有明显的可视性破损。

⑤ 打开系统电源，启动控制程序，检查系统各部分的工作状态。

2）测试步骤：

① 测试开始之前应让测试车以测试速度行驶 5～10km，按照设备操作手册规定的预热时间对测试系统进行预热。

② 测试车停在测试起点前 300～500m 处，启动平整度测试系统程序，按照设备操作手册的规定和测试路段的现场技术要求设置完毕所需的测试状态。

③ 驾驶员在进入测试路段前应保持车速在规定的测试速度范围内，沿正常行车轨迹驶入测试路段。

④ 进入测试路段后，测试人员启动系统的采集和记录程序，在测试过程中必须及时准确地将测试路段的起终点和其他需要特殊标记点的位置输入测试数据记录中。

⑤ 当测试车辆驶出测试路段后，仪器操作人员停止数据采集和记录，并恢复仪器各部分至初始状态。

⑥ 操作人员检查数据文件，文件应完整，内容应正常，否则需要重新测试。

⑦ 关闭测试系统电源，结束测试。

（4）计算。颠簸累积仪直接测试输出的颠簸累积值 *VBI*，要按照相关性标定试验得到相关关系式，并以 100m 为计算区间换算成 *IRI*（以 m/km 计）。

（5）颠簸累积仪测值与国际平整度指数 *IRI* 相关关系对比试验。

1）基本要求。由于颠簸累积仪测值受测试速度等因素影响，因此测试系统的每一种实际采用的测试速度都应单独进行标定，建立相关关系公式。标定过程及分析结果应详细记录并存档。

2）试验条件。

① 按照每段 *IRI* 值变化幅度不小于 1.0 的范围选择不少于 4 段不同平整度水平的路段，且有足够加速或减速长度的路段。根据实际测试道路 *IRI* 的分布情况，可以增加某些范围内的标定路段。

② 每路段长度不小于 300m。

③ 每一段内的平整度应均匀，包括路段前 50m 的引道。

④ 选择坡度变化较小的直线路段，路段交通量小，便于疏导。

⑤ 标定宜选择在车道的正常行驶轮迹上进行，明确标出标定路段的轮迹、起终点。

3）试验步骤。

① 距离标定：

a. 依据设备供应商建议的长度，选择坡度变化较小的平坦直线路段，标出起终点和行驶轨迹。

b. 标定开始之前应让测试车以测试速度行驶 5～10km，按照设备操作手册规定的预热时间对测试系统进行预热。

c. 将测试车的前轮对准起点线，启动距离校准程序，然后令车辆沿着路段轨迹直线行驶，避免突然加速或减速，接近终点时，看指挥人员手势减速停车，确保测试车的前轮对准终点线，结束距离校准程序。重复此过程，确保距离传感器脉冲当量的准确性，应在允许误差范围之内。

② 参照上述方法与步骤中的测试步骤，令颠簸累积仪按选定的测试速度测试每个标定路段的反应值，重复测试至少 5 次，取其平均值作为该路段的反应值。

③ *IRI* 值的确定：

a. 以精密水准仪作为标准仪具，分别测量标定路段两个轮迹的纵断高程，要求采样间隔为 250mm，高程测试精度为 0.5mm；然后用 *IRI* 标准计算程序对每个轮迹的纵断面测量值进行模型计算，得到该轮迹的 *IRI* 值。两个轮迹 *IRI* 值的平均值即为该路段的 *IRI* 值。

b. 其他符合世界银行一类平整度测试标准的纵断面测试仪具也可以作为确定标定路段标准 *IRI* 值的仪具。

4）试验数据处理。用数理统计的方法将各标定路段的 *IRI* 值和相应的颠簸累积仪测值进行回归分析，建立相关关系方程式，相关系数 *R* 不得小于 0.99。

5）报告。

① 平整度测试报告应包括颠簸累积值 *VBI*、国际平整度 *IRI* 平均值和现场测试速度。

② 提供颠簸累积值 *VBI* 与国际平整度指数 *IRI* 在选定测试条件下的相关关系式及相关系数。

4. 车载式激光平整度仪测定平整度试验方法

（1）目的与适用范围。

1）本方法适用于各类车载式激光平整度仪在新建、改建路面工程质量验收和无严重坑槽、车辙等病害及无积水、积雪、泥浆的正常通车条件下连续采集路段平整度数据。

2）本方法的数据采集、传输、记录和处理分别由专用软件自动控制进行。

（2）仪具与材料技术要求。

1）测试系统：测试系统由承载车辆、距离传感器、纵断面高程传感器和主控制系统组成。主控制系统对测试装置的操作实施控制，完成数据采集、传输、存储与计算过程。

2）设备承载车要求：根据设备供应商的要求选择测试系统承载车辆。

3）测试系统基本技术要求和参数：

① 测试速度：30～100km/h。

② 采样间隔：≤500mm。

③ 传感器测试精度：0.5mm。

④ 距离标定误差：<0.1%。

⑤ 系统工作环境温度：0～60℃。

（3）方法与步骤。

1）准备工作。

① 设备安装到承载车上以后应按本方法第5条的规定进行相关性试验。

② 根据设备操作手册的要求对测试系统各传感器进行校准。

③ 检查测试车轮胎气压，应达到车辆轮胎规定的标准气压，车胎应清洁，不得黏附杂物。

④ 距离测量装置需要现场安装的，根据设备操作手册说明进行安装，确保机械紧固装置安装牢固。

⑤ 检查测试系统各部分应符合测试要求，不应有明显的可视性破损。

⑥ 打开系统电源，启动控制程序，检查各部分的工作状态。

2）测试步骤。

① 测试开始之前应让测试车以测试速度行驶5～10km，按照设备使用说明规定的预热时间对测试系统进行预热。

② 测试车停在测试起点前50～100m处，启动平整度测试系统程序，按照设备操作手册的规定和测试路段的现场技术要求设置完毕所需的测试状态。

③ 驾驶员应按照设备操作手册要求的测试速度范围驾驶测试车，宜在50～80km/h之间，避免急加速和急减速，急弯路段应放慢车速，沿正常行车轨迹驶入测试路段。

④ 进入测试路段后，测试人员启动系统的采集和记录程序，在测试过程中必须及时准确地将测试路段的起终点和其他需要特殊标记的位置输入测试数据记录中。

⑤ 当测试车辆驶出测试路段后，测试人员停止数据采集和记录，并恢复仪器各部分至初始状态。

⑥ 检查测试数据文件，文件应完整，内容应正常，否则需要重新测试。

⑦ 关闭测试系统电源，结束测试。

（4）计算。激光平整度仪采集的数据是路面相对高程值，应以100m为计算区间长度用 *IRI* 的标准计算程序计算 *IRI* 值，以 m/km 计。

（5）激光平整度仪测值与国际平整度指数 *IRI* 相关关系对比试验。

① 试验条件。

a. 按照每段 *IRI* 值变化幅度不小于 1.0 的范围选择不少于 4 段不同平整度水平的路段，且有足够加速或减速长度的路段。根据实际测试道路 *IRI* 的分布情况，可以适当增加某些范围内的标定路段。

b. 每路段长度不小于 300m。

c. 每一段内的平整度应均匀，包括路段前 50m 的引道。

d. 选择坡度变化较小的直线路段，路段交通量小，便于疏导。

e. 有多个激光测头的系统需要分别标定。

f. 标定宜选择在车道的正常行驶轮迹上进行，明确画出轮迹带测线和起终点位置。

② 试验步骤。

a. 距离标定：

a）依据设备供应商建议的长度，选择坡度变化较小的平坦直线路段，标出起终点和行驶轨迹。

b）标定开始之前应让测试车以测试速度行驶 5～10km，按照设备操作手册规定的预热时间对测试系统进行预热。

c）将测试车的前轮对准起点线，启动距离校准程序，然后令车辆沿着路段轨迹直线行驶，避免突然加速或减速，接近终点时，看指挥人员手势减速停车，确保测试车的前轮对准终点线，结束距离校准程序。重复此过程，确保距离传感器测试结果的准确性，应在允许误差范围之内。

b. 参照上述方法与步骤中的测试步骤，令所标定的纵断面高程传感器对准测线重复测试 5 次，取其 *IRI* 计算值的平均值作为该路段的测试值。

c. *IRI* 值的确定：

a）以精密水准仪作为标准仪具，测量标定路段上测线的纵断高程，要求采样间隔为 250mm，高程测试精度为 0.5mm；然后用 *IRI* 标准计算程序对纵断面测量值进行模型计算，得到标定线路的 *IRI* 值。

b）其他符合世界银行一类平整度测试标准的纵断面测试仪具也可以作为确定标定路段 *IRI* 值的仪具。

c）试验数据处理。用数理统计的方法将各标定路段的 *IRI* 值和相应的平整度仪测值进行回归分析，建立相关关系方程式，相关系数 *R* 不得小于 0.99。

（6）报告。平整度检测报告应包括以下内容：

1）国际平整度指数 *IRI* 平均值。

2）提供激光平整度仪测值与国际平整度指数 *IRI* 在选定测试条件下的相关关系式及相关系数。

4.5　路面抗滑性能检测

路面抗滑性能是指车辆轮胎受到制动时沿表面滑移所产生的力。通常，抗滑性能被看作是路面的表面特性，并用轮胎与路面间的摩阻系数来表示。表面特性包括路表面细构造和粗构造，影响抗滑性能的因素有路面表面特性、路面潮湿程度和行车速度。

道路表面细构造是指骨料表面的粗糙度，它随车轮的反复磨耗而渐被磨光。通常采用石料磨光值（*PSV*）表征抗磨光的性能。细构造在低速（30~50km/h 以下）时对路表抗滑性能起决定作用。而高速时主要作用的是粗构造，它是由路表外露骨料间形成的构造，功能是使车轮下的路表水迅速排除，以避免形成水膜。粗构造由构造深度表征。

抗滑性能测试方法有：制动距离法、偏转轮拖车法（横向力系数测试）、摆式仪法、构造深度测试法（手工铺砂法，电动铺砂法、激光构造深度仪法）。

路面的抗滑摆值是指用标准的手提式摆式摩擦系数测定仪测定的路面在潮湿条件下对摆的摩擦阻力。路表构造深度是指一定面积的路表面凹凸不平的开口孔隙的平均深度。路面横向摩擦系数是指用标准的摩擦系数测定车测定，当测定轮与行车方向成一定角度且以一定速度行驶时，轮胎与潮湿路面之间的摩擦阻力与试验轮上荷载的比值。

高速、一级公路的摩擦系数宜在竣工后第一个夏季采用摩擦系数测定车，以（50±1）km/h 的车速测定横向力系数（*SFC*）；宏观构造深度应在竣工后第一个夏季用铺砂法或激光构造深度仪测定，此时的测定值应符合规定的竣工验收值的要求。

对于水泥混凝土路面抗滑标准用构造深度表示：对高速、一级公路，构造深度 *TD* 为 0.8mm，对于其他公路：*TD* 为 0.6mm。

上述抗滑标准仅为设计阶段的抗滑标准。公路在养护过程中，也有养护的具体标准。

鉴于路面抗滑性能测试方法较多，下面仅介绍常见的试验方法。

1. 构造深度测试方法

（1）手工铺砂法。

1）目的与适用范围。本方法适用于测定沥青路面及水泥混凝土路面表面构造深度，用以评定路面表面的宏观粗糙度、路面表面的排水性能及抗滑性能。

2）仪具与材料。

① 人工铺砂仪：由圆筒、推平板组成。

a. 量砂筒：一端是封闭的，容积为（25±0.15）mL，可通过称量砂筒中水的质量以确定其容积 *V*，并调整其高度，使其容积符合要求。带一专门的刮尺将筒口量砂刮平。

b. 推平板：推平板应为木制或铝制，直径 50mm，底面粘一层厚 1.5mm 的橡胶片，上面有一圆柱把手。

c. 刮平尺：可用 30cm 钢尺代替。

② 量砂：足够数量的干燥洁净的匀质砂，粒径为 0.15~0.3mm。

③ 量尺：钢板尺、钢卷尺，或采用将直径换算成构造深度作为刻度单位的专用的构造深度尺。

④ 其他：装砂容器（小铲）、扫帚或毛刷、挡风板等。

3）方法与步骤。

① 准备工作。

a. 量砂准备：取洁净的细砂晾干、过筛，取 0.15~0.3mm 的砂置于适当的容器中备用。量砂只能在路面上使用一次，不宜重复使用。回收砂必须经干燥、过筛处理后方可使用。

b. 对测试路段按随机取样选点的方法，决定测点所在横断面位置。测点应选在行车道的轮迹带上，距路面边缘不应小于 1m。

② 试验步骤

a. 用扫帚或毛刷子将测点附近的路面清扫干净；面积不小于 30cm×30cm。

b. 用小铲装砂，沿筒向圆筒中注满砂，手提圆筒上方，在硬质路面上轻轻地叩打 3 次，使砂密实，补足砂量用钢尺一次刮平。不可直接用量砂筒装砂，以免影响量砂密度的均匀性。

c. 将砂倒在路面上，用底面粘有橡胶片的推平板，由里向外重复做摊铺运动，稍稍用力将砂细心地尽可能地向外摊开；使砂填入凹凸不平的路表面的空隙中，尽可能将砂摊成圆形，并不得在表面上留有浮动余砂。注意摊铺时不可用力过大或向外推挤。

d. 用钢板尺测量所构成圆的两个垂直方向的直径，取其平均值，准确至 5mm。

e. 按以上方法，同一处平行测定不少于 3 次，3 个测点均位于轮迹带上，测点间距 3～5m。该处的测定位置以中间测点的位置表示。

4）计算。

① 计算路面表面构造深度测定结果。

② 每一处均取 3 次路面构造深度的测定结果的平均值作为试验结果，精确至 0.1mm。

③ 计算每一个评定区间路面构造深度的平均值、标准差、变异系数。

5）报告。

① 列表逐点报告路面构造深度的测定值及 3 次测定的平均值，当平均值小于 0.2mm 时，试验结果以 <0.2mm 表示。

② 每一个评定区间路面构造深度的平均值、标准差、变异系数。

（2）电动铺砂法。

1）目的和适用范围。本方法适用于测定沥青路面及水泥混凝土路面表面构造深度，用以评定路面表面的宏观粗糙度及路面表面的排水性能和抗滑性能。

2）仪具与材料。

① 电动铺砂仪：利用可充电的直流电源将量砂通过砂漏铺设成宽度 5cm、厚度均匀一致的器具。

② 量砂：足够数量的干燥洁净的匀质砂，粒径为 0.15～0.3mm。

③ 标准量筒：容积 50mL。

④ 玻璃板：面积大于铺砂器，厚 5mm。

⑤ 其他：直尺、扫帚、毛刷等。

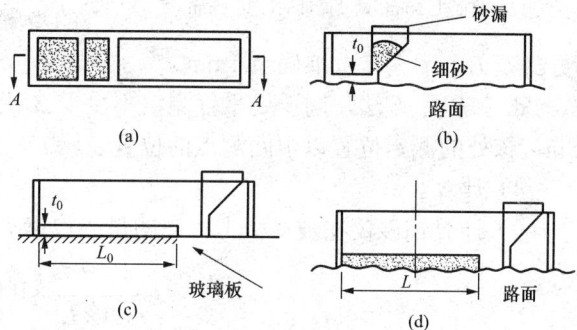

图 4-7　电动铺砂仪

（a）平面图；（b）A-A 断面；（c）标定；（d）测定

3）方法与步骤。

① 准备工作。

a. 量砂准备：取洁净的细砂，晾干，过筛，取 0.15～0.3mm 的砂置适当的容器中备用。已在路面上使用过的砂如回收重复使用时应重新过筛并晾干。

b. 对测试路段按随机取样选点的方法，决定测点所在横断面的位置、测点应选在行车道的轮迹带上，距路面边缘应不小于 1m。

② 电动铺砂器标定。

a. 将铺砂器平放在玻璃板上，将砂漏移至铺砂器端部。

b. 将灌砂漏斗口和量筒口大致齐平。

通过漏斗向量筒中缓缓注入准备好的量砂至高出量筒成尖顶状，用直尺沿筒口一次刮平，其容积为 50mL。

c. 将漏斗口与铺砂器砂漏上口大致齐平。将砂通过漏斗均匀倒入砂漏，漏斗前后移动，使砂的表面大致齐平。但不得用任何其他工具刮动砂。

d. 开动电动机，使砂漏向另一端缓缓运动，量砂沿砂漏底部铺成宽 5cm 的带状，待砂全部漏完后停止。

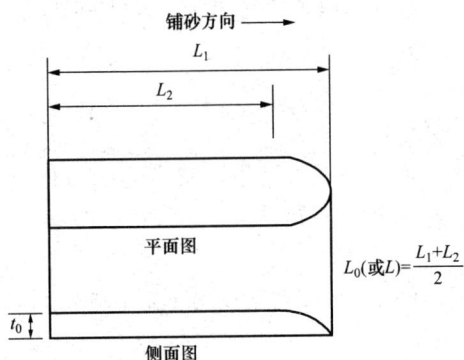

图 4-8　决定 L_0 及 L 的方法

L_0—玻璃板上 50mL 量砂摊铺的长度（mm）；

L—路面上 50mL 量砂摊铺的长度（mm）

e. L_1 及 L_2 的平均值决定量砂的摊铺长度 L_0，精确至 1mm。

f. 重复标定 3 次，取平均值决定 L_0，精确至 1mm。

标定应在每次测试前进行，用同一种量砂，由同一试验员承担测试。

③ 测试步骤。

a. 将测试地点用毛刷刷净，面积大于铺砂仪。

b. 将铺砂仪沿道路纵向平稳地放在路面上，将砂漏移至端部。

c. 按上述电动铺砂器标定（2）～（5）相同的步骤，在测试地点摊铺 50mL 量砂，量取摊铺长度 L_1 及 L_2。计算 L，准确至 1mm。

d. 按以上方法，同一处平行测定不少于 3 次，3 个测点均位于轮迹带上，测点间距 3～5m，该处的测定位置以中间测点的位置表示。

4）计算。

① 计算铺砂仪在玻璃板上摊铺的量砂厚度 t_0。

$$t_0 = \frac{V}{B \times L_0} \times 1000 = \frac{1000}{L_0} \qquad (4-19)$$

式中　t_0——量砂在玻璃板上摊铺的标定厚度（mm）；

V——量砂体积，50mL；

B——铺砂仪铺砂宽度，50mm。

② 计算路面构造深度 TD（mm）。

$$TD = \frac{L_0 - L}{L} \times t_0 = \frac{L_0 - L}{L \times L_0} \times 1000 \qquad (4-20)$$

③ 每一处均取 3 次路面构造深度的测定结果的平均值作为试验结果，精确至 0.1mm。

④ 计算每一个评定区间路面构造深度的平均值、标准差、变异系数。

5）报告。

① 列表逐点报告路面构造深度的测定值及 3 次测定的平均值；当平均值小于 0.2mm 时，试验结果以＜0.2mm 表示。

② 每一个评定区间路面构造深度的平均值、标准差、变异系数。

（3）车载式激光构造深度仪。车载式激光构造深度仪适合在新建、改建路面工程质量验收和无严重破损病害及无积水、积雪、泥浆等正常行车条件下测定，连续采集路面构造深度，但不适用于带有沟槽构造的水泥混凝土路面构造深度的测定。其数据采集、传输、记录和处理分别由专用软件自动控制进行。

1）测试系统构成。测试系统由承载车辆、距离传感器、激光传感器和主控制系统组成。主控制系统对测试装置的操作实施控制，完成数据采集、传输、存储与计算过程。

2）测试系统基本技术要求和参数。

最大测试速度：≥50km/h。

采样间隔：≤10mm。

传感器测试精度：0.1mm。

距离标定误差：<0.1%。

系统工作环境温度：0～60℃。

3）方法与步骤。

① 准备工作：

a. 设备安装到承载车上以后应进行相关性标定试验。

b. 根据设备操作手册的要求对测试系统各传感器进行校准。

c. 距离测量装置需要现场安装的，根据设备操作手册说明进行安装，确保机械紧固，装置安装牢固。

d. 测试系统各部分应符合测试要求，不应有明显的可视性破损。

e. 打开系统电源，启动控制程序，检查各部分的工作状态。

② 测试步骤：

a. 按照设备使用说明规定的预热时间对测试系统预热。

b. 测试车停在测试起点前 50～100m 处，启动测试系统程序，按照设备操作手册的规定和测试路段的现场技术要求设置完毕所需的测试状态。

c. 驾驶员应按照设备操作手册要求的测试速度范围驾驶测试车，避免急加速和急减速，急弯路段应放慢车速，沿正常行车轨迹驶入测试路段。

d. 进入测试路段后，测试人员启动系统的采集和记录程序，在测试过程中必须及时准确地将测试路段的起终点和其他需要特殊标记的位置输入测试数据记录中。

e. 当测试车辆驶出测试路段后，测试人员停止数据采集和记录，并恢复仪器各部分至初始状态。

f. 检查：测试数据文件应完整，内容应正常，否则需要重新测试。

g. 关闭测试系统电源，结束测试。

4）激光构造深度仪测值与铺砂法构造深度值相关关系对比试验。

① 选择构造深度分别在 0～0.3mm、0.3～0.55mm、0.55～0.8mm、0.8～1.2mm 范围的 4 个各长 100m 的试验路段。试验前将路面清扫干净，并在起终点做上标记。

② 在每个试验路段上沿一侧行车轮迹用铺砂法测试至少 10 点的构造深度值，并计算平均值。

③ 驾驶测试车以 30～50km/h 速度驶过试验路段，并且保证激光构造深度仪的激光传感

器探头沿铺砂法所测构造深度的行车轮迹运行，计算试验路段的构造深度平均值。

④ 建立两种方法的相关关系式，要求相关系数 R 不小于0.97。

5）报告。构造深度检测报告应包括以下内容：

① 路段构造深度平均值、标准差。

② 提供激光构造深度仪测值与铺砂法构造深度值在选定测试条件下的相关关系式及相关系数。

2. 路面摩擦系数试验方法

（1）摆式仪测定。

1）目的和适用范围。本方法适用于以摆式摩擦系数测定仪（摆式仪）测定沥青路面及水泥混凝土路面的抗滑值，用以评定路面在潮湿状态下的抗滑能力。

2）仪具与材料。

① 摆式仪：摆及摆的连接部分总质量为（1500±30）g，摆动中心至摆的重心距离为（410±5）mm，测定时摆在路面上滑动长度为（126±1）mm，摆上橡胶片端部距摆动中心的距离为5108mm，橡胶片对路面的正向静压力为（22.2±0.5）N。

② 橡胶片：用于测定路面抗滑值时的尺寸为 6.35mm×25.4mm×76.2mm，橡胶质量应符合标准的要求。当橡胶片使用后，端部在长度方向上磨损超过1.6mm 或边缘在宽度方向上磨耗超过3.2mm，或有油污染时，即应更换新橡胶片。新橡胶片应先在干燥路面上测10次后再用于测试。橡胶片的有效使用期为1年。

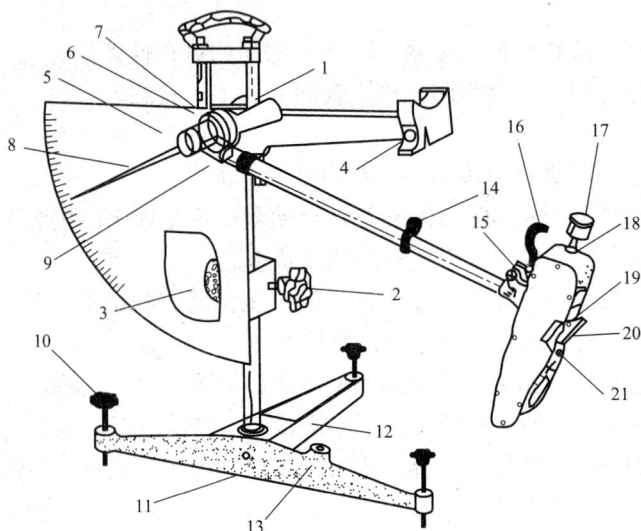

图4-9 摆式仪结构图

1、2—紧固把手；3—升降把手；4—释放开关；5—转向节螺盖；6—调节螺母；7—针簧片或毡垫；8—指针；9—连接螺母；10—调平螺栓；11—底座；12—垫块；13—水准泡；14—卡环；15—定位螺丝；16—举升柄；17—平衡锤；18—并紧螺母；19—滑溜块；20—橡胶片；21—止滑螺丝

③ 标准量尺：长 126mm。

④ 洒水壶。

⑤ 橡胶刮板。

⑥ 路面温度计：分度不大于1℃。

⑦ 其他：皮尺式钢卷尺、扫帚、粉笔等。

3）方法与步骤。

① 准备工作。

a. 检查摆式仪的调零灵敏情况，并定期进行仪器的标定。当用于路面工程检查验收时，仪器必须重新标定。

b. 对测试路段按随机取样方法，决定测点所在横断面位置。测点应选在行车道的轮迹带上，距路面边缘应不小于 1m，并用粉笔做出标记。测点位置宜紧靠铺砂法测定构造深度的测点位置，并与其一一对应。

② 试验步骤。

a. 仪器调平。将仪器置于路面测点上，并使摆的摆动方向与行车方向一致。转动底座上的调平螺栓，使水准泡居中。

b. 调零。放松上、下两个紧固把手，转动升降把手，使摆升高并能自由摆动，然后旋紧紧固把手。将摆向右运动，按下安装于悬臂上的释放开关，使摆上的卡环进入开关槽，放开释放开关，摆即处于水平位置，并把指针抬至与摆杆平行处。按下释放开关，使摆向左带动指针摆动，当摆达到最高位置后下落时，用左手将摆杆接住，此时指针应指向零。若不指零时，可稍旋紧或放松摆的调节螺母，重复本项操作，直至指针指零。调零允许误差为 ±1。

c. 校核滑动长度。用扫帚扫净路面表面，并用橡胶刮板清除摆动范围内路面上的松散粒料。让摆自由悬挂，提起摆头上的举升柄，将底座上垫块置于定位螺丝下面，使摆头上的滑溜块升高，放松紧固把手，转动立柱上升降把手、使摆缓缓下降。当滑块上的橡胶片刚刚接触路面时，即将紧固把手旋紧，使摆头固定。提起举升柄，取下垫块，使摆向右运动。然后，手提举升柄使摆慢慢向左运动，直至橡胶片的边缘刚刚接触路面。在橡胶片的外边摆动方向设置标准尺，尺的一端正对准该点。再用手提起举升柄，使滑溜块向上抬起，并使摆继续运动至左边，使橡胶片返回落下再一次接触地面，橡胶片两次同路面接触点的距离应在 126mm（即滑动长度）左右。若滑动长度不符合标准时，则升高或降低仪器底正面的调平螺丝来校正，但需调平水准泡，重复此项校核直至滑动长度符合要求，而后，将摆和指针置于水平释放位置。

校核滑动长度时应以橡胶片长边刚刚接触路面为准，不可借摆力量向前滑动，以免标定的滑动长度过长。

d. 用喷壶的水浇洒试测路面，并用橡胶刮板刮除表面泥浆。

e. 再次洒水，并按下释放开关，使摆在路面滑过，指针即可指示出路面的摆值。但第一次测定，不做记录。当摆杆回落时，用左手接住摆，右手提起举长柄使滑溜块升高，将摆向右运动，并使摆杆和指针重新置于水平释放位置。

f. 重复（5）的操作测定 5 次，并读记每次测定的摆值，即 BPN，5 次数值中最大值与最小值的差值不得大于 3BPN。如差数大于 3BPN 时，应检查产生的原因，并再次重复上述各项操作，至符合规定为止。取 5 次测定的平均值作为每个测点路面的抗滑值（即摆值 FB），取整数，以 BPN 表示。

g. 在测点位置上用路表温度计测记潮湿路面的温度，精确至 1℃。

h. 按以上方法，同一处平行测定不少于 3 次，3 个测点均位于轮迹带上，测点间距 3～5m。该处的测定位置以中间测点的位置表示。每一处均取 3 次测定结果的平均值作为试验结果，精确至 1BPN。

4）抗滑值的温度修正。当路面温度为 T 时测得的值为 BPN_t，必须换算成标准温度 20℃的摆值 BPN_{20}。

$$BPN_{20} = BPN_t + \Delta BPN \qquad (4-21)$$

式中　ΔBPN ——温度修正值按表 4-2 采用。

表 4-2　　　　　　　　　　　　　　　　温 度 修 正 值

温度/℃	0	5	10	15	20	25	30	35	40
温度修正值ΔBPN	−6	−4	−3	−1	0	+2	+3	+5	+7

5）报告。

① 测试日期、测点位置、天气情况、洒水后潮湿路面的温度，并描述路面类型、外观、结构类型等。

② 列表逐点报告路面抗滑值的测定值 BPN_t、经温度修正后的 BPN_{20} 及 3 次测定的平均值。

③ 每一个评定路段路面抗滑值的平均值、标准差、变异系数。

6）精度要求。同一个测点重复 5 次测定的差值不大于 3BPN。

（2）单轮式横向力系数测试系统测定路面摩擦系数试验方法。

1）目的与适用范围。本方法适用于工作原理和结构与 SCRIM 测试车相同的横向力系数测试系统在新建、改建路面工程质量验收和无严重坑槽、车辙等病害的正常行车条件下连续采集路面的横向力系数。

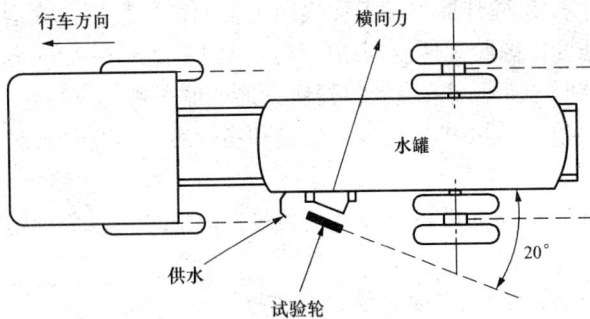

图 4-10　单轮式横向力系数测试系统构造示意图

2）仪具与材料技术要求。

① 测试系统由承载车辆、距离测试装置、横向力测试装置、供水装置和主控制系统组成，如图 4-10 所示。主控制系统除实施对测试装置和供水装置的操作控制外，同时还控制数据的传输、记录与计算等环节。

② 设备承载车基本技术要求和参数。横向力系数测试系统的承载车辆应为能够固定和安装测试、储供水、控制和记录等系统的载货车底盘，具有在水罐满载状态下最高车速大于 100km/h 的性能。

③ 测试系统技术要求和参数。

测试轮胎类型：光面天然橡胶充气轮胎。

测试轮胎规格：3.00/20。

测试轮胎标准气压：350kPa±20kPa。

测试轮偏置角：19.5°～21°。

测试轮静态垂直标准荷载：2000N±20N。

拉力传感器非线性误差：＜0.05%。

拉力传感器有效量程：0～2000N。

距离标定误差：＜2%。

3）方法与步骤。

① 准备工作。每个测试项目开始前或连续测试超过 1000km 后必须按照设备使用手册规定的方法进行测试系统的标定，记录标定数据并存档。

检查测试车轮胎气压，应达到车辆轮胎规定的标准气压。

检查测试轮胎磨损情况，当其直径比新轮胎减小达 6mm（也即胎面磨损 3mm）以上或有明显磨损裂口时，必须立即更换新轮胎。更换的新轮胎在正式测试前应试测 2km。

检测测试轮气压，应达到 0.35MPa±0.02MPa 的要求。

检查测试轮固定螺栓应拧紧。将测试轮放到正常测试时的位置，检查其应能够沿两侧滑柱上下自由升降。

根据测试里程的需要向水罐加注清洁测试用水。

检查洒水口出水情况和洒水位置应正常；洒水位置应在测试轮触地面中点沿行驶方向前方 400mm±50mm 处，洒水宽度应为中心线两侧各不小于 75mm。

将控制面板电源打开，检查各项控制功能键、指示灯和技术参数选择状态应正常。

② 测试步骤。正式开始测试前，首先应按设备操作手册规定的时间要求对系统进行通电预热。

进入测试路段前应将测试轮胎降至路面上预跑约 500m。

按照设备操作手册的规定和测试路段的现场技术要求设置完毕所需的测试状态。

驾驶员在进入测试路段前应保持车速在规定的测试速度范围内，沿正常行车轨迹驶入测试路段。

进入测试路段后，测试人员启动系统的采集和记录程序。在测试过程中必须及时准确地将测试路段的起终点和其他需要特殊标记点的位置输入测试数据记录中。

当测试车辆驶出测试路段后，仪器操作人员停止数据采集和记录，提升测量轮并恢复仪器各部分至初始状态。

操作人员检查数据文件应完整，内容应正常，否则需要重新测试。

关闭测试系统电源，结束测试。

4）SFC 值的修正。

① SFC 值的速度修正。测试系统的标准测试速度范围规定为 50km/h±4km/h，其他速度条件下测试的 SFC 值必须通过式（4-22）转换至标准速度下的等效 SFC 值。

$$SFC_标=SFC_测-0.22(v_标-v_测) \qquad (4-22)$$

式中　$SFC_标$——标准测试速度下的等效 SFC 值；

　　$SFC_测$——现场实际测试速度条件下的 SFC 测试值；

　　$v_标$——标准测试速度，取值 50km/h；

　　$v_测$——现场实际测试速度。

② SFC 值的温度修正。测试系统的标准现场测试地面温度范围为（20±5）℃，其他地面温度条件下测试的 SFC 值必须通过表 4-3 转换至标准温度下的等效 SFC 值。系统测试要求地面温度控制在 8～60℃范围内。

表 4-3　　　　　　　　　　　　　　　　SFC 值 温 度 修 正

温度	10	15	20	25	30	35	40	45	50	55	60
修正	-3	-1	0	+1	+3	+4	+6	+7	+8	+9	+10

5）不同类型摩擦系数测试设备间相关关系对比试验。

① 基本要求。不同类型摩擦系数测试设备的测值应换算成 SFC 值后使用，所以制动式摩擦系数测试设备和其他类型横向力式测试设备在使用时必须和 SCRIM 系统进行对比试验，建立测试结果与 SCRIM 系统测值—SFC 值的相关关系。

② 试验条件。

a. 按 SFC 值 0～30、30～50、50～70、70～100 的范围选择 4 段不同摩擦系数的路段，路段长度可为 100～300m。

b. 对比试验路段地面应清洁干燥，地面温度应在 10～30℃范围内，天气条件宜为晴天无风。

③ 试验步骤。

a. 测试系统和需要进行对比试验的其他类型设备分别按规定的程序准备就绪。

b. 两套设备分别以 40km/h、50km/h、60km/h、70km/h、80km/h 的速度在所选择的 4 种试验路段上各测试 3 次，3 次测试的平均值的绝对差值不得大于 5，否则重测。

c. 两种试验设备设置的采样频率差值不应超过一倍，每个试验路段的采样数据量不应少于 10 个。

④ 试验数据处理。分别计算出每种速度下各路段 3 次测试结果的总平均值和标准差，超过 3 倍标准差的值应予以舍弃。

用数理统计的回归分析方法建立试验设备测值与速度的相关关系式，相关系数 R 不得小于 0.95。

建立不同速度下试验设备测值 SFC 的相关关系式，相关系数 R 不得小于 0.95。

6）报告。报告应包括横向力系数 SFC 的平均值、标准差、代表值及现场测试速度和温度。

3. 抗滑性能检测中应注意的问题

（1）在使用摆式仪前必须按照说明书或者按照规程对摆式仪进行标定，否则所测数据缺乏可靠性。

（2）用摆式仪法测定时"标定滑动长度"是一个非常重要的环节，标定时应取滑溜块与路面正好轻轻接触的点进行量取。切不可给摆锤一个力，让它有滑动后再量取，这样标定，则滑动长度偏长，所测摆值偏大。

（3）在用手工铺砂法测路面构造深度时，不同的人进行测试，所测结果往往差别较大，其原因较多，例如装砂的方法不标准，摊砂用的推平板不标准，最主要的是砂摊开到多大程度为止，各人掌握得不一。为了使测试结果准确可靠，在前面介绍时对容易产生误差的地方都有明确的规定，且摊开时尽可能向外摊平使砂填入凹凸不平的路表面空隙中。

4.6　路基路面强度指标检测

1. 路基路面回弹弯沉检测

国内外普遍采用回弹弯沉值来表示路基路面的承载能力，回弹弯沉值越大，承载能力越小，反之则越大。通常所说的回弹弯沉值是指标准后轴载双轮组轮隙中心处的最大回弹弯沉值。在路表测试的回弹弯沉值可以反映路基、路面的综合承载能力。回弹弯沉值在我国已广泛使用且有很多的经验及研究成果，它不仅用于路面结构的设计中（设计回弹弯沉）；用于施工控制及施工验收中（竣工验收弯沉值）；同时还用在旧路补强设计中，是公路工程的一个基本参数，所以正确的测试具有重要的意义。

弯沉值的几个概念：

（1）弯沉。弯沉是指在规定的标准轴载作用下，路基或路面表面轮隙位置产生的总垂直变形（总弯沉）或垂直回弹变形值（回弹弯沉），以 0.01mm 为单位。

（2）设计弯沉值。根据设计年限内一个车道上预测通过的累计当量轴次、公路等级。面层和基层类型而确定的路面弯沉设计值。

（3）竣工验收弯沉值。竣工验收弯沉值是检验路面是否达到设计要求的指标之一。当路面厚度计算以设计弯沉值为控制指标时，则验收弯沉值应小于或等于设计弯沉值；当厚度计算以层底拉应力为控制指标时，应根据拉应力计算所得的结构厚度，重新计算路面弯沉值，该弯沉值即为竣工验收弯沉值。

弯沉值的测试方法较多，目前用得最多的是贝克曼梁法，在我国已有成熟的经验，但由于其测试速度等因素的限制，各国都对快速连续或动态测定进行了研究，现在用得比较普遍的有法国洛克鲁瓦式自动弯沉仪，丹麦等国家发明并几经改进形成的落锤式弯沉仪（FWD），美国的振动弯沉仪等。

（1）贝克曼梁法。

1）试验目的和适用范围。

① 本方法适用于测定各类路基、路面的回弹弯沉，用以评定其整体承载能力，可供路面结构设计使用。

② 沥青路面的弯沉以标准温度20℃时为准，在其他温度（超过 20±2℃ 范围）测试时，对厚度大于 5cm 的沥青路面，弯沉值应予温度修正。

2）仪具与材料。

① 测试车：双轴，后轴双侧 4 轮的载重车，其标准轴荷载、轮胎尺寸、轮胎间隙及轮胎气压等主要参数应符合表 4–4 要求。测试车应采用后轴 100kN 的 BZZ–100。

表 4–4　　　　　　　　　　弯沉测定用的标准车参数

标准轴载等级	BZZ–100
后轴标准轴载 P/kN	100±1
一侧双轮荷载/kN	50±0.5
轮胎充气压力/MPa	0.70±0.05
单轮传压面当量圆直径/cm	21.30±0.5
轴隙宽度	应满足能自由插入弯沉仪测头的测试要求

② 路面弯沉仪：由贝克曼梁、百分表及表架组成，贝克曼梁由合金铝制成，上有水准泡，其前臂（接触路面）与后臂（装百分表）长度比为 2:1。弯沉仪长度有两种：一种长 3.6m，前后臂分别为 2.4m 和 1.2m；另一种加长的弯沉仪长 5.4m，前后臂分别为 3.6m 和 1.8m。当在半刚性基层沥青路面或水泥混凝土路面上测定时，宜采用长度为 5.4m 的贝克曼梁弯沉仪，对柔性基层或混合式结构沥青路面可采用长度为 3.6m 的贝克曼梁弯沉仪测定。弯沉值采用百分表量得，也可用自动记录装置进行测量。

③ 接触式路面温度计：端部为平头，分度不大于1℃。

④ 其他：皮尺、口哨、白油漆或粉笔、指挥旗等。

3）试验方法与步骤。

① 试验前准备工作。

a. 检查并保持测定用标准车的车况及刹车性能良好，轮胎内胎符合规定充气压力。

b. 向汽车车槽中装载（铁块或集料），并用地中衡称量后轴总质量及单侧轮荷载，均应符合要求的轴重规定，汽车行驶及测定过程中，轴重不得变化。

c. 测定轮胎接地面积：在平整光滑的硬质路面上用千斤顶将汽车后轴顶起，在轮胎下方铺一张新的复写纸，轻轻落下千斤顶，即在方格纸上印上轮胎印痕，用求积仪或数方格的方法测算轮胎接地面积，精确至0.1cm²。

d. 检查弯沉仪百分表测量灵敏情况。

e. 当在沥青路面上测定时，用路表温度计测定试验时气温及路表温度（一天中气温不断变化，应随时测定），并通过气象台了解前5d的平均气温（日最高气温与最低气温的平均值）。

f. 记录沥青路面修建或改建时材料、结构、厚度、施工及养护等情况。

② 测试步骤。

a. 在测试路段布置测点，其距离随测试需要而定，测点应在路面行车车道的轮迹带上，并用白油漆或粉笔划上标记。

b. 将试验车后轮轮隙对准测点后约3～5cm处的位置上。

c. 将弯沉仪插入汽车后轮之间的缝隙处，与汽车方向一致，梁臂不得碰到轮胎，弯沉仪测头置于测点上（轮隙中心前方3～5cm处），并安装百分表于弯沉仪的测定杆上，百分表调零，用手指轻轻叩打弯沉仪，检查百分表是否稳定回零。

弯沉仪可以是单侧测定，也可以双侧同时测定。

d. 测定者吹哨发令指挥汽车缓缓前进，百分表随路面变形的增加而持续向前转动。当表针转动到最大值时，迅速读取初读数L_1。汽车仍在继续前进，表针反向回转：待汽车驶出弯沉影响半径（3m以上）后，吹口哨或挥动红旗指挥停车。待表针回转稳定后读取终读数L_2。汽车前进的速度宜为5km/h左右。

4）弯沉仪的支点变形修正。

① 当采用长度为3.6m的弯沉仪对半刚性基层沥青路面、水泥混凝土路面等进行弯沉测定时，有可能引起弯沉仪支座处变形，因此测定时应检验支点有无变形。此时应用另一台检验用的弯沉仪安装在测定用的弯沉仪的后方，其测点架于测定用弯沉仪的支点旁。当汽车开出时，同时测定两台弯沉仪的弯沉读数，如检验用弯沉仪百分表有读数，即应该记录并进行支点变形修正。当在同一结构层上测定时，可在不同的位置测定5次，求平均值，以后每次测定时以此作为修正值。

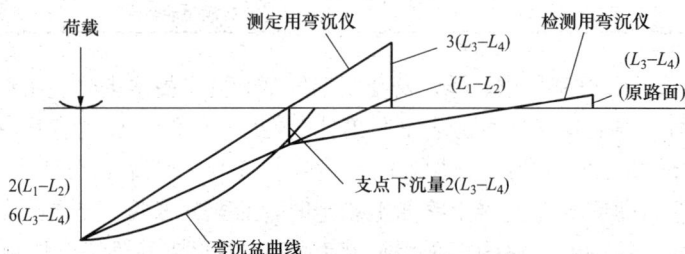

图4-11 弯沉仪支点变形修正原理

② 当采用长 5.4m 的弯沉仪测定时，可不进行支点变形修正。

5）结果计算及温度修正。

① 计算测点的回弹弯沉值。

$$l_t=(L_1-L_2)\times 2 \tag{4-23}$$

式中　l_t——在路面温度 t 时的回弹弯沉值（0.01mm）；

　　　L_1——车轮中心临近弯沉仪测头时百分表的最大读数（0.01mm）；

　　　L_2——汽车驶出弯沉影响半径后百分表的终读数（0.01mm）。

② 进行弯沉仪支点变形修正时，计算路面测点的回弹弯沉值。

$$l_t=(L_1-L_2)\times 2+(L_3-L_4)\times 6 \tag{4-24}$$

式中　L_1——车轮中心临近弯沉仪测头时测定用弯沉仪的最大读数（0.01mm）；

　　　L_2——汽车驶出弯沉影响半径后测定用弯沉仪的终读数（0.01mm）；

　　　L_3——车轮中心临近弯沉仪测头时检验用弯沉仪的最大读数（0.01mm）；

　　　L_4——汽车驶出弯沉影响半径后检验用弯沉仪的终读数（0.01mm）。

注：此式适用于测定用弯沉仪支座处有变形，但百分表架处路面已无变形的情况。

③ 沥青面层厚度大于 5cm 的沥青路面，回弹弯沉值应进行温度修正。温度修正及回弹弯沉的计算宜按下列步骤进行。

a. 测定时的沥青层平均温度按式（4-25）计算：

$$t=(t_{25}+t_m+t_e)/3 \tag{4-25}$$

式中　t——测定时沥青层平均温度（℃）；

　　　t_{25}——根据 t_0 由图 4-12 决定的路表下 25mm 处的温度（℃）；

　　　t_m——根据 t_0 由图 4-12 决定的沥青层中间深度的温度（℃）；

　　　t_e——根据 t_0 由图 4-12 决定的沥青层底面处的温度（℃）。

图 4-12 中 t_0 为测定时路表温度与测定前 5d 日平均气温的平均值之和（℃），日平均气温为日最高气温与最低气温的平均值。

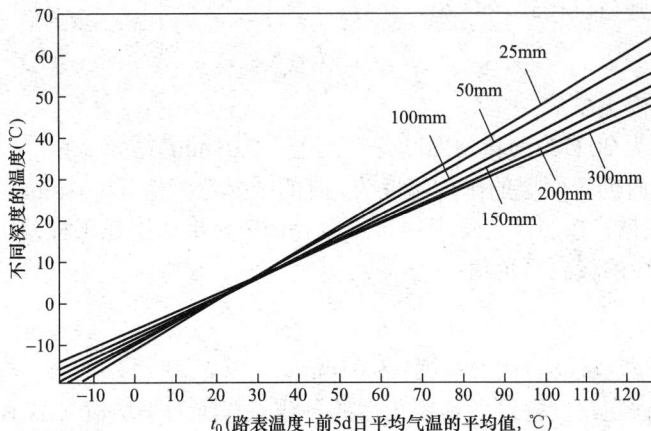

图 4-12　沥青层平均温度的决定

注：线上的数字表示从路表向下的不同深度（mm）。

b. 根据沥青层平均温度 t 及沥青层厚度，分别由图 4-13 及图 4-14 求取不同基层的沥青路面弯沉值的温度修正系数 K。

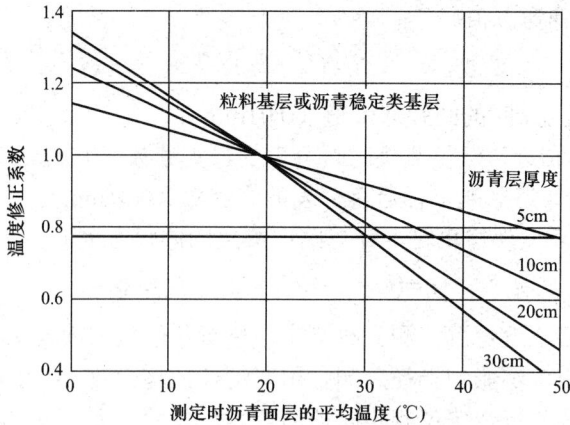

图 4-13 路面弯沉温度修正系数曲线（适用于粒料基层及沥青稳定基层）

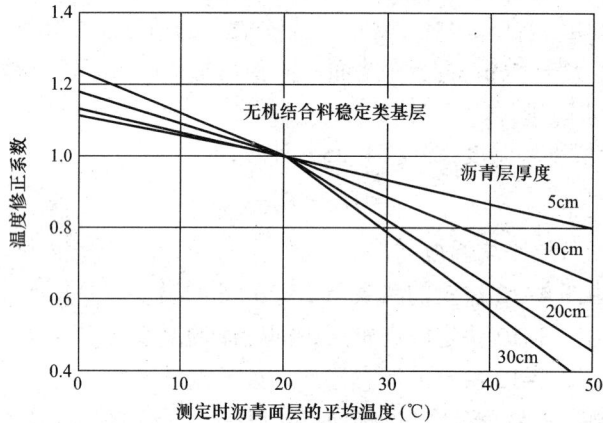

图 4-14 路面弯沉温度修正系数曲线（适用于无机结合料稳定的半刚性基层）

c. 沥青路面回弹弯沉按式（4-26）计算：

$$l_{20} = l_t \times K \tag{4-26}$$

式中　K——温度修正系数；

　　　l_{20}——换算为 20℃的沥青路面回弹弯沉值（0.01mm）；

　　　l_t——测定时沥青面层的平均温度为 t 时的回弹弯沉值（0.01mm）。

④ 根据检测数据，按照《公路工程质量检验评定标准（土建工程）》（JTG F80/1—2004）的规定计算评定路段的代表弯沉值：

$$l_r = \bar{l} + Z_\alpha S \tag{4-27}$$

式中　l_r——一个评定路段的代表弯沉（0.01mm）；

　　　$\bar{l}$——一个评定路段内经各项修正后的各测点弯沉的平均值（0.01mm）；

　　　S——一个评定路段内经各项修正后的全部测点弯沉的标准差（0.01mm）；

　　　Z_α——与保证率有关的系数，高速公路、一级公路沥青面层时，取 1.645，路基时取 2.0；

　　　　　　二、三级公路沥青面层时取 1.5，路基时取 1.645。

注意：计算平均值和标准差时，应将超出 $\bar{L} \pm (2\sim3)S$ 的弯沉特异值舍弃。对舍弃的弯沉值过大的点，应找出其周围界限，进行局部处理。用两台弯沉仪同时进行左右轮弯沉值测定时，应按两个独立测点处理数据，不能采用左右两点的平均值；

弯沉代表值不大于设计要求的弯沉值时得满分；大于时得零分；若在非不利季节测定时，应考虑季节影响系数。

6）报告。

① 弯沉测定表、支点变形修正值、测试时的路面温度及温度修正值。

② 每一个评定路段的各测点弯沉的平均值、标准差及代表弯沉。

（2）自动弯沉仪测定路面弯沉试验方法。

自动弯沉仪利用了贝克曼梁的测试原理，可以连续检测，工作效率得到很大提高，近年来在我国得到较广泛的应用，特别是在高速公路验收、养护检测中发挥了很大作用。试验方法中介绍的自动弯沉仪是我国应用较普遍的 Lacroix 型自动弯沉仪。

1）目的与适用范围。

① 本方法适用于各类 Lacroix 型自动弯沉仪在新建、改建路面工程的质量验收中，在无严重坑槽、车辙等病害的正常通车条件下连续采集沥青路面弯沉数据。

② 本方法的数据采集、传输、记录和处理分别由专用软件自动控制进行。

2）仪具与材料技术要求。

① Lacmix 型自动弯沉仪：由承载车、测量机架及控制系统、位移、温度和距离传感器、数据采集与处理系统等基本部分组成，如图 4–15 所示。

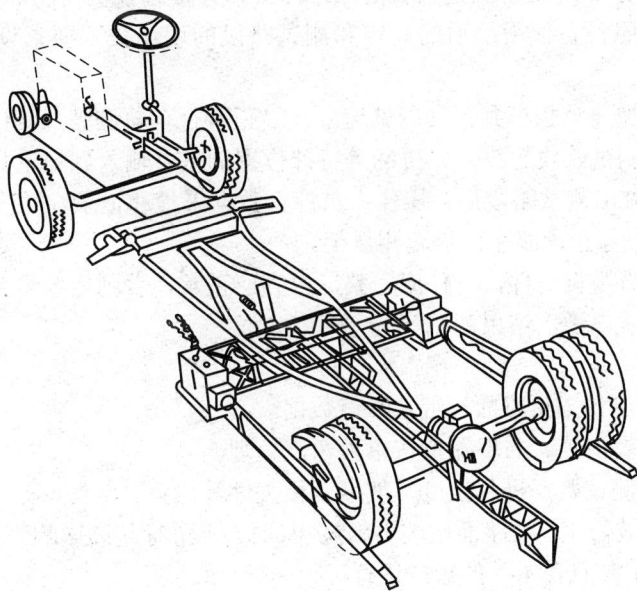

图 4–15　自动弯沉仪的测量机构

② 设备承载车技术要求和参数：自动弯沉仪的承载车辆应为单后轴、单侧双轮组的载重车，其标准条件参考贝克曼梁测定路基路面回弹弯沉试验方法（T 0951—2008）中 BZZ–100 车型的标准参数。

③ 测试系统基本技术要求和参数：

a. 位移传感器分辨率：0.01mm。

b. 位移传感器有效量程：≥3mm。

c. 设备工作环境温度：0～60℃。

d. 距离标定误差：≤1%。

3）方法与步骤。

① 准备工作。

a. 位移传感器标定。每次测试之前必须按照设备使用手册规定的方法进行位移传感器的标定，记录标定数据并存档。

b. 检查承载车轮胎气压。每次测试之前都必须检查后轴轮胎气压，应满足 0.70MPa±0.05MPa 的要求。

c. 检查承载车轮载。一般每年检查一次，如果承载车因改装等原因改变了后轴载，也必须进行此项工作，后轴载应满足 100kN±1kN 的要求。

d. 检查测量架的易损部件情况，及时更换损坏部件。

e. 打开设备电源进行检查，控制面板功能键、指示灯、显示器等应正常。

f. 开动承载车试测 2～3 个步距，观察测试机构，测试机构应正常，否则需要调整。

② 测试步骤。

a. 测试系统在开始测试前需要通电预热，时间不少于设备操作手册要求，并开启工程警灯和导向标等警告标志。

b. 在测试路段前 20m 处将测量架放落在路面上，并检查各机构的部件情况。

c. 操作人员按照设备使用手册的规定和测试路段的现场技术要求设置完毕所需的测试状态。

d. 驾驶员缓慢加速承载车到正常测试速度，沿正常行车轨迹驶入测试路段。

e. 操作人员将测试路段起终点、桥涵等特殊位置的桩号输入到记录数据中。

f. 当测试车辆驶出测试路段后，操作人员停止数据采集和记录，并恢复仪器各部分至初始状态，驾驶员缓慢停止承载车，提起测量架。

g. 操作人员检查数据文件，文件应完整，内容应正常，否则需要重新测试。

h. 关闭测试系统电源，结束测试。

4）计算。

① 采用自动弯沉仪采集路面弯沉盆峰值数据。

② 数据组中左臂测值、右臂测值按单独弯沉处理。

③ 对原始弯沉测试数据进行温度、坡度、相关性等修正。

5）弯沉值的横坡修正。当路面横坡不超过 4%时，不进行超高影响修正；当横坡超过 4%时，超高影响的修正参照表 4-5 的规定进行。

表 4-5　　　　　　　　　　　　弯 沉 值 横 坡 修 正

横 坡 范 围	高位修正系数	低位修正系数
>4%	$\dfrac{1}{1-i}$	$\dfrac{1}{1+i}$

注：i 是路面横坡（%）。

6）自动弯沉仪与贝克曼梁弯沉测值对比试验。

① 试验条件。

a. 按弯沉值不同水平范围选择不少于 4 段路面结构相似的路段。路段长度可为 300～500m，标记好起终点位置。

b. 对比试验路段的路面应清洁干燥，温度应在 10～35℃范围内，并且选择温度变化不大的时间，宜选择晴天无风的天气条件，试验路段附近没有重型交通和振动。

② 试验步骤。

a. 按照上述方法与步骤中的测试步骤，令自动弯沉仪按照正常测试车速测试选定路段，工作人员仔细用油漆每隔三个测试步距或约 20m 标记测点位置。

b. 自动弯沉仪测试完毕后，等待 30min；然后，在每一个标记位置用贝克曼梁按照贝克曼梁测定路基路面回弹弯沉试验方法测定各点回弹弯沉值。

③ 试验数据处理。从自动弯沉仪的记录数据中按照路面标记点的相应桩号提出各试验点测值，并与贝克曼梁测值一一对应，用数理统计的回归分析方法得到贝克曼梁测值和自动弯沉仪测值之间的相关关系方程，相关系数 R 不得小于 0.95。

7）报告。测试报告中应该包括以下内容：

① 弯沉平均值、标准差、代表值、测试时的路面温度及温度修正值。

② 自动弯沉仪测值与贝克曼梁测值的相关关系式及相关系数。

测试速度会影响弯沉的测试结果。试验结果显示，当弯沉水平小于 40 时，这种影响较小，可不予考虑；但当弯沉水平超过 40 时，测试结果的差别较大。为减小速度对测试结果的影响，自动弯沉仪测试时速度一般控制在 3.5km/h±0.5km/h 的范围内。当实际采用的现场测试速度超出此范围时，应进行设备的相关性试验对测试结果进行修正。

一般公路横坡不会影响自动弯沉仪测值的有效性，但是在有较大超高路段，这种影响就不可忽略了。当横坡小于 4%时，修正值非常小，可以不予修正；当超高大于 4%时，按照给定公式进行修正。所给出的计算方法是根据物理模型计算并参照英国道路和运输研究所（TRRL）试验结论给出的。

贝克曼梁测值与自动弯沉仪测值都属于静态弯沉。但贝克曼梁测值是回弹弯沉，而自动弯沉仪测值是总弯沉，两者是有区别的，必须找到两者的相关关系式以进行换算。

由于路面结构和路基条件的不同都会影响相关关系式的建立，因此选择对比试验的路段时，路面路基条件应基本相同。对于一个地区而言，可以选择几种不同的路面结构及路基条件，分别建立相关关系式进行换算。为了使关系式更具有代表性，对比试验路段的弯沉分布应尽量加宽。在做对比试验时，路段附近应没有重型交通和振动，这两种情况都对测值有较大影响。

在做贝克曼梁测试时，承载车不可长时间作用在测点的路面上。因此，选择每隔三个测试步距确定一个对比点。为了给路面一个充分的恢复时间，当自动弯沉仪测完后，等待 30min后再进行贝克曼梁弯沉测试。

（3）落锤式弯沉仪测定弯沉试验。路面弯沉的测定方法很多。贝克曼梁方法及自动弯沉仪方法均属于静态弯沉。为了模拟汽车快速行驶的实际情况，不少国家开发了动态弯沉的测试设备，例如 FWD 和振动弯沉仪（D）maflect。FWD 是利用重锤自由落下的瞬间产生的冲击荷载测定弯沉，近年来，采用落锤式弯沉仪（FWD）测定路面的动态弯沉，并反算路面的回弹模量，已成为世界各国道路界的热门课题。

1）目的与适用范围。本方法适用于测定在落锤式弯沉仪（FWD）标准质量的重锤落下一定高度发生的冲击荷载作用下，路基或路面表面所产生的瞬时变形，即测定在动态荷载作用下产生的动态弯沉及弯沉盆。并可由此反算路基路面各层材料的动态弹性模量，作为设计参数使用。所测结果经转换至回弹弯沉值后可用于评定道路承载能力，也可用于调查水泥混凝土路面接缝的传力效果，探查路面板下的空洞等。

2）仪具与材料技术要求。本方法需要下列仪具与材料：

落锤式弯沉仪：简称 FWD，由荷载发生装置、弯沉检测装置、运算控制系统与车辆牵引系统等组成。

① 荷载发生装置：重锤的质量及落高根据使用目的与道路等级选择，荷载由传感器测定。如无特殊需要，重锤的质量为 200kg±10kg，可采用产生 50kN±2.5kN 的冲击荷载。承载板宜为十字对称分开成 4 部分且底部固定有橡胶片的承载板。承载板的直径一般为 300mm。

② 弯沉检测装置：由一组高精度位移传感器组成。传感器可为差动变压器式位移计（LVDT）或地震检波器。自承载板中心开始，沿道路纵向隔开一定距离布设一组传感器，传感器总数不少于 7 个，建议布置在 0～250cm 范围以内，必须包括 0、30、60、90 四点，其他根据需要及设备性能决定。

③ 运算及控制装置：能在冲击荷载作用的瞬间内，记录冲击荷载及各个传感器所在位置测点的动态变形。

④ 牵引装置：牵引 FWD 并安装运算及控制装置的车辆。

3）方法与步骤。

① 准备工作。

a. 调整重锤的质量及落高，使重锤的质量及产生的冲击荷载符合第 2 条的要求。

b. 在测试路段的路基或路面各层表面布置测点，其位置或距离随测试需要而定。当在路面表面测定时，测点宜布置在行车道的轮迹带上。测试时，还可利用距离传感器定位。

c. 检查 FWD 的车况及使用性能，用手动操作检查，各项指标符合仪器规定要求。

d. 将 FWD 牵引至测定地点，将仪器打开，进入工作状态。牵引 FWD 行驶的速度不宜超过 50km/h。

e. 对位移传感器按仪器使用说明书进行标定，使之达到规定的精度要求。

② 测试步骤。

a. 承载板中心位置对准测点，承载板自动落下，放下弯沉装置的各个传感器。

b. 启动落锤装置，落锤瞬即自由落下，冲击力作用于承载板上，又立即自动提升至原来位置固定。同时，各个传感器检测结构层表面变形，记录系统将位移信号输入计算机，并得到峰值，即路面弯沉，同时得到弯沉盆。每一测点重复测定应不少于 3 次，除去第一个测定值，取以后几次测定值的平均值作为计算依据。

c. 提起传感器及承载板，牵引车向前移动至下一个测点，重复上述步骤，进行测定。

4）落锤式弯沉仪与贝克曼梁弯沉仪对比试验步骤。

① 路段选择。选择结构类型完全相同的路段，针对不同地区选择某种路面结构的代表性路段，进行两种测定方法的对比试验，以便将落锤式弯沉仪测定的动弯沉换算成贝克曼梁测

定的回弹弯沉值。选择的对比路段长度 300～500m，弯沉值应有一定的变化幅度。

② 对比试验步骤。

a. 采用与实际使用相同且符合要求的落锤式弯沉仪及贝克曼梁弯沉仪测定车。落锤式弯沉仪的冲击荷载应与贝克曼梁弯沉仪测定车的后轴双轮荷载相同。

b. 用油漆标记对比路段起点位置。

c. 按上述方法与步骤中的准备工作布置测点位置，按本规程 T0951 的方法用贝克曼梁定点测定回弹弯沉。测定车开走后，用粉笔以测点为圆心，在周围画一个半径为 1.5cm 的圆，标明测点位置。

d. 将落锤式弯沉仪的承载板对准圆圈，位置偏差不超过 30mm，按第 3 条进行测定。两种仪器对同一点弯沉测试的时间间隔不应超过 10min。

e. 逐点对应计算两者的相关关系。

通过对比试验得出回归方程式 $L_B=a+bL_{FWD}$，式中 L_{FWD}、L_B 分别为落锤式弯沉仪、贝克曼梁测定的弯沉值。回归方程式的相关系数 R 应不小于 0.95。

注：由于路面结构和材料、路基状况、温度、水文条件、路面使用状况不同，对比关系也有所不同，为了提高数据的准确性，应分各种情况做此项对比试验。

5）水泥混凝土路面板调查的方法与步骤。

① 在测试路段的水泥混凝土路面板表面布置测点。当为调查水泥混凝土路面接缝的传力效果时，测点布置在接缝的一侧，位移传感器分开在接缝两边布置。当为探查路面板下的空洞时，测点布置位置随测试需要而定，应在不同位置测定。

② 按第 3）条进行测定。

6）计算。

① 按桩号记录各测点的弯沉及弯沉盆数据，按本规程附录 B 的方法计算一个评定路段的平均值、标准差、变异系数。

② 当为调查水泥混凝土路面接缝的传力效果时，利用分开在接缝两边布置的位移传感器的测定值的差异及弯沉盆的形状，进行判断。

③ 当为探查路面板下的空洞时，利用在不同位置测定的测定值的差异及弯沉盆的形状，进行判断。

7）报告。

① 报告应包括下列内容：

a. 各测点的最大弯沉及弯沉盆测定数据。

b. 每一个评定路段全部测点弯沉的平均值、标准差、变异系数及代表弯沉。

② 如与贝克曼梁弯沉仪进行了对比试验，尚应报告相关关系式、相关系数、换算的回弹弯沉。

2. 回弹模量试验检测方法

土基的回弹模量是公路设计中一个必不可少的参数，我国现有规范已给出了不同的自然区划和土质的回弹模量值的推荐值。但由于土基回弹模量的改变将会影响路面设计的厚度，所以建议有条件时最好直接测定，而且随着施工质量的提高，回弹模量值的检验将会作为控制施工质量的一个重要指标。测定回弹模量的方法，目前国内常用的主要有：承载板法、贝克曼梁法和其他间接测试方法（如动力锥贯入仪测定法和 CBR 测定法）。

（1）承载板法。

1）目的和适用范围。

① 本方法适用于在现场土基表面，通过承载板对土基逐级加载、卸载的方法，测出每级荷载下相应的土基回弹变形值，经过计算求得土基回弹模量。

② 本方法测定的土基回弹模量可作为路面设计参数使用。

2）仪具与材料。

① 加载设施：载有铁块或骨料等重物、后轴重不小于 60kN 的载重汽车一辆。在汽车大梁的后轴之后约 80cm 处，附设加劲横梁一根作反力架。汽车轮胎充气压力为 0.50MPa。

② 现场测试装置，由千斤顶、测力计（测力环或压力表）及球座组成。

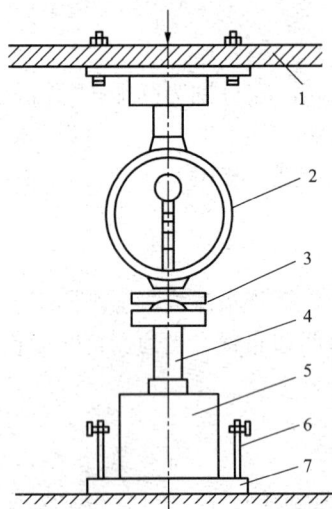

图 4-16　承载板试验现场测试装置
1—加劲横梁；2—测力计；3—钢板及球座；4—钢圆筒；
5—加载千斤顶；6—立柱及支座；7—承载板

③ 刚性承载板一块，板厚 20mm，直径为 ϕ30cm，直径两端设有立柱和可以调整高度的支座供安放弯沉仪测头，承载板放在土基表面上。

④ 路面弯沉仪两台，由贝克曼梁、百分表及其支架组成。

⑤ 液压千斤顶一台，80～100kN，装有经过标定的压力表或测力环，其容量不小于土基强度，测定精度不小于测力计量程的 1/100。

⑥ 秒表。

⑦ 水平尺。

⑧ 其他：细砂、毛刷、垂球、镐、铁锹、铲等。

3）试验前准备工作。

① 根据需要选择有代表性的测点，测点应位于水平的路基上，土质均匀，不含杂物。

② 仔细平整土基表面，撒干燥洁净的细砂填平土基凹处，砂子不可覆盖全部土基表面，避免形成夹层。

③ 安置承载板，并用水平尺进行校正，使承载板置水平状态。

④ 将试验车置于测点上，在加劲小梁中部悬挂垂球测试，使之恰好对准承载板中心，然后收起垂球。

⑤ 在承载板上安放千斤顶，上面衬垫钢圆筒，并将球座置于顶部与加劲横梁接触。如用测力环时，应将测力环置于千斤顶与横梁中间，千斤顶及衬垫物必须保持垂直，以免加压时千斤顶倾倒发生事故并影响测试数据的准确性。

⑥ 安放弯沉仪，将两台弯沉仪的测头分别置于承载板立柱的支座上，百分表对零或其他合适的初始位置。

4）测试步骤。

① 用千斤顶开始加载，注视测力环或压力表，至预压 0.05MPa、稳压 1min，使承载板与土基紧密接触，同时检查百分表的工作情况是否正常，然后放松千斤顶油门卸载，稳压 1min，将指针对零或记录初始读数。

② 测定土基的压力——变形曲线。用千斤顶加载，采用逐级加载卸载法，用压力表或测

力环控制加载量，荷载小于 0.1MPa 时，每级增加 0.02MPa，以后每级增加 0.04MPa 左右。为了使加载和计算方便，加载数值可适当调整为整数。每次加载至预定荷载后，稳定 1min，立即读记两台弯沉仪百分表数值，然后轻轻放开千斤顶油门卸载至 0，待卸载稳定 1min 后，再次读数，每次卸载后百分表不再对零。当两台弯沉仪百分表读数之差小于平均值的 30% 时，取平均值。如超过 30%，则应重测，当回弹变形值超过 1mm 时，即可停止加载。

③ 各级荷载的回弹变形和总变形，按以下方法计算：

回弹变形 L=(加载后读数平均值−卸载后读数平均值)×弯沉仪杠杆比

总变形 L'=(加载后读数平均值−加载初始前读数平均值)×弯沉仪杠杆比

④ 测定汽车总影响量 a。最后一次加载卸载循环结束后，取走千斤顶，重新读取百分表初读数，然后将汽车开出 10m 以外，读取终值数，两只百分表的初、终读数差之平均值乘弯沉仪杠杆比即为总影响量 a。

⑤ 在试验点下取样，测定材料含水量。取样数量如下：

最大粒径不大于 5mm，试样数量约 120g；

最大粒径不大于 25mm，试样数量约 250g；

最大粒径不大于 40mm，试样数量约 500g。

⑥ 在紧靠试验点旁边的适当位置，用灌砂法或环刀法或其他方法测定土基的密度。

5）计算。

① 各级压力的回弹变形加上该级的影响量后，则为计算回弹变形值。表 4–6 是以后轴重 60kN 的标准车为测试车的各级荷载影响量的计算值。当使用其他类型测试车时，需计算各级压力下的影响量 a_i。

表 4–6　　　　　　　　各级荷载影响量（后轴 60kN）

承载板压力/MPa	0.05	0.10	0.15	0.20	0.30	0.40	0.50
影响量	0.06a	0.12a	0.18a	0.24a	0.36a	0.48a	0.60a

② 将各级计算回弹变形值点绘于标准计算纸上，排除显著偏离的异常点并绘出顺滑的 p—L 曲线，如曲线起始部分出现反弯，应按图 4–17 所示修正原点 O，O' 则是修正后的原点。

③ 计算相应于各级荷载下的土基回弹模量值 E_i。

$$E_i = \frac{\pi D}{4} \cdot \frac{p_i}{L_i}(1-\mu_0^2) \qquad (4-28)$$

式中　E_i——相应于各级荷载下的土基回弹模量（MPa）；

μ_0——土的泊松比，根据相关路面设计规范规定取用；

D——承载板直径，取 30cm；

p_i——承载板压力（MPa）；

L_i——相对于荷载 p_i 时的回弹变形（cm）。

图 4–17　修正原点示意图

④ 取结束试验前的各回弹变形值按线形回归方法计算土基回弹模量 E_0 值。

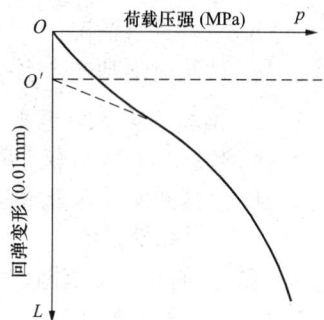

$$E_0 = \frac{\pi D}{4} \cdot \frac{\sum p_i}{\sum L_i}(1 - \mu_0^2) \qquad (4\text{--}29)$$

式中　E_0——土基回弹模量（MPa）；

　　　μ_0——土的泊松比，根据相关路面设计规范规定取用；

　　　D——承载板直径，取 30cm；

　　　p_i——对应于 L_i 的各级压力值；

　　　L_i——结束试验前的各级实测回弹变形值。

6）报告。

① 本实验采用的标准记录格式见表 4--7。

表 4--7　　　　　　　　　承 载 板 测 定 记 录 表

路线和编号：　　　　　　　　　　　　　　　路面结构：									
测定层位：　　　　　　　　　　　　　　　　测定用汽车型号：									
承载板直径/cm：　　　　　　　　　　　　　测定日期：　　年　　月　　日									

千斤顶读数	荷载 P /kN	承载板压力 P /MPa	百分表读数（0.01mm）			总变形 /0.01mm	回弹变形 /0.01mm	分级影响量 /0.01mm	计算回弹变形 /0.01mm	E_i /MPa
			加载前	加载后	卸载后					
总影响量 a/0.01mm										
土基回弹模量 E_0 值/MPa										

② 试验报告应记录下列结果：

a. 试验时所采用的汽车；

b. 近期天气情况；

c. 试验时土基的含水率（%）；

d. 土基密度（g/cm^3）和压实度（%）；

e. 相应于各级荷载下的土基回弹模量 E_i 值（MPa）；

f. 土基回弹模量 E_0 值（MPa）。

（2）贝克曼梁法。

1）目的和适用范围。本方法适用于在土基、厚度不小于 1m 的粒料整层表面，用弯沉仪测试各测点的回弹弯沉值，通过计算求得该材料的回弹模量值的试验；也适用于在旧路表面测定路基路面的综合回弹模量。

2）试验方法与步骤。

① 准备工作。

a. 选择洁净的路基表面、路面表面作为测点，在测点处做好标记并编号。

b. 无结合料粒料基层的整层试验段（试槽）应符合下列要求：

（a）整层试槽可修筑在行车带范围内或路肩及其他合适处，也可在室内修筑，但均应适于用汽车测定弯沉。

（b）试槽应选择在干燥或中湿路段处，不得铺筑在软土基上。

（c）试槽面积不小于 3m×2m，厚度不宜小于 1m。铺筑时，先挖 3m×2m×1m（长×宽×深）的坑，然后用欲测定的同一种路面材料按有关施工规定的压实层厚度分层铺筑并压实，直至顶面，使其达到要求的压实度标准。同时应严格控制材料组成，配比均匀一致，符合施工质量要求。

（d）试槽表面的测点间距布置在中间 2m×1m 的范围内，可测定 23 点。

② 测试步骤。按上述方法选择适当的标准车，实测各测点处的路面回弹弯沉值 L_i。如在旧沥青面层上测定时，应读取温度，并按规定的方法进行测定弯沉值的温度修正，得到标准温度 20℃时的弯沉值。

a. 计算全部测定值的算术平均值 $\bar{L}$、单次测量的标准差 S 和自然误差 r_0。

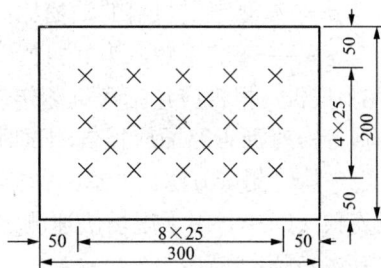

图 4-18 试槽表面的测点布置（单位：cm）

$$\bar{L} = \frac{\sum L_i}{N} \tag{4-30}$$

$$S = \sqrt{\frac{\sum (L_i - \bar{L})^2}{N-1}} \tag{4-31}$$

$$r_0 = 0.675S \tag{4-32}$$

式中　$\bar{L}$——回弹弯沉的平均值（0.01mm）；

　　　S——回弹弯沉测定值的标准差（0.01mm）；

　　　r_0——回弹弯沉测定值的自然误差（0.0lmm）；

　　　L_i——各测点的回弹弯沉值（0.01mm）；

　　　N——测点总数。

b. 计算各测点的测定值与算术平均值的偏差值 $d_i = L_i - \bar{L}$，并计算较大的偏差与自然误差之比 d_i / r_0。当某个测点观测值 d_i / r_0 的值大于表 4-8 中的 d/r 极限值时，则应舍弃该测点，然后重新计算所余各测点的算术平均值 $\bar{L}$ 及标准差 S。

表 4-8　　　　　　　　　　　　　相应于不同观测次数的 d/r 极限值

N	5	10	15	20	50
d/r	2.5	2.9	3.2	3.3	3.8

c. 计算代表弯沉值。

$$L_1 = \bar{L} + S \tag{4-33}$$

式中　L_1——计算代表弯沉；

　　　$\bar{L}$——舍弃不合要求的测点后所余各测点弯沉的算术平均值；

S ——舍弃不合要求的测点后所余各测点弯沉的标准差。

d. 计算土基、整层材料的回弹模量 E_1 或旧路的综合回弹模量。

$$E_1 = \frac{2p\delta}{L_1}(1-\mu^2)a \qquad (4-34)$$

式中 E_1 ——计算的土基、整层材料的回弹模量或旧路的综合回弹模量（MPa）；

p ——测定车轮的平均垂直荷载（MPa）；

δ ——测定用标准车双圆荷载单轮传压面当量圆的半径（cm）；

μ ——测定层材料的泊松比，根据相关路面设计规范的规定取用；

a ——弯沉系数，为 0.712。

3）报告。报告应包括弯沉测定表、计算的代表弯沉、采用的泊松比及计算得到的材料回弹模量等，对沥青路面应报告测试时的路面温度。

（3）其他测试方法。土基回弹模量也可用动力锥贯入仪和 CBR 间接推算法来求算。动力锥贯入仪（DCP）用于现场快速测定或评估无结合料材料路基、路面的强度。

基本步骤：

1）将 DCP 放至测点位置。一人手扶仪器手柄，使探杆保持竖直。一人提起落锤至导向杆顶端，然后松开，使之呈自由落体下落。如果试验中探杆稍有倾斜，不可扶正；如果倾斜较大，造成落锤不是自由落体，则该点试验应废弃。

2）读取贯入深度。每贯入约 10mm 读一次数，记录锤击数和贯入量（mm）。连续锤击、测量，直到需要的结构层深度。当材料层坚硬，贯入量低到连续锤击 10 次而无变化时，可以停止试验或钻孔透过后继续试验。将落锤移走，从探坑中取出 DCP 仪器。

3）DCP 的测试结果可用以锤击次数为横坐标、贯入深度为纵坐标的贯入曲线表示，或使用专用的计算机程序进行处理，得出结构层材料的现场强度或 CBR 值等。通常可以计算出贯入度（平均每次的贯入量，mm/锤击次数）D_d，按得出的相关关系公式计算 CBR 值。

CBR 值间接推算法是利用 CBR 测试结果关系式求算 E 值。

4.7 路面外观与沥青路面渗水系数检测

1. 路面错台测试方法

（1）目的与适用范围。路面错台是路面常见的损坏形式，也是产生跳车的主要原因。本方法适用于测定路面在人工构造物端部接头、水泥混凝土路面或桥梁的伸缩缝以及沥青路面裂缝两侧由于沉降所造成的错台（台阶）高度，以评价路面行车舒适性能（跳车情况），并作为计算维修工作量的依据。

（2）仪具与材料技术要求。本方法需要下列仪具与材料：

1）皮尺。

2）水准仪。

3）3m 直尺、钢板尺、钢卷尺、粉笔。

（3）方法与步骤。

1）非经注明，错台的测定位置，以行车道错台最大处纵断面为准，根据需要也可以其他代表性纵断面为测定位置。

2）选择需要测定的断面，记录位置及桩号，描述发生错台的原因。

3）构造物端部由于沉降造成的接头错台的测试步骤如下：

① 将精密水平仪架在距构造物端部不远的路面平顺处调平。

② 从构造物端部无沉降或鼓包的断面位置起，沿路线纵向用皮尺量取一定距离，作为测点，在该处立起塔尺，测量高程。再向前量取一定距离，作为测点，测量高程。如此重复，直至无明显沉降的断面为止。无特殊需要，从构造物端部起的 2m 内应每隔 0.2m 量测一次，2～5m 内宜每隔 0.5m 量测一次，5m 以上可每隔 1m 量测一次，由此得出沉降纵断面及最大沉降值，即最大错台高度 D_m，准确至 1mm。

4）测定由水泥混凝土路面或桥梁的伸缩缝或路面横向开裂造成的接缝错台、裂缝错台时，可按构造物端部由于沉降造成的接头错台的测试方法用水平仪测定接缝或裂缝两侧一定范围内的道路纵断面，确定最大错台的位置及高度 D_m，准确至 1mm。

5）当发生错台变形的范围不足 3m 时，可在错台最大位置沿路线纵向用 3m 直尺架在路面上，其一端位于错台的高出的一侧，另一端位于无明显沉降变形处，作为基准线。用钢板尺或钢卷尺每隔 0.2m 量取路面与基准线之间高度 D，同时测记最大错台高度 D_m，准确至 1mm。

（4）资料整理。以测定的错台读数 D 与各测点的距离绘成纵断面图作为测定结果。图中应标明相应断面的设计纵断面高程，最大错台的位置与高度 D_m，准确至 0.001m。

（5）报告。测试报告应记录如下事项：

1）路线名、测定日期、天气情况。

2）测定地点、桩号、路面及构造物概况。

3）道路交通情况及造成错台原因的初步分析。

4）最大错台高度 D_m 及错台纵断面图。

2. 沥青路面车辙测试方法

（1）目的与适用范围。车辙是路面常见的损坏形式，尤其对实行渠化交通的汽车专用公路更是如此。本方法适用于测定沥青路面的车辙，供评定路面使用状况及计算维修工作量时使用。

（2）仪具与材料技术要求。本方法可选用下列仪具与材料：

1）路面横断面仪：如图 4-19 所示。其长度不小于一个车道宽度，横梁上有一位移传感器，可自动记录横断面形状，测试间距小于 20cm，测试精度 1mm。

2）激光或超声波车辙仪：包括多点激光或超声波车辙仪、线激光车辙仪和线扫描激光车辙仪等类型，通过激光测距技术或激光成像和数字图像分析技术得到车道横断面相对高程数据，并按规定模式计算车辙深度。

要求激光或超声波车辙仪有效测试宽度不小于 3.2m，测点不少于 13 点，测试精度 1mm。

3）横断面尺：如 4-20 所示。横断面尺为硬木或金属制直尺，刻度间距 5cm，长度不小于一个车道宽度。顶面平直，最大弯曲不超过 1mm，两端有把手及高度为 10～20cm 的支脚，两支脚的高度相同。

4）量尺：钢板尺、卡尺、塞尺，量程大于车辙深度，刻度至 1mm。

5）其他：皮尺、粉笔等。

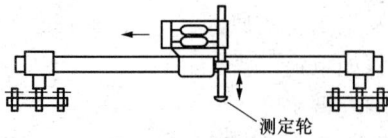

图 4-19　路面横断面仪图

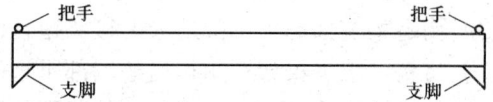

图 4-20　路面横断面尺

（3）方法与步骤。

1）车辙测定的基准测量宽度应符合下列规定：

① 对高速公路及一级公路，以发生车辙的一个车道两侧标线宽度中点到中点的距离为基准测量宽度。

② 对二级及二级以下公路，有车道区画线时，以发生车辙的一个车道两侧标线宽度中点到中点的距离为基准测量宽度；无车道区画线时，以形成车辙部位的一个设计车道宽作为基准测量宽度。

2）以一个评定路段为单位，用激光车辙仪连续检测时，测定断面间隔不大于 10m。用其他方法非连续测定时，在车道上每隔 50m 作为一测定断面，用粉笔画上标记进行测定。根据需要也可按随机选取方法在行车道上选取测定断面，在特殊需要的路段如交叉口前后可予加密。

3）采用激光或超声波车辙仪的测试步骤如下：

① 将检测车辆就位于测定区间起点前。

② 启动并设定检测系统参数。

③ 启动车辙和距离测试装置，开动测试车沿车道轮迹位置且平行于车道线平稳行驶，测试系统自动记录出每个横断面和距离数据。

④ 到达测定区间终点后，结束测定。

⑤ 系统处理软件按照图 4-21 规定的模式通过各横断面相对高程数据计算车辙深度。

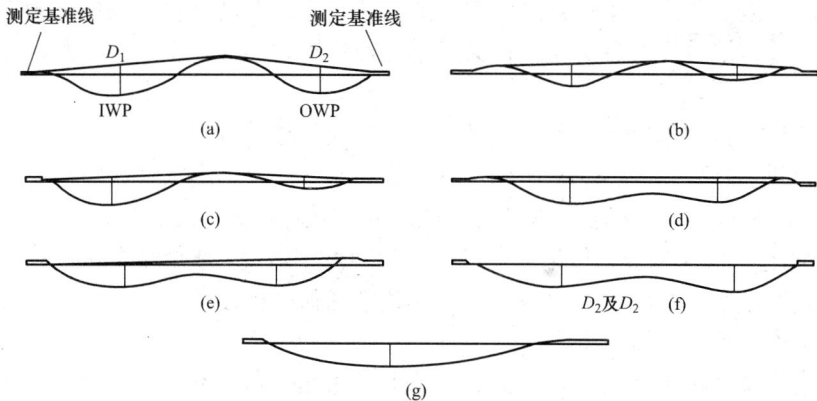

图 4-21　不同形状、不同程度的路面车辙示意图

注：IWP、OWP 表示内侧轮迹带及外侧轮迹带。

4）采用路面横断面仪的测试步骤如下：

① 将路面横断面仪就位于测定断面上，方向与道路中心线垂直，两端支脚立于测定车道的两侧边缘，记录断面桩号。

② 调整两端支脚高度，使其等高。

③ 移动横断面仪的测量器，从测定车道的一端移至另一端，记录出断面形状。

5）采用横断面尺的测试步骤如下：

① 将横断面尺就位于测定断面上，两端支脚置于测定车道两侧。

② 沿横断面尺每隔 20cm 一点，用量尺垂直立于路面上，用目平视测记横断面尺顶面与路面之间的距离，准确至 1mm。如断面的最高处或最低处明显不在测定点上应加测该点距离。

③ 记录测定读数，绘出断面图，最后连接成圆滑的横断面曲线。

④ 横断面尺也可用线绳代替。

⑤ 当不需要测定横断面，仅需要测定最大车辙时，亦可用不带支脚的横断面尺架在路面上由目测确定最大车辙位置用尺量取。

（4）计算。

1）根据断面线按图 4-21 的方法画出横断面图及顶面基准线。通常为其中之一种形式。

2）在图上确定车辙深度 D_1 及 D_2，读至 1mm。以其中最大值作为断面的最大车辙深度。

3）求取各测定断面最大车辙深度的平均值作为该评定路段的平均车辙深度。

（5）报告。测试报告应记录下列事项：

1）采用的测定方法。

2）路段描述，包括里程桩号、路面结构及横断面、使用年限、交通情况等。

3）各测定断面的横断面图。

4）各测定断面的最大车辙深度表。

5）各评定路段的最大车辙深度及平均车辙深度。

6）根据测定目的应记录的其他事项或数据。

3. 沥青路面渗水系数测试

（1）目的与适用范围。沥青路面渗水性能是反映路面沥青混合料级配组成的一个间接指标，也是沥青路面水稳定性的一个重要指标。如果整个沥青面层均透水，则水势必进入基层或路基，使路面承载力降低。相反如果沥青面层中有一层不透水，而表层能很快透水，则不致形成水膜，对抗滑性能有很大好处。所以路面渗水系数已成为评价路面使用性能的一个重要指标列入相关的技术规范中。本方法适用于在路面现场测定沥青路面的渗水系数。

（2）仪具与材料技术要求。本方法需要下列仪具与材料：

1）路面渗水仪：形状及尺寸如图 4-22

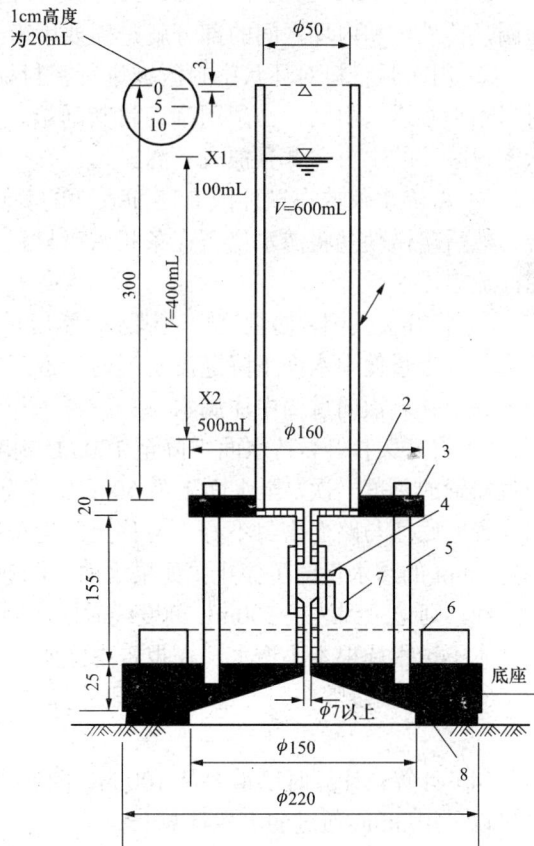

图 4-22　渗水仪结构图（单位：mm）

1—透明有机玻璃筒；2—螺纹连接；3—顶板；4—阀；5—立柱支架；6—压重钢圈；7—把手；8—密封材料

所示。上部盛水量筒由透明有机玻璃制成，容积 600mL，上有刻度，在 100mL 及 500mL 处有粗标线，下方通过 $\phi 10mm$ 的细管与底座相接，中间有一开关。量筒通过支架连接，底座下方开口内径 $\phi 150mm$，外径 $\phi 220mm$，仪器附不锈钢圈压重两个，每个质量约 5kg，内径 $\phi 160mm$。

2）水筒及大漏斗。

3）秒表。

4）密封材料：防水腻子、油灰或橡皮泥。

5）其他：水、粉笔、塑料圈、刮刀、扫帚等。

（3）方法与步骤。

1）准备工作。

① 在测试路段的行车道路面上，按本规程附录 A 的随机取样方法选择测试位置，每一个检测路段应测定 5 个测点，并用粉笔画上测试标记。

② 试验前，首先用扫帚清扫表面，并用刷子将路面表面的杂物刷去。杂物的存在一方面会影响水的渗入；另一方面也会影响渗水仪和路面或者试件的密封效果。

2）测试步骤。

① 将塑料圈置于试件中央或者路面表面的测点上，用粉笔分别沿塑料圈的内侧和外侧画上圈，在外环和内环之间的部分就是需要用密封材料进行密封的区域。

② 用密封材料对环状密封区域进行密封处理，注意不要使密封材料进入内圈。如果密封材料不小心进入内圈，必须用刮刀将其刮走。然后再将搓成拇指粗细的条状密封材料摞在环状密封区域的中央，并且摞成一圈。

③ 将渗水仪放在试件或者路面表面的测点上，注意使渗水仪的中心尽量和圆环中心重合，然后略微使劲将渗水仪压在条状密封材料表面，再将配重加上，以防压力水从底座与路面间流出。

④ 将开关关闭，向量筒中注满水，然后打开开关，使量筒中的水下流排出渗水仪底部内的空气，当量筒中水面下降速度变慢时用双手轻压渗水仪使渗水仪底部的气泡全部排出。关闭开关，并再次向量筒中注满水。

⑤ 将开关打开，待水面下降至 100mL 刻度时，立即开动秒表开始计时，每间隔 60s，读记仪器管的刻度一次，至水面下降 500mL 时为止。测试过程中，如水从底座与密封材料间渗出，说明底座与路面密封不好，应移至附近干燥路面处重新操作。当水面下降速度较慢，则测定 3min 的渗水量即可停止；如果水面下降速度较快，在不到 3min 的时间内到达了 500mL 刻度线，则记录到达了 500mL 刻度线时的时间；若水面下降至一定程度后基本保持不动，说明基本不透水或根本不透水，在报告中注明。

⑥ 按以上步骤在同一个检测路段选择 5 个测点测定渗水系数，取其平均值作为检测结果。

（4）计算。计算时以水面从 100mL 下降到 500mL 所需的时间为标准，若渗水时间过长，也可以采用 3min 通过的水量计算。

$$C_{\mathrm{w}} = \frac{V_2 - V_1}{t_2 - t_1} \times 60 \qquad (4\text{-}35)$$

式中　C_w——路面渗水系数（mL/min）；

　　　V_1——第一次计时时的水量（mL），通常为 100mL；

　　　V_2——第二次计时时的水量（mL），通常为 500mL；

　　　t_1——第一次计时的时间（s）；

　　　t_2——第二次计时的时间（s）。

（5）报告。现场检测，每一个检测路段应测定 5 个测点，计算其平均值作为检测结果。若路面不透水，在报告中注明渗水系数为 0。

复习思考题

1. 路基路面几何尺寸检测需要注意哪些问题。

2. 常用的压实度检测有几种方法，各适用于什么情况？压实度评定要点是什么？

3. 某二级公路路基压实质量检验，经检测各点（共 12 测点）的干密度（g/cm³）分别为 1.72、1.69、1.71、1.76、1.78、1.76、1.68、1.75、1.74、1.73、1.73、1.70，最大干密度为 1.82g/cm³，试按 95%的保证率评定该路段的压实质量是否满足要求（压实度标准为 93%）。

4. 平整度检测有几种方法？各适用于什么情况？

5. 某路段路面用检测摆式摩擦仪测定路面的抗滑性，数据为 60，61，62，60，59，检测时路面的温度为 30℃，温度修正表（表 4-9），则该点的检测值为多少？

表 4-9　　　　　　　　　　温 度 修 正 表

温度 T	5	10	15	20	25	30	35
温度修正值（BPN）	−4	−3	−1	0	+2	+3	+5

6. 某新建高速公路竣工后，在 20℃测得某路段路面的弯沉值见表 4-10，路面设计弯沉为 40（0.01mm），试判断该路段的弯沉是否符合要求。取保证率系数 $Z_a=1.645$。

表 4-10　　　　　　　　　　弯 沉 值

序号	1	2	3	4	5	6	7	8	9	10	11	12	13	14	15	16	17	18	19	20	21	22
数据	30	28	34	26	28	26	32	30	32	28	24	36	38	34	36	32	28	26	24	28	30	34

第5章 混凝土无损检测

5.1 概述

1. 混凝土无损检测技术的形成与发展

混凝土的无损检测技术，是指在不影响结构构件受力性能或其他使用功能的前提下，直接在构件上通过测定某些适当的物理量，推定混凝土的强度、均匀性、连续性、耐久性等一系列性能的检测方法。

我国在 20 世纪 50 年代开始引进瑞士、英国、波兰等国的回弹仪和超声仪，并结合工程应用展开了许多研究工作。经过几十年的研究和工程应用，我国研制了一系列的无损检测仪器设备，结合工程实践进行了大量的应用研究，逐步形成了《回弹法检测混凝土抗压强度技术规程》（JGJ/T 23—2001）、《超声回弹综合法检测混凝土强度技术规程》（CECS 02：2005）、《后拔出法检测混凝土强度技术规程》（CECS 69—1994）、《超声法检测混凝土缺陷技术规程》（CECS 21：2000）等技术规程，并由此解决了工程实践中的问题，产生了巨大的社会经济效益。

无损检测技术与常规的混凝土结构破坏试验相比，具有如下特点：

（1）不破坏被检测构件，不影响其使用性能，并且简便快速。

（2）可以在构件上直接进行表层或内部的全面检测，对新建工程和既有结构物均适用。

（3）能获得破坏试验不能获得的信息，如能检测混凝土内部的空洞、疏松、开裂、不均匀性、表层烧伤、冻害及化学腐蚀等。

（4）可在同一构件上进行连续测试和重复测试，使检测结果有良好的可比性。

（5）测试速度快、方便、费用低廉。

（6）由于是间接检测，检测结果要受到许多因素的影响，检测精度要差一些。

目前，混凝土无损检测技术主要用于既有构件的强度推定、施工质量检验、结构内部缺陷检测等方面。随着对混凝土制作全过程质量控制要求的不断提高，对既有结构物的维修养护日益重视，无损检测技术在工程建设中会发挥越来越重要的作用。

2. 常用无损检测方法的分类和特点

由于混凝土无损检测技术不仅能推定混凝土强度，而且能够反映混凝土的均匀性、连续性等各项质量指标，因此在新建工程质量评价、已建工程的安全性评价等方面具有无可替代的作用，越来越受到人们的重视。为了便于了解全貌，按检测目的、基本原理分类如下。

（1）混凝土强度的无损检测方法。混凝土强度的无损检测方法根据原理可分为三种。

1）半破损法。是以不影响构件的承载能力为前提，在构件上直接进行局部破坏性试验，或直接钻取芯样进行破坏性试验。属于这类方法的有钻芯法、拔出法、射击法等。这类方法的特点是以局部破坏性试验获得混凝土强度，因而较为直接可靠。其缺点是造成结构物的局部破坏，需要进行修补，因而不宜用于大面积的全面检测。

钻芯法是利用专用钻机，从结构混凝土中钻取芯样以检测混凝土强度或观察混凝土内部质量的方法。钻芯法检测混凝土强度具有直观准确的优点，但其缺点是对结构构件的损伤较大，检测成本较高。因此一般宜将钻芯法与其他非破损方法结合使用。

2）非破损法。是以混凝土强度与某些物理量之间的相关性为基础，检测时在不影响混凝土任何性能的前提下，测试这些物理量，然后根据相关关系推算被测混凝土的强度。属于这类方法的有回弹法、超声脉冲法、射线吸收雨伞法、成熟度法等。这类方法的特点是测试方便、费用低廉，但其测试结果的可靠性主要取决于混凝土的强度与所测试物理量之间的相关性。

回弹法是采用回弹仪进行混凝土强度测定，属于表面硬度法的一种。其原理是回弹仪中运动的重锤以一定冲击动能撞击顶在混凝土表面的冲击杆后，测出重锤被反弹回来的距离，以回弹值作为与强度相关的指标，来推定混凝土强度的一种方法。

超声波法检测混凝土强度的基本依据是超声波传播速度与混凝土弹性性质的密切关系。在实际检测中，超声声速又通过混凝土弹性模量与其力学强度的内在联系，与混凝土抗压强度建立相关关系并借以推定混凝土的强度

成熟度法主要以"度时积" $M(t) = \sum (T_s - T_0)\Delta t$ 作为推定强度的依据。[式中 $M(t)$ 为成熟度，T_0 为基准温度，T_s 为时间 Δt 区间内混凝土的平均温度]。主要用于现场测量控制混凝土早期强度发展状况，一般多作为施工质量控制手段。

射线法主要依据 γ 射线在混凝土中的穿透衰减或散射强度推算混凝土的密实度，并据此推定混凝土的强度。这种方法由于涉及射线防护问题，目前国内外应用较少。

3）综合法。所谓综合法就是采用两种或两种以上的无损检测方法，获取多种物理量，并建立强度与多项物理参量的综合相关关系，以便从不同角度综合评价混凝土的强度。由于综合法采用多项物理参数，能较全面反映构成混凝土的各种因素，并且还能抵消部分影响强度与物理量相关关系的因素，因而它比单一物理量的无损检测方法具有更高的准确性和可靠性。其中超声回弹综合法已在国内外获得广泛应用。

（2）混凝土缺陷无损检测方法。所谓混凝土缺陷，是指那些在宏观材质不连续、性能参数有明显差异，而且对结构的承载能力和使用性能产生影响的区域。即使整个结构混凝土的普遍强度已达到设计要求，这些缺陷的存在也会使结构整体承载力严重下降，或影响结构的耐久性。因此，必须探明缺陷的部位、大小和性质，以便采取切实的处理措施，排除工程隐患。混凝土缺陷成因很复杂，检测要求也各不相同。混凝土缺陷现象大致有：内部空洞、蜂窝麻面、疏松、断层（桩）、结合面不密实、裂缝、碳化、冻融、化学腐蚀等。

混凝土缺陷的无损检测方法主要有超声脉冲法、脉冲回波法、雷达扫描法、红外热谱法等。

超声脉冲法检测混凝土内部缺陷分为穿透法和反射法。穿透法是根据超声脉冲穿过混凝土时，在缺陷区的声时、波幅、波形、接收信号的频率等参数所发生的变化来判断缺陷，因此它只能在结构物的两个相对面上或在同一面上进行测试。目前超声脉冲穿透法比较成熟，并已经普遍用于工程实践，许多国家都已经编制了相应的技术规程。反射法则根据超声脉冲在缺陷表面产生反射波的现象进行缺陷判断，由于它不必像穿透法那样在两个测试面上进行，因此对某些只能在一个测试面上检测的结构物（如桩基、路面）具有特殊意义，也取得了广泛的工程应用。

脉冲回波法是采用落球、锤击等方法在被测物件中产生应力波，用传感器接收回波，然后采用时域或频域方法分析回波的反射位置，以判断混凝土中缺陷位置的方法。其特点是激励力足以产生较强的回波，因而可检测尺寸较大的构件，如深度达数十米的基桩或厚度较大的混凝土板等。

（3）混凝土其他性能的无损检测方法。除了强度和缺陷检测以外，混凝土还有许多其他性能可用无损检测方法予以测定。其他性能主要是指与结构物使用功能有关的各种性能，主要有碳化深度、保护层厚度、受冻层深度、含水率、钢筋位置与钢筋锈蚀状况、水泥含量等。现代工程结构物所处的环境越来越复杂，对其他性能的要求也越来越高，因此，其他性能的无损检测技术正引起重视。常用的监测方法主要有共振法、敲击法、磁测法、微波吸收法、中子散射法、中子活化法、渗透法等。

5.2 回弹法测定混凝土抗压强度

混凝土的强度与混凝土表面硬度存在内在联系，因此通过测量混凝土表面硬度，可以用来推定混凝土抗压强度。用回弹仪弹击混凝土表面时，由回弹仪内部的重锤回弹能量的变化，反映混凝土表面的不同硬度，此法称之为回弹法。

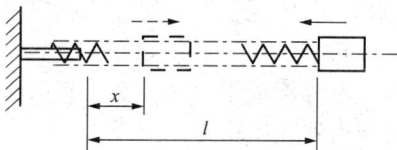

图 5-1　回弹仪的基本测量原理

回弹法的基本原理是使用回弹仪的弹击拉簧驱动仪器内的弹击重锤，通过中心导杆，弹击混凝土的表面，并测出重锤反弹的距离，以反弹距离与弹簧初始长度之比为回弹值 R，由 R 与混凝土强度的相关关系来推定混凝土抗压强度，如图 5-1 所示。

1. 回弹法主要测试仪器设备

（1）回弹仪。以 N 型应用最为广泛，国产常用牌号有 ZC3—A 型等。这种中型回弹仪是一种指针直读的直射锤击式仪器，其构造如图 5-2 所示。

使用时，将弹击杆顶住混凝土的表面，轻压仪器，松开按钮，弹击杆徐徐伸出，使仪器对混凝土表面缓慢均匀施压，待弹击锤脱钩冲击弹击杆后即回弹，带动指针向后移动并停留在某一位置上，即为回弹值。继续顶住混凝土表面并在读取和记录回弹值后，逐渐对仪器减压，使弹击杆自仪器内伸出，改变测点重复上述操作，即可测得被测构件或结构的若干回弹值。操作中注意仪器的轴线应始终垂直于构件混凝土表面。

回弹仪有下列情况之一时，应进行常规保养：

1）弹击超过 2000 次。

2）对检测值有怀疑时。

3）在钢砧上的率定值不合格。

回弹仪有下列情况之一时应送检定单位检验。检验合格的回弹仪应具有检定合格证书，其有效期为半年：

1）新回弹仪启用前。

2）超过检定有效期限（有效期为半年）。

3）累计弹击次数超过 6000 次。

4）弹击拉簧座、弹击杆、缓冲弹簧、中心导杆、导向法兰、弹击锤、指针轴、指针片、指针块、挂钩及调零螺丝等主要零件之一经更换后。

5）弹击拉簧前端不在拉簧座原孔位或调零螺丝松动。

6）遭受严重撞击或其他损害。

7）经常规保养后钢砧率定值不合格。

（2）钢砧。供回弹仪率定用。长期以来，在符合标准的钢砧上，将仪器垂直向下率定，其平均值应为 80 ± 2，以此为出厂合格检验及使用中是否需要调整的标准。我国规定，如率定试验率定值不在 80 ± 2 范围内，应对仪器进行保养后再率定，如仍不合格应送检验单位校验。钢砧率定值不在 80 ± 2 范围内的仪器，不得用于测试。

回弹仪率定试验宜在干燥、室温为 $5\sim35℃$ 的条件下进行。率定时，钢砧应稳固地平放在刚度大的物体上。测定回弹值时，取连续向下弹击三次的稳固回弹值的平均值。弹击杆应分四次旋转，每次旋转宜为 $90°$，弹击杆每旋转一次的率定平均值应为 80 ± 2。

（3）碳化深度测深尺。混凝土的碳化作用指混凝土内的 $Ca(OH)_2$ 受空气中 CO_2 气体作用生成硬度较高的 $CaCO_3$。混凝土碳化使混凝土表面回弹值增大，但对混凝土本身强度影响不大，从而影响回弹法测强值。所以，要借助于碳化深度测深尺对混凝土的碳化深度进行测试，根据碳化深度对回弹测强值带来的影响进行必要的修正。

2. 测试准备

（1）资料准备。在检测前，应具备下列有关资料：

1）工程名称及设计、施工、监理和建设单位名称。

2）结构或构件名称、编号、施工图（或平面图）及混凝土强度等级。

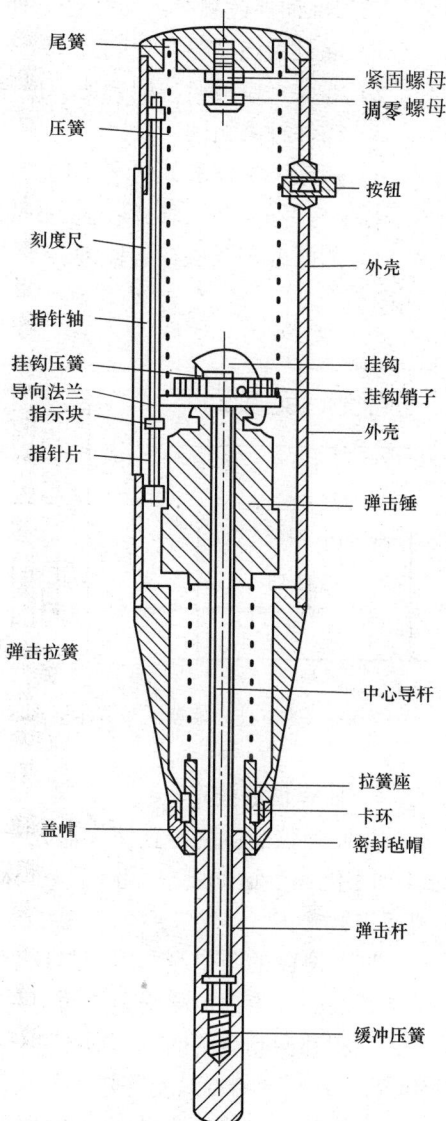

图 5-2　回弹仪结构图

3）水泥品种、标号、用量、出厂厂名，砂石品种、粒径，外加剂或掺和料品种、掺量，以及混凝土配合比等。

4）模板类型，混凝土灌注和养护情况，以及成型日期。

5）结构或构件存在的质量问题，混凝土试块抗压报告等。

（2）被测结构或构件准备。检测结构或构件时，需要布置测区，因为测区是进行测试的单元。测区布置应符合下列规定：

1）按单个构件测试时，应在构件上均匀布置测区，且不少于 10 个。

2）当对同批构件抽样检测时，构件抽样数应不小于同批构件的 30%，且不少于 10 件；每个构件测区数不少于 10 个。

3）对长度小于 3m 且高度低于 0.6m 的构件，其测区数量可适当减少，但应不少于 5 个

当按批抽样检测时，凡符合下列条件的构件，才可作为同批构件：

1）混凝土强度等级相同。

2）混凝土原材料、配合比、成型工艺、养护条件及龄期基本相同。

3）构件种类相同。

4）在施工阶段所处状态相同。

每个构件的测区，应满足以下要求：

1）测区的布置应在构件混凝土浇灌方向的侧面。

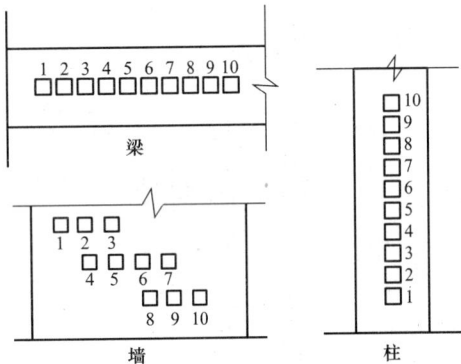

图 5-3　梁、柱、墙测区布置示意图

2）测区应均匀分布，相邻两测区的间距不宜大于 2m；测区离构件边缘的距离宜大于 0.5m。

3）测区宜避开钢筋密集区和预埋铁件。

4）测区尺寸宜为 20cm×20cm；相对应的两个 20cm×20cm 方块应视为同一测区。

5）测试面应清洁、平整、干燥，不应有接缝、饰面层、浮浆和油垢，并避开蜂窝、麻面部位。必要时，可用砂轮片清除杂物和磨平不平整处，并擦净残留粉尘。

结构或构件上的测区应注明编号，并记录测区所处的位置和外观质量情况。

梁、柱、墙测区布置示意图如图 5-3 所示。

3. 回弹值的测定

用回弹仪测试时，宜使仪器处于水平状态测试混凝土浇筑侧面，该情况下测试修正值为 0。如不能满足这一要求，也可以非水平状态测试或测试混凝土的浇筑顶面或底面，但其回弹值应进行修正。

同一测区的两个测面用回弹仪各弹击 8 点；如一个测区只有一个测面，则需测 16 点，每一测点的回弹值读数准确至 1 度。回弹测点宜在测区内均匀分布，但不得打在气孔或外露石子上，相邻两测点的间距一般不小于 30mm，测点距构件边缘或外露钢筋铁件的距离不小于 50mm，且同一测点只允许弹击一次。回弹仪的轴线方向应与测试面相垂直。

在混凝土构件上选择 10 个测区（构件尺寸较小的可少于 10 个，但最少不能少于 5 个），每个测面积约 20×20cm², 将回弹仪垂直与混凝土表面，进行弹击，每个测区弹击 16 个回弹测点，每一个测点的回弹值读数估读至 1。将数据记录在回弹值记录表中。

4. 碳化深度的测定

回弹完后即测量构件的碳化深度，在十个测区中选择三个有代表性的测区上，并在每个测区上各凿出一个直径约 15mm，深约 20mm 的孔，除去孔中的碎屑和粉末（不能用清水冲洗），用脱脂棉将 1% 的酚酞酒精涂抹在孔中，再用用碳化深度测深尺或钢板尺测量自混凝土表面到深部不变色部分的深度，每个孔测量三个位置，然后取所有值的平均值作为混凝土的碳化深度，准确至 0.5mm。将数据记录在碳化深度记录表中。

5. 测试数据的处理

（1）平均回弹值的计算。将 16 个回弹值剔除 3 个最大值，三个最小值，余下的 10 个回弹值取平均值作为该测区的平均回弹值 R_m。

$$R_{\mathrm{m}} = \sum_{i=1}^{10} R_i / 10 \tag{5-1}$$

式中　R_{m} ——测区平均回弹值，精确至 0.1；

　　　R_i ——第 i 个测点的回弹值。

（2）非水平方向检测混凝土浇筑侧面时，应按下式修正。由于回弹法测强曲线是根据回弹仪水平方向测试混凝土试件侧面的试验数据计算得出的，因此当测试中无法满足上述条件时，需对测得的回弹值进行修正。首先将非水平方向测试混凝土浇筑侧面时的数据参照公式计算出测区平均回弹值 R_{ma}，再根据回弹仪轴线与水平方向的角度 α 按表 5-1 查出其修正值，然后按公式换算为水平方向测试时的测区平均回弹值。

$$R_{\mathrm{m}} = R_{\mathrm{ma}} + R_{\mathrm{aa}} \tag{5-2}$$

式中　R_{ma} ——非水平状态检测时测区的平均回弹值，精确至 0.1；

　　　R_{aa} ——非水平状态检测时回弹值修正值。

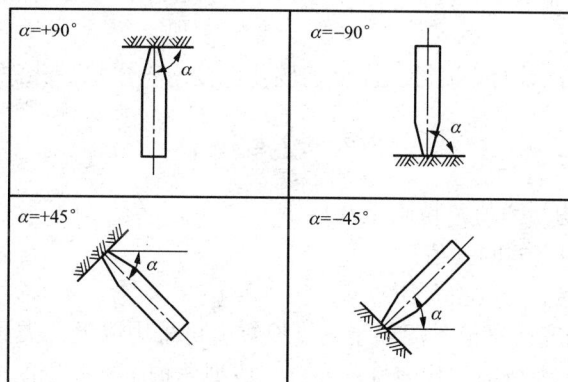

图 5-4　回弹仪测试角度示意图

表 5-1　　　　　　　　　　　　　　　非水平方向测定的修正回弹值

R_{ma}	与水平方向所成的角度							
	+90°	+60°	+45°	+30°	−30°	−45°	−60°	−90°
20	−6.0	−5.0	−4.0	−3.0	+2.5	+3.0	+3.5	+4.0
30	−5.0	−4.0	−3.5	−2.5	+2.0	+2.5	+3.0	+3.5
40	−4.0	−3.5	−3.0	−2.0	+1.5	+1.5	+2.5	+3.0
50	−3.5	−3.0	−2.5	−1.5	+1.0	+1.0	+2.0	+2.5

注：表中未列入的 R_{ma}，可用内插法求得。

（3）水平方向检测混凝土浇筑顶面或底面时，应按式（5-3）、式（5-4）修正：

$$R_{\mathrm{m}} = R_{\mathrm{m}}^{\mathrm{t}} + R_{\mathrm{a}}^{\mathrm{t}} \tag{5-3}$$

$$R_{\mathrm{m}} = R_{\mathrm{m}}^{\mathrm{b}} + R_{\mathrm{a}}^{\mathrm{b}} \tag{5-4}$$

式中　$R_{\mathrm{m}}^{\mathrm{t}}$、$R_{\mathrm{m}}^{\mathrm{b}}$ ——水平状态检测混凝土浇筑表面、底面时，测区的平均回弹值，精确至 0.1；

　　　$R_{\mathrm{a}}^{\mathrm{t}}$、$R_{\mathrm{a}}^{\mathrm{b}}$ ——混凝土浇筑表面、底面回弹值修正值。

表5-2 不同浇筑面的回弹值修正值

R_m^t 或 R_m^b	表面修正值 R_a^t	底面修正值 R_a^b
20	+2.5	−3.0
25	+2.0	−2.5
30	+1.5	−2.0
35	+1.0	−1.5
40	+0.5	−1.0
45	0	−0.5
50	0	0

注：1. R_m^t 或 R_m^b 小于20或大于50时，均分别按20或50查表。

2. 表中有关混凝土浇筑表面的修正系数，是指一般原浆抹面的修正值。

3. 表中有关混凝土浇筑底面的修正系数，是指构件底面与侧面采用同一类模板在正常浇筑情况下的修正值。

4. 未列入的相应于 R_m^t 或 R_m^b 的（R_a^t）和（R_a^b）值，可用内插法求得，精确至0.1。

如果测试时仪器既非水平方向而又非混凝土的浇筑侧面，则应对回弹值先进行角度修正，然后再进行浇筑面修正。

（4）平均碳化深度的计算。按每次测试的碳化深度求得平均碳化深度。

$$d_m = \sum_{i=1}^{n} d_i / n \qquad (5-5)$$

式中 d_m——测区平均回弹值，精确至0.1；

d_i——第 i 个测点的回弹值。

如 $d_m > 6mm$，则按 $d_m = 6mm$ 计。

（5）测区混凝土强度换算值。混凝土强度换算值可采用以下三类测强曲线计算：

1）统一测强曲线：由全国有代表性的材料、成型养护工艺配制的混凝土试件，通过试验所建立的曲线；

2）地区测强曲线：由本地区常用的材料、成型养护工艺配制的混凝土试件，通过试验所建立的曲线；

3）专用测强曲线：由与结构或构件混凝土相同的材料、成型养护工艺配制的混凝土试件，通过试验所建立的曲线。由于专用曲线所考虑的条件可以较好地与被测混凝土相吻合，因此，影响因素的干扰较少，推算强度的误差也较小。

根据平均回弹值 R_m 及平均碳化深度 d_m 查"测区混凝土强度换算表"（见附录Ⅳ），即可得到混凝土各测区的强度换算值 f_{cu}^c。当强度高于50MPa或低于10MPa时，表中查不出，可记为 $f_{cu}^c > 50MPa$ 或 $f_{cu}^c < 10MPa$，表中未列入的测区强度值可用内插法求得。对于泵送混凝土还应符合下列规定：

① 当碳化深度值小于2.0mm时，每一测区混凝土强度换算值应按表5-3修正。

表5-3 泵送混凝土测区混凝土强度换算值的修正值

碳化深度值/mm		抗压强度值/MPa			
0.0；0.5；1.0	f_{cu}^c /MPa	≤40.0	45.0	50.0	55.0~60.0
	K /MPa	+4.5	+3.0	+1.5	0.0

续表

碳化深度值/mm	抗压强度值/MPa			
1.5；2.0	f_{cu}^{c} /MPa	≤30.0	35.0	40.0～60.0
	K /MPa	+3.0	+1.5	0.0

注：表中未列入的 $f_{cu,i}^{c}$ 值可用内插法求得其修正值，精确至 0.1MPa。

② 当碳化深度大于 2.0mm 时，可采用同条件试件或钻取混凝土芯样进行修正。

（6）构件混凝土强度推定值 $f_{cu,e}$ 的计算　对于单个构件来说，当测区数少于 10 个时，取最小的测区混凝土抗压强度换算值作为该构件的混凝土强度推定值。

$$f_{cu,e} = f_{cu,min}^{c} \tag{5-6}$$

式中　$f_{cu,min}^{c}$ ——构件中最小的测区混凝土强度换算值。

对于单个构件来说，当测区数不少于 10 个时，该构件的混凝土强度推定值按式（5-7）～式（5-9）计算。

$$m_{f_{cu}^{c}} = \frac{1}{n}\sum_{i=1}^{n} f_{cu,i}^{c} \tag{5-7}$$

$$S_{f_{cu}^{c}} = \sqrt{\frac{\sum_{i=1}^{n}(f_{cu,i}^{c})^2 - n(m_{f_{cu}^{c}})^2}{n-1}} \tag{5-8}$$

$$f_{cu,e} = m_{f_{cu}^{c}} - 1.645 S_{f_{cu}^{c}} \tag{5-9}$$

式中　$m_{f_{cu}^{c}}$ ——构件混凝土强度平均值，精确至 0.1MPa；

　　　n ——对于单个测定的结构或构件，取一个试样的测区数；对于抽样测定的结构或构件，取各抽检试样测区数之和；

　　　$S_{f_{cu}^{c}}$ ——构件混凝土强度标准差，精确至 0.01MPa。

当该结构或构件的测区强度值中出现小于 10.0MPa 时：

$$f_{cu,e} < 10.0MPa \tag{5-10}$$

对于按批量检测的构件，当该批构件混凝土强度标准差出现以下情况之一时，则该批构件应全部按单个构件检测：

1）当该批构件混凝土强度平均值小于 25MPa 时：

$$S_{f_{cu}^{c}} > 4.5MPa \tag{5-11}$$

2）当该批构件混凝土强度平均值大于 25MPa 时：

$$S_{f_{cu}^{c}} > 5.5MPa \tag{5-12}$$

6. 注意事项

（1）回弹仪属于易损设备，实验时严禁摔落和撞击。

（2）在用回弹仪弹击过程中，构件不能产生晃动。

7. 结构或构件检测及计算举例

某桥 1 号墩柱，混凝土强度等级为 C30，自然养护，龄期为 59d，因对标准养护试块的代表有怀疑，决定采用回弹法检测其抗压强度。

（1）测试。测区布置。现场测试时，为水平弹击混凝土构件浇筑方向侧面。

（2）记录。记录回弹值及碳化深度值，见表 5-4。

表 5-4   **回弹法检测原始记录表**

工程项目名称：K292+450 跨线桥标段   预制厂   施工单位：

测区	回 弹 值（R_i）																
	1	2	3	4	5	6	7	8	9	10	11	12	13	14	15	16	R_m
1	35	36	42	34	34	36	35	40	34	32	35	35	35	38	39	40	36.3
2	36	30	34	34	34	36	36	42	34	38	38	40	36	34	36	35	35.5
3	34	30	35	34	38	36	32	34	38	34	34	36	34	35	36	32	34.6
4	30	30	32	32	32	38	32	30	32	34	31	35	34	36	36	34	32.2
5	40	36	32	34	34	34	32	34	37	36	38	30	35	30	35	34	34.2
6	34	42	32	33	33	33	36	32	30	34	31	42	30	34	32	40	34.7
7	32	32	34	34	44	38	40	34	34	34	38	34	36	34	34	40	35.6
8	34	42	42	34	32	38	42	38	34	34	36	34	35	35	34	36	36.5
9	38	32	40	39	36	32	36	34	34	34	36	30	34	37	32	32	34.7
10	32	38	36	33	35	35	32	34	35	38	35	34	38	38	34	35	35.1

测面状态	侧面、表面、底面、干、潮湿		回弹仪	型号 ZC3-A	测试人员资格证号
				编号	
测面角度	水平、向上、向下			率定值 80 80 80 80 80 80 80 80	回弹仪校定证号

测试：   记录：   计算：   测试日期：   年   月   日

（3）计算结果。计算结构见表 5-5。

表 5-5   **构件混凝土强度计算表**

工程名称：

构件名称及编号：K292+450 跨线桥 0 号肋板   第 页 共 页

项目	测区	1	2	3	4	5	6	7	8	9	10
回弹值	测区平均值	36.3	35.5	34.6	32.2	34.2	34.7	35.6	36.5	34.7	35.1
	角度修正值										
	角度修正后										
	浇灌面修正值										
	浇灌面修正后										
平均碳化深度值 d_m		0	0	0	0	0	0	0	0	0	0
测区强度值 f_{cu}^c/MPa		34.2	32.7	31.1	26.9	30.3	31.2	32.9	34.6	31.2	32.0
强度计算/MPa		$m_{f_{cu}^c}$ =31.7				$S_{f_{cu}^c}$ =2.187				$f_{cu,min}^c$ =26.9	
使用测区强度换算表名称：规程 地区 专用					备注：设计混凝土强度 30MPa						

测试：   计算：   复核：   计算日期：   年   月   日

5.3　超声法检测混凝土强度

结构混凝土的抗压强度与超声波在混凝土中的传播速度之间的相关关系是超声脉冲检测混凝土强度方法的理论基础。

1. 超声法检测混凝土强度的基本原理

超声脉冲实质上是超声检测仪的高频电振荡激励仪器换能器中的压电晶体，由压电效应产生的机械振动发出的声波在介质中的传播（图 5–5）。混凝土强度越高，相应超声声速也越大，经试验归纳，这种相关性可以用反映统计相关规律的非线性数学模型来拟合，即通过试验建立混凝土强度与声速之间的关系曲线（f—v 曲线）或经验公式得到 f_{cu}^c。目前常用的相关关系表达式有：

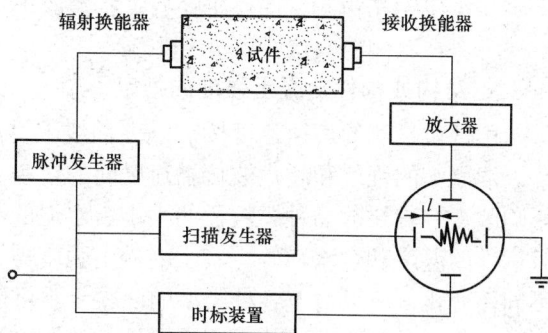

图 5–5　混凝土超声波检测系统

指数函数方程　　　　　　　　$$f_{cu}^c = A e^{Bv} \tag{5-13}$$

幂函数方程　　　　　　　　　$$f_{cu}^c = A v^B \tag{5-14}$$

抛物线方程　　　　　$$f_{cu}^c = A + Bv + Cv^2 \tag{5-15}$$

式中　　　f_{cu}^c——混凝土强度换算值；

v——超声波在混凝土中的传播速度；

A、B、C——常数项。

2. 超声波的检测技术

当单个构件检测时，要求不少于 10 个测区，测区面积为 200mm×200mm。如果对同批构件按抽样检测，抽样数应不少于同批构件数的 30%，且不少于 4 个。同样每个构件测区数不少于 10 个。

测区应布置在构件混凝土浇筑方向的侧面；测区间距不宜大于 2m；测区宜避开钢筋密集区和预埋铁件；测试面应清洁、平整、干燥、无缺陷和无饰面层，如有杂物粉尘应清除；测区应标明编号。

为了使构件混凝土检测条件和方法尽可能与建立率定曲线时的条件、方法一致，每个测区内应在相对测试面上对应布置三个（或五个）测点，相对面上对应的发射和接受换能器应在同一轴线上，使每对测点的测距最短。测试时必须保持换能器与被测混凝土表面有良好的耦合，并利用黄油或凡士林等耦合剂，以减少声能的反射损失。

测区声波传播速度：

$$v = l / t_m \tag{5-16}$$

$$t_m = \frac{t_1 + t_2 + t_3}{3} \tag{5-17}$$

式中　　　v——测区声速值（km/s）；

l——超声测距（mm）；

t_m——测区平均声时值（$\mu\varepsilon$）；

t_1、t_2、t_3——测区中 3 个测点的声时值。

当在试件混凝土浇筑顶面或底面测试时，声速值应作修正。

$$v_a = \beta v \qquad (5-18)$$

式中　v_a——修正后的测区声速值；

　　　β——超声测试面修正系数。在混凝土浇筑顶面及底面测试时，$\beta = 1.034$；在混凝土侧面测试时，$\beta = 1$。

3. 结构或构件混凝土强度的推定

由试验量测的声速，可按 f_{cu}^c—v 曲线求得混凝土的强度换算值。

混凝土的强度和超声波传播速度间的定量关系受混凝土的原材料性质及配合比的影响，影响因素有骨料的品种、粒径的大小、水泥的品种、用水量和水灰比、混凝土的龄期、测试时试件的温度和含水率等。鉴于混凝土强度与超声波传播速度的相应关系随各种技术条件的不同而变化，所以对于各种类型的混凝土不可能有统一的 f_{cu}^c—v 曲线，只有考虑各种因素和条件建立各种专门曲线或采用针对性的检测方法，在使用时才能得到比较满意的精度。在具体操作中，我们可以根据具体情况，采取不同的检测方法，其检测方法主要有：声速分级法、校正曲线法、修正系数法、水泥净浆声速换算法和水泥砂浆声速换算法等。

最后根据各测区超声波速度检测值，按率定的 f_{cu}^c—v 曲线取得对应测区的混凝土强度值，并推定结构混凝土的强度。

5.4　超声—回弹综合法检测混凝土强度

超声—回弹综合法是国际上 20 世纪 60 年代发展起来的一种非破损检测方法，由于精度高，已在我国混凝土工程中广泛使用。该法是以超声声速和回弹值综合反映混凝土强度。

1. 超声回弹综合法的工作原理

超声波检测混凝土强度的基本依据是超声波传播速度与混凝土弹性性质有密切的关系，而混凝土弹性性质与其力学强度存在内在联系，因此在实际检测中，可以建立超声声速与混凝土抗压强度相关关系并借以推定混凝土强度。超声测强以混凝土立方体试块 28d 龄期抗压强度为基准，把混凝土当作弹性体来看待，通过大量试验研究原材品种规格、配合比、施工工艺等因素对超声检测参数的影响，建立超声测强的经验公式，这样，通过测量超声波声速便可得出混凝土的抗压强度。目前国内外按统计方法建立的 f_{cu}^c—v 曲线基本采用以下两种非线性的数学表达式

$$f_{cu}^c = A v^B \qquad (5-19)$$

$$f_{cu}^c = A e^{Bv} \qquad (5-20)$$

式中　f_{cu}^c——混凝土强度换算值；

　　　v——超声波在混凝土中的传播速度；

　　A、B——经验系数。

结构混凝土强度的综合法检测，就是采用两种或两种以上的单一方法或单数（力学的、物理的或声学的等）联合测试混凝土强度的方法。由于综合法比单一法测试误差小、使用范

围广，因此在混凝土的质量控制和检测中应用越来越多。超声—回弹综合法是指采用超声仪和回弹仪，在结构混凝土同一测区分别测量声时值和回弹值，然后利用建立起来的测强公式推算该测区混凝土强度的一种方法。所以说，超声—回弹综合法是建立在超声波传播速度和回弹值与混凝土抗压强度之间相互关系的基础上，以超声波波速和回弹值综合反映混凝土抗压强度的一种非破损检测方法。

超声—回弹综合法与单一法或超声法相比，具有以下特点：

（1）减少混凝土龄期和含水率的影响。混凝土的龄期和含水率对超声波声速和回弹值的影响有着本质的不同：混凝土含水率越大，超声声速偏高而回弹值偏低；混凝土龄期长，超声声速的增长率下降，而回弹值则因混凝土的碳化程度增大而提高。因此，二者综合起来测定混凝土强度就可以部分减少龄期和含水率的影响。

（2）可以弥补相互间的不足。一个物理参数只能从某一方面、在一定范围内反映混凝土的力学性能，超过一定范围，它可能不很敏感或不起作用。例如回弹值 R 主要以表层的弹性性能来反映混凝土强度，当构件截面尺寸较大或内外质量有较大差异时，就很难反映混凝土的实际强度。超声声速主要反映材料的弹性性质，同时，由于超声波穿过材料，因而也反映材料的内部信息，但对于强度较高的混凝土（一般认为大于 35MPa），其 " f_{cu}^c — v " 相关性较差。因此采用超声—回弹综合法测定混凝土强度，既可内外结合，又能在较低或较高的强度区间相互弥补各自的不足，能够较确切地反映混凝土强度。

（3）提高测试精度。由于综合法能减少一些因素的影响程度，较全面地反映整体混凝土质量，所以对提高无损检测混凝土强度的精度，具有明显的效果。

2. 超声—回弹综合法测强的影响因素及测强曲线

（1）综合法测强的影响因素。超声—回弹综合法测定混凝土强度的影响因素，比单一的超声法或回弹法要小得多。现将各影响因素及其修正方法汇总列于表 5-6 中。

表 5-6　　　　　　　　　　　超声—回弹综合法的影响因素

因　素	试验验证范围	影响程度	修 正 方 法
水泥品种及用量	普通水泥、矿渣水泥、粉煤灰水泥 $250\sim450\text{kg/m}^3$	不显著	不修正
细骨料品种及含砂率	山砂、特细砂、中砂；$28\%\sim40\%$	不显著	不修正
粗骨料品种及用量	卵石、碎石、骨灰比：$1{:}4.5\sim1{:}5.5$	显著	必须修正或制订不同的测强曲线
粗骨料粒径	$0.5\sim2\text{cm}$；$0.5\sim3.2\text{cm}$；$0.5\sim4\text{cm}$	不显著	$>4\text{cm}$ 应修正
外加剂	木钙减水剂、硫酸钠、三乙醇胺	不显著	不修正
碳化深度		不显著	不修正
含水率		有影响	尽可能干燥状态
测试面	浇筑侧面与浇筑上表面混凝土及底面比较	有影响	对 v、R 分别进行修正

（2）综合法测强曲线。用混凝土试块的抗压强度与非破损参数之间建立起来的相关关系曲线即为测强曲线。对于超声—回弹综合法来说，即先对试块进行超声测试，然后进行回弹测试，最后将试块抗压破坏，当取得超声声速 v、回弹值 R 和混凝土强度值 f_{cu}^c 之后，选择相应的数学模型来拟合它们之间的关系。综合法测强曲线按其适用范围分为以下三类。

1）统一测强曲线。统一测强曲线的建立是以全国许多地区曲线为基础，经过大量的分析研究和计算汇总而成。该曲线以全国经常使用的有代表性的混凝土原材料、成型养护工艺和龄期为基本条件，适用于无地区测强曲线和专用测强曲线的单位，对全国大多数地区来说，具有一定的现场适应性，因此使用范围广，但精度稍差。

2）地区（部门）测强曲线。以本地区或本部门通常使用的有代表性的混凝土原材料、成型养护工艺和龄期作为基本条件，制作相当数量的试块进行试验建立的测强曲线。这类测强曲线适用于无专用测强曲线的工程测试，充分反映了我国地域辽阔、各地材料差别较大的特点，因此，对本地区或本部门来说，其现场适应性和测试精度均优于统一测强曲线。

3）专用测强曲线。以某一个具体工程为对象，采用与被测工程相同的材料、配合比、成型养护工艺和龄期，制作一定数量的试块，通过非破损或破损试验建立的测强曲线。这类曲线针对性强，测试精度较地区测强曲线高。

3. 综合法检测混凝土强度技术

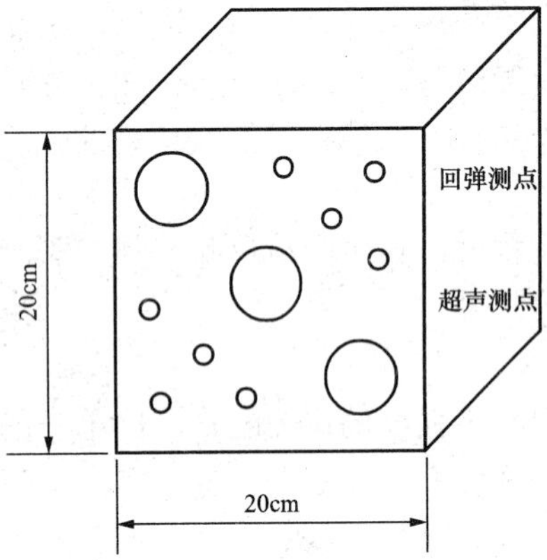

图 5-6 测区测点分布

超声—回弹综合法检测混凝土强度技术，实质上就是超声法和回弹法两种单一测强方法的综合测试，因此应严格遵照《超声回弹综合法检测混凝土强度技术规程》（CECS 02：2005）的要求进行。

回弹值的量测与计算和超声传播速度的量测与计算，均与前面所述规定相同，所不同的是不需要测量混凝土的碳化深度。超声—回弹综合法要求超声的测点应布置在同一测区的回弹值的测试面上，但测量声速的换能器的安装位置不宜与回弹仪的弹击测点相重叠，测点布置如图 5-6 所示。结构或构件的每一测区内，宜先进行回弹测试，然后进行超声测试。同时注意，只有同一测区内所测得的回弹值和声速值才能作为推算该测区混凝土强度的综合参数，不同测区的测量值不得混用。

4. 结构或构件混凝土强度的推定

（1）结构或构件第 i 个测区的混凝土强度换算值 $f_{cu,i}^c$ 应按检测修正后的回弹值 R_a 及修正后的声速值 v_a，优先采用专用或地区的测强曲线推定。当无该类测强曲线时，经验证后也可按《超声回弹综合法检测混凝土强度技术规程》（CECS 02：2005）的规定确定。

（2）当结构所用材料与制定的测强曲线所用材料有较大差异时，需用同条件试块或从结构构件测区钻取的混凝土芯样进行修正，试件数量应不少于 3 个。此时，得到的测区混凝土强度换算值应乘以修正系数。修正系数可按式（5-21）、式（5-22）计算：

有同条件立方体试块时

$$\eta = \frac{1}{n} \sum_{i=1}^{n} f_{cu,i} / f_{cu,i}^c \tag{5-21}$$

有混凝土芯样试件时

$$\eta = \frac{1}{n} \sum_{i=1}^{n} f_{cor,i} / f_{cu,i}^c \tag{5-22}$$

式中　η——修正系数；

　　$f_{cu,i}$——第 i 个混凝土立方体试块抗压强度值；

　　$f_{cu,i}^c$——对应于第 i 个立方体试块或芯样试件的混凝土强度换算值；

　　$f_{cor,i}$——第 i 个混凝土芯样试件抗压强度值；

　　n——试件数。

构件混凝土强度的推定与"回弹法检测混凝土强度"类似，这里就不再赘述了。

5.5　局部破损检测方法

局部破损检测方法，是以不影响构件的承载能力为前提，在构件上直接进行局部破坏性试验，或直接钻取芯样、拔出混凝土锥体等手段检测混凝土强度或缺陷的方法。属于这类方法的有钻芯法、拔出法、射击法、拔脱法、就地嵌注试件法等。这类方法的优点是以局部破坏性试验获得混凝土性能指标，因而较为可靠，缺点是造成结构物的局部破坏，需要进行修补，因而不宜用于大面积的检测。

在我国，钻取芯样法应用已比较广泛，故本节仅对该方法进行简介。

钻芯取样法检验混凝土强度指从混凝土结构物中钻取芯样和检查芯样，测定混凝土的劈裂抗拉强度或抗压强度，作为评定结构的主要品质指标。

1. 原理

钻芯法利用专用钻机和人造金刚石薄壁钻头从结构混凝土中钻取芯样以检测混凝土强度和检查混凝土内部缺陷。由于它对结构混凝土造成局部损伤，因此它是一种半破损的现场检测手段。钻芯取样法检验混凝土强度和缺陷无需进行某种物理量与强度或缺陷之间的换算，普遍认为它是一种直观、可靠和准确的方法，但由于在检测时总是对结构混凝土造成局部损伤，大量取芯往往受到一定的限制。

2. 钻芯前的准备

（1）资料准备。包括工程名称、结构或构件种类、数量和外形尺寸、混凝土强度等级、混凝土成型日期、粗骨料粒径及配合比、结构或构件存在的质量问题、有关结构设计图或施工图等。

（2）钻芯机具准备。当钻芯的芯样是为了进行抗压试验时，则芯样的直径与混凝土粗骨料粒径之间应保持一定的比例关系，在正常情况下，芯样直径应为混凝土所有骨料最大粒径的 3 倍，一般为 150mm 或 100mm。任何情况下不小于骨料最大粒径的 2 倍。

3. 芯样钻取

在钻取芯样前应考虑由于钻芯可能导致对结构的不利影响，应尽可能避免在靠近混凝土构件的接缝或边缘钻取，且基本上不应带有钢筋。

钻出后的每个芯样应立即清楚地标上记号，并记录芯样在混凝土结构中钻取的位置。

钻取的芯样数量应满足下列规定：

（1）单个构件进行混凝土强度检验时，在构件上的取芯个数一般不少于 3 个，当构件的体积或截面积较小时可取 2 个。

（2）当成批构件进行混凝土强度检验时，取芯个数应为 20～30 个，当取芯直径小于标准尺寸 100mm 时，取芯数量应适当增加。每个构件上宜取一个芯样。

（3）当取芯是为了修正回弹法或超声回弹综合法检测混凝土强度时，取芯数量应不少于 6 个。

（4）对构件局部区域检验时，应由要求检验的单位确定取芯位置及数量。

4. 钻取芯样检查

每个芯样应详细描述有关裂缝、分层、麻面或离析等，并估计骨料的最大粒径、形状种类及粗细骨料的比例与级配，检查并记录存在的气孔的位置、尺寸与分布情况，必要时应进行拍照。

（1）平均直径。用游标卡尺测量芯样中部及两端 1/4 处，按两个垂直方向测量三对数据值确定芯样的平均直径，精确至 0.5mm。

（2）芯样高度。用钢卷尺或钢尺进行测量芯样直径两端侧面钻取后芯样的高度及端面加工后的高度，其尺寸误差应在 0.25mm 以内，取平均值作为试件平均高度，精确至 0.5mm。

（3）垂直度。用游标量角器测两个端面与母线的夹角，精确至 0.1°。

（4）平整度。用钢板尺或角尺紧靠芯样端面上，一面转动钢板尺，一面用塞尺测量与芯样端面之间的缝隙。

如有必要，应测定芯样的表观密度。

5. 试件的制作

抗压试验用的试件长度（端部加工后）不应小于直径，也不应大于直径的 2 倍。芯样端面必须平整，必要时应磨平或用补平等方法处理。

当锯切后芯样端面的不平整度在 100mm 长度内超过 0.1mm，芯样端面与轴线的不垂直度超过 2° 时，宜采用在磨平机上磨平或在专用补平装置上补平的方法进行端面加工，芯样尺寸测量示意图如图 5-7 所示。

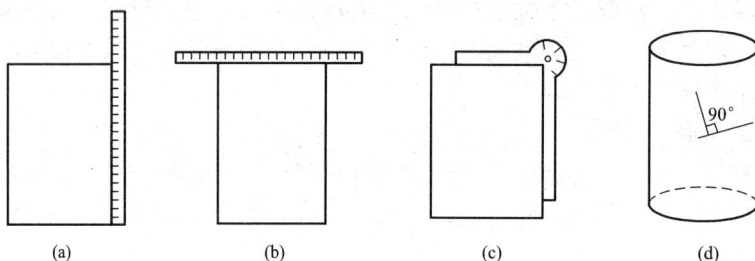

图 5-7　芯样尺寸测量示意图

（a）测高度；（b）测平整度；（c）测垂直度；（d）测平均直径

（1）硫磺胶泥（或硫磺）补平。

1）补平前先将芯样端面污物清除干净，然后将芯样垂直地夹持在补平器的夹具中，并提升到一定高度（见图 5-8）。

2）在补平器底盘上涂上一层很薄的矿物油或其他脱模剂，以防硫磺胶泥与底盘黏结。

3）将硫磺胶泥放于容器中加热熔化。待硫磺胶泥溶液由黄色变成棕色时，倒入补平器底盘中。然后转动手轮使芯样下移并与底盘接触。待硫磺胶泥凝固后，反向转动手轮，把芯样提起，打开夹具取出芯样。然后，按上述步骤补平该芯样的另一端面。

（2）用水泥砂浆补平。

1）补平前先将芯样端面污物清除干净，然后将端面用水湿润。

2）在平整度为每长 100mm 不超过 0.05mm 的钢板上涂一薄层矿物油或其他脱模剂，然后倒上适量水泥砂浆摊成薄层，稍许用力将芯样压入水泥砂浆中，并应保持芯样与钢板垂直。待两个小时后，再补另一端面。仔细清除侧面多余水泥砂浆，在室内静放一昼夜后送入养护室内养护。待补平材料强度不低于芯样强度时，方能进行抗压试验（图 5-9）。

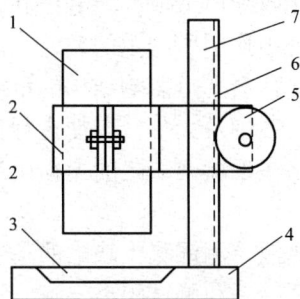

图 5-8　硫磺胶泥补平示意图
1—芯样；2—夹具；3—硫磺胶液体；
4—底盘；5—手轮；6—齿条；7—立柱

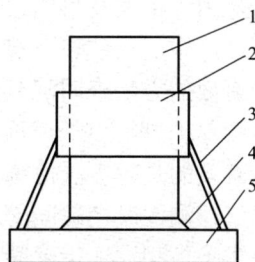

图 5-9　水泥砂浆补平示意图
1—芯样；2—套模；3—支架；
4—水泥砂浆；5—钢板

6. 抗压强度计算

钻芯法规程中规定，以直径和高度均为 100mm 的圆柱体作为标准试件。试验证明，ϕ100mm×100mm 标准圆柱体与边长 150mm 标准立方体试块的抗压强度基本是一致的，由标准圆柱体试件强度换算成标准立方体试块强度时取修正系数为 1。

芯样抗压强度 f_{cu}^c 按式（5-23）计算：

$$f_{cu}^c = \alpha \frac{P}{A} = \alpha \frac{4P}{\pi d^2} \tag{5-23}$$

式中　f_{cu}^c——混凝土芯样抗压强度（MPa）；
　　　P——极限荷载（N）；
　　　A——受压面积（mm²）；
　　　d——芯样截面的平均直径（mm）；
　　　α——不同高径比芯样试件混凝土强度换算系数。

系数 α 回归公式如下：

$$\alpha = \frac{x}{ax+b}$$

式中　a——0.617 49；
　　　b——0.379 67；
　　　x——h/d（h—高，d—直径）。

混凝土圆柱体强度与立方体强度的关系见规范规定。

5.6　超声法检测混凝土缺陷

1. 概述

混凝土结构的缺陷，是指那些在宏观材质不连续、性能参数有明显变异，而且对结构的承载能力和使用性能产生影响的区域。造成混凝土缺陷和损伤的原因多种多样，一般而言，主要有四个方面：其一是施工原因，例如振捣不足、钢筋网过密而骨料最大粒径选择不当、模板漏浆等造成的内部孔洞、不密实区蜂窝及保护层不足、钢筋外露等；其二是由于混凝土非外力作用形成的裂缝，例如在大体积混凝土中因水泥水化热积蓄过多，在凝固及散热过程中的不均匀收缩而造成的温度裂缝，混凝土干缩及碳化收缩所造成的裂缝；其三是长期在腐蚀介质或冻融作用下由表及里的层状疏松；其四是受外力作用所产生的裂缝，例如因龄期不足即进行吊装而产生的吊装裂缝等。这些缺陷和损伤往往会严重影响结构的承载能力和耐久性。采用简便有效的方法查明混凝土各种缺陷的性质、范围及大小，以便进行技术处理，是工程建设、运营养护过程中一个重要问题。目前，在诸多混凝土缺陷的无损检测方法中，应用最广泛、最有效的是超声法检测。

（1）超声法检测混凝土缺陷的基本原理。采用超声波检测混凝土缺陷的基本依据是：利用超声波在技术条件相同（指混凝土原材料、配合比、龄期和测试距离一致）的混凝土中传播的时间（或速度）、接收波的振幅和频率等声学参数的变化，来判定混凝土的缺陷。因为超声波传播速度的快慢，与混凝土的密实程度有直接关系，对于技术条件相同的混凝土来说，声速高则混凝土密实，相反则混凝土不密实。当有空洞、裂缝等缺陷存在时，破坏了混凝土的整体性，由于空气的声阻抗率小于混凝土声阻抗率，超声波遇到蜂窝、空洞或裂缝等缺陷时，会在缺陷界面发生反射和散射，因此传播的路程会增大，测得声时会延长，声速会降低。其次，在缺陷界面超声波的声能被衰减，其中频率较高的部分衰减更快，因此接收信号的波幅明显降低，频率明显减小或频率谱中高频成分明显减少。再次，经缺陷反射或绕过缺陷传播的超声波信号与直达波信号之间存在相位差，叠加后互相干扰，致使接收信号的波形发生畸变。根据上述原理，在实际测试中，可以利用混凝土声学参数测量值和相对变化综合分析，判别混凝土缺陷的位置和范围，或者估算缺陷的尺寸。

（2）超声波检测混凝土缺陷的方法。超声波检测混凝土缺陷技术一般根据被测结构的形状、尺寸及所处的环境，确定具体测试方法。常用的测试方法按照换能器的布置方式大致分为以下几种。

1）平面测试（用厚度振动式换能器）：

对测法：一对发射（T）和接收（R）换能器，分别置于被测结构相互平行的两个表面，且两个换能器的轴线位于同一条直线上，如图5–10（a）所示；

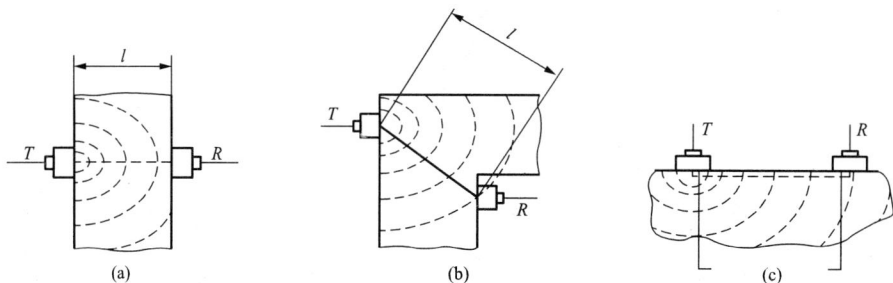

图5–10 换能器的布置方式

斜测法：一对发射和接收换能器，分别置于被测结构相互平行的两个表面，且两个换能器的轴线不在同一条直线上，如图5–10（b）所示；

单面平测法：一对发射和接收换能器，分别置于被测结构同一表面上进行测试，如图 5-10 （c）所示。

2）测试孔测试（采用径向振动式换能器）：

孔中对测：一对发射和接收换能器，分别置于两个对应测试孔中，位于同一高度进行测试；

孔中斜测：一对发射和接收换能器，分别置于两个对应测试孔中，但不在同一高度进行而是保持一定高程差的条件下进行测试；

孔中平测：一对发射和接收换能器，分别置于同一测试孔中，以一定的高程差同步移动进行测试。

本节将简述混凝土深、浅裂缝、混凝土匀质性、不密实和空洞区域、两次浇筑混凝土结合面等缺陷的超声波检测方法。

2. 混凝土浅裂缝检测

所谓浅裂缝，是指局限于结构表层，开裂深度不大于 500mm 的裂缝。实际检测时一般可根据结构物的断面尺寸和裂缝在结构表面的宽度，大致估计被测的是浅裂缝还是深裂缝。对一般工程结构中的梁、柱、板和机场跑道出现的裂缝，都属于浅裂缝。在测试时，根据被测结构的实际情况，浅裂缝可分为单面平测法和对穿斜测法。

（1）单面平测法。当结构的裂缝部位只具有一个表面可供检测时，可采用平测法进行裂缝深度检测。平测时应在裂缝的被测部位以不同的测距同时按跨缝和不跨缝布置测点进行声时测量。如图 5-11 所示。其测量步骤应为：

1）不跨缝声时测量：将 T 和 R 换能器置于裂缝同一侧，并将 T 耦合好保持不动，以两个换能器内边缘间距（l_i'）等于 100、150、200、250mm……分别读取声时值（t_i），绘制时—距坐标图，如图 5-12 所示。或者用统计的方法求出两者的关系式。

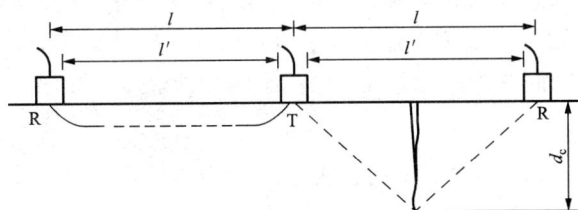

图 5-11 单面平测裂缝示意图

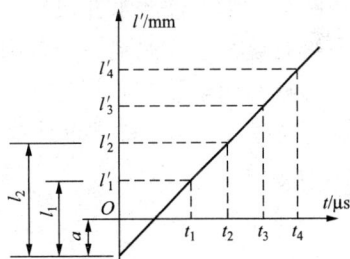

图 5-12 平测"时—距"图

$$l_i = a + bt_i \tag{5-24}$$

每测点超声波实际传播距离 l_i 为：

$$l_i = l_i' + |a| \tag{5-25}$$

式中　l_i——第 i 点的超声波实际传播距离（mm）；

　　　l_i'——第 i 点的 R、T 换能器内边缘间距（mm）；

　　　a——"时—距"图中 l' 轴的截距或回归直线方程的常数项（mm）。

不跨缝平测得混凝土声速值为：

$$v = (l_n' - l_1')/(t_n' - t_1') \quad (km/s) \tag{5-26}$$

或 $$v = b \quad \text{(km/s)} \tag{5-27}$$

式中 l'_n、l'_1 ——第 n 点和第 1 点的测距（mm）；

      t'_n、t'_1 ——第 n 点和第 1 点读取的声时值（μs）；

      b ——回归系数。

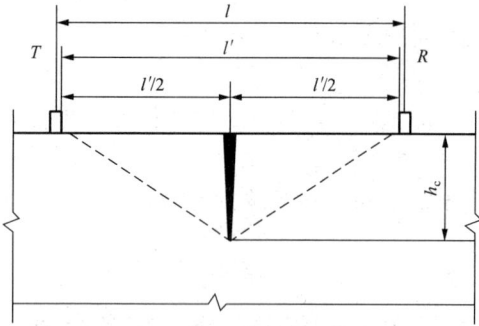

图 5-13 绕过裂缝示意图

2）跨缝声时测量：如图 5-13 所示，将 T、R 换能器分别置于以裂缝为轴线的对称两侧，两换能器中心连线垂直于裂缝走向，以 $l' = 100$、150、200、250、300mm、… 分别读声时值 t_i^0，同时观察首波相位的变化。

3）平测法检测，裂缝深度按式（5-28）、式（5-29）计算：

$$h_{ci} = \frac{l_i}{2}\sqrt{\left(\frac{t_i^0}{t_i}\right)^2 - 1} \tag{5-28}$$

$$m_{bc} = \frac{1}{n}\sum_{i=1}^{n} h_{ci} \tag{5-29}$$

式中 l_i ——不跨缝平测时第 i 点的超声波实际传播距离（mm）；

      h_{ci} ——第 i 点计算裂缝深度值（mm）；

      t_i^0 ——第 i 点跨缝平测的声时值（μs）。

以不同测距取得的 h_{ci} 的平均值作为该裂缝的深度值 h_c，如所得的 h_c 值大于原测距中任一个 l_i，则应该把该 l_i 距离的 h_{ci} 舍弃后重新计算 h_c 值。

以声时推算浅裂缝深度，是假定裂缝中充满空气，声波绕过裂缝末端传播。若裂缝中有水或泥浆，则声波经水介质耦合穿裂缝而过，不能反映裂缝的真实深度。因此检测时，裂缝中不得有填充水或泥浆。当有钢筋穿过裂缝且与 T、R 换能器的连线大致平行靠近时，则沿钢筋传播的超声波首先到达接收换能器，测试结果也不能反映裂缝的深度。因此，布置测点时应注意使 T、R 换能器的连线至少与该钢筋的轴线相距 1.5 倍的裂缝预计深度，如图 5-14 所示，应使 $a > 1.5h_c$。

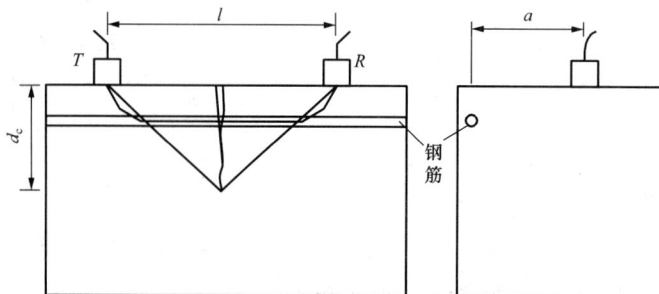

图 5-14 平测时避免钢筋的影响

（2）斜测法。当结构物的裂缝部位具有两个相互平行的测试表面时，可采用斜测法检测。可按图 5-15 所示方法布置换能器，保持 T、R 换能器的连线通过裂缝和不通过裂缝的测试距离相等、倾斜角一致的条件下，读取相应的声时、波幅和频率值。当 T、R 换能器的连线通过裂缝时，由于混凝土失去了连续性，超声波在裂缝界面上产生了很大衰减，接收到的首波信号很微弱，其波幅和频率与不通过裂缝的测点值比较有很大差异。据此便可判断裂缝的深度及是否在水平方向贯通。斜测法检测混凝土裂缝深度具有直观、可靠的特点，若条件许可宜优先使用。

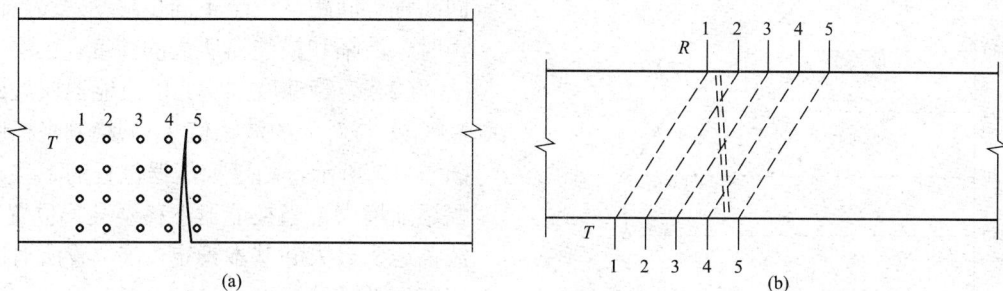

图 5-15　斜测法检测裂缝

（a）平面图；（b）立面图

3. 混凝土深裂缝检测

所谓深裂缝，是指混凝土结构表面开裂深度在 500mm 以上的裂缝。对于大坝、桥墩、大型设备基础等大体积混凝土结构，在浇筑混凝土过程中，由于水泥的水化热散失较慢，混凝土的内部温度比表面高，使结构断面形成较大的温差，当由此产生的拉应力大于混凝土抗拉强度时，便在混凝土中产生裂缝。

（1）测试方法。深裂缝的检测一般是在裂缝两侧钻测试孔，用径向振动式换能器置于测试孔中进行测试。如图 5-16 所示，在裂缝两侧分别钻孔 A、B。应在裂缝一侧多钻一个较浅的孔 C，测试无缝混凝土的声学参数，供对比判别之用。测试孔应满足下列要求：孔径应比换能器直径大 5~10mm；孔深应至少比裂缝预计深度深 700mm，经测试如浅于裂缝深度，则应加深测试孔；对应的两个测试孔，必须始终位于裂缝两侧，其轴线应保持平行。两个对应测试孔的间距宜为 2m，同一结构的各对应测试孔间距应相同；孔中粉末碎屑应清理干净。

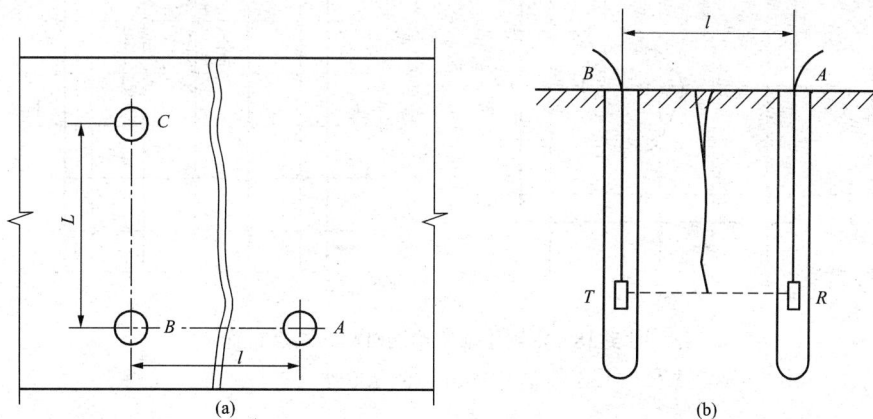

图 5-16　测试孔测裂缝深度

（a）平面图；（b）立面图

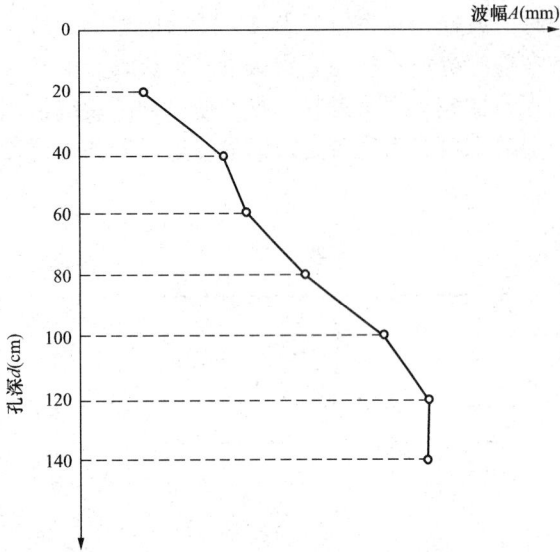

图 5-17 裂缝深度与波幅值的 d—A 图

检测时应选用频率为 20～40Hz 的径向振动式换能器，并在其线上做出等距离标志（一般间隔 100～500mm）。测试前要先向测试孔中注满清水作为耦合剂，然后将 T、R 换能器分别置于裂缝两侧的对应孔中，以相同高程等间距从上至下同步移动，逐点读取声时、波幅和换能器所处的深度。

（2）裂缝深度判定。以换能器所处的深度（d）与对应的波幅值（A）绘制坐标图如图 5-17 所示，随着换能器位置的下移，波幅逐渐增大，当换能器下移至某一位置后，波幅达到最大并基本稳定，该位置所对应的深度便是裂缝深度 d。

4. 混凝土不密实区和空洞检测

混凝土和钢筋混凝土结构物在施工中，有时因漏振、漏浆或因石子架空在钢筋骨架上，导致混凝土内部形成蜂窝状不密实区或空洞。这种结构物内部的隐蔽缺陷，应及时检查出并进行技术处理。

（1）测试方法。混凝土内部的隐蔽缺陷情况，无法凭直觉判断，因此这类缺陷的测试区域，一般总大于所怀疑的有缺陷的区域，或者首先作大范围的粗测，根据粗测情况再着重对可疑区域进行细测。根据被测结构实际情况，可按下列方法布置换能器进行检测。

1）平面对测。当结构被测部位具有两相互平行的表面时，可采用对测法。如图 5-18 所示，在测区的两对相互平行的测试面上，分别画出间距为 200～300mm 的网格，并编号确定对应的测点位置，然后将 T、R 换能器分别置于对应测点上，逐点读取相应的声时（t_i）、波幅（A_i）和频率（f_i），并量取测试距离（l_i）。

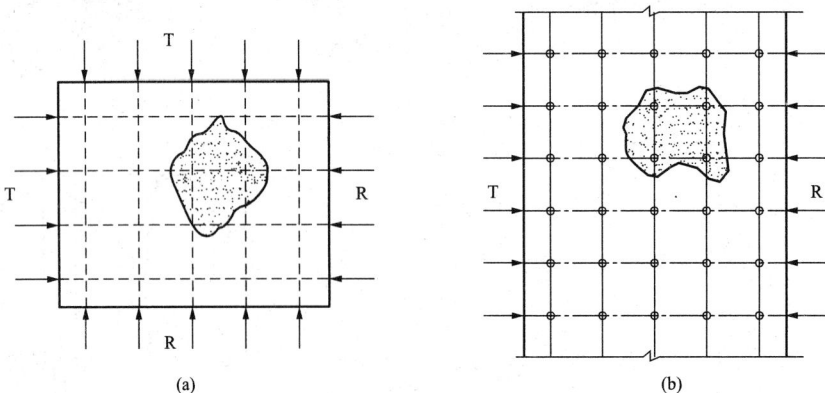

(a)

(b)

图 5-18 混凝土缺陷检测对测法测点布置

（a）平面图；（b）立面图

2）平面斜测。结构中只有一对相互平行的测试面或被测部位处于结构的特殊位置，可采用对测和斜测相结合的方法进行检测，即在测区的两个相互平行的测试面上，分别画出交叉测试的两组测点位置。测点布置如图 5–19 所示。

3）测试孔检测。当结构的测试距离较大时，为了提高测试灵敏度，可在测区适当位置钻一个或多个平行于侧面的测试孔。测试孔的直径一般为 45～50mm，测试孔深度视检测需要而定。结构侧面采用厚度振动式换能器，一般用黄油耦合，测试孔中用径向振动式换能器，用清水作耦合剂。换能器布置如图 5–20 所示。检测时根据需要，可以将孔中和侧面的换能器置于同一高度，也可将二者保持一定的高度差，同步上下移动，逐点读取声时、波幅和频率值，并记下孔中换能器的位置。

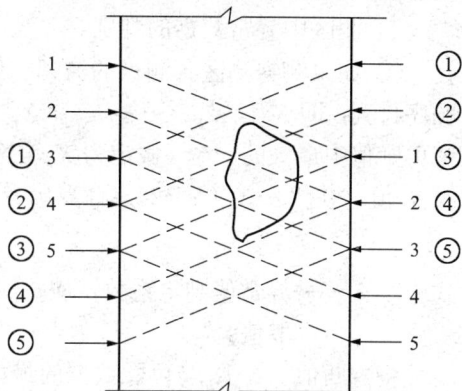

图 5–19　混凝土缺陷平面斜测法测点布置

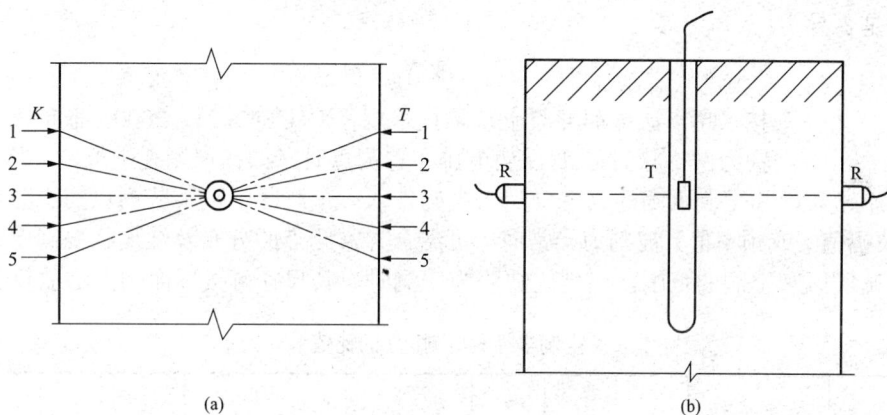

图 5–20　测试孔检测法换能器布置示意图
（a）平面图；（b）立面图

（2）数据处理。由于混凝土本身的不均匀性，即使是没有缺陷的混凝土，测得的声时、波幅和频率等参数值也在一定范围内波动。因此，不可能有一个固定的临界指标作为判断缺陷的标准，一般都利用统计的方法进行判别。一个测区的混凝土如果不存在空洞、蜂窝区或其他缺陷，则可认为这个测区的混凝土质量基本符合正态分布，虽因混凝土质量的不均匀性，使声学参数测量值产生一定离散，但一般服从统计规律。若混凝土内部存在缺陷，则这部分混凝土与周围的正常混凝土不属于同一母体，其声学参数必然存在明显差异。

1）混凝土声学参数的统计计算。测区混凝土声时（或声速）、波幅、频率测量值的平均值（m_x）和标准差（S_x）应按式（5–30）、式（5–31）计算：

$$m_x = \frac{1}{n}\sum_{i=1}^{n} X_i \qquad (5\text{–}30)$$

$$S_x = \sqrt{\left(\sum_{i=1}^{n} X_i^2 - n m_x^2\right)/(n-1)} \qquad (5\text{–}31)$$

式中　X_i——第 i 点的声时（或声速）、波幅、频率的测量值；

　　　n——一个测区参与统计的测点数。

2）测区中异常数据的判别。

① 如果测得测区各测点的波幅、频率或声速值（由声时计算的），则将它们由大到小按顺序排列，即 $X_1 \geqslant X_2 \geqslant \cdots \geqslant X_n \geqslant X_{n+1} \geqslant \cdots$，将排在后面明显小的数据视为可疑值，再将这些可疑值中最大的一个（假定为 X_n）连同其前面的数据按式（5-30）和式（5-31）计算出 m_x 及 S_x 值，并代入式（5-32），计算出异常情况的判断值（X_0）。

$$X_0 = m_x - \lambda_1 S_x \qquad (5-32)$$

式中　λ_1——异常值判定系数，应按《超声法检测混凝土缺陷技术规程》（CECS 21：2000）取值。

将判断值（X_0）与可疑数据的最大值（X_n）相比较，如 X_n 小于或等于 X_0，则 X_n 及排在其后的各数据均为异常值；当 X_n 大于 X_0，应再将 X_{n+1} 放进去重新进行统计计算和判别。

② 当测区中出现异常测点时，可根据异常测点的分布情况，按式（5-33）进一步判别其相邻测点是否异常：

$$X_0 = m_x - \lambda_2 S_x \quad 或 \quad X_0 = m_x - \lambda_3 S_x \qquad (5-33)$$

式中　λ_2、λ_3——按《超声法检测混凝土缺陷技术规程》（CECS 21：2000）取值。当测点布置为网格状时取 λ_2，当单排布置测点时（如在声测孔中检测）取 λ_3。

（3）不密实区和空洞范围的判定。当一个构件或一个测区中，某些测点的声时值（或声速值）、波幅值（或频率值）被判为异常时，可结合异常测点的分布及波形状况确定混凝土内部存在不密实区和空洞的范围。当判定缺陷为空洞时，其尺寸可按下面的方法估算。

表 5-7　　空洞半径 r 与测区 l 的比值

y ＼ z/x	0.05	0.08	0.10	0.12	0.14	0.16	0.18	0.20	0.22	0.24	0.26	0.28	0.30
0.10（0.9）	1.42	3.77	6.26										
0.15（0.85）	1.00	2.56	4.06	5.96	8.39								
0.2（0.8）	0.78	2.02	3.17	4.62	6.36	8.44	10.9	13.9					
0.25（0.75）	0.67	1.72	2.69	3.90	5.34	7.03	8.98	11.2	13.8	16.8			
0.3（0.7）	0.60	1.53	2.40	3.46	4.73	6.21	7.91	9.38	12.0	14.4	17.1	20.1	23.6
0.35（0.65）	0.55	1.41	2.21	3.19	4.35	5.70	7.25	9.00	10.9	13.1	15.5	18.1	21.0
0.4（0.6）	0.52	1.34	2.09	3.02	4.12	5.39	6.84	10.3	12.3	14.5	16.9	19.6	19.8
0.45（0.55）	0.50	1.30	2.03	2.92	3.99	5.22	6.62	8.20	9.95	11.9	14.0	16.3	18.8
0.5	0.50	1.28	2.00	2.89	3.94	5.16	6.55	8.11	9.84	11.8	13.8	16.1	18.6

注：表中 $x=(t_h-m_{ta})/m_{ta}\times100\%$；$y=l_h/l$；$z=r/l$。

如图 5-21 所示设检测距离为 l，空洞中心（在另一对测试面上，声时最长的测点位置）距一个测试面的垂直距离 l_h，声波在空洞附近无缺陷混凝土中传播的时间平均值为 m_{ta}，绕空洞传播的时间（空洞处的最大声时）为 t_h，空洞半径为 r。

根据 l_h/l 值和 $(t_h - m_{ta})/m_{ta} \times 100\%$ 值,可由表 5-7 查得空洞半径 r 与测距 l 的比值,再计算空洞的大致尺寸 r。

如被测部位只有一对可供测试表面,空洞尺寸可用式(5-34)计算:

$$r = \frac{l}{2}\sqrt{\left(\frac{t_h}{m_{ta}}\right)^2 - 1} \qquad (5-34)$$

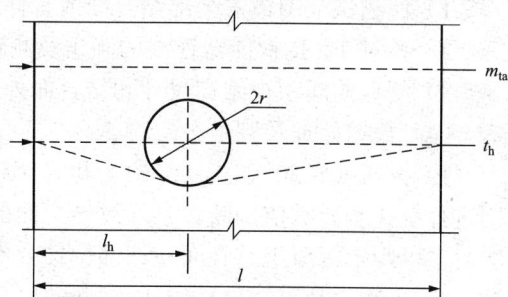

图 5-21 空洞尺寸估算原理示意图

式中 r——空洞半径(mm);

  l——T、R 换能器之间的距离(mm);

  t_h——缺陷处的最大声时值(μs);

  m_{ta}——无缺陷区的平均声时值(μs)。

5. 混凝土结合面质量检测

对于一些重要的混凝土和钢筋混凝土结构物,为保证其整体性,应该连续不间断地一次浇筑完混凝土。但有时因施工工艺的需要或意外情况,在混凝土浇筑的中途停顿间歇时间超过 3h 后再继续浇筑;还有已有的混凝土结构物因某些原因需要加固补强,进行第二次混凝土浇筑等。在同一构件上,两次浇筑的混凝土之间,应保持良好的结合,使其成为一个整体,方能确保结构的安全使用。因此,一些结构构件新旧混凝土结合面质量的检测就显得非常必要,超声波检测技术的应用为其提供了有效途径。

(1)适用情况。需要了解前后两次浇筑混凝土之间接触面的质量,如施工缝、修补加固等时。

(2)检测要求。

1)测试前应查明结合面的位置及走向,以正确确定被测部位及布置测点;

2)结构的被测部位应具有使声波垂直或斜穿结合面的一对平行测试面;

3)所布置的测点应避开平行声波传播方向的主筋和预埋铁件。

(3)检测方法。混凝土结合面质量检测采用对测法和斜测法,按图 5-22(a)或图 5-22(b)布置测点,按布置好的测点分别测出各点的声时、波幅和频率值。

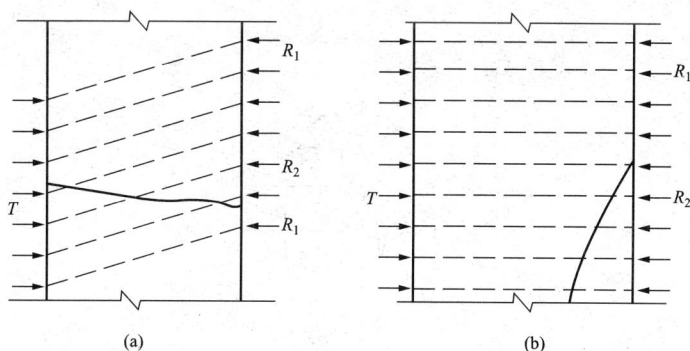

图 5-22 混凝土结合面质量检测示意图

(a)对测法; (b)斜测法

布置测点时应注意以下几点:

1）使测试范围覆盖全部结合面或有怀疑的部位。

2）各对 T、R 换能器连线的倾角及测距应相等。

3）测点的间距视结构尺寸和结合面外观质量情况而定，一般控制在 100～300mm。

（4）数据处理及判定。

1）按式（5-30）、式（5-31）和式（5-32）对某一测区各测点的声时、波幅或频率值分别进行统计和异常值判断。当通过结合面的某测点的数据被判为异常，并查明无其他因素影响时，可判定混凝土结合面在该部位结合不良。

2）当测点数无法满足统计法判断时，可按 $T-R_2$ 的声速、波幅等声学参数与 $T-R_1$ 进行比较，若 $T-R_2$ 的声学参数比 $T-R_1$ 显著低时，则该点可判为异常测点。

6. 混凝土匀质性检测

所谓混凝土匀质性检测是对整个结构物或同一批构件的混凝土质量均匀性的检测。混凝土匀质性检测的传统方法是，在结构物浇筑混凝土现场取样制作混凝土标准试块，以其破坏强度的统计值来评价混凝土的匀质性。应该指出：这种方法存在一定的局限性，例如，试块的数量有限；因结构的几何尺寸、成型方法等不同，结构物混凝土的密实程度与标准试块会存在较大差异，可以说标准试块的强度很难全面反映结构混凝土质量的均匀性。为克服这些缺点，通常采用超声脉冲法检测混凝土质量的均匀性。超声脉冲法直接在结构上进行检测，具有全面、直接、方便、数据代表性强的优点，是检测混凝土质量均匀性的一种有效的方法。

（1）测试方法。一般采用厚度振动式换能器进行穿透对测法检测结构混凝土的匀质性。要求被测结构应具备一对相互平行的测试表面，并保持平整、干净。先在两个测试面上分别画出等间距的网格，并编上对应的测点序号。测点应在被测部位上均匀布置，测点的间距大小取决于结构的种类和测试要求，一般为 200～500mm，对于测距较小，质量要求较高的结构，测点间距宜小一些。测点布置时，应避开与超声波传播方向相一致的钢筋。

测试前用钢卷尺测量两个换能器之间的距离，测量误差不应大于 ±1%，应使换能器在对应的测点上保持良好的耦合状态，逐点读取声时值 t_i，并测量对应测点的距离 l_i 值。

（2）数据处理及判定。混凝土的声速值 t_i、混凝土声速平均值 m_v、混凝土声速标准差 s_v 及混凝土声速离差系数 c_v 分别按式（5-35）～式（5-38）计算：

$$v_i = \frac{l_i}{t_i} \tag{5-35}$$

$$m_v = \frac{1}{n}\sum_{i=1}^{n} v_i \tag{5-36}$$

$$s_v = \sqrt{\frac{\sum v_i^2 - n m_v^2}{n-1}} \tag{5-37}$$

$$c_v = \frac{s_v}{m_v} \tag{5-38}$$

式中　v_i——第 i 点混凝土声速值（km/s）；

l_i——第 i 点测距值（mm）；

t_i——第 i 点混凝土声时值（μs）；

n——测点数。

根据声速的标准差和离差系数的大小，可以相对比较相同测距的同类结构或各部位混凝土质量均匀性的优劣。

7. 混凝土表面损伤层检测

混凝土和钢筋混凝土结构物，在施工和使用过程中，其表面层会在物理和化学因素的作用下受到损害，如火灾，冻害和化学侵蚀等。从工程实测结果来看，一般总是最外层损伤程度较为严重，越向内部深入，损伤程度越轻。在这种情况下，混凝土强度和超声声速的分布应该是连续的，如图 5-23 所示，但为了计算方便，在进行混凝土表面损伤层厚度的超声波检测时，把损伤层与未损伤部分简单地分为两层来考虑，计算模型如图 5-24 所示。

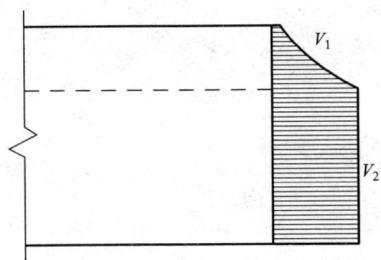

图 5-23　实际混凝土声速分布　　　　图 5-24　假设混凝土声速分布

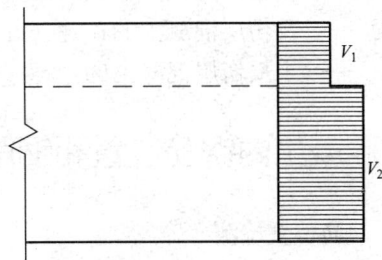

（1）测试方法。超声法检测混凝土表面层厚度宜选用频率低的厚度振动式换能器，采用平测法检测，如图 5-25 所示。将发射换能器 T 置于测试面某一点保持不变，再将接收换能器 R 以测距 l_i=100、150、200mm…，依次置于各点，读取相应的声时值 t_i。R 换能器每次移动的距离不宜大于 100mm，每一测区的测点数不得少于 6 个。

检测时测区测点的布置应满足以下要求：

1）根据结构的损伤情况和外观质量选取有代表性的部位布置测区；

2）结构被测表面应平整并处于自然干燥状态，且无接缝和饰面层；

3）测点布置时应避免 T、R 换能器的连线方向与附近主钢筋的轴线平行。

（2）数据处理及判定（损伤层厚度判定）。以各测点的声时值 t_i 和相应测距值 l_i 绘制"时—距"坐标图，如图 5-26 所示。两条直线的交点 B 所对应的测距定为 l_0，直线 AB 的斜率便是损伤层混凝土的声速 v_1，直线 BC 的斜率便是未损伤层混凝土的声速 v_2，则

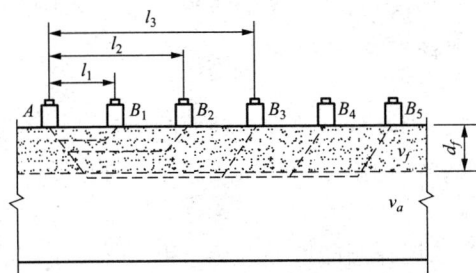

图 5-25　平测法检测混凝土表层损伤厚度原理示意图　　图 5-26　混凝土表层损伤检测"时—距"坐标图

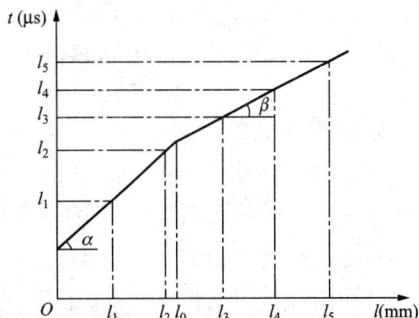

$$v_1 = \text{ctg}\,\alpha = \frac{l_2 - l_1}{t_2 - t_1} \qquad (5\text{-}39)$$

$$v_2 = \text{ctg}\,\beta = \frac{l_5 - l_3}{t_5 - t_3} \qquad (5\text{-}40)$$

损伤层厚度计算公式为

$$d = \frac{l_0}{2}\sqrt{\frac{v_2 - v_1}{v_2 + v_1}} \qquad (5\text{-}41)$$

式中 d ——损伤层厚度（mm）；

l_0 ——声速产生突变时的测距（mm）；

v_1 ——损伤层混凝土的声速（km/s）；

v_2 ——未损伤层混凝土的声速（km/s）。

5.7 混凝土内钢筋位置和钢筋锈蚀的检测

1. 钢筋位置检测

对已建混凝土结构作可靠性诊断和对新建混凝土结构施工质量进行鉴定时，要求确定钢筋位置、布筋情况，正确测量混凝土保护层厚度和估测钢筋的直径。当采用钻芯法检测混凝土强度时，为了在取芯部位避开钢筋，也需要作钢筋位置的检测。

钢筋位置检测仪是利用电磁感应原理制成的。混凝土是带弱磁性的材料，而结构内配置的钢筋是带有强磁性的。检测时，钢筋位置检测仪（见图 5-27）的探头接触结构混凝土表面，探头中的线圈通过交流电，线圈周围就产生交流磁场。该磁场中由于有钢筋存在，线圈中产生感应电压。该感应电压的变化值是钢筋与探头的距离和钢筋直径的函数。钢筋越靠近探头、钢筋直径越大，感应强度变化也越大。

钢筋位置和保护层厚度的测定可采用磁感仪。目前常用的为数字显示磁感仪或成像显示磁感仪。

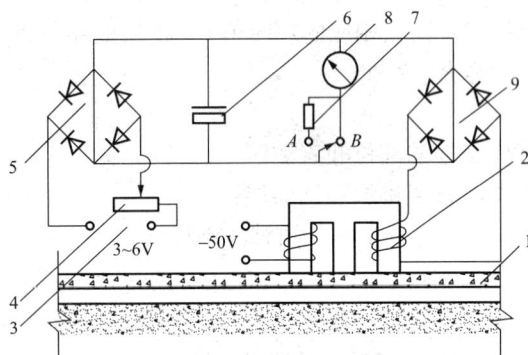

图 5-27   钢筋位置检测仪工作原理

1—试件；2—探头；3—平衡电源；4—可变电阻；5—平衡整流器；
6—电解电容；7—分档电阻；8—电流表；9—整流器

2. 钢筋锈蚀的检测

已建结构钢筋的锈蚀会导致混凝土保护层胀裂、剥落、钢筋有效截面削弱等结构破坏现象，直接影响结构承载能力和使用寿命。当对于已建结构进行结构鉴定和可靠性诊断时，必须对钢筋锈蚀进行检测。

钢筋锈蚀状况的检测可根据测试条件和测试要求选择剔凿检测方法、电化学测定方法或综合分析判定方法。钢筋锈蚀状况的剔凿检测方法，是剔凿出钢筋直接测定钢筋的剩余直径。钢筋锈蚀状况的电化学测定方法和综合分析判定方法宜配合剔凿检测方法的验证。钢筋锈蚀状况的电化学测定可采用极化电极原理的检测方法，测定钢筋锈蚀电流和测定混凝土的电阻率，也可采用半电池原理的检测方法，测定钢筋的电位。综合分析判定方法检测的参数包括裂缝宽度、混凝土保护层厚度、混凝土强度、混凝土碳化深度、混凝土中有害物质含量以及混凝土含水率等，根据综合情况判定钢筋的锈蚀情况。

电化学测定方法的测区及测点布置应根据构件的环境差异及外观检查的结果来确定测区，测区应能代表不同环境条件和不同的锈蚀外观表征，每种条件的测区数量不宜少于 3 个。在测区上布置测试网格，网格节点为测点，网格间距可为 200mm×200mm、300mm×300mm 或 200mm×100mm 等，根据尺寸和仪器功能而定。测区中的测点数不宜少于 20 个。测点与构件边缘的距离应大于 50mm；测区应统一编号，注明位置，并描述其外观情况。

电化学检测操作应遵守所使用检测仪器的操作规定，并应注意电极铜棒应清洁、无明显缺陷；混凝土表面应清洁，无涂料、浮浆、污物或尘土等，测点处混凝土应湿润；保证仪器连接点钢筋与测点钢筋连通；测点读数应稳定，电位读数变动不超过 2mV；同一测点同一参考电极重复读数差异不超过 10mV，统一测点不同参考电极重复读数差异不超过 20mV；并应避免各种电磁场的干扰以及注意环境温度对测试结果的影响，必要时应进行修正。

电化学测试结果的表达应按一定的比例绘出测区平面图，标出相应测点位置的钢筋锈蚀电位，得到数据阵列；并绘出电位等值线图，通过数值相等的各点或内插各等值点绘出等值线，等值线差值宜为 100mV。

钢筋锈蚀测试仪工作原理如图 5-28 所示。它是利用钢筋锈蚀将引起腐蚀电流，使电位发生变化。检测时采用铜—硫酸铜作为参考电极，另一端与被测钢筋连接，中间连接一毫伏表，测量钢筋与参考电极之间的电位差，利用钢筋锈蚀程度于测量电位间建立的一定关系，可以判断钢筋锈蚀的可能性及其锈蚀程度。试验证明：电位差为正值，钢筋无锈蚀；电位差为负值，钢筋有锈蚀可能，负值越大，表明钢筋锈蚀程度越严重。

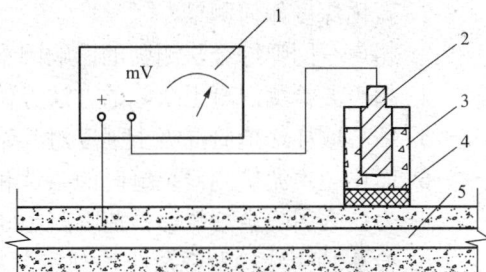

图 5-28　钢筋锈蚀测试仪原理图
1—毫伏表；2—铜棒电极；3—硫酸铜饱和溶液；
4—多孔接头；5—混凝土中钢筋

钢筋电位与钢筋锈蚀状况的判定见表 5-8。钢筋锈蚀电流与钢筋锈蚀速率及构件损伤年限的判别见表 5-9。混凝土电阻率与钢筋锈蚀状况判别见表 5-10。

表 5-8　　　　　　　　　　　　钢筋电位与钢筋锈蚀状况判别

序号	钢筋电位状况/mV	钢筋锈蚀状况判别
1	−350～−500	钢筋发生锈蚀的概率为 95%
2	−200～−350	钢筋发生锈蚀的概率为 50%，可能存在坑蚀现象
3	−200 或高于−200	无锈蚀活性或锈蚀活动性不确定，锈蚀概率 5%

表 5-9　　　　　　　　　钢筋锈蚀电流与钢筋锈蚀速率和构件损伤年限判别表

序号	锈 蚀 电 流	锈 蚀 速 率	保护层出现年限
1	<0.2	钝化状态	—
2	0.2～0.5	低锈蚀速率	>15 年

续表

序号	锈 蚀 电 流	锈 蚀 速 率	保护层出现年限
3	0.5～1.0	中等锈蚀速率	10～15 年
4	1.0～10	高锈蚀速率	2～10 年
5	>10	极高锈蚀速率	不足 2 年

表 5–10　　　　　　　　　　混凝土电阻率与钢筋锈蚀状态判别

序号	混凝土电阻率/（kΩ·cm）	钢筋锈蚀状态判别
1	>100	钢筋不会锈蚀
2	50～100	低锈蚀速率
3	10～50	钢筋活化时，可出现中高锈蚀速率
4	<10	电阻率不是锈蚀的控制因素

复习思考题

1. 用回弹法检测混凝土强度时如何选择测区？
2. 碳化深度如何测量？
3. 超声—回弹综合法测强的影响因素有哪些？
4. 超声波检测混凝土缺陷的方法分做哪几种？
5. 钻芯取样法检验混凝土强度对其钻取芯样的检查项目有哪些？
6. 简述超声波检测浅裂缝时的条件和步骤。
7. 为什么用超声波能够检测混凝土缺陷？
8. 检测超声法检测混凝土内部空洞的主要测试指标有哪些？如何用这些指标判断混凝土内部空洞的位置？
9. 简述用超声波平测法检测混凝土浅裂缝深度的主要步骤及主要测试指标，超声波还能检测混凝土的哪些缺陷？

第6章 桥梁地基检测

桥涵地基的容许承载力是在保证桥涵安全可靠，并符合正常使用要求的前提下，地基土在单位面积上所能承受荷载的能力，即荷载强度（kPa）。地基承载力的验算，应先在地基原位测试或按《公路桥涵地基与基础设计规范》（JTG D63—2007）给出的各类岩土承载力基本容许值[f_{a0}]的基础上，再加以修正得到地基承载力容许值[f_a]后进行控制。地基承载力基本容许值[f_{a0}]的测定方法有：野外荷载试验法、标准贯入试验法、理论公式法、邻近旧桥涵调查对比综合分析确定法以及按《公路桥涵地基与基础设计规范》推荐的方法确定地基承载力基本容许值。地基承载力的理论公式法只考虑了地基的强度，没有考虑沉降的要求，而且是在作了一定简化假定的条件下得出的，且多数只针对荷载而言，因此使用很少。

6.1 规范法确定地基容许承载力

《公路桥涵地基与基础设计规范》（JTG D63—2007）是根据大量的桥涵工程建筑经验和荷载试验资料，综合理论和试验研究成果，通过统计分析制定而成。规范规定确定地基容许承载力的步骤如下：

1. 确定地基土的类别与状态

公路桥涵地基的岩土可分为岩石、碎石土、砂土、粉土、黏性土和特殊性岩土。

（1）岩石。根据岩块的饱和单轴抗压强度标准值分为坚硬岩、较硬岩、较软岩和极软岩5个等级。风化程度分为未风化、微风化、中风化、强风化、全风化5个等级。

（2）碎石。为粒径大于2mm的颗粒含量超过总质量50%的土。碎石土可按照表6-1分为漂石、块石、卵石、碎石、圆砾和角砾6类。

表6-1   碎 石 土 的 分 类

土的名称	颗 粒 形 状	粒 组 含 量
漂石	圆形及亚圆形为主	粒径大于200mm的颗粒含量超过总质量50%
块石	棱形为主	
卵石	圆形及亚圆形为主	粒径大于20mm的颗粒含量超过总质量50%
碎石	棱形为主	
圆砾	圆形及亚圆形为主	粒径大于2mm的颗粒含量超过总质量50%
角砾	棱形为主	

注：碎石分类时应根据粒组含量从大到小以最先符合者确定。

碎石土的密实度，可根据重型动力触探锤击数 $N_{63.5}$ 按表6-2分为松散、稍密、中密、密实4级。当缺乏有关试验数据时，碎石土平均粒径大于50mm或最大粒径大于100mm时，可按《公路桥涵地基与基础设计规范》（JTJ 024—2007）附录表A.0.2鉴别其密实度。

表 6–2   碎 石 土 的 密 实 度

锤击数 $N_{63.5}$	密 实 度	锤 击 数	密 实 度
$N_{63.5} \leq 5$	松散	$10 < N_{63.5} \leq 20$	中密
$5 < N_{63.5} \leq 10$	稍密	$N_{63.5} > 20$	密实

注：1. 本表适用于平均粒径小于或等于 50mm 且最大粒径不超过 100mm 的卵石、碎石、圆砾、角砾。
　　2. 表内 $N_{63.5}$ 为经修正后锤击数的平均值，锤击数的修正按本规范附录 C 进行。

（3）砂土。为粒径大于 2mm 的颗粒含量不超过总质量 50%、粒径大于 0.075mm 的颗粒超过总质量 50%的土。砂土可按表 6–3 分为砾砂、粗砂、中砂、细砂和粉砂 5 类。

表 6–3   砂 土 的 分 类

土的名称	粒 组 含 量
砾砂	粒径大于 2mm 的颗粒含量占总质量 25%～50%
粗砂	粒径大于 0.5mm 的颗粒含量超过总质量 50%
中砂	粒径大于 0.25mm 的颗粒含量超过总质量 50%
细砂	粒径大于 0.075mm 的颗粒含量超过总质量 85%
粉砂	粒径大于 0.075mm 的颗粒含量超过总质量 50%

砂土的密实度可根据标准贯入锤击数按表 6–4 分为松散、稍密、中密、密实 4 级。

表 6–4   砂 土 的 密 实 度

标准贯入锤击数 N	密实度	标准贯入锤击数 N	密实度
$N \leq 10$	松散	$15 < N \leq 30$	中密
$10 < N \leq 15$	稍密	$N > 30$	密实

（4）粉土。粉土为塑性指数 $I_P \leq 10$ 且粒径大于 0.075mm 的颗粒含量不超过总质量 50%的土。粉土的密实度根据孔隙比 e 划分为密实、中密和稍密；其湿度应根据天然含水量 ω（%）划分为稍湿、湿、很湿。密实度和湿度的划分应符合表 6–5 和表 6–6 的规定。

表 6–5   粉土密实度分类

孔 隙 比	密 实 度
$e < 0.75$	密实
$0.75 \leq e \leq 0.90$	中密
$e > 0.9$	稍密

表 6–6   粉土湿度分类

天然含水量 ω（%）	湿 度
$\omega < 20$	稍湿
$20 \leq \omega \leq 30$	湿
$\omega > 30$	很湿

（5）黏性土。为塑性指数 $I_P \geq 10$ 且粒径大于 0.075mm 的颗粒含量不超过总质量 50%的土。黏性土根据塑性指数分为黏土（$I_P \geq 10$）和粉质黏土（$10 < I_P \leq 17$）。

黏性土的软硬状态可根据液性指数 I_L 按 6–7 表分为坚硬、硬塑、可塑、软塑、流塑 5 种状态。

表 6-7 黏 土 的 状 态

液性指数 I_L	状 态	液性指数 I_L	状 态
$I_L \leq 0$	坚硬	$0.75 < I_L \leq 1$	软塑
$0 < I_L \leq 0.25$	硬塑	$I_L > 1$	流塑
$0.25 < I_L \leq 0.75$	可塑	—	—

黏性土可根据沉积年代按表 6-8 分为老黏性土、一般黏性土和新近沉积黏性土。

表 6-8 黏性土的沉积年代分类

沉 积 年 代	土 的 分 类
第四纪晚更新世（Q_3）及以前	老黏性土
第四纪全新世（Q_4）	一般黏性土
第四纪全新世（Q_4）以后	最近沉积黏性土

（6）特殊性岩土。是具有一些特殊成分、结构和性质的区域性地基土，包括软土、膨胀土、湿陷土、红黏土、冻土、盐渍土和填土等。

2. 确定地基土的承载力基本容许值$[f_{a0}]$

按规范确定地基承载力容许值时，须先确定地基承载力基本容许值$[f_{a0}]$，即基础宽度 $b \leq 2m$，埋置深度 $h \leq 3m$ 时地基的容许承载力。当基础宽度 $b > 2m$，埋置深度 $h > 3m$，且 $h/b \leq 4$ 时可以按规范对承载力基本容许值予以提高。地基承载力基本容许值确定根据岩土类别、状态及其物理力学特性指标按表 6-9～表 6-17 选用。

（1）岩石地基承载力基本容许值。一般岩石地基可根据强度等级、节理按表 6-9 确定承载力基本容许值$[f_{a0}]$。对于复杂的岩石（如溶洞、断层、软弱夹层、易溶岩石、软化岩石等）应按各项因素综合确定。

表 6-9 岩石地基承载力基本容许值$[f_{a0}]$

$[f_{a0}]$/kPa　坚硬程度 ＼ 节理发育程度	节理不发育	节理发育	节理很发育
坚硬岩、较硬岩	＞3000	3000～2000	2000～1500
较软岩	3000～1500	1500～1000	1000～800
软岩	1200～1000	1000～800	800～500
极软岩	500～400	400～300	300～200

（2）碎石土地基可根据其类别和密实程度按表 6-10 确定承载力容许值$[f_{a0}]$。

表 6-10 碎石土地基承载力容许值$[f_{a0}]$

$[f_{a0}]$/kPa　土　名 ＼ 密实程度	密实	中密	稍密	松散
卵石	1200～1000	1000～650	650～500	500～300

续表

密实程度 [f_{a0}]/kPa 土 名	密实	中密	稍密	松散
碎石	1000~800	800~550	550~400	400~200
圆石	800~600	600~400	400~300	300~200
角石	700~500	500~400	400~300	300~200

注：1. 由硬质岩组成，填充砂土者取高值；由软质岩组成，填充黏性土者取低值。
2. 半胶结的碎石土，可按密实的同类土的[f_{a0}]值提高 10%~30%。
3. 松散的碎石土在天然河床中很少遇见，需特别注意鉴定。
4. 漂石、块石的[f_{a0}]值，可参照卵石、碎石适当提高。

（3）砂土地基可根据土的密实度和水位情况按表 6-11 确定承载力容许值[f_{a0}]。

（4）粉土地基可根据土的天然孔隙比 e 和天然含水量 ω（%）按表 6-12 确定承载力容许值[f_{a0}]。

表 6-11   砂土地基承载力容许值[f_{a0}]

密 实 度 [f_{a0}]/kPa 土名及水位情况		密实	中密	稍密	松散
砾砂、粗砂	与湿度无关	550	430	370	200
中 砂	与湿度无关	450	370	330	150
细 砂	水 上	350	270	230	100
	水 下	300	210	190	—
粉 砂	水 上	300	210	190	—
	水 下	200	110	90	—

表 6-12   粉土地基承载力容许值[f_{a0}]

ω/% [f_{a0}]/kPa e	10	15	20	25	30	35
0.5	400	380	355	—	—	—
0.6	300	290	280	270	—	—
0.7	250	235	225	215	205	—
0.8	200	190	180	170	165	—
0.9	160	150	145	140	130	125

（5）老黏土地基可根据压缩模量 E_S 按表 6-13 确定承载力基本容许值[f_{a0}]。

表 6–13 老黏土地基承载力基本容许值[f_{a0}]

E_S/MPa	10	15	20	25	30	35	40
[f_{a0}]/kPa	380	430	470	510	550	580	620

注：当老黏性土 E_S <10MPa 时，承载力基本容许值[f_{a0}]按一般黏性土（表 6–14）确定。

（6）一般黏性土可根据液性指数 I_L 和天然孔隙比 e 按表 6–14 确定地基承载力基本容许值[f_{a0}]。

（7）新近沉积黏性土地基可根据液性指数 I_L 和天然孔隙比 e 按表 6–15 确定地基承载力基本容许值[f_{a0}]。

表 6–14 一般黏性土地基承载力基本容许值[f_{a0}]

e ＼ [f_{a0}]/kPa ＼ I_L	0	0.1	0.2	0.3	0.4	0.5	0.6	0.7	0.8	0.9	1.0	1.1	1.2
0.5	450	440	430	420	400	380	350	310	270	240	220	—	—
0.6	420	410	400	380	360	340	310	280	250	220	200	180	—
0.7	400	370	350	330	310	290	270	240	220	190	170	160	150
0.8	380	330	300	280	260	240	230	210	180	160	150	140	130
0.9	320	280	260	240	220	210	190	180	160	140	130	120	100
1.0	250	230	220	210	190	170	160	150	140	120	110		
1.1	—	—	160	150	140	130	120	110	100	90			

注：1. 土中含有粒径大于 2mm 的颗粒质量超过总质量 30% 以上者，[f_{a0}]可适当提高。

2. 当 e<0.5 时，取 e=0.5，I_L<0 时，取 I_L=0。此外，超过表列范围的一般黏性土，[f_{a0}] =57.22$E_S^{0.57}$。

表 6–15 新近沉积黏性土地基承载力基本容许值[f_{a0}]

e ＼ [f_{a0}]/kPa ＼ I_L	≤0.25	0.75	1.25
≤0.8	140	120	100
0.9	130	110	90
1.0	120	100	80
1.1	110	90	—

3. 计算修正后的地基承载力容许值[f_a]

地基承载力容许值不仅与地基土的性质和状态有关，而且与基础底面尺寸和埋置深度有关。当基础宽度 b>2m，埋置深度 h>3m，且 h/b≤4 时，地基的容许承载力应修正，修正后的地基容许承载力[f_a]，可按式（6–1）计算：

$$[f_a] = [f_{a0}] + k_1 \gamma_1 (b-2) + k_2 \gamma_2 (h-3) \tag{6-1}$$

式中　　[f_a]——修正后的地基承载力容许值（kPa）；

　　　　b——基础底面的最小边宽（m）；当 b<2m 时，取 b=2m；当 b>10m 时，取 b=10m；

h ——基底埋置深度（m），自天然地面起算，有水流冲刷时自一般冲刷线起算；当 $h<3m$ 时，取 $h=3m$；当 $h/b>4$ 时，取 $h=4b$；

k_1、k_2 ——基底宽度、深度修正系数，根据基底的持力层土的类别按表 6–16 确定；

γ_1 ——基底持力层土的天然重度（kN/m³）；若持力层在水面以下且为透水者，应取浮重度；

γ_2 ——基底以上土层的加权平均重度（kN/m³）；换算时若持力层在水面以下，且为不透水时，不论基底以上土的透水性质如何，一律取饱和重度；当透水时，水中部分土层则应取浮重度。

当基础位于水中不透水地层上时，$[f_a]$ 按平均水位至一般冲刷线的水深每米再增大 10kPa。

表 6–16　　　　　　　地基土承载力宽度、深度修正系数 k_1、k_2

土类	黏性土				粉土	砂　　土								碎　石　土			
	老黏性土	一般黏性土		新近沉积黏性土	—	粉砂		细砂		中砂		砾砂、粗砂		碎石、圆砾、角砾		卵石	
系数		$I_L\geq0.5$	$I_L<0.5$		—	中密	密实	中密	密实	中密	密实	中密	密实	中密	密实	中密	密实
k_1	0	0	0	0	0												
k_2	2.5	1.5	2.5	1.0	1.5	2.0	2.5	3.0	4.0	4.0	5.5	5.0	6.0	5.0	6.0	6.0	10.0

注：1. 对于稍密和松散状态的砂、碎石土，k_1、k_2 值可采用表列中密值的 50%；
　　2. 强风化和全风化的岩石，可参照所风化成的相应土类取值；其他状态下的岩石不修正。

4. 软土地基承载力容许值 $[f_a]$ 的确定

（1）软土地基承载力基本容许值 $[f_{a0}]$ 应由载荷实验或其他原位测试取得。载荷实验和原位测试确有困难时，对于中小桥、涵洞基底未经处理的软土地基，承载力容许值 $[f_a]$ 可采用以下两种方法确定：

1）根据原状土天然含水量 ω（%），按表 6–17 确定软土地基承载力基本容许值 $[f_{a0}]$，然后按式（6–2）计算修正后的地基承载力容许值 $[f_a]$：

$$[f_a]=[f_{a0}]+\gamma_2 h \tag{6–2}$$

式中，γ_2、h 的意义同式（6–1）。

表 6–17　　　　　　　　软土地基承载力容许值 $[f_{a0}]$

| 天然含水量 ω（%） | 36 | 40 | 45 | 50 | 55 | 65 | 75 |
| $[f_a]$ /kPa | 100 | 90 | 80 | 70 | 60 | 50 | 40 |

2）根据原状土强度指标确定软土地基承载力容许值 $[f_a]$：

$$[f_a]=\frac{5.14}{m}k_p C_u + r_2 h \tag{6–3}$$

$$k_p=\left(1+0.2\frac{b}{l}\right)\left(1-\frac{0.4H}{blC_u}\right) \tag{6–4}$$

式中　　m ——抗力修正系数，可视软土灵敏度及基础长宽比等因素选用 1.5～2.5；

　　　　C_u ——地基土不排水抗剪强度指标值（kN）；

　　　　k_p ——系数；

　　　　H ——由作用（标准值）引起的水平力（kN）；

　　　　b ——基础宽度（m），有偏心作用时，取 $b - 2e_b$；

　　　　l ——垂直于 b 边的基础长度（m），有偏心作用时，取 $l - 2e_l$；

　　　　r_2、h ——意义同式（6–1）。

（2）经排水固结方法处理的软土地基，其承载力基本容许值 $[f_{a0}]$ 应通过载荷实验或其他原位测试方法确定；经复合地基方法处理的软土地基，其承载力基本容许值应通过载荷实验确定，然后按式（6–2）计算修正后的软土地基承载力容许值 $[f_a]$。

5. 地基承载力容许值 $[f_a]$ 的提高

地基承载力容许值 $[f_a]$ 应根据地基受荷阶段及受荷情况，乘以下列规定的抗力系数 r_R。

（1）使用阶段。

1）当地基承受作用短期效应组合或作用效应偶然组合时，可取 $r_R = 1.25$；但对承载力容许值 $[f_a]$ 小于 150kPa 的地基，应取 $r_R = 1.0$。

2）当地基承受的作用短期效应组合仅包括结构自重、预加力、土重、土侧压力、汽车和人群效应时，应取 $r_R = 1.0$。

3）当基础建于经多年压实未遭破坏的旧桥基（岩石旧桥基除外）上时，不论地基承受的作用情况如何，抗力系数均可取 $r_R = 1.5$；对 $[f_a]$ 小于 150kPa 的地基，可取 $r_R = 1.25$。

4）基础建于岩石旧桥基上，应取 $r_R = 1.0$。

（2）施工阶段。

1）地基在施工荷载作用下，可取 $r_R = 1.25$。

2）当墩台施工期间承受单向推力时，可取 $r_R = 1.5$。

6.2　载荷试验

现场（野外）荷载板试验是向置于自然地基上的模型基础施加荷载，测量模型在不同荷载等级作用下的沉降量，根据荷载和沉降量的关系计算地基土的变形模量和评定地基承载力。现场荷载试验是一种古老的原位试验方法，该方法能克服室内压缩试验土样处于无侧胀条件下单向受力状态的局限性，模拟建筑物基础与地基之间实际受力变形状态。

现场荷载板试验是将一个一定尺寸的荷载板（常用 5000cm^2 的方板或圆板）置于欲试验的土层表面（见图 6–1），在荷载板上分级施加荷载。每级荷载增量持续时间相同或接近，测记每级荷载作用下荷载板沉降量的稳定值，加载至总沉降量为 25mm，或达到加载设备的最大容量为止，然后卸载，记录土的回弹值，持续时间应不小于一级荷载增量的持续时间。根据试验记录绘制荷载 P（或荷载强度 P）和沉降量 S 的关系曲线（见图 6–2）。地基在荷载作用下达到破坏状态的过程可以分为 3 个阶段（见图 6–3）：① 压密阶段（直线变形阶段）：相当于 P—S 曲线上的 oa 段，P—S 曲线接近于直线，土中各点的剪应力均小于土的抗剪强度，土体处于弹性平衡状态，这一阶段荷载板的沉降主要是由于土的压密变形引起，曲线上相应于 a 点的荷载称为比例界限 P_r。② 剪切阶段：相当于 P—S 曲线上的 ab 段。这一段 P—S 曲线已不再保持线性关系，沉降的增长率 $\dfrac{\Delta S}{\Delta P}$ 随荷载的增加而增大。在这个阶段，地基土中局部范围内（首先在基础边缘处）的剪应力达到土的抗剪强度，土体发生剪切破坏，这些区域也称塑性区。随着荷载的继续增加，土中塑性区的范围也逐步扩大，直到土中形成连续的滑动面，由荷载板两侧挤出而破坏。因此，剪切阶段也是地基中塑性区的发生及发展阶段。相应于 P—S 曲线上 b 点的荷载称为极限荷载 P_u。③ 破坏阶段，相当于 P—S 曲线上的 bc 段，当荷载超过极限荷载后，荷载板急剧下沉，即使不增加荷载，沉降也不能稳定，因此，P—S 曲线陡直下降。这一阶段，由于土中塑性区范围的不断扩展，最后在土中形成连续滑动面，土从荷载板四周挤出隆起，地基土失稳而破坏。荷载板仪器实物如图 6-4 所示。

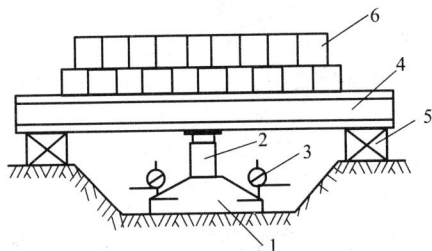

图 6-1　现场荷载板试验
1—荷载板；2—千斤顶；3—百分表；4—反力梁；5—枕木垛；6—压重

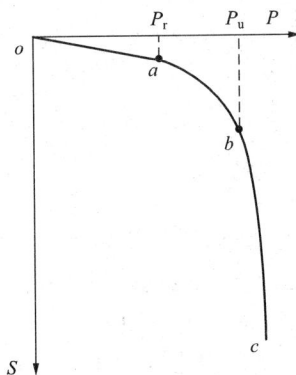

图 6-2　荷载强度与沉降量的关系

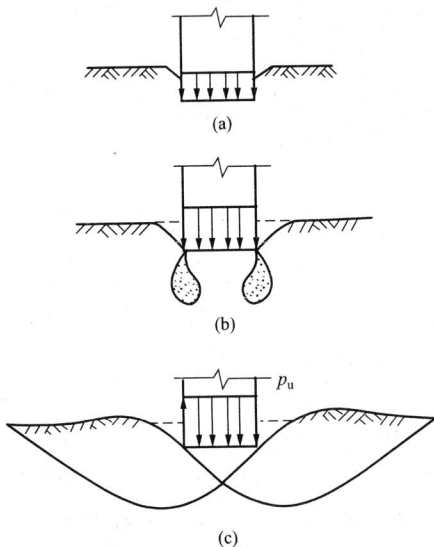

图 6-3　地基破坏过程的 3 个阶段
（a）压密阶段；（b）剪切阶段；（c）破坏阶段

图 6-4　荷载板仪器实物

对于典型的荷载试验 P—S 曲线，在曲线上能够明显地区分 3 个阶段，则在确定地基容许承载力时，一方面要求地基容许承载力不超过比例界限，这时地基土是处于压密阶段，地基变形较小，但有时为了提高地基容许承载力，在满足建筑物沉降要求的前提下，也可超过比例界限，允许土中产生一定范围的塑性区。另一方面又要求地基容许承载力对极限荷载 P_u 有一定的安全度，即地基容许承载力等于极限荷载除以安全系数。而安全系数的大小，取决于建筑物的重要性和试验资料的可靠程度，同时还要满足建筑物对沉降的要求。当 $P—S$ 曲线是非典型性的，在曲线上没有明显的 3 个阶段，也很难直接从曲线上得到比例界限，这时根据实践经验，可以取相应于沉降 S 等于荷载板宽度（或直径）b 的 2% 时的荷载作为地基的容许承载力。

规范规定的浅层平板载荷试验、深层载荷试验及岩基载荷试验要点如下。

1. 浅层平板载荷试验要点

（1）浅层平板载荷试验可用于确定浅部地基，承压板下应力主要影响范围内土层的承载力。承压板面积不应小于 $0.25m^2$，对于软土地基不应小于 $0.5m^2$。

（2）试验基坑宽度不应小于承压板宽度 b 或直径 d 的 3 倍；应保持试验土层的原状结构和天然湿度。宜在拟试压表面用厚度不超过 20mm 的粗砂或中砂层找平。

（3）加荷分级不应少于 8 级。最大加载量不应小于设计要求的 2 倍。

（4）每级加载后，按间隔 10min、10min、10min、15min、15min，以后为每隔半小时测读一次沉降量，当在连续两小时内，每小时的沉降量小于 0.1mm 时，则认为已趋稳定，可加下一级荷载。

（5）当出现下列情况之一时，即可终止加载：

1）承压板周围的土明显地侧向挤出。

2）沉降 S 急骤增大，荷载—沉降（$P—S$）曲线出现陡降段。

3）在某一级荷载下，24h 内沉降速率不能达到稳定。

4）沉降量与承压板宽度或直径之比大于或等于 0.06。

当满足前三种情况之一时，其对应的前一级荷载定为极限荷载。

（6）承载力基本容许值的确定应符合下列规定：

1）当 $P—S$ 曲线上有比例界限时，取该比例界限所对应的荷载值。

2）当极限荷载小于对应比例界限的荷载值的 2 倍时，取极限荷载值的一半。

3）当不能按上述二款要求确定时，当压板面积为 $0.25\sim0.50m^2$，可取 s/b（或 s/d）$=0.01\sim0.015$ 所对应的荷载，但其值不应大于最大加载量的一半。

（7）同一土层参加统计的试验点不应少于三点，当试验实测值的极差不超其平均值的 30% 时，取此平均值作为该土层的地基承载力基本容许值 $[f_{a0}]$。

2. 深层平板载荷试验要点

（1）深层平板载荷试验可用于确定深部地基及大直径桩桩端在承压板压力主要影响范围内土层的承载力。

（2）深层平板载荷试验的承压板采用直径为 0.8m 的刚性板，紧靠承压板周围外侧的土层高度不应小于 0.8m。

（3）加荷等级可按预估极限承载力的 $1/10\sim1/15$ 分级施加。

（4）每级加荷后，第一个小时内按间隔 10min、10min、10min、15min、15min，以后为每隔半小时测读一次沉降。当在连续两小时内，每小时的沉降量小于 0.1mm 时，则认为已趋稳定，可加下一级荷载。

（5）当出现下列情况之一时，可终止加载：

1）沉降 S 急骤增大，荷载一沉降（P—S）曲线上有可判定极限承载力的陡降段，且沉降量超过 0.04d（d 为承压板直径）。

2）在某级荷载下，24h 内沉降速率不能达到稳定。

3）本级沉降量大于前一级沉降量的 5 倍。

4）当持力层土层坚硬，沉降量很小时，最大加载量不小于设计要求的 2 倍。

（6）承载力基本容许值的确定应符合下列规定：

1）当 P—S 曲线上有比例界限时，取该比例界限所对应的荷载值。

2）满足第 5 条前三款终止加载条件之一时，其对应的前一级荷载定为极限荷载；当该值小于对应比例界限的荷载值的 2 倍时，取极限荷载值的一半。

3）不能按上述两款要求确定时，可取 s/d=0.01～0.015 所对应的荷载值，但其值应不大于最大加载量的一半。

（7）同一土层参加统计的试验点不应少于 3 点。当试验实测值的极差不超过平均值的 30% 时，取此平均值作为该土层的地基承载力基本容许值[f_{a0}]。

3. 岩基载荷试验要点

（1）岩基载荷试验适用于确定完整、较完整、较破碎岩基作为天然地基或桩基础持力层时的承载力。

（2）采用圆形刚性承压板，直径为 300mm。当岩石埋藏深度较大时，可采用钢筋混凝土桩，但桩周需采取措施以消除桩身与土之间的摩擦力。

（3）测量系统的初始稳定读数观测：加压前，每隔 10min 读数一次，连续三次读数不变可开始试验。

（4）加载方式：单循环加载，荷载逐级递增直到破坏，然后分级卸载。

（5）荷载分级：第一级加载值为预估设计荷载的 1/5，以后每级为 1/10。

（6）沉降量测读：加载后立即读数，以后每 10min 读数一次。

（7）稳定标准：连续三次读数之差均不大于 0.01mm。

（8）终止加载条件：当出现下述现象之一时，即可终止加载。

1）沉降量读数不断变化，在 24h 内，沉降速率有增大的趋势。

2）压力加不上或勉强加上而不能保持稳定。

注：若限于加载能力，荷载也应增加到不少于设计要求的两倍。

（9）卸载观测：每级卸载为加载时的两倍，如为奇数，第一级可为三倍。每级卸载后，隔 10min 测读一次，测读三次后可卸下一级荷载。全部卸载后，当测读到半小时回弹量小于 0.01mm 时，即认为稳定。

（10）岩石地基承载力的确定。

1）对应于 P—S 曲线上起始直线段的终点为比例界限。符合终止加载条件的前一级荷载为极限荷载。将极限荷载除以 3 的安全系数，所得值与对应于比例界限的荷载相比较，取小值。

2）每个场地荷载试验的数量不应小于 3 个，取最小值作为岩石地基承载力的容许值。

3）岩石地基承载力不进行深度修正。

6.3　标准贯入试验

标准贯入试验（SPT）是采用质量为 63.5kg 的穿心锤，以 76cm 的落距，将一定规格的标准贯入器先打入土中 15cm，然后开始记录锤击数目，将标准贯入器再打入土中 30cm，用此 30cm 的锤击数作为标准贯入试验的指标。标准贯入试验是国内外广泛应用的一种现场原位测试手段，该试验法方便经济，不仅用于砂土，亦可用于黏性土的测试。标准贯入锤击数 $N_{63.5}$，可用于判定砂土的密实度、黏性土的稠度、地基土的容许承载力、砂土的振动液化、桩基承载力等，也是检验地基处理效果的重要手段。

1. 试验设备

标准贯入试验设备主要由标准贯入器、触探杆和穿心锤等部件组成，如图 6–5 所示。

贯入器：标准规格的圆筒形探头，由两个半圆管合成的取土器；

落锤：重 63.5kg，自由落距 76cm；

触探杆：外径 42mm 的钻杆；

锤垫、导向杆和自动落锤装置等。

2. 试验方法

（1）用钻机先钻到需要进行标准贯入试验的土层，清孔后，换用标准贯入器，并量得深度尺寸。

（2）贯入器垂直打入试验土层中，先打入 15cm，不计击数，继续贯入土中 30cm，记录此锤击数，此数即为标准贯入击数 N。

若遇比较密实的砂层，贯入不足 30cm 的锤击数已超过 50 击时，应终止试验，并记录

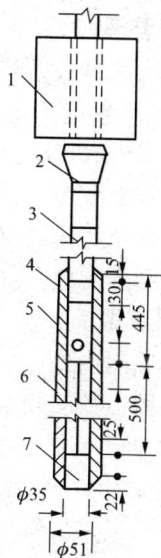

图 6–5　标准贯入试验设备（单位：mm）
1—穿心锤；2—锤垫；3—触探杆；4—贯入器头；5—出水孔；6—由两个圆形管合成之贯入器身；7—贯入器靴

实际贯入深度 ΔS 和累计锤击数 n，按下式换算成贯入 30cm 的锤击数 N：

$$N = \frac{30n}{\Delta S} \tag{6–5}$$

式中　n——所选取的锤击数；

ΔS——相应于 n 的贯入量（cm）。

（3）旋转探杆，提出贯入器，取出贯入器中土样进行鉴别描述，必要时送试验室分析。

（4）提出贯入器，将贯入器中土样取出，进行鉴别描述、记录，然后换以钻探工具继续钻进，至下一需要进行试验的深度，再重复上述操作，一般可每隔 1.0～2.0m 进行一次试验。

（5）在不能保持孔壁稳定的钻孔中进行试验时，应下套管以保护孔壁，但试验深度必须在套管口 75cm 以下，或采用泥浆护壁。

（6）由于钻杆的弹性压缩会引起能量损耗，钻杆过长时传入贯入器的动能降低，因而减少每击的贯入深度，亦即提高了锤击数，所以需要根据杆长对锤击数进行修正：

$$N = \alpha N_0 \tag{6-6}$$

式中　N_0——实际记录的锤击数；

　　　α——修正系数，根据钻杆长度由表6-18选用；

　　　N——修正后的锤击数。

表6-18　　　　　　　　　　标准贯入试验触探杆长度修正系数值

钻杆长度/m	≤3	6	9	12	15	18	21
α	1.00	0.92	0.86	0.81	0.77	0.73	0.70

（7）对于同一土层应进行多次试验，然后取锤击数的平均值。

3. 试验数据整理

（1）标准贯入试验数据整理时，以下资料应当齐全，包括钻孔孔径、钻进方式、护孔方式、落锤方式、地下水位及孔内水位（或泥浆高程）、初始贯入度、预打击数、试验标贯击数、记录深度、贯入器所取扰动土样的鉴别描述等。

（2）绘制标贯击数 N 与深度的关系曲线，或在地质剖面图上，标出试验深度处的 N 值。

（3）结合钻探及其他原位试验，依据 N 值在深度上的变化，对各土层的 N 值进行统计，统计时要剔除个别异常值。

4. 试验结果应用

标准贯入试验国内外已积累了大量的实践资料，给出了砂性土和黏性土的一些物理性质和标准贯入试验锤击数的经验关系，可供工程中使用。

（1）根据 N 估计天然地基的容许承载力 $[f_{a0}]$，见表6-19、表6-20。

（2）根据 N 估计砂土的密实度，见表6-4。

表6-19　　　　　　　　　　砂 土 承 载 力 标 准 值　　　　　　　　（单位：kPa）

土　类 $\diagdown$ N	10	15	30	50
中、粗砂	180	250	340	500
粉、细砂	140	180	250	340

表6-20　　　　　　　　　　黏性土承载力标准值

N	3	5	7	9	11	13	15	17	19	21	23
$[f_a]$/kPa	105	145	190	235	280	325	370	430	515	600	680

图6-6　轻型动力触探仪

标准贯入试验因设备并不简单，因而使用受限。近几年，轻便触探试验因设备操作方便而使用越来越多。轻便触探试验设备主要由探头、触探杆、穿心锤三部分组成，如图6-6所示。触探杆采用直径25mm的金属管，每根长1.0～1.5m，穿心锤重10kg。穿心锤落距为50cm，使其自由下落，将探头竖直打入土层中，每打入土层 30cm 的锤击数即为 N_{10}；N_{10} 经修正后查表 6–21、表 6–22 便可确定地基承载力标准值。

若需描述土层情况，可将触探杆拔出，取下钻头，换以轻便钻头，进行取样。

轻便触探仪一般用于贯入深度小于 4m 的土层。

表 6–21　　　　　　　　　　黏性土承载力标准值

N_{10}	15	20	25	30
[f_{a0}]	105	145	190	230

表 6–22　　　　　　　　　　素填土承载力标准值

N_{10}	15	20	30	40
[f_{a0}]	85	115	135	160

注：本表只适用于黏性土和粉土组成的素填土。

复习思考题

1. 如何用"规范"法确定地基承载力基本容许值[f_{a0}]？
2. 地基土是如何分类的？
3. 如何用现场承载板试验绘制 P—S 关系曲线确定地基承载力容许值[f_{a0}]？
4. 地基破坏分为几个阶段？
5. 什么是标准贯入试验，如何根据标准贯入试验锤击数确定砂类土地基承载力？

第7章 桥梁基础检测

7.1 钻（挖）孔桩施工过程质量检测

混凝土钻孔灌注桩是桥梁及建筑结构物常用的基桩形式之一，这主要是由于桩能将上部结构的荷载传递到深层稳定的土层上去，从而大大减少基础沉降和建筑物的不均匀沉降，实践也证明它的确是一种极为有效、安全可靠的基础形式。但是，灌注桩的成桩过程是在桩位处的地面下或水下完成，施工工序多，质量控制难度大，稍有不慎极易产生断桩等严重缺陷。据统计国内外钻孔灌注桩的事故率高达 5%～10%。因此，灌注桩的质量检测就显得格外重要。灌注桩的质量检测内容主要有孔形检测、沉渣厚度检测及桩身质量检测等。

1. 泥浆性能指标检测

（1）泥浆性能要求。钻孔灌注桩调制的护壁泥浆一般由水、黏土（或膨润土）和添加剂按适当配合比配制而成，应根据钻孔方法和地层情况采用不同的性能指标，具体指标可参照表 7-1 选用。

表 7-1
泥 浆 性 能 指 标

钻孔方法	地层情况	泥浆性能指标							
		相对密度	黏度 /Pa·s	含砂率 /（%）	胶体率 /（%）	失水率 /(mm/30min)	泥皮厚 /(mm/30min)	静切力 /Pa	酸碱度 pH
正循环	一般地层	1.05～1.20	16～22	8～4	≥96	≤25	≤2	1.0～2.5	8～10
	易塌地层	1.20～1.45	19～28	8～4	≥96	≤15	≤2	3～5	8～10
反循环	一般地层	1.02～1.06	16～20	≤4	≥95	≤20	≤3	1～2.5	8～10
	易塌地层	1.06～1.10	18～28	≤4	≥95	≤20	≤3	1～2.5	8～10
	卵石土	1.10～1.15	20～35	≤4	≥95	≤20	≤3	1～2.5	8～10
推钻冲抓	一般地层	1.10～1.20	18～24	≤4	≥95	≤20	≤3	1～2.5	8～11
冲击	易塌地层	1.20～1.40	22～30	≤4	≥95	≤20	≤3	3～5	8～11

注：1. 地下水位高或其流速大时，指标取高限，反之取低限；

2. 地质状态较好，孔径或孔深较小的取低限，反之取高限；

3. 在不易坍塌的黏质土层中，使用推钻、冲抓、反循环回转钻进时，可用清水提高水头（≥2m）维护孔壁；

4. 若当地缺乏优良黏质土，远运膨润土亦很困难，调制不出合格泥浆时可掺用添加剂改善泥浆性能。

5. 直径大于 2.5m 的大直径钻孔灌注桩对泥浆的要求较高，泥浆的选择应根据钻孔的工程地质情况、孔位、钻机性能、泥浆材料条件等确定。在地质复杂，覆盖层较厚，护筒下沉不到岩层的情况下，宜使用丙烯酰胺即 PHP 泥浆，此泥浆的特点是不分散、低固相、高黏度。

（2）泥浆性能指标检测。

1）相对密度。用泥浆相对密度计测定。将要量测的泥浆装满泥浆杯，加盖并洗净从小孔溢出的泥浆，然后置于支架上，移动游码，使杠杆呈水平状态（即水平泡位于中央），读出游码左侧所示刻度，即为泥浆的相对密度 γ_x。

若工地无以上仪器，可用一口杯先称其质量设为 m_1，再装满清水称其质量 m_2，再倒去清水，装满泥浆并擦去杯周溢出的泥浆，称其质量为 m_3，则

$$\gamma_x = \frac{m_3 - m_1}{m_2 - m_1} \qquad (7\text{–}1)$$

2）黏度 η。用工地标准漏斗黏度计测定，黏度计如图 7–1 所示。用两端开口量杯分别量取 200mL 和 500mL 泥浆，通过滤网滤去大砂粒后，将泥浆 700mL 均注入漏斗，然后使泥浆从漏头流出，流满 500mL 量杯所需时间（s），即为所测泥浆的黏度。

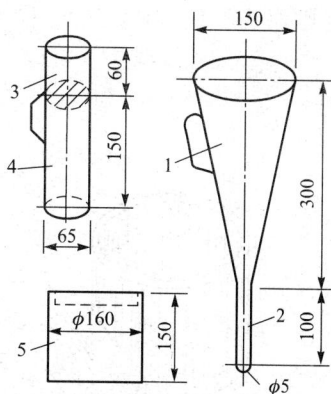

图 7–1　黏度计（尺寸单位：mm）
1—漏斗；2—管子；3—量杯 200mL；
4—量杯 500mL 部分；5—筛网及杯

校正方法：漏斗中注入 700mL 清水，流出 500mL，所需时间应是 15s，其偏差如超过 ±1s，测量泥浆黏度时应校正。

3）静切力 θ。工地可用浮筒切力计测定（图 7–2）。测量泥浆切力时，可用式（7–2）表示：

$$\theta = \frac{G - \pi d \delta h \gamma}{2\pi dh + \pi d \delta} \qquad (7\text{–}2)$$

式中　G——铝制浮筒质量（g）；

　　　d——浮筒的平均直径（cm）；

　　　h——浮筒的浸没深度（cm）；

　　　γ——泥浆容重（g/cm^3）；

　　　δ——浮筒壁厚（cm）。

量测时，先将约 500mL 泥浆搅匀后，立即倒入切力计中，将切力筒沿刻度尺垂直向下移至与泥浆接触时，轻轻放下，当它自由下降到静止不动时，即静切力与浮筒重力平衡时，读出浮筒上泥浆面所对的刻度（刻度是按公式 7–2 计算值刻划的），即为泥浆的初切力。取出切力筒，按净黏着的泥浆，用棒搅动筒内泥浆后，静止 10min，用上述方法量测，所得即为泥浆的终切力。它们的单位均为 Pa，此切力计如买不到可自制。

4）含砂率。工地可用含砂率计（图 7–3）测定。量测时，把调好的泥浆 50mL 倒进含砂率计，然后再倒进清水，将仪器口塞紧摇动 1min，使泥浆与水混合均匀。再将仪器垂直静放 3min，仪器下端沉淀物的体积（由仪器刻度上读出）乘以 2 就是含砂率（有一种大型的含砂率计，内装 900mL 的，从刻度读出的数不乘以 2 即为含砂率）。

5）胶体率（%）。胶体率是泥浆中土粒保持悬浮状态的性能。测定方法可将 100mL 泥浆倒入 100mL 的量杯中，用玻璃片盖上，静置 24h 后，量杯上部泥浆可能澄清为水，测量时其体积如为 5mL，则胶体率为 100-5=95，即 95%。

6）失水率（mL/30min）。用一张 12cm×12cm 的滤纸，置于水平玻璃板上，中央画一直径 3cm 的圆，将 2mL 的泥浆滴入圆圈内，30min 后，测量湿圆圈的平均直径减去泥浆摊平的

直径（mm），即为失水率。在滤纸上量出泥浆皮的厚度（mm）即为泥皮厚度。泥皮愈平坦、越薄则泥浆质量越高，一般不宜厚于 2～3mm。

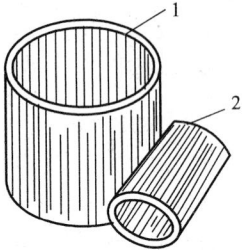

图 7-2　浮筒切力计

1—泥浆筒；2—切力浮筒

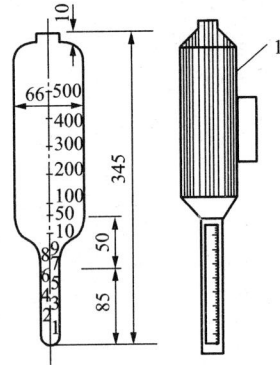

图 7-3　含砂率计（尺寸单位：mm）

1—外壳

7）酸碱度。即酸和碱的强度简称，也有简称为酸碱值的。pH 值是常用的酸碱标度之一。pH 值等于溶液中氢离子浓度的负对数值，即 $pH=-\lg[H^+]=\lg1/[H^+]$。pH 值等于 7 时为中性，大于 7 时为碱性，小于 7 时为酸性。工地测量 pH 值方法，可取一条 pH 试纸放在泥浆面上，0.5s 后拿出来与标准颜色相比，即可读出 pH 值。也可用 pH 酸碱计，将其探针插入泥浆，直接读出 pH 值。

（3）注意问题

1）无论采用何种方法清孔，清孔后泥浆试样应从孔底提出，进行性能指标检测，检测结果应符合表 7-1 的规定。

2）在吊入钢筋骨架后，灌注水下混凝土之前，应再次检查孔内泥浆性能指标和孔底沉淀厚度，如超过规定，应进行第二次清孔，符合要求后方可灌注水下混凝土。

2. 成孔质量检测

桥梁工程中常用的灌注桩施工方式主要有钻孔、冲击成孔、冲抓成孔和人工挖孔等。人工挖孔为干作业施工，成孔后孔壁的形状、孔深、垂直度、孔底沉淀厚度以及钢筋笼的安放位置等均可通过目测或人下到孔内进行检查，成孔质量较易控制。钻孔、冲击成孔或冲抓成孔等灌注桩，通常以泥浆进行护壁，为湿作业施工。成孔后孔中充满泥浆而无法目测或人下到孔内进行检查，孔壁的形状、垂直度和沉淀土厚度等只能通过仪器进行检测。下面主要介绍湿作业灌注桩成孔质量检查的主要内容及其相应的方法。

（1）桩位偏差检查。基桩施工前应按设计桩位平面图放桩的中心位置，施工结束后应检查中心位置的偏差，并应将其偏差绘制在桩位竣工平面图中，检测时可采用经纬仪对纵、横方向进行量测。桩孔中心位置的偏差要求，对于群桩不得大于 100mm，单排桩不得大于 50mm。当桩群中设置有斜桩时，应以水平面的偏差值计算。

（2）孔径检查。能否保证基桩的承载能力，桩径是极为关键的因素。要保证桩径满足设计要求，必须检验桩的孔径不小于设计桩径。

桩孔径可用专用球形孔径仪、伞形孔径仪和声波孔壁测定仪等测定。

图 7-4 为伞形孔径仪，其由测头、放大器和记录仪三部分组成。测头为机械式的，测头

放入测孔之前，四条测腿合拢并用弹簧锁定，测头放入孔内到达孔底时，四条测腿立即自动张开。

当测头往上提升时，由于弹簧力作用，腿端部紧贴孔壁，随着孔壁凹凸不平状态相应张开或收拢，带动密封筒内的活塞杆上下移动，使四组串联滑动电阻来回滑动，将电阻变化转化为电压变化，经信号放大并记录，即可自动绘出孔壁形状而测出孔径尺寸。

此外，也可采用简易的木制铰接量径器测定，其使用简便，量测精度约为 10mm，其构造可详见有关文献。

（3）桩倾斜度检查。在灌注桩的施工过程中，能否确保基桩的垂直度，是衡量基桩能否有效地发挥作用的一个关键因素，因此，必须认真地测定桩孔的倾斜度。一般要求对于竖直桩，钻孔桩允许偏差不应超过 1%，挖孔桩允许偏差不应超过 0.5%，斜桩不应超过设计斜度的 ±2.5%。

桩倾斜度的检查可采用图 7-5 所示简易方法。在孔口沿钻孔直径方向设一标尺，标尺上 O 点与钻孔中心重合，并使滑轮、标尺 O 点和钻孔中心在同一铅垂线上，其高度为 H_0。穿过滑轮的测绳一端连接于用钢筋弯制的圆球（圆球直径比钻孔直径略小些），另一端通过转向滑轮用手拉住。将圆球慢慢放入钻孔中，并测读测绳在标尺上的偏距 e，则倾斜角 $a = \arctan(e/H_0)$。该方法工具简单、操作方便，但测读范围以 e 值小于钻孔的半径为最大限度，且读数较为粗糙。

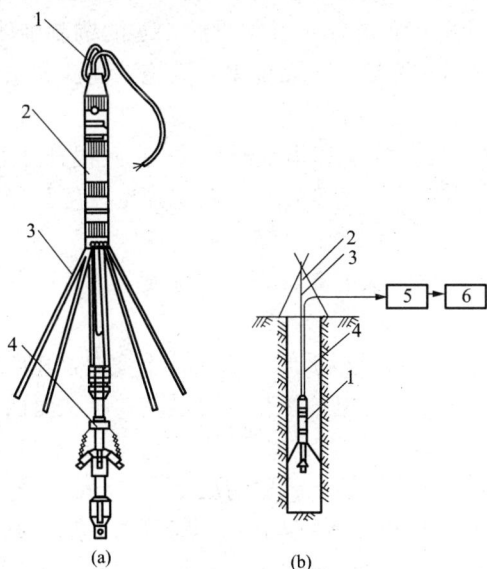

图 7-4 孔径仪
（a）测头
1—电缆；2—密封筒；3—测腿；4—锁腿装置；
（b）孔径仪检测装置
1—测头；2—三角架；3—钢丝绳；4—电缆；5—放大器

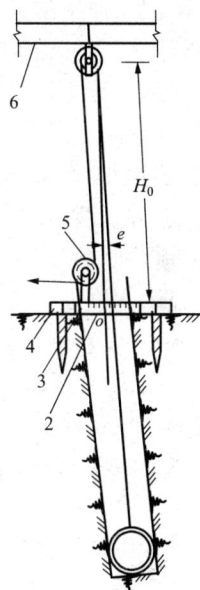

图 7-5 桩的倾斜度检查
1—钢筋圆球；2—标尺；3—圆钉；
4—木枋；5—导向滑轮；6—钻架横梁

当检查的桩孔较深且倾斜度较大时，可根据地质及施工情况选用 JDL-I 型陀螺测斜仪或 JJX-3 型井斜仪检查，也可采用声波孔壁测定仪绘出连续的孔壁形状和垂直度如图 7-6 和图 7-7 所示声波孔壁测定仪。

（4）孔底沉淀土厚度检查。桩底沉淀土厚度的大小极大地影响桩端承载力的发挥，因此在施工过程中必须严格控制桩底的沉淀土厚度。根据《公路桥涵施工技术规范》（JTJ 041—2000）规定，对于摩擦桩清孔后沉淀厚度应符合设计要求，当设计无要求时，对于直径≤1.5m的桩，沉淀厚度≤300mm；对于桩径大于 1.5m 或桩长大于 40m 或土质较差的桩，沉淀厚度≤500mm；支撑桩的沉淀厚度不大于设计规定值。

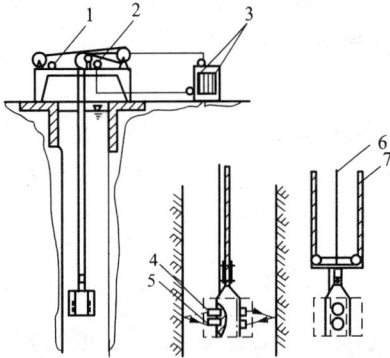

图 7-6　声波孔壁测定仪

1—电动机；2—走纸速度控制器；3—记录仪；4—发射探头；
5—接收探头；6—电缆；7—钢丝绳

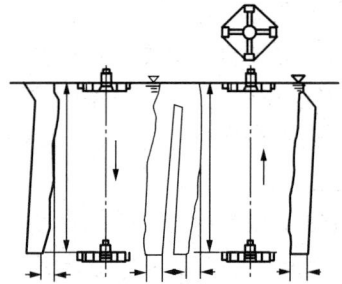

图 7-7　孔壁形状和偏斜

测定沉淀土厚度的方法目前还不够成熟，下面介绍几种工程中常试用的方法。

1）垂球法。是一种惯用的简易测定沉淀土厚度的方法。其将重约 1kg 的铜制锥体垂球，顶端系上测绳，把垂球慢慢沉入孔内，凭手感判断沉淀土顶面位置，其施工孔深和量测孔深之差值即为沉淀土厚度。

2）电阻率法。电阻率法沉淀土测定仪由测头、放大器和指示器组成。它是根据介质不同，如水、泥浆和沉淀颗粒具有不同的导电性能，由电阻阻值变化来判断沉淀土厚度。测试时将测头慢慢沉入孔中，观察表头指针的变化，当出现突变时记录深度 h_1，继续下沉测头，指针再次突变记录深度 h_2，直到测头不能下沉为止，记录深度 h_3，设施工深度为 H，则各沉淀土厚度为（h_2-h_1）、（h_3-h_2）和（$H-h_3$）…。

3）电容法。电容法沉淀土厚度测定原理是当金属两极板间距和尺寸不变时，其电容量和介质的电解率成正比关系，水、泥浆和沉淀土等介质的电解率有较明显差异，从而由电解率的变化量测定沉淀土的厚度。

钻（挖）孔在终孔和清孔后，应进行孔位、孔深检验。一般情况下孔径、孔形和倾斜度宜采用上述专用仪器测定，当缺乏专用仪器时，可采用外径为钻孔桩钢筋笼直径加 100mm（不得大于钻头直径），长度为 4～6 倍外径的钢筋笼检孔器吊入钻孔内检测。

7.2　灌注桩完整性检测

灌注桩成桩质量通常存在两方面问题：一是属于桩身完整性，常见的缺陷有夹泥、断裂、缩径、扩径、混凝土离析及桩顶混凝土密实性较差等；二是嵌岩桩，影响桩底支撑条件的质量问题，主要是灌注混凝土前清孔不彻底，孔底沉淀厚度超过规定极限，影响承载力。桩基础施工质量的检验，随着长、大桩径及高承载力桩基础迅速增加，传统的静压桩试验已很难实施，目前，常用的钻孔灌注桩质量的检测方法有以下几种。

1. 钻芯检验法

由于大直径钻孔灌注桩的设计荷载一般较大，用静力试桩法有许多困难，所以常用地质钻机在桩身上沿长度方向钻取芯样，通过对芯样的观察和测试确定桩的质量。但这种方法只能反映钻孔范围内的小部分混凝土质量，而且设备庞大、费工费时、价格昂贵，不宜作为大面积检测方法，而只能用于抽样检查，一般抽检总桩量的 3%～5%，或作为对无损检测结果的校核手段。

2. 振动检验法

所谓振动检验法又称动测法。它是在桩顶用各种方法（例如锤击、敲击、电磁激振器、电水花等）施加一个激振力，使桩体乃至桩土体系产生振动，或在桩内产生应力波，通过对波动及振动参数的种种分析，以推定桩体混凝土质量及总体承载力的一类方法。这类方法主要有以下四种：

（1）敲击法和锤击法。用力棒或锤子打击桩顶，在桩内激励振动，用加速度传感器接收桩头的响应信号，信号经处理后被显示或记录，通过对信号的时域及频域分析，可确定桩尖或缺陷的反射信号，据此可判断桩内是否存在缺陷。当锤击力足以引起桩土体系的振动时，根据所测得的振动参数，可计算桩的动刚度和承载力。

（2）稳态激振机械阻抗法。在桩顶用电磁激振器激振，该激振力是一幅值恒定、频率从 20～1000Hz 变化的简谐力。量测桩顶的速度响应信号。由于作用在简谐振动体系上的作用力 F，与该体系上某点的速度 v 之比，称为机械阻抗，机械阻抗的倒数称为导纳（Mobility），因此，可用所谓记录的力和速度经仪器合成，描绘出导纳曲线，还可求得应力波在桩身混凝土中的波速、特征导纳、实测导纳及动刚度等动参数。据此，可判断是否有断桩、缩径、鼓肚、桩底沉渣太厚等缺陷，并可由动刚度估算单桩容许承载力。

（3）瞬态激振机械阻抗法。用力棒等对桩顶施加一个冲击脉冲力，这个脉冲力包含了丰富的频率成分。通过力传感器和加速度传感器，记录力信号和加速度信号，然后把两种信号输入信号处理系统，进行快速傅立叶变换，把时域变成频域，信号合成后同样可得到桩的导纳曲线，从而判断桩的质量。

（4）水电效应法。在桩顶安装一高约 1m 的水泥圆筒，筒内充水，在水中安放电极和水听器。电极高压放电，瞬时释放大电流产生声学效应，给桩顶一冲击能量，由水听器接收桩土体系的响应信号，对信号进行频谱分析，根据频谱曲线所含有的桩基质量信息，判断桩的质量和承载力。

3. 超声脉冲检验法

该法是在检测混凝土缺陷技术的基础上发展起来的。其方法是在桩的混凝土灌注前沿桩的长度方向平行预埋若干根检测用管道，作为超声发射和接收换能器的通道。检测时探头分别在两个管子中同步移动，沿不同深度逐点测出横截面上超声脉冲穿过混凝土时的各项参数，并按超声测缺原理分析每个断面上混凝土的质量。

4. 射线法

该法是以放射性同位素辐射线在混凝土中的衰减、吸收、散射等现象为基础的一种方法。当射线穿过混凝土时，因混凝土质量不同或因存在缺陷，接收仪所记录的射线强弱发生变化，据此来判断桩的质量。

由于射线的穿透能力有限。一般用于单孔测量，采用散射法，以便了解孔壁附近混凝土的质量，扩大钻芯法检测的有效半径。

从以上所列的常用检测方法可见，桩基检测方法的研究和应用是一个十分活跃的领域。国家建设部、地矿部早在 1995 年 12 月就颁布了《基桩低应变动力检测规程》(JGJ/T 93—1995)，1997 年颁布了《基桩高应变动力检测规程》(JGT 106—1997)。公路桥梁基桩检验多数地区实行普查，交通部也于 2004 年 11 月颁布了《公路工程基桩动测技术规程》(JTG/T F81—01—2004)。

其检验的基本方法有以下几种。

（1）反射波法（JTG/T F81—01—2004）。公路桥梁基桩检验多数地区实行普查，基桩低应变动力检测法以其设备轻便灵活、现场检测工作量小、检测效率高、检测费用低等优点得到了广泛应用。

1）基本原理。反射波法源于应力波理论，基本原理是在桩顶进行竖向激振，弹性波沿着桩身向下传播，在桩身存在明显波阻抗界面（如桩底、断桩或严重离析等部位）或桩身截面积变化（如缩径或扩径）部位，将产生反射波。经接收、放大滤波和数据处理，可识别来自桩身不同部位的反射信息，据此计算桩身波速、判断桩身完整性。

2）适用范围。

① 反射波法是通过分析实测桩顶速度响应信号的特征来检测桩身的完整性，判定桩身缺陷位置及影响程度，判断桩端嵌固情况。

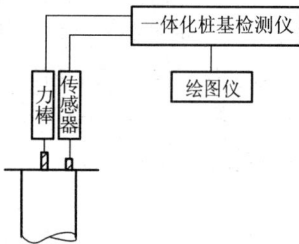

图 7-8 反射波法检测系统

② 反射波法适用于混凝土灌注桩和预制桩等刚性材料桩的桩身完整性检测。

③ 使用反射波法时，被检桩的桩端反射信号应能有效识别。

3）检测仪器与设备。

① 反射波法检测系统由传感器、激振锤、一体化检测仪和打印机等组成，其中一体化检测仪由信号采集及处理仪和相应的分析软件等组成（见图 7-8）。

② 信号采集及处理仪应符合下列规定：

a. 数据采集装置的模—数转换器不得低于 12bit。

b. 采样间隔宜为 10～500μs，可调。

c. 单通道采样点不少于 1024 点。

d. 放大器增益宜大于 60dB，可调，线性度良好，其频响范围应满足 5～5000Hz。

③ 传感器的性能应符合下列规定：

a. 传感器宜选用压电式加速度传感器或磁电式速度传感器，频响曲线的有效范围应覆盖整个测试信号的频带范围。

b. 加速度传感器的电压灵敏度应大于 100mV/g，电荷灵敏度应大于 20PC/g，上限频率不应小于 5kHz，安装谐振频率不应小于 6kHz，量程应大于 100g。

c. 速度传感器的固有谐振频率不应大于 30Hz，灵敏度应大于 $200mV/cm \cdot s^{-1}$，上限频率不应小于 1.5kHz，安装谐振频率不应小于 1.5kHz。

④ 根据桩型和检测目的，宜选择不同材质和质量的力锤或力棒，以获得所需的激振频率和能量。

4）现场检测技术。

① 检测前准备工作应符合下列规定：

a. 检测前首先应搜集有关技术资料。

b. 根据现场实际情况选择合适的激振设备、传感器及检测仪，检查测试系统各部分之间是否连接良好，确认整个测试系统处于正常工作状态。

c. 桩顶应凿至新鲜混凝土面，并用打磨机将测点和激振点磨平。

d. 应测量并记录桩顶截面尺寸。

e. 混凝土灌注桩的检测宜在成桩 14d 以后进行。

f. 打入或静压式预制桩的检测应在相邻桩打完后进行。

② 传感器安装应符合下列规定：

a. 传感器的安装可采用石膏、黄油、橡皮泥等耦合剂，粘结应牢固，并与桩顶面垂直。

b. 对混凝土灌注桩，传感器宜安装在距桩中心 1/2～2/3 半径处，且距离桩的主筋不宜小于 50mm。当桩径不大于 1000mm 时不宜少于 2 个测点；当桩径大于 1000mm 时不宜少于 4 个测点。

c. 对混凝土预制桩，当边长不大于 600mm 时不宜少于 2 个测点；当边长大于 600mm 时不宜少于 3 个测点。

d. 对预应力混凝土管桩不应少于 2 个测点。

③ 激振时应符合下列规定：

a. 混凝土灌注桩、混凝土预制桩的激振点宜在桩顶中心部位；预应力混凝土管桩的激振点和传感器安装点与桩中心连线的夹角不应小于 45°。

b. 激振锤和激振参数宜通过现场对比试验选定。短桩或浅部缺陷桩的检测宜采用轻锤短脉冲激振；长桩、大直径桩或深部缺陷桩的检测宜采用重锤宽脉冲激振，也可采用不同的锤垫来调整激振脉冲宽度。

c. 采用力棒激振时，应自由下落；采用力锤敲击时，应使其作用力方向与桩顶面垂直。

④ 检测工作应遵守下列规定：

a. 采样频率和最小的采样长度应根据桩长和波形分析确定。

b. 各测点的重复检测次数不应少于 3 次，且检测波形具有良好的一致性。

c. 当干扰较大时，可采用信号增强技术进行重复激振，提高信噪比；当信号一致性差时，应分析原因，排除人为和检测仪器等干扰因素，重新检测。

d. 对存在缺陷的桩应改变检测条件重复检测，相互验证。

5）检测数据分析与判定。

① 桩身完整性分析宜以时域曲线为主，辅以频域分析，并结合施工情况、岩土工程勘察资料和波型特征等因素进行综合分析判定。

② 桩身波速平均值的确定：

a. 当桩长已知、桩端反射信号明显时，选取相同条件下不少于 5 根 Ⅰ 类桩的桩身波速按下式计算其平均值

$$c_{\mathrm{m}} = \frac{1}{n}\sum_{i=1}^{n} c_i \tag{7-3}$$

$$c_i = \frac{2L\times1000}{\Delta T} = 2L \cdot \Delta f \tag{7-4}$$

式中 c_m ——桩身波速平均值（m/s）；

        c_i ——第 i 根桩的桩身波速计算值（m/s）；

        L ——完整桩桩长（m）；

      ΔT ——时域信号第一峰与桩端反射波峰间的时间差（ms）；

      Δf ——幅频曲线桩端相邻谐振峰间的频差（Hz），计算时不宜取第一与第二峰；

       n ——基桩数量，$n \geq 5$。

    b. 当桩身波速平均值无法按上述方法确定时，可根据本地区相同桩型及施工工艺的其他桩基工程的测试结果，并结合桩身混凝土强度等级与实践经验综合确定。

    ③ 桩身缺陷位置应按下列公式计算：

$$x = \frac{1}{2000} \times \Delta t_x \cdot c = \frac{1}{2} \times \frac{c}{\Delta f_x} \qquad (7–5)$$

式中 x ——测点至桩身缺陷之间的距离（m）；

      Δt_x ——时域信号第一峰与缺陷反射波峰间的时间差（ms）；

      Δf_x ——幅频曲线所对应缺陷的相邻谐振峰间的频差（Hz）；

       c ——桩身波速（m/s），无法确定时用 c_m 值替代。

    ④ 混凝土灌注桩采用时域信号分析时，应结合有关施工和岩土工程勘察资料，正确区分由扩径处产生的二次同相反射与因桩身截面渐扩后急速恢复至原桩径处的一次同相反射，以避免对桩身完整性的误判。

    ⑤ 对于嵌岩桩，当桩端反射信号为单一反射波且与锤击脉冲信号同相时，应结合岩土工程勘察和设计等有关资料以及桩端同相反射波幅的相对高低来推断嵌岩质量，必要时采取其他合适方法进行核验。

    ⑥ 桩身完整性的分析当出现下列情况之一时，宜结合其他检测方法：

    a. 超过有效检测长度范围的超长桩，其测试信号不能明确反映桩身下部和桩端情况。

    b. 桩身截面渐变或多变，且变化幅度较大的混凝土灌注桩。

    c. 当桩长的推算值与实际桩长明显不符，且又缺乏相关资料加以解释或验证。

    d. 实测信号复杂、无规律，无法对其进行准确的桩身完整性分析和评价。

    e. 对于预制桩，时域曲线在接头处有明显反射，但又难以判定是断裂错位还是接桩不良。

    ⑦ 桩身完整性类别应按下列原则判定：

    Ⅰ类桩：桩端反射较明显，无缺陷反射波，振幅谱线分布正常，混凝土波速处于正常范围。

    Ⅱ类桩：桩端反射较明显，但有局部缺陷所产生的反射信号，混凝土波速处于正常范围。

    Ⅲ类桩：桩端反射不明显，可见缺陷二次反射波信号，或有桩端反射但波速明显偏低。

    Ⅳ类桩：无桩端反射信号，可见因缺陷引起的多次强反射信号，或按平均波速计算的桩长明显短于设计桩长。

    ⑧ 检测报告应包括下列内容：

    a. 桩身混凝土波速值。

    b. 桩身完整性描述，包括缺陷位置、性质及类别。

    c. 时域曲线图，并注明桩底反射位置。

    d. 桩位编号及平面布置示意图，地质柱状图。

e. 检测报告格式参照（JTG/T F81—01—2004）。

（2）超声波法（JTG/T F81—01—2004）。声波透射法适用于检测桩径大于 0.8m 的混凝土灌注桩的完整性。

1）基本原理。钻孔灌注桩超声脉冲检测法的基本原理与超声测缺和测强技术基本相同。但由于桩深埋土内，而检测只能在地面上进行，因此又有其特殊性。在钻孔灌注桩的检测中所依据的基本物理量有以下四个。

① 声时值。由于钻孔桩的混凝土缺陷主要是由于灌注时混入泥浆或混入自孔壁坍落的泥、砂所造成的。缺陷区的夹杂物声速较低，或声阻抗明显低于混凝土的声阻抗。因此，超声脉冲穿过缺陷或绕过缺陷时，声时值增大。增大的数值与缺陷尺度大小有关，所以声时值是判断缺陷有无和计算缺陷大小的基本物理量。

② 波幅。当波束穿过缺陷区时，部分声能被缺陷内含物所吸收，部分声能被缺陷的不规则表面反射和散射，到达接收探头的声能明显减少，反映为波幅降低。实践证明，波幅对缺陷的存在非常敏感，是在桩内判断缺陷有无的重要参数。

③ 接收信号的频率变化。当超声脉冲穿过缺陷区时，声脉冲中的高频部分首先被衰减，导致接收信号主频下降，即所谓频漂，其下降百分率与缺陷的严重程度有关。接收频率的变化实质上是缺陷区声能衰减作用的反映，它对缺陷也较敏感，而且测量值比较稳定，因此，也可作为桩内缺陷判断的重要依据。

④ 接收波形的畸变。接收波形产生畸变的原因较复杂，一般认为是由于缺陷区的干扰，部分超声脉冲波被多次反射而滞后到达接收探头。这些波束的前锋到达接收探头的时间参差不齐，相位也不尽一致，叠加后造成接收波形的畸变。因此，接收波形上带有混凝土内部的丰富信息。如能对波形进行信息处理，搞清波束在混凝土内部反射和叠加机理，则可确切地进行缺陷定量分析。但目前，波形信息处理方法未能解决，一般只能将波形畸变作为缺陷定性分析依据以及判断缺陷的参考指标。

在检测时，探头在声测管中逐点测量各深度的声时、波幅（或衰减）、接收频率及波形畸变位置等。然后，可绘成"声时—深度曲线"、"波幅—深度曲线"及"接收频率变化率—深度曲线"等，供分析使用。

2）检测方式。为了使超声脉冲能横穿各不同深度的横截面，必须使超声探头深入桩体内部，为此，须事先预埋声测管，作为探头进入桩内的通道。根据声测管埋置的不同情况，可以有如下三种检测方式：

① 双孔检测。在桩内预埋两根以上的管道，把发射探头和接收探头分别置于两根管道中［图 7-9（a）］。检测时超声脉冲穿过两管道之间的混凝土，实际有效范围即为超声脉冲从发射到接收探头所扫过的面积。为了尽可能扩大在桩横截面上的有效检测控制面积，必须使声测管的布置合理。双孔测量时根据两探头相对高程的变化，又可分为平测、斜测、扇形扫测等方式，在检测时视实际需要灵活运用。

② 单孔检测。在某些特殊情况下，只有一个孔道可供检测使用，例如在钻孔取芯后需进一步了解芯样周围混凝土的质量，以扩大取芯检测后的观察范围，这时可采用单孔测量方式［图 7-9（b）］，换能器放置在一个孔中，探头之间用隔声材料隔离。这时声波从水中及混凝土中分别绕射到接收换能器，接收信号为从水及混凝土等不同声通路传播而来的信号的叠加，分析这一叠加信号，并测出不同声通路的声时及波幅等物理量，即可分析孔道周围混凝土的

质量。运用这一检测方式时，必须运用信号分析技术，排除管中的混响干扰。当孔道内有钢质套管时，不能用此法检测。

③ 桩外孔检测。当桩的上部结构已施工，或桩内未预埋管道时，可在桩外的土基中钻一孔作为检测通道。检测时在桩顶上放置一较强功率的低频平探头，向下沿桩身发射超声脉冲，接收探头从桩外孔中慢慢放下。超声脉冲沿桩身混凝土并穿过桩与测孔之间的土进入接收探头，逐点测出声时等参数，作为判断依据［图7-9（c）］。这种方式的可测深度受仪器发射功率的限制，一般只能测到10m左右。

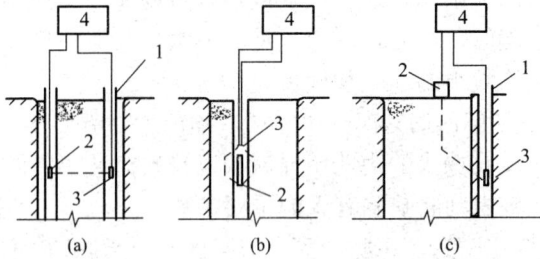

图7-9　钻孔前注桩超声脉冲检测方法
(a) 双孔检测；(b) 单孔检测；(c) 桩外孔检测
1—声测管；2—发射探头；3—接收探头；4—超声波检测仪

以上三种方式中，双孔检测是桩基超声脉冲检测的基本形式，其他两种方式在检测和结果分析上都比较困难，只能作为特殊情况下的补救措施。

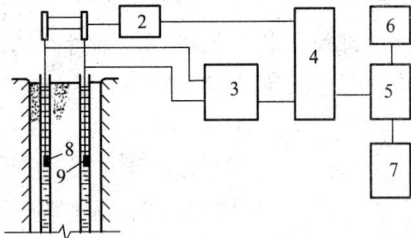

图7-10　全自动智能化测桩
专用检测装置原理框图
1—探头升降机构；2—步进电机驱动电源；
3—超声发射与接受装置；4—测控接口；
5—计算机；6—磁带机；
7—打印机；8、9—发射、接受探头

3）检测仪器与设备。目前常用的检测装置有两种。一种是用一般超声检测仪和发射及接收探头所组成。探头在声测管内的移动由人工操作，数据读出后再输入计算机处理。这套装置与一般超声检测装置通用，但检测速度慢、效率较低。

另一种是全自动智能化测桩专用的检测装置（图7-10）。它由超声发射及接收装置、探头自动升降装置、测量控制装置、数据处理计算机系统等四大部分所组成：

数据处理计算机系统是测控装置的主控部件，具有人机对话、发布各类指令、进行数据处理等功能。它通过总线接口与测量控制装置连接，发出测量的控制命令，以及进行信息交换；升降机构根据指令通过步进电机进行上升、下降及定位等动作，移动探头至各测量点；发射和接收装置发射并接收超声波，取得测量数据，传送到数据处理计算机，进行数据处理、存储、显示和打印。由于测试系统由计算机控制，测量过程无需人工干预，因此可自动、迅速地完成全桩测量工作。

声波检测仪器的技术性能应符合下列规定：

① 检测仪系统应包括信号放大器、数据采集及处理存储器、径向振动换能器等。

② 检测仪应具有一发双收功能。

③ 声波发射应采用高压阶跃脉冲或矩形脉冲，其电压最大值不应小于1000V，且分档可调。

④ 接收放大与数据采集器应符合下列规定：

a. 接收放大器的频带宽度为 5～200kHz，增益不应小于 100dB，放大器的噪声有效值不大于 2μ，波幅测量范围不小于 80dB，测量误差小于 1dB。

b. 计时显示范围应大于 2000μs，精度优于 0.5μs，计时误差不应大于 2%。

c. 采集器模—数转换精度不应低于 8bit，采样频率不应小于 10MHz，最大采样长度不应小于 32kB。

⑤ 径向振动换能器应符合下列规定：

a. 径向水平面无指向性。

b. 谐振频率宜大于 25kHz。

c. 在 1MPa 水压下能正常工作。

d. 收、发换能器的导线均应有长度标注，其标注允许偏差不应大于 10mm。

e. 接收换能器宜带有前置放大器，频带宽度宜为 5～60kHz。

f. 单孔检测采用一发双收一体型换能器，其发射换能器至接收换能器的最近距离不应小于 30cm，两接收换能器的间距宜为 20cm。

4）测前准备和要求。

① 预埋检测管应符合下列规定：

a. 当桩径不大于 1500mm 时，应埋设三根管；当桩径大于 1500mm 时，应埋设四根管（图 7–11）。

b. 声测管宜采用金属管，其内径应比换能器外径大 15mm，管的连接宜采用螺纹连接，且不漏水。

c. 声测管应牢固焊接或绑扎在钢筋笼的内侧，且互相平行、定位准确，并埋设至桩底，管口宜高出桩顶面 300mm 以上。

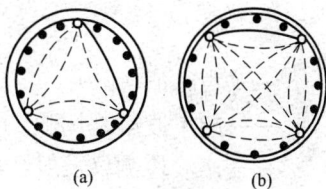

图 7–11　声波透射法埋管编组

(a) 三管；(b) 四管

d. 声测管管底应封闭，管口应加盖。

e. 声测管的布置以路线前进方向的顶点为起始点，按顺时针旋转方向进行编号和分组，每两根编为一组。

② 检测前的准备应符合下列规定：

a. 被检桩的混凝土龄期应大于 14d。

b. 声测管内应灌满清水，且保证畅通。

c. 标定超声波检测仪发射至接收的系统延迟时间 t_0。

d. 准确量测声测管的内、外径和两相邻声测管外壁间的距离，量测精度为 ±1mm。

e. 取芯孔的垂直度误差不应大于 0.5%，检测前应进行孔内清洗。

③ 检测方法应符合下列要求：

a. 测点间距不宜大于 250mm。发射与接收换能器应以相同标高同步升降，其累计相对高差不应大于 20mm，并随时校正。

b. 在对同一根桩的检测过程中，声波发射电压应保持不变。

c. 对于声时值和波幅值出现异常的部位，应采用水平加密、等差同步或扇形扫测等方法进行细测，结合波形分析确定桩身混凝土缺陷的位置及其严重程度。

d. 现场检测前测定声波检测仪发射至接收系统的延迟时间 t_0，并应按式（7–6）计算声

时修正值 t'：

$$t' = \frac{D-d}{v_{t}} + \frac{d-d'}{v_{w}} \quad\quad (7-6)$$

式中　t'——声时修正值（μs）；

　　　D——检测管外径（mm）；

　　　d——检测管内径（mm）；

　　　d'——换能器外径（mm）；

　　　v_{t}——检测管壁厚度方向声速（km/s）；

　　　v_{w}——水中的声速（km/s）。

　　e. 混凝土中声波的传播时间和速度按式（7-7）~式（7-9）计算：

$$t = t_{i} - t_{0} - t' \quad\quad (7-7)$$

$$v_{i} = \frac{l}{t_{i}} \quad\quad (7-8)$$

$$v_{m} = \sum_{i=1}^{n} \frac{v_{i}}{n} \quad\quad (7-9)$$

式中　t——声时值（μs）；

　　　t_{i}——超声波第 i 个测点声时值（μs）；

　　　t_{0}——声波检测仪发射至接收系统的延迟时间（μs）；

　　　t'——声时修正值（μs）；

　　　v_{i}——第 i 个测点声速值（km/s）；

　　　l——两根检测管外壁间的距离（mm）；

　　　v_{m}——混凝土声速平均值（km/s）；

　　　n——测点数。

　　f. 单孔折射法的声时、声速值应按式（7-10）、式（7-11）计算：

$$\Delta t = t_{2} - t_{1} \quad\quad (7-10)$$

$$v_{i} = \frac{h}{\Delta t} \quad\quad (7-11)$$

式中　Δt——两个接收换能器间的声时差（μs）；

　　　t_{1}——近道接收换能器声时（μs）；

　　　t_{2}——远道接收换能器声时（μs）；

　　　v_{i}——第 i 个测点声速值（km/s）；

　　　h——两个接收换能器间的距离（mm）。

　　5）现场检测步骤。

　　① 将装设有扶正器的接收及发射换能器置于检测管内，调试仪器的有关参数，直至显示出清晰的接收波形，且使最大波幅达到显示屏的 2/3 左右为宜。

　　② 检测宜由检测管底部开始，将发射与接收换能器置于同一标高，测取声时、波幅或频率，并进行记录。

　　③ 发射与接收换能器应同步升降，测量点距小于或等于 250mm，各测点发射与接收换

能器累计相对高差不应大于 20mm，并应随时校正；发现读数异常时，应加密测量点距。

④ 一根桩有多根检测管时，按分组进行测试（见图 7-11）。

6）检测数据的处理与桩身完整性判定。

① 声速判据。当实测混凝土声速值低于声速临界值时应将其作为可疑缺陷区。

$$v_i < v_D \tag{7-12}$$

式中　v_i——第 i 个测点声速值（km/s）；

　　　v_D——声速临界值（km/s）。

声速临界值采用正常混凝土声速平均值与 2 倍声速标准差之差，即

$$v_D = \bar{v} - 2\sigma_v \tag{7-13}$$

$$\bar{v} = \sum_{i=1}^{n} v_i / n \tag{7-14}$$

$$\sigma_v = \sqrt{\frac{\sum_{i=1}^{n}(v_i - \bar{v})^2}{n-1}} \tag{7-15}$$

式中　n——测点数；

　　　v_i——混凝土中第 i 测点声速值（km/s）；

　　　v——声速平均值（km/s）；

　　　σ_v——声速标准差。

② PSD 判据法。相邻测点间声时的斜率和差值乘积判据即为 PSD 判据。

设测点的深度为 H，相应的声时值为 t，则声时值因混凝土中存在缺陷或其他因素的影响，而随深度变化的关系，可用函数式（7-16）表达：

$$t = f(H) \tag{7-16}$$

当桩内存在缺陷时，由于在缺陷与完好混凝土界面处声时值的突变，从理论上说，该函数应是不连续函数。在缺陷的界面上，当深度增量（即测点间距）$\Delta H \to 0$，而且由于缺陷表面的凹凸不平以及孔洞等缺陷是由于波线曲折而引起声时变化的，所以在 $t = f(H)$ 的实测曲线中，在缺陷处只表现为斜率的变化，该斜率可用相邻测点的声时差值与测点间距离之比求得，即

$$S_i = \frac{t_i - t_{i-1}}{H_i - H_{i-1}} \tag{7-17}$$

式中　i——测点位置或序号；

　　　S_i——第 $i-1$ 至 i 测点之间的斜率；

　　　t_i、t_{i-1}——相邻两测点的声时值；

　　　H_i、H_{i-1}——相邻两测点的深度。

但是，斜率只反映了相邻两测点声时值的变化速率。实测时往往采用不同的测点间距，因此，虽然所求出的 S_i 相同，但所对应的声时差值可能是不同的。正如图 7-12 中所示的两条 t—H 曲线，在 M 和 M' 点的 S_i 相同，但声时差值不同，而声时差值是与

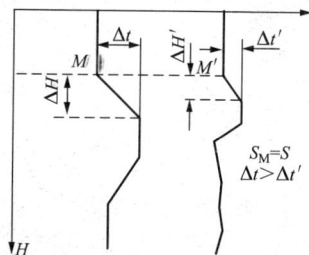

图 7-12　t—H 曲线

缺陷大小有关的参数。为了使判据进一步反映缺陷的大小，就必须加大声时差值在判据中的权数。因此判据可写成：

$$K_i = S_i(t_i - t_{i-1}) = \frac{(t_i - t_{i-1})^2}{H_i - H_{i-1}} \qquad (7-18)$$

式中　　K_i——i 点的 PSD 判据值，其余各项同前。

显然当 i 处相邻两测点的声时值没有变化时，$K_i = 0$；当有变化时，由于 K_i 与 $(t_i - t_{i-1})^2$ 成正比，因而 K_i 将大幅度变化。

① 临界判据值及缺陷大小与 PSD 判据的关系。

实验证明，PSD 判据对缺陷十分敏感，而对于因声测管不平行，或混凝土强度不均匀等原因所引起的声时变化，基本上没有反映。这是由于非缺陷因素所引起的声时变化都是渐变过程，虽然总的声时变化量可能很大，但相邻测点间的声时差却很小，因而 K_i 值很小，所以采用 PSD 判据基本上消除了声测管不平行，或混凝土不均质等因素所造成的声时变化对缺陷判断的影响。

为了对全桩各测点进行判别，必须将各测点的 K_i 值求出，并描成"H—K"曲线进行分析，凡在 K 值较大的地方，均可列为可疑区，作进一步的细测。

临界判据实际上反映了测点间距、声波穿透距离、介质性质、测量的声时值等参数之间的综合关系，这一关系随缺陷性质的不同而不同，现分别推导如下：

假定缺陷为夹层（见图 7–13 和图 7–14）。

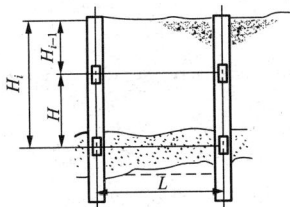

图 7–13

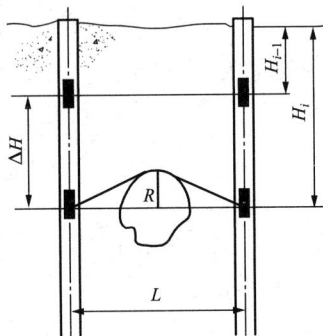

图 7–14

设混凝土的声速为 v_1，夹层中夹杂物的声速为 v_2，声程为 L，测点间距 ΔH。若测量结果在完好混凝土中的声时值为 t_{i-1}，夹层中的声时为 t_i，则：

$$t_{i-1} = \frac{L}{v_1} \qquad (7-19)$$

$$t_i = \frac{L}{v_2} \qquad (7-20)$$

所以

$$t_i - t_{i-1} = \frac{L}{v_2} - \frac{L}{v_1} \qquad (7-21)$$

则

$$K_i = \frac{(t_i - t_{i-1})^2}{H_i - H_{i-1}} = \frac{L^2(v_1 - v_2)^2}{v_1^2 v_2^2 \Delta H} \qquad (7-22)$$

如果缺陷是半径 R 的圆洞，以 t_{i-1} 代表声波在完好混凝土中直线传播时的声时值，t_i 代表声波遇到空洞成折线传播时的声时值，则：

$$t_{i-1} = \frac{L}{v_1} \tag{7-23}$$

$$t_i = \frac{2\sqrt{R^2 + \left(\frac{L}{2}\right)^2}}{v_1} \tag{7-24}$$

同样

$$K_i = \frac{4R^2 + 2L^2 - 2L\sqrt{4R^2 + L^2}}{v_1^2 \cdot \Delta H} \tag{7-25}$$

假定缺陷为"蜂窝"或被其他介质填塞的孔洞（图 7-15），这时超声脉冲在缺陷区的传播有两条途径。一部分声波穿过缺陷介质到达接收探头，另一部分沿缺陷绕行。当绕行声时小于穿行声时，可按空洞处理。反之，则缺陷半径 R 与 PSD 判据的关系可按相同的方法求出：

$$K_i = \frac{4R^2(v_1 - v_3)^2}{v_1^2 v_3^2 \Delta H} \tag{7-26}$$

图 7-15　蜂窝状疏松或被泥沙填塞的孔洞

式中　v_3——孔洞中填塞物的声速。

据试验，蜂窝状态疏松区的声速约为密实混凝土声速的 80%～90%，取 $v_3 = 0.85 v_1$，则公式可写成：

$$K_i = \frac{0.125 R^2}{v_1^2 \Delta H} \tag{7-27}$$

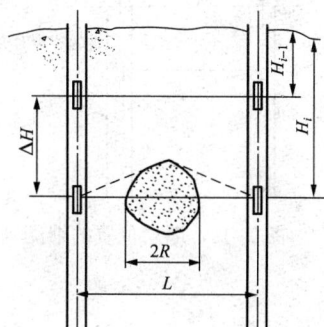

由于声通路有两个途径，只有当穿行声时小于绕行声时，才能用上式计算。

通过上述临界判据值与各点测量判据值的比较，即可确定缺陷的性质和大小。由于缺陷中夹杂物的声速（v_2、v_3）只能根据桩周围土层情况予以估计，因此，所得出的缺陷大小仅仅是粗略的估计值，尚需进一步通过细测确定。

此外，全桩各点的声时值，经统计处理后，还可作为桩身混凝土均匀性的指标，对施工质量进行分析。

采用上述方法的，需计算出各测点的判据值 K_i，并需进行一系列临界判据的运算，计算工作量很大，必须采用计算机。

② 缺陷性质和大小的细测判断。所谓细测判断，就是在运用 PSD 判据确定有缺陷存在的区段内，综合运用声时、波幅、接收频率、波形（或频谱）等物理量，找出缺陷所造成的声阴影的范围，从而准确地判定缺陷的位置、性质和大小。

双管对测时，各种缺陷的细测判断法示于图 7-16～图 7-19。其基本方法是将一个探头固定，另一探头上下移动，找出声阴影所在边界位置。在混凝土中，由于各种不均匀界面的漫射和低频波的绕射等原因，使阴影边界十分模糊，但通过上述物理量的综合运用仍可定出其范围。

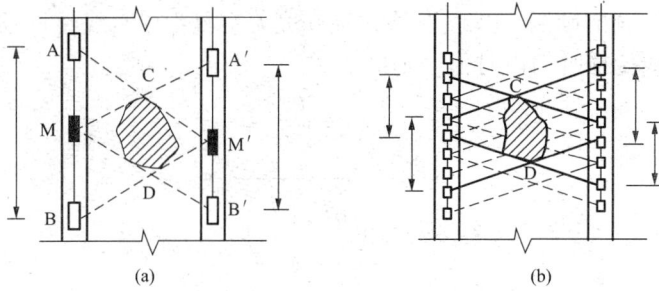

图 7-16　孔洞大小及位置的细测判断

（a）扇形扫测；（b）加密测点平移扫测

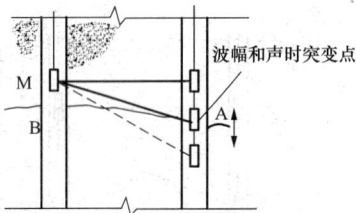

图 7-17　断层位置的细测判断

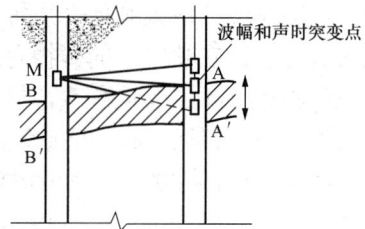

图 7-18　厚夹层上下界面的细测判断

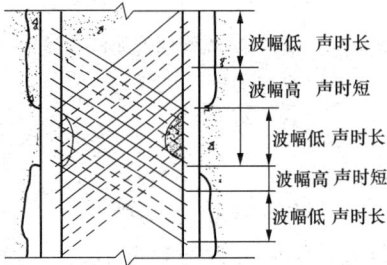

图 7-19　颈缩现象的细测判断

在运用上述分析判断方法时,应注意排除声测管和耦合水声时值、管内混响、箍筋等因素的影响,而且检测龄期应在 7d 以上。

显然,PSD 判据也可用于其他结构物大面积扫测时的缺陷判别,即将扫测网格中每条测线上的数据,用 PSD 判据处理、然后把各测线处理结果综合在一起,同样可定出缺陷的性质、大小及位置。

③ 波幅（衰减量）判据法。用波幅平均值减 6dB 作为波幅临界值,当实测波幅低于波幅临界值时,应将其作为可疑缺陷区。

$$A_D = A_m - 6 \tag{7-28}$$

$$A_m = \sum_{i=1}^{n} \frac{A_i}{n} \tag{7-29}$$

式中　　A_D——波幅临界值（dB）;

A_m——波幅平均值（dB）;

A_m——第 i 个测点相对波幅值（dB）;

n——测点数。

④ 桩身完整性评价。桩身完整性类别判定:

Ⅰ类桩:各声测剖面每个测点的声速、波幅均大于临界值,波形正常。

Ⅱ类桩:某一声测剖面个别测点的声速、波幅略小于临界值,但波形基本正常。

Ⅲ类桩:某一声测剖面连续多个测点或某一深度桩截面处的声速、波幅值小于临界值,

PSD 值变大，波形畸变。

Ⅳ类桩：某一声测剖面连续多个测点或某一深度桩截面处的声速、波幅值明显小于临界值，PSD 值突变，波形严重畸变。

5. 检测报告

检测报告应包括每根被检桩各剖面的声速—深度、波幅—深度曲线及各自的临界值，声速、波幅的平均值，桩身缺陷位置及程度的分析说明。检测报告格式参照（JTJ/T F81—01—2004）附录 D。

7.3　基桩承载力检测

现有确定基桩承载力的方法有两类：一类是静荷载试验，另一类是各种桩的动测方法。静荷载试验是确定单桩承载力方法中最基本、最可靠的方法，其他各种测定方法（如静力触探、动测法等）的成果，都必须与静压试验相比较，才能判明其准确性。国内外规范一致规定，对重要工程都应通过静载试验。因此一般对特大桥和地质复杂的大中桥试桩，应采用静载试验确定单桩承载力。静载试验的方法主要与试验要求有关，国内外采用的试验方法主要有慢速维持荷载法、快速维持荷载法、等贯入速率法、循环加卸载法。

1. 基桩静荷载试验

（1）试验前的准备工作。

1）试桩的桩顶如有破损或强度不足时，应将破损和强度不足段凿除后，修补平整。

2）做静推试验的桩，如系空心桩，则应在直接受力部位填充混凝土。

3）做静压、静拔的试桩，为便于在原地面处施加荷载，在承台底面以上部分或局部冲刷线以上部分设计不能考虑的摩擦力应予扣除。

4）做静压、静拔的试桩，桩身需通过尚未固结新近沉积的土层或湿陷性黄土、软土等土层对桩侧产生向上的负摩擦力部分，应在桩表面涂设涂层，或设置套管等方法予以消除。

5）在冰冻季节试桩时，应将桩周围的冻土全部融化，其融化范围：静压、静拔试验时，离试桩周围不小于 1m；静推试验时，不小于 2m。融化状态应保持到试验结束。

6）在结冰的水域做试验时，桩与冰层间应保持不小于 100mm 的间隙。

（2）静压试验。

1）试验目的：通常用来确定单桩承载力和荷载与位移的关系，以及校核动力公式的准确程度。

2）试验方法：采用慢速维持荷载法，若设计无特殊要求时，用单循环加载试验。

3）试验时间：静压试验应在冲击试验后立即进行。对于钻（挖）孔灌注桩，需待混凝土达到能承受设计要求荷载后，才可进行试验。

4）试验加载装置：一般采用油压千斤顶加载。千斤顶的反力装置可根据现场的实际条件选用下列三种形式之一：

① 锚桩承载梁反力装置（图 7-20）：锚桩承载梁反力装置能提供的反力，应不小于预估最大试验荷载的 1.3～1.5 倍。

锚桩一般采用 4 根，如入土较浅或土质松软时可增至 6 根。锚桩与试桩的中心间距，当试桩直径（或边长）小于或等于 800mm 时，可为试桩直径（或边长）的 5 倍；当试桩直径大于 800mm 时，上述距离不得小于 4m。

② 压重平台反力装置（图 7-21）：利用平台上压重作为对桩静压试验的反力装置。压重不得小于预估最大试验荷载的 1.2 倍，压重应在试验开始前一次加上。

试桩中心至压重平台支撑边缘的距离与上述试桩中心至锚桩中心距离相同。

③ 锚桩压重联合反力装置：当试桩最大加载量超过锚桩的抗拔能力时，可在承载梁上放置或悬挂一定重物，由锚桩和重物共同承受千斤顶反力。

5）测量位移装置：测量仪表必须精确，一般使用 1/20mm 光学仪器或力学仪表，如图 7-21 所示，压重法静载试验水平仪、挠度仪、位移计等。支撑仪表的基准架应有足够的刚度和稳定性。基准梁的一端在其支承上可以自由移动，不受温度影响引起上拱或下挠。基准桩应埋入地基表面以下一定深度，不受气候条件等影响。基准桩中心与试桩、锚桩中心（或压重平台支撑边缘）之间的距离应符合表 7-2 的规定。

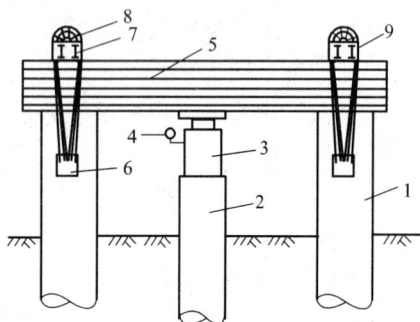

图 7-20　锚桩反力梁加载装置

1—锚桩；2—试桩；3—千斤顶；4—油压表；5—反力梁；
6—穿桩洞；7—小挑梁；5—半圆木；9—钢索

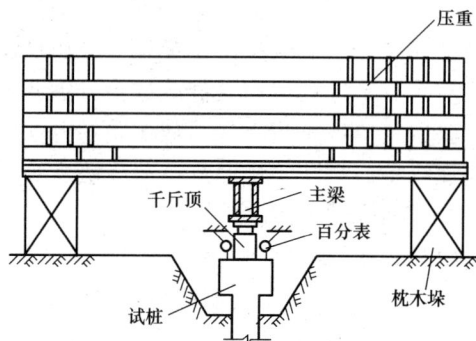

图 7-21　压重法静载试验

表 7-2　　　　基准桩中心至试桩、锚桩中心（或压重平台支撑边）的距离

反力系统	基准桩与试桩	基准桩与锚桩（或压重平台支撑边）
锚桩承载梁反力装置	$\geq 4d$	$\geq 4d$
压重平台反力装置	$\geq 2.0m$	$\geq 2.0m$

注：表中为试桩的直径或边长 $d \leq 800mm$ 的情况；若试桩直径 $d > 800mm$ 时，基准桩中心至试桩中心（或压重平台支撑边）的距离不宜小于 4.0mm。

6）加载方法：

① 加载重心应与试桩轴线相一致。加载时应分级进行，使荷载传递均匀，无冲击。加载过程中，荷载不能超过每级的规定值。

② 加载分级：每级加载量为预估最大荷载的 1/15～1/10。当桩的下端埋入巨粒土、粗粒土以及坚硬的黏质土时，第一级可按 2 倍的分级荷载加载。

③ 预估最大荷载：对施工检验性试验，一般可采用设计荷载的 2.0 倍。

7）沉降观测：

① 下沉未达到稳定状态不得进行下一级加载。

② 每级加载的观测时间规定为：每级加载完毕后，每隔 1.5min 观测一次；累计 1h 后，

每隔 30min 观测一次。

8）稳定标准：每级加载下沉量，在下列时间内如不大于 0.1mm 即可认为稳定。

① 桩端下为巨粒土、砂类土、坚硬黏质土，最后 30min。

② 桩端下为半坚硬和细粒土，最后 1h。

9）加载终止及极限荷载取值。

① 总位移量大于或等于 40mm，本级荷载的下沉量大于或等于前一级荷载下沉量的 5 倍时，加载即可终止。取此终止时荷载小一级的荷载为极限荷载。

② 总位移量大于或等于 40mm，本级荷载加上后 24h 未达稳定，加载即可终止。取此终止时荷载小一级的荷载为极限荷载。

③ 巨粒土、密实砂类土以及坚硬的黏质土中，总下沉量小于 40mm，但荷载已大于或等于设计荷载设计规定的安全系数，加载即可终止。取此时的荷载为极限荷载。

④ 施工过程中的检验性试验，一般加载应继续到桩的 2 倍的设计荷载为止。如果桩的总沉降量不超过 40mm，及最后一级加载引起的沉降不超过前一级加载引起的沉降的 5 倍，则该桩可以停止试验。

⑤ 极限荷载的确定有时比较困难，应绘制荷载—沉降曲线（$P-S$ 曲线）、沉降—时间曲线（$S-t$ 曲线）确定，必要时还应绘制 $S-\lg t$ 曲线、$S-\lg P$ 曲线（单对数法）、$S-[1-P/P_{max}]$ 曲线（百分率法）等综合比较，确定比较合理的极限荷载值。

10）桩的卸载和回弹量观测：

① 卸载应分级进行，每级卸载量为两个加载级的荷载值。每级荷载卸载后，应观测桩顶的回弹量，观测办法与沉降相同。直到回弹稳定后，再卸下一级荷载。回弹稳定标准与下沉稳定标准相同。

② 卸载到零后，至少在 2h 内每 30min 观测一次，如果桩尖下为砂类土，则开始 30min 内，每 15min 观测一次；如果桩尖下为黏质土，第一小时内，每 15min 观测一次。

11）试验记录。所有试验数据应按表 7-3 及时填写记录，绘制静压试验曲线，如图 7-22 所示，并编写试验报告。

表 7-3　　　　　　　　　静 压 试 验 记 录 表

____线 ____桥____号试桩　　　　　　　地质情况_____

沉桩方法及设备型号____　　　　　　　桥的类型、截面尺寸及长度_____

桩的入土深度____（m）设计荷载____（kN）　　　最终贯入度_____（mm/击）

加载方法_____　　　　　　　加载顺序_____

荷载编号	起止时间			间歇时间/min	每级荷载/kN	各表读数/mm		平均读数/min	位移/mm			所温/℃	备注
	日	时	分			1 号	2 号		下沉	上拔	水平		

其他记录：

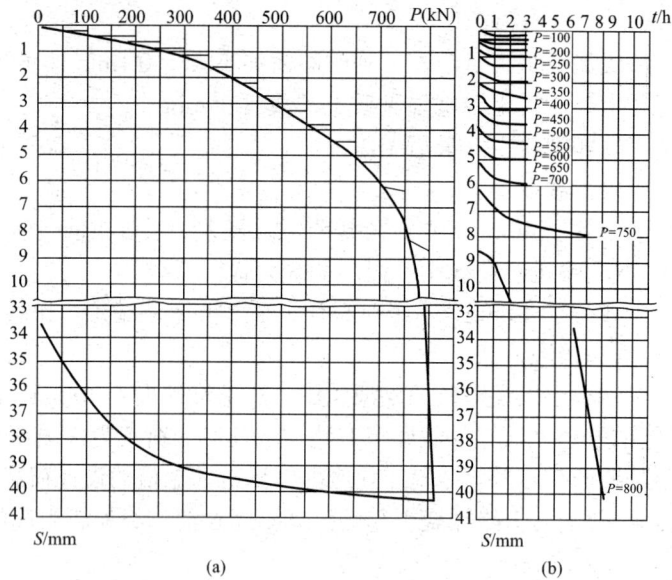

图 7-22　静压试验曲线

（a）P—S 曲线；（b）S—t 曲线

（3）静拔试验。

1）试验目的：在个别桩基中设计承受拉力时，用以确定单桩抗拔容许承载力。

2）试验时间：一般可按复打规定的"休止"时间以后进行。对于钻（挖）孔灌注桩，须待灌注的混凝土强度达到设计要求的强度后才可进行。静拔试验也可在静压试验后进行。

3）加载装置：可采用油压千斤顶加载。千斤顶的反力装置一般采用两根锚桩和承载梁组成，试桩和承载梁用拉杆连接，将千斤顶置于两根锚桩之上，顶推承载梁，引起试桩上拔。试桩与锚桩间中心距离应不小于预估最大试验荷载的 1.3～1.5 倍。

4）加载方法：一般采用慢速维持荷载法进行。施加的静拔力必须作用于桩的中轴线。加载应均匀、无冲击。每级加载量不大于预计最大荷载的 1/15～1/10。

5）位移观测：每级加载完毕后，每隔 15min 观测一次；累计 1h 后，每隔 30min 观测一次。下沉未达稳定不得进行下一级加载。

6）稳定标准：位移量小于或等于 0.1mm/h，即可认为稳定。

7）加载终止：勘测设计阶段，总位移大于或等于 25mm，加载即可终止；施工阶段，加载不应大于设计容许抗拔荷载。

8）试验记录：所有试验观测数据应按表 7-3 及时填写记录，并绘制如图 7-22 所示曲线（代表拔出位移的纵坐标改为向上）。

（4）静推试验。

1）试验目的：试验目的主要是确定桩的水平承载力、桩侧地基土水平抗力系数的比例系数。

2）试验方法：对于承受反复水平荷载的基桩，采用多循环加卸载方法；对于承受长期水平荷载的基桩，采用单循环加载方法。

3）加载装置：

① 一般采用两根单桩通过千斤顶相互顶推加载；或在两根锚桩间平放一根横梁，用千斤

顶向试桩加载；有条件时可利用墩台或专设反力座以千斤顶向试桩加载。在千斤顶与试桩接触处宜安设一球形铰座，保证千斤顶作用力能水平通过桩身轴线。

② 加载反力结构的承载能力应为预估最大试验荷载的 1.3～1.5 倍，其作用方向的刚度不应小于试桩。反力结构与试桩之间净距按设计要求确定。

③ 固定百分表的基准桩宜设在桩侧面靠位移的反方向，与试桩净距不小于试桩直径的 1 倍。

4）多循环加卸载试验法按下列规定进行：

① 加载分级：可按预计最大试验荷载的 1/15–1/10，一般可采用 5～10kN，过软的土可采用 2kN 级差。

② 加载程序与位移观测：各级荷载施加后，恒载 4min 测读水平位移，然后卸载至零，2min 后测读残余水平位移，至此完成一个加载循序，如此循环 5 次，便完成一级荷载的试验观测。加载时间应尽量缩短，测量位移间隔时间应严格准确，试验不得中途停歇。

③ 加载终止条件：当出现下列情况之一时即可终止加载：

a. 桩顶水平位移超过 20～30mm（软土取 40mm）。

b. 桩身已经断裂。

c. 桩侧地表明显出现裂纹或隆起。

5）多循环加卸载法的资料整理。单桩水平静推试验记录参照表 7–4。

表 7–4　　　　　　　　　　单桩水平静推试验记录参照表

试桩号：　　　　　　　　　　　　　　　　　　　　　　　　　　　　　　　　　　　上下表距：

荷载 /kN	观测时间 /(d/h/min)	循环数	加载		卸载		水平位移/mm		加载上下表读数差	转角	备注
			上表	下表	上表	下表	加载	卸载			

试验_____　　　记录_____　　　校核_____　　　施工负责人_____

由试验记录绘制水平荷载—时间—桩顶位移关系曲线（$H - t - x$ 曲线），见图 7–23，水平荷载—位移梯度关系曲线（$H - \Delta x / \Delta H$ 曲线），见图 7–24。

当桩身具有应力量测资料时，尚应绘制应力沿桩身分布和水平力—最大弯矩截面钢筋应力关系曲线（$H - \sigma_g$ 曲线），如图 7–25 所示。

6）多循环加卸载临界荷载（H_{cr}）、极限荷载（H_u）及水平抗推容许承载力确定。

① 临界荷载（H_{cr}）：相当于桩身开裂，受拉混凝土不参加工作时的桩顶水平力，其数值可按下列方法综合确定：

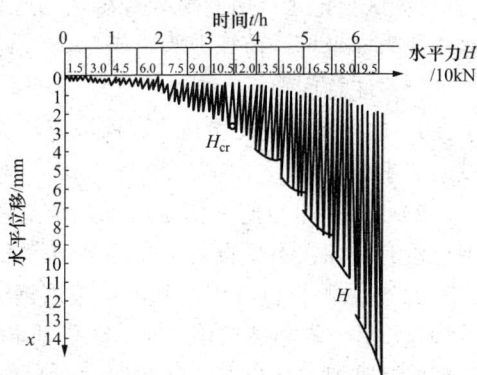

图 7–23　$H - t - x$ 曲线

a. 取 $H—t—x$ 曲线出现突变点的前一级荷载；

b. 取 $H—\Delta x/\Delta H$ 曲线的第一直线段的终点所对应的荷载；

c. 取 $H—\sigma_g$ 曲线第一突变点对应的荷载。

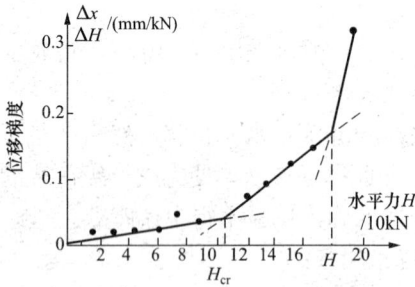

图 7-24 $H—\Delta x/\Delta H$ 曲线

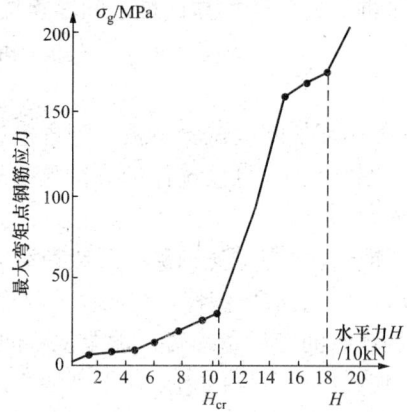

图 7-25 $H—\sigma_g$ 曲线

② 极限荷载（H_u）可按下列方法综合确定：

a. 取 $H—t—x$ 曲线明显陡降的前一级荷载；

b. 取 $H—\Delta x/\Delta H$ 曲线各级荷载下水平位移包络线向下凹曲的前一级荷载；

c. 取 $H—\sigma_g$ 曲线第二直线终点所对应的荷载；

d. 桩身断裂或钢筋应力达到流限的前一级荷载。

③ 水平抗推容许荷载：为水平极限荷载除以设计规定的安全系数。

7）单循环加载试验法可按下列规定执行：

① 加载分级与多循环加卸载试验方法相同。

② 加载后测读位移量与静压试验测读的方法相同。

③ 静推稳定标准：如位移量小于或等于 0.05mm/h 即可认为稳定。

④ 终止加载条件：勘测设计阶段的试验，水平力作用点处位移量大于或等于 50mm，加载即可终止；施工检验性试验，加载不应超过设计的容许荷载。

⑤ 试验记录：所有试验观测数据应填写记录，并绘制如图 7-22 所示曲线图。将水平位移量改为横坐标，荷载改为纵坐标。

（5）注意问题。

1）加载装置要安全可靠，保证有足够的加载量，不能发生加载量达不到要求而中途停止试验的事故。

2）设置基准点时应满足以下几个条件：基准点本身不变动，没有被接触或遭破损的危险，附近没有振源，不受直射阳光与风雨等干扰，不受试桩下沉的影响。

3）当量测桩位移用的基准梁采用钢梁时，为保证测试精度需采取下述措施：基准梁的一端固定，另一端必须自由支承，防止基准梁受日光直接照射；基准梁附近不设照明及取暖炉，必要时基准梁可用聚苯乙烯等隔热材料包裹起来，以消除温度影响。

4）测量仪器安装前应予校验，擦干润滑。

2. 高应变动力检测法（JTG/T F81—01—2004）

随着我国基本建设事业的飞速发展，桩基工程日益增多，桩的检测工作量很大。传统的静荷试验方法，由于其费用高、时间长，通常检测数量只能达到总桩数的 1% 左右；而且随着桩径桩长的增大，静载试验从其实施规模、消耗资金和需要时间来看，均已到了难以接受的程度。而高应变动力检测法以其技术相对先进，操作较简便、耗时较短、所需费用较低等优点，近年来得到了广泛地推广和应用。

（1）适用范围。

1）本方法适用于检测混凝土灌注桩、预制桩和钢桩的单桩轴向抗压极限承载力和桩身完整性；监测混凝土预制桩和钢桩打入时桩身应力和锤击能量传递比，为选择沉桩工艺参数及桩长选择提供依据。

2）进行单桩的轴向抗压极限承载力检测应具有相同条件下的动—静试验对比资料和现场工程实践经验。

3）超长桩、大直径扩底桩和嵌岩桩不宜采用本方法进行单桩的轴向抗压极限承载力检测。

（2）检测仪器与设备。

1）检测系统包括信号采集及分析仪、传感器、激振设备和贯入度测量仪等（见图 7-26）。

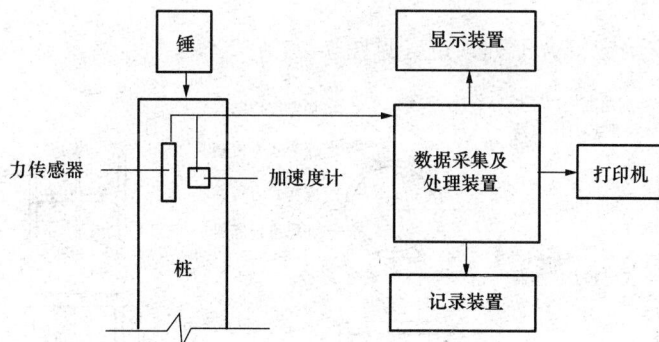

图 7-26　仪器设备装置框图

2）信号采集器和传感器的性能应符合下列规定：

① 信号采样点数应不少于 1024 点，采样间隔宜取 100～200μs，当用曲线拟合法推算被检桩的极限承载力时，信号记录长度应确保桩端反射后不小于 20ms 或达到 5L/c。

② 信号采集器的采样频率应可调，其模—数转换精度不应低于 12bit，通道之间的相位差不应大于 5μs。

③ 力信号宜采用工具式应变传感器测量，其安装谐振频率应大于 2kHz，在 1000με 范围内的非线性误差不应大于 ±1%；

④ 速度信号宜采用压电式加速度传感器测量，其安装谐振频率应大于 10kHz，且在 1～3000Hz 范围内灵敏度变化不大于 ±5%，在冲击加速度量程范围内非线性误差不大于 ±5%。

⑤ 传感器的灵敏度系数应计量检定。

3）激振宜采用由铸铁或铸钢整体制作的自由落锤。锤体应材质均匀、形状对称、底面平整，高径比不得小于 1。

4）检测单桩轴向抗压承载力时，激振锤的质量不得小于基桩极限承载力的1.2%。

5）桩的贯入度应采用精密仪器测定。

（3）现场检测技术。

1）检测混凝土预制桩和钢桩的极限承载力的最短休止期应满足下列条件：砂土7d，粉土10d，非饱和黏性土15d，饱和黏性土25d。

2）检测混凝土灌注桩的极限承载力时，其桩身混凝土强度等级应达到设计要求，且应满足上述规定的最短休止期。

3）检测前的桩头处理应符合下列规定：

① 桩顶面应平整，桩头高度应满足安装锤击装置和传感器的要求，锤重心应与桩顶对中。

② 加固处理桩头时应满足下列要求：

a. 新接桩头顶面应平整且垂直于被检桩轴线，侧面应平直，截面积应与被检桩相同，所用混凝土的强度应高于被检桩的强度；

b. 被检桩主筋应全部接至新接桩头内，并设置间距不大于150mm的箍筋及上下间距不应大于120mm的2~3层钢筋网片。

4）检测时在桩顶面应铺设锤垫。锤垫宜由10~30mm厚的木板或胶合板等匀质材料制作，垫面略大于桩顶面积。

5）传感器的安装应符合下列规定（见图7-27）：

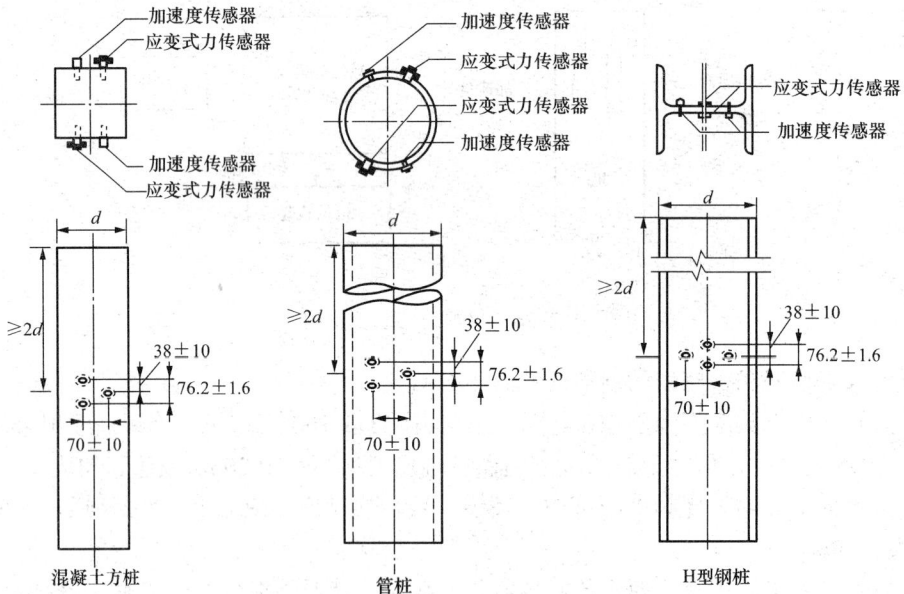

图7-27 测点出传感器安装（单位：mm）

① 桩顶下两侧面应对称安装加速度传感器和应变传感器各1只，其与桩顶的距离不应小于1.5倍的桩径或边长。传感器安装面应平整，所在截面的材质和尺寸与被检桩相同。

② 应变传感器与加速度传感器的中心应位于同一水平线上，同侧两种传感器间的水平距离不宜大于100mm。传感器的中轴线应与桩的轴线保持平行。

③ 在安装应变式传感器时，应对初始应变进行监测，其值不得超过规定的限值。

6）被检桩基本参数的设定应符合下列规定：

① 测点以下桩长和截面积可根据设计文件或施工记录提供的数据设定。

② 桩身材料质量密度 ρ 宜按表 7–5 取值。

表 7–5	桩身材料质量密度 ρ		kg/m³
混凝土灌注桩	混凝土预制桩	预应力混凝土管桩	钢桩
2400	2450～2500	2550～2600	7850

③ 桩身平均波速可结合本地经验或按同场地同类型已检桩的平均波速初步设定，现场检测完成后应根据实测结果予以调整。

④ 传感器安装位置处的桩身截面面积应按实际直径或边长计算确定，波速的设定宜综合考虑材料的设计强度和龄期的影响。

⑤ 桩身材料的弹性模量应按式（7–30）计算：

$$E = \rho c^2 \tag{7–30}$$

式中　E——桩材弹性模量（MPa）；

　　　c——桩身内应力波传播速度（m/s）；

　　　ρ——桩材质量密度（kg/m³）。

7）激振应符合下列要求：

① 采用自由落锤为激振设备时，宜重锤低击，锤的最大落距不宜大于 2.0m。

② 对于斜桩，应采用相应的打桩机械或类似装置沿桩轴线激振。

③ 实测桩的单击贯入度应确认与所采集的振动信号相对应。用于推算桩的极限承载力时，桩的单击贯入度不得低于 2mm 且不宜大于 6mm。

④ 检测桩的极限承载力时，锤击次数宜为 2～3 击。

8）检测桩身完整性和承载力时，应及时分析实测信号质量、桩顶最大锤击力和动位移、贯入度以及桩身最大拉（压）应力、桩身缺陷程度及其发展情况等，并由此综合判定本次采集信号的有效性。每根被检桩的有效信号数不应少于 2 组。

9）出现下列情况之一时，采集的信号不得作为有效信号：

① 传感器安装处混凝土开裂或出现严重的塑性变形，使力信号最终未归零。

② 信号采集后发现传感器已有松动或损坏现象。

③ 锤击严重偏心，一侧力信号呈现严重的受拉特征。

10）试打桩用于评价其承载力时，应按桩端进入的土层逐一进行测试；当持力层较厚时，应在同一土层中进行多次测试。

11）桩身锤击应力检测应包括桩身最大锤击拉应力和最大锤击压应力两部分。桩身锤击拉应力宜在预计桩端进入软土层或桩端穿过硬土层进入软夹层时测试；桩身锤击压应力宜在桩端进入硬土层或桩侧土阻力较大时测试。

（4）检测数据分析与判定。

1）锤击信号选取与调整应符合下列规定：

① 分析被检桩的承载力时，宜在第一和第二击实测有效信号中选取能量和贯入度较大者。

② 桩身波速平均值可根据已知桩长、力和速度信号上的桩端反射波时间或下行波上升沿的起点到上行波下降沿的起点之间的时差确定（见图 7–28）。

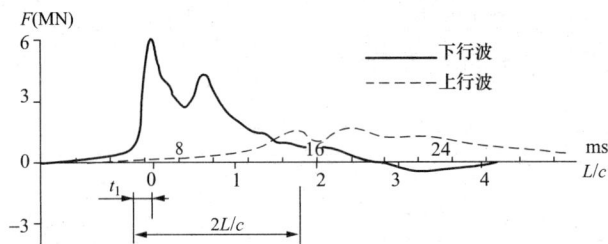

图 7–28　桩身波速的确定

F—锤击力；*L*—测点下桩长；*c*—桩身波速

③ 传感器安装位置处原设定波速可不随调整后的桩身平均波速而改变。确有合理原因需作调整时，应对传感器安装处桩身的弹性模量重新设置，且应对原实测力信号进行修正。

④ 力和振动速度信号的上升沿重合性差时，应分析原因，不得随意调整。

2）推算被检桩的极限承载力前，应结合工程地质条件和设计参数，利用实测信号特征对桩的荷载传递性状、桩身缺陷程度和位置及连续锤击时缺陷的逐渐扩大或闭合情况进行定性判别。

3）采用实测曲线拟合法推算被检桩的极限承载力应符合下列规定：

① 采用的桩和土的力学模型应能分别反映被检桩和地基土的物理力学性状；在各计算单元中，所用土的弹性极限位移不应超过相应桩单元的最大计算位移。

② 曲线拟合时间段长度在 $t_1 + 2L/c$ 后的延续时间应不小于 20ms 或 $3L/c$ 中的较大值。

③ 分析所用的模型参数应在岩土工程的合理范围内，可根据工程地质和施工工艺条件进行桩身阻抗变化或裂隙拟合。

④ 拟合曲线应与实测曲线基本吻合，贯入度的计算值应与实测值基本一致，且整体曲线的拟合质量系数宜控制在合适的范围之内。

4）采用凯司法推算单桩的极限承载力时，应符合下列规定：

① 只适用于桩侧和桩端土阻力均已充分发挥的摩擦型桩。

② 用于混凝土灌注桩时，桩身材质、截面应基本均匀。

③ 单桩轴向抗压极限承载力可按下列公式计算：

$$Q_{uc} = \frac{1}{2}\{(1 - J_c)[F(t_1) + Z \cdot V(t_1)] + (1 + J_c) \tag{7–31}$$

$$[F(t_1 + 2L/c) - Z \cdot V(t_1 + 2L/c)]\}$$

$$Z = A \cdot E/c \tag{7–32}$$

式中　　Q_{uc}——单桩轴向抗压极限承载力（kN）；

J_c——凯司法阻尼系数；

t_1——速度信号第一峰对应的时刻（ms）；

$F(t_1)$——t_1 时刻的锤击力（kN）；

$V(t_1)$ —— t_1 时刻的振动速度（m/s）；

　Z —— 桩身截面力学阻抗（kN·s/m）；

　E —— 桩身材料弹性模量（kPa）；

　A —— 桩身截面面积（m²）；

　c —— 桩身波速（m/s）；

　L —— 测点以下桩长（m）。

④ 应根据基本相同条件下桩的动—静载对比试验结果确定，或由不少于 50% 被检桩的曲线拟合结果推算，但当其极差相对于平均值大于 30% 时不得使用。

5）对于等截面桩，测点下第一个缺陷可根据桩身完整性系数 β 值按表 7-6 判定。

表 7-6　　　　　　　　　　　桩身完整性判定

类别	β 值	类别	β 值
I	$0.95 < \beta \leq 1.0$	III	$0.60 \leq \beta < 0.80$
II	$0.80 \leq \beta \leq 0.95$	IV	$\beta < 0.60$

① 桩顶下第一个缺陷的结构完整性系数 β 值可按式（7-33）计算：

$$\beta = \frac{[F(t_1) + Z \cdot V(t_1)]/2 - \Delta R + [F(t_x) + Z \cdot V(t_x)]/2}{[F(t_1) + Z \cdot V(t_1)]/2 - [F(t_x) + Z \cdot V(t_x)]/2} \tag{7-33}$$

式中　β —— 桩身结构完整性系数；

　t_1 —— 速度第一峰所对应的时刻（ms）；

　t_x —— 缺陷反射所对应的时刻（ms）；

　ΔR —— 缺陷以上部位土阻力的估算值，等于缺陷反射起始点的锤击力与速度乘以桩身界面力学阻抗之差值，取值方法如图 7-29 所示。

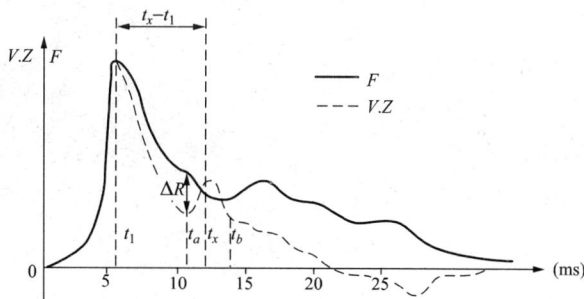

图 7-29　桩身结构完整性系数计算

② 桩身缺陷位置可按式（7-34）计算

$$x = \frac{c(t_x - t_1)}{2000} \tag{7-34}$$

式中　x —— 测点至桩身缺陷之间的距离（m）；

　t_x —— 速度信号第一峰对应的时刻（ms）；

t_1——缺陷反射峰对应的时刻（ms）；

6）出现下列情况之一时，应按工程地质和施工工艺条件，采用实测曲线拟合法或其他检测方法综合判定桩身完整性：

① 桩身有扩径，截面渐变或多变的混凝土灌注桩。

② 桩身存在多处缺陷的桩。

③ 力和速度曲线在上升沿或峰值附近出现异常，桩身浅部存在缺陷或波阻变化复杂的单桩极限承载力进行复打校核。

7）试打桩分析时，桩端持力层的判定应综合考虑岩土工程勘察资料，并应对推算的单桩极限承载力进行复打校核。

8）桩身最大锤击拉应力和桩身最大锤击压应力可分别按式（7–35）计算：

① 桩身最大锤击拉应力：

$$\sigma_t = \frac{1}{2A} \max \left\{ Z \cdot V\left(t_1 + \frac{2L}{c}\right) - F\left(t_1 + \frac{2L}{c}\right) - Z \cdot V\left(t_1 + \frac{2L-2x}{c}\right) - F\left(t_1 + \frac{2L-2x}{c}\right) \right\}$$ （7–35）

式中 σ_t——桩身最大锤击拉应力（kPa）；

x——测点至计算点之间的距离（m）；

A——桩身截面面积（m²）；

Z——桩身截面力学阻抗（kN·s/m）；

c——桩身波速（m/s）；

L——完整桩桩长（m）。

② 桩身最大锤击压应力

$$\sigma_p = \frac{F_{max}}{A}$$ （7–36）

式中 σ_p——桩身最大锤击压应力（kPa）；

F_{max}——实测最大锤击力（kN）；

A——桩身截面面积（m²）。

9）桩锤实际传递给桩的能量：

$$E_n = \int EVdt$$ （7–37）

式中 E_n——桩锤传递给桩的实际能量（J）；

T——采样结束的时刻（s）；

F——桩顶锤击力信号（N）；

V——桩顶实测振动速度信号（m/s）。

10）检测报告应包括下列内容：

① 实测力和速度信号曲线及由加速度信号经二次积分后得到的桩顶位移信号曲线；拟合曲线、模拟的静荷载—沉降曲线、土阻力和桩身阻抗沿深度的变化曲线。

② 凯司法中所取定的 J_c 值。

③ 试打桩和打桩监控所采用的桩锤和锤垫类型，监测得到的锤击数、桩侧和桩端阻力、

桩身锤击拉（压）应力、能量传递比等随入土深度的变化关系。

④ 试桩附近的地质柱状图及土的物理力学性能指标。

⑤ 检测报告格式见（JTG/T F81—01—2004）附录 D。

桩基础是桥涵工程中通常采用的基础形式，桩基完整性检测应用最广泛的是反射波法，其次是声波透射法。反射波法易于理解，但对桩身缺陷的准确判定有赖于检测人员的经验；声波透射法对缺陷判定准确，但成本较高，检测效率较低；机械阻抗法和动力参数法对检测人员的理论基础要求较高，仅作一般介绍。对桩基承载力检测，静载试验至今仍是最可靠的一种检测法，但静载试验费力费时，故读者还应了解目前比较成熟的动测试验方法（凯司法）。

复习思考题

1. 钻孔灌注桩成孔时，泥浆起什么作用？泥浆的性能指标有哪些？

2. 灌注桩常见的缺陷有哪些？

3. 预埋声测管时应注意哪些问题？

4. 什么是声场阴影重叠法？

5. 采用声波透射法时，判断桩内缺陷的数值判据有几种，它们的含义各是什么？

6. 典型速度导纳曲线上可得到哪些判定基桩质量的信息？

7. 简述动力参数法的适用范围。

8. 总结反射波法与声波透射法的优缺点。

9. 基桩垂直静载试验设置基准点时应注意哪些问题？

10. 确定基桩承载力的方法有哪些？各有什么优缺点？

11. 基桩垂直静载试验时，怎样确定破坏荷载、极限荷载和容许荷载？

12. 基桩水平静载试验时，怎样确定破坏荷载、极限荷载和容许荷载？

13. 简述凯司法判定单桩极限承载力的基本原理。

14. 用凯司法在现场测量时所获得的力波曲线和速度波曲线，锤击后出现哪些情况时，其信号不得作为分析计算的依据？

第8章　桥梁荷载试验

桥梁荷载试验可分为静力荷载试验和动力荷载试验。桥梁静载试验是将静止的荷载作用在桥梁上的指定位置，测试桥梁结构的静位移、静应变、裂缝等参数的试验项目，进而推断桥梁结构在试验荷载作用下的工作性能及承载能力。动载试验是利用某种激振方法激起桥梁结构的振动，测定桥梁结构的固有频率、阻尼比、振型、动力冲击系数、行车响应等参数的试验项目，从而判断桥梁结构的整体刚度、行车性能。静载试验与动载试验虽然在试验目的、测试内容等方面不同，是两种性质的试验，但对于全面分析掌握桥梁结构的工作性能是同等重要的。

8.1　桥梁结构静载试验的目的、内容及程序

1. 静载试验的目的

桥梁静载试验的目的主要包括以下几个方面。

（1）检验桥梁结构的设计与施工质量，验证结构的安全性与可靠性。对于新建的大、中跨度桥梁或特殊桥梁，都要在竣工之后，通过试验来具体地、综合地鉴定该桥的施工质量与结构性能，判定桥梁结构的实际承载能力，为竣工验收、投入运营提供科学的依据。

（2）掌握桥梁结构的工作性能，判断桥梁结构的实际承载能力。对于既有桥梁结构在运营期间，由于恶劣气候、先天缺陷或超重车辆荷载等而产生损伤或病害，或原设计荷载等级偏低，这时要通过桥梁试验来评估既有桥梁的使用性能与承载能力，为既有桥梁加固、改建或限载决策提供科学的依据。

（3）验证桥梁结构的设计理论与计算方法，完善桥梁结构的计算理论。随着科技的发展，桥梁结构中采用的新结构、新材料和新工艺也日益增多，要通过桥梁试验予以验证，在大量试验检测数据积累的基础上，就可以逐步建立或完善桥梁的设计理论与计算方法。

2. 静载试验的内容

桥梁荷载试验是一项复杂而细致的工作，应根据荷载试验的目的进行认真的调查，进行相关的理论分析，在此基础上制订出切实可行的试验方案。荷载试验的主要内容为：

（1）荷载试验的目的及要求。

（2）试验的准备工作，包括技术资料的收集、桥梁现状检查、理论计算、现场准备。

（3）加载方案设计。

（4）测点设置与测试。

（5）加载控制与安全措施。

（6）试验结果分析与承载力评定。

（7）试验报告编写。

3. 静载试验的程序

一般情况下，桥梁静载试验可分为三个阶段，即桥梁结构的考察与试验准备阶段、加载

与观测阶段、测试结果的分析总结阶段。

试验准备阶段是桥梁荷载试验顺利进行的前提和保障。这一阶段的工作内容很多，包括收集桥梁设计文件、施工记录、监理记录、原试验资料、桥梁养护与维修记录等桥梁技术资料，检查桥梁现状，检算设计荷载和试验拟加荷载作用下理论内力，制定加载和量测方案，选用仪器仪表，搭设工作脚手架、设置测量仪表支架、测点放样及表面处理、布置测试元件、安装调试测量仪器仪表等一系列工作。检测工作的顺利与否很大程度上取决于检测前的准备工作。

加载与观测阶段是整个检测工作的中心环节。这一阶段的工作是在各项准备工作就绪的基础上，按照预定的试验方案与试验程序，利用适宜的加载设备进行加载，运用各种测试仪器，观测试验结构受力后的各项性能指标如挠度、应变、裂缝宽度、加速度等，并采用人工记录或仪器自动记录手段记录各种观测数据和资料。有时，为了使某一加载、观测方案更为完善，可先进行试探性试验，以便更完满地达到原定的试验目的。需要强调的是，对于静载试验，应根据当前所测得的各种指标与理论计算结果进行现场分析比较，以判断受力后结构行为是否正常，是否可以进行下一级加载，以确保试验结构、仪器设备及试验人员的安全，这对于存在病害的既有桥梁结构尤为重要。

分析总结阶段是对原始测试资料进行综合分析的过程。原始测试资料包括大量的观测数据、文字记载和图片等材料，受各种因素的影响，原始测试数据一般显得缺乏条理性与规律性，未必能深刻揭示试验结构的内在行为。因此，应对它们进行科学的分析处理，去伪存真、去粗求精，进行综合分析比较，从中提取有价值的资料。对于一些数据或信号，有时还需按照数理统计的方法进行分析，或依靠专门的分析仪器和分析软件进行分析处理，或按照有关规程的方法进行计算。这一阶段的工作，直接反映整个检测工作的质量。测试数据经分析处理后，按照相关规范或规程以及检测的目的要求，对检测对象做出科学的判断与评价。

目前，桥梁静载试验应按照我国现行的《大跨度混凝土桥梁的试验方法》（1982.10）、《公路桥涵设计通用规范》（JTG D60—2004）或《城市桥梁设计荷载标准》（CJJ 77—1998）进行。最后，综合上述两个阶段的内容，形成桥梁静载试验报告。

8.2　桥梁结构静载试验的方案设计

1. 试验对象的选择

桥梁静载试验既要客观全面地评定结构的承载能力与使用性能，又要兼顾试验费用、试验时间的制约，因此，要进行必要的简化，科学合理地从全桥中选择具体的试验对象。一般说来，对于结构型式与跨度相同的多孔桥跨结构可选择具有代表性的一孔或几孔进行加载试验量测；对于结构型式不相同的多孔桥跨结构应按不同的结构型式分别选取具有代表性的一孔或几孔进行试验；对于结构型式相同但跨度不同的多孔桥跨结构，应选取跨度最大的一孔或几孔进行试验；对于预制梁，应根据不同跨度及制梁工艺，按照一定的比例进行随机抽查试验。另外，试验对象的选择还应考虑以下条件：

（1）试验孔或试验墩台的计算受力状态最为不利。

（2）试验孔或试验墩台的破损或缺陷比较严重。

（3）试验孔或试验墩台便于搭设脚手架，便于布置测点及试验加载。

2. 加载工况的确定

在满足鉴定桥梁承载能力的前提下，加载项目安排应抓住重点，不宜过多。一般情况下，有 1~2 个主要内力控制截面工况，再根据桥梁具体情况可设置几个附加内力控制截面工况。常见桥型荷载工况见表 8-1：

表 8-1　　　　　　　　　　　　　　　　常见桥型荷载工况表

桥 型	试 验 工 况	
	主 要	附 加
简支梁桥	跨中最大正弯矩工况 $L/4$ 最大正弯矩工况	支点最大剪力工况 墩台最大竖向反力工况
连续梁桥	主跨跨中最大正弯矩工况 主跨支点负弯矩工况 边跨最大正弯矩工况	主跨桥墩最大竖向反力工况 主跨支点最大剪力工况
悬臂梁桥（T 形刚构）	支点（墩顶）最大负弯矩工况 锚固孔跨中最大正弯矩工况 悬臂端最大挠度工况	支点（墩顶）最大剪力工况 挂孔跨中最大正弯矩工况 墩台最大竖向反力工况
无铰拱桥	跨中最大正弯矩工况 拱脚最大负弯矩工况	拱脚最大水平推力工况 $L/4$ 截面最大正弯矩和最大负弯矩工况
刚架桥	跨中截面最大正弯矩工况 节点截面附近最大负弯矩工况	柱脚截面最大负弯矩工况 柱脚截面最大水平推力工况
斜拉桥	主梁控制截面最大内力工况 主梁最大挠度工况 主塔顶顺桥向最大水平变位工况 斜拉索最大索力工况	主梁最大纵向漂移工况 主塔控制截面最大内力工况
悬索桥	主梁控制截面最大内力工况 主梁最大挠度工况 主梁扭转变形工况 主塔顶顺桥向最大水平变位工况 主缆最大拉力工况	塔柱底截面最大应力工况 吊索最大索力工况

此外，对桥梁的薄弱截面、损坏部位可以专门进行荷载工况设计，以检验该部位或截面对结构整体性能的影响。

3. 试验荷载的计算

（1）控制荷载的确定。为了保证荷载试验的效果，必须先确定试验的控制荷载。桥梁需要鉴定承载能力的荷载可能有以下几种：

1）汽车和人群（标准荷载）。

2）平板挂车或履带车（标准荷载）。

3）需通行的重型车辆。

分别计算以上几种荷载对结构控制截面产生的内力（或变形）的最不利值，进行比较，取其中最不利者对应的荷载作为控制荷载。因为挂车和履带车不计冲击力，所以动载试验以汽车荷载作为控制荷载。

荷载试验应尽量采用与控制荷载相同的荷载，当客观条件所限，采用的试验荷载与控制荷载有差别时，为保证试验效果，在选择试验荷载的大小和加载位置时采用静载试验效率 η_q 进行控制。

（2）静载试验效率。

静载试验效率为：
$$\eta_q = \frac{S_S}{S(1+\mu)}$$
（8-1）

式中　S_S——静载试验荷载作用下控制截面内力计算值；

　　　S——荷载作用下控制截面最不利内力计算值；

　　　μ——按规范采用的冲击系数，平板桂车、履带车、重型车辆，取 $\mu = 0$。

η_q 值可采用 0.8～1.05，当桥梁的调查、检算工作比较完善而又受加载设备能力所限，η_q 值可采用低限；当桥梁的调查、检算工作不充分，尤其是缺乏桥梁计算资料时，η_q 值应采用高限。总之应根据前期工作的具体情况来确定，一般情况下 η_q 值不宜小于 0.95。

荷载试验宜选择温度稳定的季节和天气进行。当温度变化对桥梁结构内力影响较大时，应选择温度内力较不利的季节进行荷载试验，否则应考虑用适当增大静载试验效率 η_q 来弥补温度影响对结构控制截面产生的不利内力。

当控制荷载为挂车或履带车而采用汽车荷载加载时；考虑到汽车荷载的横向应力增大系数较小，为了使截面的最大应力与控制荷载作用下截面最大应力相等，可适当增大静载试验效率 η_q。

对于病害较为明显的桥梁，为保证试验过程中的安全，须按照《公路桥梁承载能力检测评定规程》（报批稿）首先对旧桥的承载能力进行验算，确定目前情况下桥梁结构的承载力，保证荷载试验效应不大于结构承载力，以便合理确定荷载试验的试验效率系数。

（3）加载分级的计算。根据各加载分级按弹性阶段计算加载各测点的理论计算变位（或应变），以便对加载试验过程进行分析和控制。计算采用的材料弹性模量，如已做材料试验则用实测值，否则可按规范选用。

1）当加载分级较为方便时，可按最大控制截面内力分为 4～5 级，即最大试验荷载的 60%、70%、80%、90%、100%。

2）当使用载重车加载，车辆称重有困难时也可分成 3 级加载。

3）当桥梁的调查和验算工作不充分，或桥况较差，应尽量增多加载分级，如限于条件加载分级较少时，应注意每级加载时，车辆荷载逐辆缓缓驶入预定加载位置，必要时可在加载车辆未到达预定加荷位置前分次对控制测点进行读数以确保试验安全。

4）在安排加载分级时，应注意加载过程中其他截面内力也应逐渐增加，且最大内力不应超过控制荷载作用下的最不利内力。

5）根据具体条件决定分级加载的方法，最好每级加载后卸载，也可逐级加载达最大荷载后逐级卸载。

4. 测试内容及测点布置

（1）测试内容。一般桥梁静载试验测试的主要内容如下：

1）应力。桥梁结构控制截面最大应力（应变）的数值及其随荷载的变化规律，包括混凝土表面应变及最外缘受力主筋的应力。以混凝土表面正应力测试为主，一方面测试应变沿截面高度的分布，以推断结构的极限强度；另一方面测试应变随试验荷载的变化规律，以判断结构是否处于弹性工作状态。对于受力较为复杂的情况，还要测试最大主应力大小、方向及其随荷载的变化规律。

2）变形（变位、位移）。要观测桥梁结构在各级试验荷载作用下的最大竖向挠度以及挠度沿桥轴线分布曲线，对于一些桥梁结构型式如拱桥、斜拉桥、悬索桥，还要观测拱肋或索塔控制点在试验荷载作用下顺桥向或横桥向的水平位移；对于采用偏载加载方式或对于曲线桥梁，还要观测试验结构变形控制点的水平位移和扭转变位；支座的压缩，活动支座的变位，支点的沉降；墩台的位移与转角。

3）裂缝的变化。裂缝的出现和扩展，包括初始裂缝的出现，裂缝的长度、宽度、间距、位置、方向和性状的变化，以及卸载后裂缝的闭合情况。

4）斜拉桥、悬索桥、系杆拱的吊索（拉索）的索力，以及主缆（拉索）的表面温度。

如果荷载试验为了检验结构真实工作状态，还需要测试以下内容：

① 挠度沿桥长或沿控制截面桥宽方向分布。沿桥长方向的挠度分布曲线，要求在每个桥跨内布置不少于 3 个挠度观测点，并设置支点下沉的观测点。

② 应变沿控制截面桥宽方向和沿截面高度的分布，结构构件的实际应变分布图形。要求沿截面高度布置不少于 5 个应变测点（包括最边缘和截面突变处的测点在内）。为量测混凝土内部应变和钢筋应变，需在施工中预理相应的传感器。

③ 支点附近结构斜截面的主拉应力。

④ 检测控制截面的挠度和应力（或应变）的纵向和横向影响线。

⑤ 行车道板跨中和支点截面的挠度与应变影响线。

（2）测点布置。测点布置应遵循必要、适量、方便观测的基本原则，并使观测数据尽可能地准确、可靠。测点布置可按照以下几点原则进行。

1）测点的位置应具有较强的代表性，以便进行测试数据分析。通过对桥梁结构的最大挠度与最大应变的量测，可以比较宏现地了解结构的工作性能及强度储备。例如，简支梁桥跨中截面的挠度最大，该截面上下缘混凝土的应力也最大，这种代表性的测点必须进行量测。

2）测点的设置要有目的性，避免盲目设置测点。在满足试验要求的前提下，测点不宜设置过多，以便使试验工作重点突出，提高效率，保证质量。

3）测点的布置也要有利于仪表的安装与观测读数，并对试验操作是安全的。为了便于测试读数，测点布置宜适当集中；对于测试读数比较困难危险的部位，应有妥善的安全措施。

4）为了保证测试数据的可靠性，需要布置一定数量的校核性测点。在现场检测过程中，由于偶然因素或外界干扰，会有部分测试元件、测试仪器不能处于正常工作状态或发生故障，影响量测数据的可靠性。因此，在量测部位应布置一定数量的校核性测点，如截面具有一个对称轴，在同一截面的同一高度应变测点不应少于 2 个，同一截面应变测点不应少于 6 个，以便判别量测数据的可靠程度，舍去可疑数据。

5）在试验时，有时可以利用结构对称互等原理来进行数据分析校核，适当减少测点数量。例如简支梁在对称荷载作用下，$L/4$ 截面和 $3L/4$ 截面的挠度相等，两截面对应位置的应变也相等，利用这一点可少布置一些测点，进行测试数据校核。

几种常见桥型的主要测点布设见表 8-2。

表 8-2   常见桥型的主要测点布设表

桥 型	应 力	挠 度	转 角	变位、位移
简支梁桥	跨中 四分点 支点	跨中 四分点	支点	支点沉降
连续梁桥	跨中 四分点 支点	跨中 四分点	支点	支点沉降

续表

桥 型	应 力	挠 度	转 角	变位、位移
悬臂梁桥 （T 形钢构）	固端 支点 牛腿 墩身控制截面	跨中 牛腿	支点 梁端	墩顶变位
无铰拱桥	跨中 四分点 八分点 拱脚	跨中 四分点 八分点	墩台	墩台下沉、平移
刚架桥	跨中 结点 柱脚	跨中 结点	柱脚	墩台顶
斜拉桥	跨中 斜拉索 塔柱底	跨中 四分点	塔顶	索塔下沉 塔顶平移
悬索桥	跨中 主缆 塔柱底	跨中 四分点	塔顶	索塔下沉 塔顶平移 锚碇上拔

8.3 静载试验测试仪器

桥梁试验检测常用的仪器按其工作原理可分为机械式仪器、光学仪器和电测仪器。常用的仪器有百分表、千分表、应变仪、应变计（片）、精密水准仪、经纬仪、光电挠度仪、光纤光栅传感器、倾角仪、裂缝观测仪等。

1. 桥梁检测对仪器的要求

桥梁检测对仪器的要求包括以下几个方面：

（1）仪器的量程、准确度、灵敏度要根据检测的要求合理选用，仪器工作性能要稳定，抗干扰能力良好，在野外检测时这一点显得尤为重要。

（2）仪器使用方便，安装快捷，适应性强。

（3）仪器结构简单，经久耐用。无论是外包装还是仪器本身结构，都应具有良好的防护装置，便于运输，不易损坏。

（4）仪器轻巧。自重轻、体积小，便于野外桥梁检测时携带。

（5）仪器的多用途。所使用的仪器应具有多种用途。如应变仪，既可单点测量，也可多点测量，既可测应变也可测位移。

（6）使用安全。包括仪器本身不易损坏，不会危及操作人员的人身安全。

量测仪器的某些性能之间经常是互相矛盾的，如精度高的仪器，其量程较小；灵敏度高的，其适应性较差。因此在选用仪器时，应避繁就简，根据试验的要求来选用合适的仪器，灵活运用。

2. 仪器设备的标定

为了保证检测数据的准确性，在检测过程中使用的仪器设备必须首先进行计量标定。标定是确保计量器具准确的重要措施，也是实行国家监督的一种手段。通过计量标定，对仪器的性能进行评定，确定其是否合格，从而保证所用于量测的计量标准、检测仪表的量值在规定的误差范围内，与国家计量基准的量值保持一致，达到统一量值的目的。仪器的标定可以分为强制标定和非强制标定两类。强制标定的仪器仪表实行定点、定期标定。非强制标定的仪器仪表可由使用单位依法自选定期标定，确定其是否合格。

在桥梁检测中，以下常用仪器仪表应定期进行标定：

机械仪器的标定：如百分表、千分表、测力计的标定，回弹仪的率定。

电子仪器的标定：超声波仪超声时间的标定，应变仪、应变计（应变片）的标定，荷载传感器的标定。

光学仪器的标定：如精密水准仪、测距仪、激光挠度仪、倾角仪、读数显微镜等。

3. 测试仪器的选择

根据测试项目的需要，在选择仪器仪表时，要注意以下几点。

（1）选择仪器仪表必须从试验的实际情况出发，选用的仪器仪表应满足测试精度的要求，一般情况下要求测量结果的极限相对误差不超过 5% 即可。

（2）在选用仪器仪表时，要避免盲目追求精度，因为精密量测仪器仪表的使用，一般对环境条件要求较为苛刻。

（3）为了简化测试工作，避免出现差错，量测仪器仪表的型号、规格，在同一次试验中种类越少越好，尽可能选用同一类型或规格的仪器仪表。

（4）仪器仪表应当有足够的量程，以满足测试的要求，试验中途的调试，会增加试验的误差。

（5）由于现场检测的测试条件较差，环境因素的影响较大，应根据实际情况，采用既简便易行又符合要求的仪器仪表。例如，当桥下净空较大、测点较多、挠度较大时，桥梁挠度观测宜选用光学仪器如激光挠度仪，而单片梁静载试验挠度的量测宜用百分表。

4. 常用的仪器设备

（1）位移计。位移计包括百分表、千分表等，其构造和工作原理基本相同，主要区别在于精度和量程不同。最小刻度值为 0.01mm 的叫百分表，通常的量程有 5mm 和 10mm，也有大量程的 30～50mm，允许误差 0.01mm。最小刻度为 0.001mm 的叫千分表，通常的量程有 1mm 和 3mm，允许误差 0.001mm。千分表和百分表的结构相似，只增加了一对放大齿轮，灵敏度提高了 10 倍。

1）百分表的构造。百分表是利用齿条—齿轮传动机构将线位移转变为角位移，并通过齿轮传动比进行放大的精密量具。图 8-1 是百分表的构造图，齿轮 6、7、8 将感受到的变形加以放大或变换方向，扇形齿轮和螺旋弹簧 5 的作用是使齿轮 6、7、8 相互之间只有单面接触，以消除齿隙间的无效行程。测杆 4 穿过百分表机体，其功能是感受试件的变形，当测杆上下运动时带动齿轮转动，再通过齿轮传递到长短针，使指针沿刻度盘旋转，指针移动的距离就可以在刻度盘上读出，该数值表示出测杆相对于百分表机体的位移。机体上的轴颈可供安装百分表使用，有些百分表的外壳背面设有耳环，以便于安装。

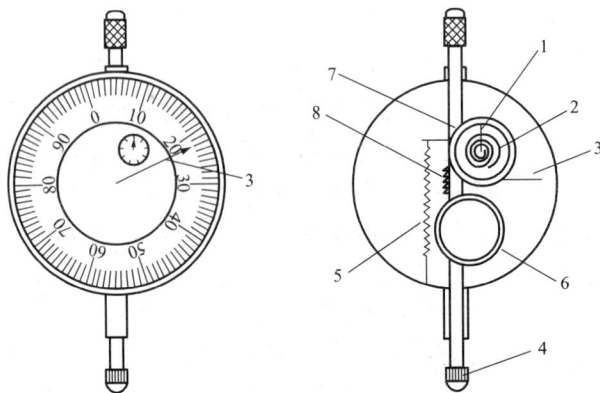

图 8-1　百分表构造图

1—短针齿轮；2—齿轮弹簧；3—长针；4—测杆；5—测杆弹簧；6，7，8—齿轮

目前也常使用数显百分表，比机械式百分表读数方便，而且具有公英制转换、任意位置置零、数据输出等功能。常用的百分表如图 8-2 所示。

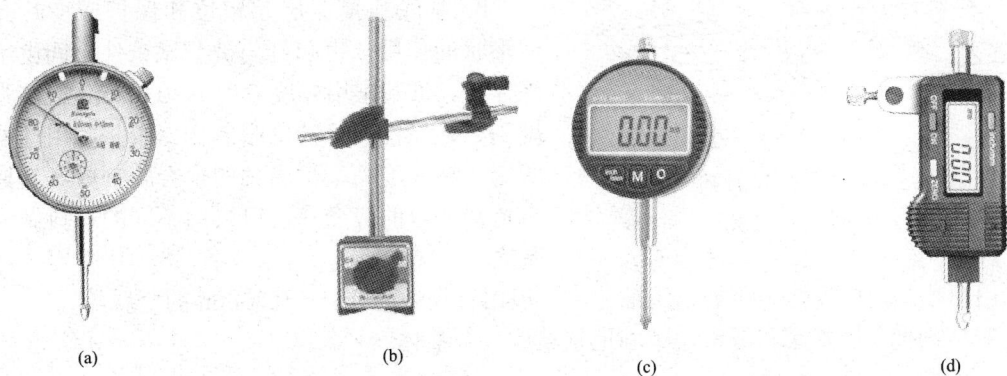

图 8-2　常用百分表

(a) 机械式百分表；(b) 磁性表座；(c) 数显百分表；(d) 数显百分表

2) 使用方法。使用时，百分表装在磁性表座上，表座安装在临时专门搭设的支架上，支架应具有一定的刚度，并与被测结构物分开。将百分表测杆触头抵在测点上，并接触紧密。当测点沿测杆方向发生位移时，推动（或放松）测杆，便在表盘上指示出位移值。

3) 使用时应注意的事项。

① 使用时，只能拿取外壳，不得随意用力推拉测杆，避免大力撞击，以免造成齿轮系统损伤而影响精度。

② 安装时，要使测杆与欲测的位移的方向一致，或者与被测物体表面保持垂直。并注意位移的正反方向和大小，以便调节测杆，使百分表有适宜的测量范围。

③ 磁性表座要安设稳妥，表座上的各个螺栓要拧紧，但颈箍夹住百分表轴颈时，不可夹得过紧，否则会影响测杆移动。

④ 百分表安装好后，可用笔头在表盘上轻轻敲击，看指针摆动情况。若长指针轻微振动或绕某一固定值在小范围内左右摆动，说明安装正常。

⑤ 百分表用于测挠度与变位时，应注意位移的相对性，测杆移动的方向与量测的位移方向完全一致。测点表面要进行磨平和硬化处理，以减少误差。

⑥ 百分表使用一段时间后或经过拆洗修理后，必须重新进行标定。

⑦ 磁性表座应经常保持清洁，移动时小心轻放，不使用时切断磁路，不要任意拆卸零件，长期不使用时应涂油防锈，存放在干燥的地方。

千分表与百分表使用方法相同。

（2）电阻应变仪。用电阻式应变仪测试桥梁结构应变时需将应变仪和电阻应变片（应变计）配合使用。

1）电阻应变片。电阻应变片又称电阻应变计，简称应变片。它是非电量电测中最重要的变换器。

① 电阻应变片的构造。绕线式应变片主要由敏感元件、基底、覆盖层和引出线等几部分组成。

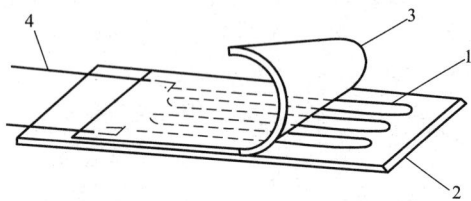

图 8-3　电阻应变片的构造

1—敏感丝栅；2—基底；3—覆盖层；4—引出线

a. 敏感丝栅是应变片的主要元件，一般由康铜丝、镍铬丝制成。

b. 基底和覆盖层起定位和保护应变片几何形状的作用，也起到与被测试试件之间电绝缘作用。纸基常用厚度 0.015～0.02mm 机械强度高、绝缘性能好的纸张制作。胶基则用性能稳定、绝缘度高、耐腐蚀的聚合胶制成。其他有特殊要求的应变片，可采用不同的材料做成基底。

c. 引出线是用以连接导线的过渡部分，一般用直径约为 0.15～0.30mm 的金属丝。

d. 胶粘剂把丝栅基底和覆盖层牢固地粘结成一个整体。

② 常用电阻应变计的种类：

a. 金属丝式应变片。金属丝式应变片最常用的形式为丝绕式，又称为圆角线栅式。它的制造设备和技术都较简便，但横向灵敏度较箔式应变片为大（横向灵敏度会给测量带来一定的误差）。丝式应变片常用的金属材料是康铜、镍铬合金、铁镍铬合金和铂铱金等。

b. 箔式应变片。是由照相、光刻技术腐蚀成丝。它在性能上的优点是散热条件好，逸散功率大，可以允许较大电流、耐蠕变和漂移的能力强，易做成任意形状，但它工艺较复杂，箔片的材料主要为康铜、镍铬合金等。

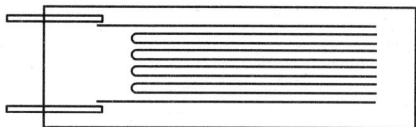

图 8-4　丝式应变片

图 8-5　箔式应变片

c. 电阻应变花。在两向应力状态时，需要测出一点的两个或三个方向的应变，才可求出此测点的主应力的大小和方向。这就要使用粘贴在一个公共基底上，按一定方向布置的 2～4 个敏感栅组成的电阻应变片。这种应变片叫做电阻应变花、应变花或多轴应变片。

对于箔式应变片组成的应变花，因其横向效应系数极小，故不考虑修正问题。对于由半圆头丝绕式应变片组成的应变花，如果对测试结构要求不很严格的话，也不必考虑修正。

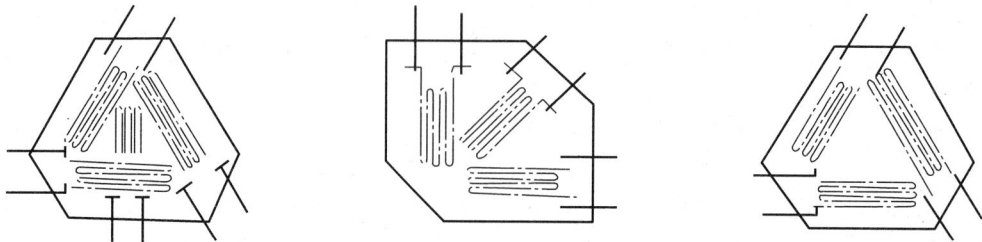

图 8-6　电阻应变花

③ 电阻应变计的优点和缺点。电阻应变计的优点：短期内性能相对稳定，测量速度快，灵敏度高，测量结果可靠；加工工艺简单，易制成适于结构的丝材，埋入结构中对结构不造成影响；尺寸小且粘贴牢固；质量小；相配合的仪器成熟，易与计算机及其他设备兼容；易于进行各种补偿等。

电阻应变计的缺点：输出信号小，易受干扰；存在散热问题，测量值须进行修正；固化时应变丝与基体材料存在内应力导致零点漂移问题；粘贴工作量大；难以重复使用等。

④ 电阻应变片的原理。电阻应变丝做成电阻应变片埋入结构内部或粘贴结构表面后，在外力作用下，结构产生变形，电阻应变丝产生伸长或缩短，电阻值发生相应的变化，用测量仪器测出应变片的阻值变化，再根据阻值变化与形变的已知关系，就可以求得物体的应变大小。

金属丝的电阻随着金属丝变形大小而发生相应变化的现象称为金属的电阻应变效应。由电阻定律知：

$$R = \rho \frac{L}{A} \qquad (8-2)$$

式中　R ——金属丝的电阻（Ω）；

ρ ——金属丝的电阻率（$\Omega \cdot m^2/m$）；

L ——金属丝的长度（m）；

A ——金属丝的横截面积（m^2）。

当金属丝受拉而伸长 dL 时，横截面积将相应减小 dA，电阻率则因金属晶格发生变形等因素的影响也将改变 $d\rho$，这些量的变化必然引起金属丝阻值变化 dR。

$$dR = \frac{\rho}{A} dL - \frac{\rho L}{A^2} dA + \frac{L}{A} d\rho \qquad (8-3)$$

以 R 除左式，$\rho L / A$ 除右式，可以得到

$$\frac{dR}{R} = \frac{dL}{L} - \frac{dA}{A} + \frac{d\rho}{\rho} \qquad (8-4)$$

由横截面积 $A = \pi r^2$ 知

$$\frac{dA}{A} = 2\frac{dr}{r} \qquad (8-5)$$

令金属丝的轴向应变 $\varepsilon_x = dL / L$，径向应变 $\varepsilon_y = dr / r$，再由金属丝受拉时沿轴向伸长且沿径向缩短，两者之间的关系为

$$\varepsilon_y = -\upsilon \varepsilon_x \qquad (8-6)$$

式中　υ ——金属丝材料的泊松系数。

将式（8-5）、式（8-6）代入式（8-4）中得

$$\frac{dR}{R} = (1+2\upsilon)\varepsilon_x + \frac{d\rho}{\rho}, \quad 即 \quad \frac{dR/R}{\varepsilon_x} = (1+2\upsilon) + \frac{d\rho/\rho}{\varepsilon_x}$$

令

$$K_0 = \frac{dR/R}{\varepsilon_x} = (1+2\upsilon) + \frac{d\rho/\rho}{\varepsilon_x} \qquad (8-7)$$

K_0 为常数，称为金属丝的灵敏系数，其物理意义是每单位应变所造成的相对电阻变化率。

从式（8-7）可以看出，K_0 受两个因素影响：第一项（$1+2v$）是由于金属丝受拉伸后，材料的几何尺寸发生变化而引起的；第二项 $\dfrac{\mathrm{d}\rho/\rho}{\varepsilon_x}$ 是由于材料发生变形时，其自由电子的数量和活动能力均发生了变化的缘故，这项可能是正值也可能是负值，但作为应变片都选为正值，否则会降低灵敏度。

实验表明，由于横向效应的影响，应变片的灵敏系数 K 恒小于同一材料金属丝的灵敏系数 K_0，但应变片的 $\mathrm{d}R/R$ 和 ε_x 两者关系在很大范围内仍然具有线性关系，即

$$\frac{\Delta R}{R} = K\varepsilon_x \text{ 或 } K = \frac{\Delta R/R}{\varepsilon_x}$$

温度导致的应变片电阻变化与被测物体形变引起的电阻变化几乎有相同的数量级，如果不采取必要的措施克服温度的影响，测量精度无法得到保证。温度误差除与环境温度有关外，还与应变片本身的性能参数以及被测物体的线膨胀系数有关。常用的温度补偿方法有桥路补偿法、应变片自补偿法和热敏电阻补偿法等。由于桥路补偿法简单方便，常温下补偿效果好，因此实用中多采用桥路补偿法对应变测量进行补偿。

⑤ 电阻应变片的选用。选用应变片时应根据应变片的初始参数及试件的受力状态、应变梯度、应变性质、工作条件、测试精度要求等综合考虑。

对于一般的结构试验，采用 120Ω 胶基金属丝应变片就可满足试验要求。其标距可结合试件的材料来选定，如钢材常用 5～20mm，混凝土则用 40～150mm，石材用 20～40mm。

对于有特殊要求的，可选择特种应变片，如低温应变片、高温应变片、疲劳寿命片、裂纹探测片、应力片以及高压、核辐射、强磁场等条件下使用的应变片。

⑥ 电阻应变片的粘贴技术：

a. 粘结剂。粘贴应变片用的粘结剂称为应变胶。应变胶应能可靠地将试件传递到应变片的敏感栅上。对应变胶的性能要求是：粘结强度高（剪切强度一般不低于 3～4MPa），电绝缘性能好，化学稳定性及工艺性好等。在特殊条件下，还要考虑一些其他要求，例如耐高温、耐老化、耐介质（油、水、酸和碱等）、耐疲劳等。目前常用的应变胶分为有机胶和无机胶两类。常温下用有机胶，无机胶则用于高温应变片的粘贴。

常规桥梁试验粘贴应变片的应变胶一般为快干胶和热固性树脂胶等。一般采用 AB 胶作底胶，502 胶粘贴。

502 快干胶是借助于空气中微量水分的催化作用而迅速聚合固化产生粘结强度的。该类胶粘结强度能满足桥梁应变测试要求，但随生产厂家产品质量和存放时间长短，粘结强度差别很大，只能在低温、干燥和避光的条件下保存。

AB 胶即双组分胶粘剂。通常使用的是指丙烯酸改性环氧胶或环氧胶。A 组分是丙烯酸改性环氧或环氧树脂，或含有催化剂及其他助剂，B 组分是改性胺或其他硬化剂，或含有催化剂及其他助剂。按一定比例混合即可使用。环氧树脂胶是靠分子聚合反应而固化产生粘结强度的。它有较高的剪切强度和防水性能，电绝缘性能好。它的主要成分是环氧树脂，并酌量加入固化剂和增韧剂等配制而成。

AB 胶使用注意事项：胶液有丙烯酸酯气味，使用时应通风防火；胶液不宜一次混合过多；勿让儿童接触，不可入口；胶帽不得盖错，以免变质失效，低温通风隔火种储存。

b. 应变片的粘贴技术。应变片的粘贴是应变电测技术中一个很关键的环节，粘贴质量的

好坏直接影响测量的结果。有时可能因某些主要测点的应变片失效，导致测量工作失败。因此，必须掌握粘贴技术，保证测量结果的准确性和可靠性。粘贴时应掌握下列技术环节。

选片。用放大镜对应变片进行检查，保证选用的应变片无缺陷和破损。同批试验选用灵敏系数和阻值相同的应变片，采用兆欧表或万用表对其阻值进行测量，保证误差不大于 0.5Ω。

定位。先初步画出贴片位置、用砂布或砂轮机将贴片位置打磨平整，钢材光洁度达到 $\nabla3\sim\nabla5$；混凝土表面无浮浆，必要时涂底胶处理，待固化后再次打磨。在打磨平整的部位准确画出测点的纵、横中心及贴片方向。

贴片。用镊子夹脱脂棉球蘸酒精（或丙酮）将贴片位置清洗干净。用手握住应变片引出线，在其背面均匀涂抹一层胶水，然后放在测点上，调整应变片的位置，使其可准确定位。在应变片上覆盖小片玻璃纸，用手指轻轻滚压、挤出多余胶水和气泡。注意不要使应变片位置移动。用手指轻按 $1\sim2min$，待胶水初步固化后即可松手。粘贴质量较好的应变片，应是胶层均匀，位置准确。

干燥固化。干燥才能固化，当气温较高，相对湿度较低的短期试验，可用自然干燥，时间一般 $1\sim2d$。人工干燥：待自然干燥 12h 后、用红外线灯烘烤，温度不要高于 $50℃$；还要避免骤热，烘干到绝缘电阻符合要求时为止。

应变片的防护。在应变片引线端贴上接线端子，把应变片引线和连接导线分别焊在接线端子上，然后立即涂防护层，以防止应变片受潮和机械损伤，受潮会影响应变片的正常工作，故防潮就显得十分重要。应变片受潮的程度不易直接测量，一般用应变片和结构表面的绝缘电阻值来判断。绝缘电阻值高能保证测量精度，但要求过高会增加防潮难度和工作量。一般静态测量绝缘电阻应大于 $200M\Omega$，动态测量可以稍小于 $200M\Omega$，长期观测和高精度要求的测量应大于 $500M\Omega$。图 8-7 给出了几种常用的防护措施，其中（a）和（b）适用于一般潮湿条件，（c）和（d）适用于水中或混凝土浇筑场所。

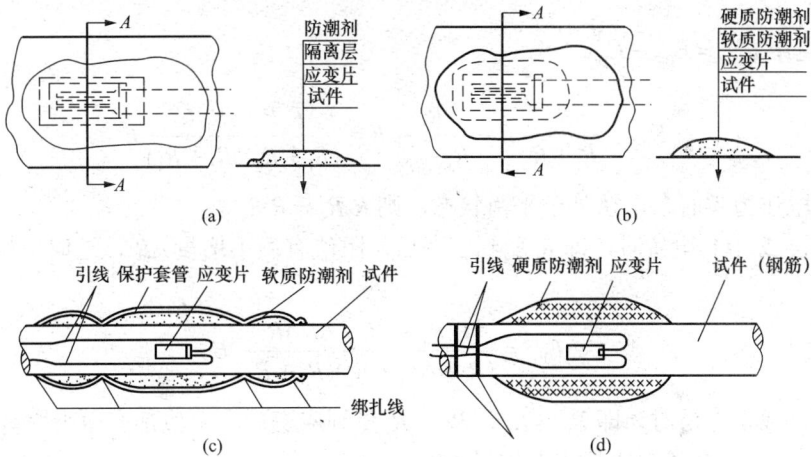

图 8-7　应变片防潮措施

2）电阻应变仪。

① 测量电路及原理。测量电路是应变仪的重要组成部分，其作用是将应变片的电阻变化转换为电压（或电流）的变化。在特殊情况下，应根据测量的目的和具体要求自行设计测量

电路。应变片电测一般采用两种测量电路，一种是电位计式电路，一种是桥式电路，通常采用惠斯登电桥。

惠斯登电桥（图 8-8）具有四个电阻 R_1、R_2、R_3、R_4，其中任一个都可以是应变片电阻，电桥的对角 AC 接输入电压，另一对角 BD 测量输出电压。电桥的一个特点是，四个电阻达到某一关系时，电桥输出为零，这样我们就能应用很灵敏的检流计来测量输出。由于这一特点使电桥能够精确地测量微小的电阻变化。

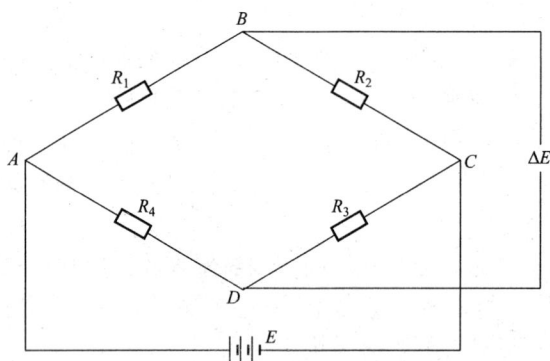

图 8-8　惠斯登电桥

其原理如下：根据基尔霍夫定律可知，E_{BC}、E_{CD} 与 E 的关系有

$$E_{BC} = \frac{R_2}{R_1 + R_2} E \qquad (8-8)$$

$$E_{DC} = \frac{R_3}{R_3 + R_4} E \qquad (8-9)$$

BD 间输出电压 $E_{BD} = E_{BC} - E_{DC}$

$$E_{BD} = \frac{R_2}{R_1 + R_2} E - \frac{R_3}{R_3 + R_4} E = \frac{R_2 R_4 - R_1 R_3}{(R_1 + R_2)(R_3 + R_4)} E \qquad (8-10)$$

当输出电压为零时，电桥处于平衡状态，则 $R_2 R_4 = R_1 R_3$

当电桥接成 1/4 电桥时，即 R_1 受到应变后，阻值有微小增量 ΔR_1，这时电桥输出电压也有增量 ΔE_{BD}

$$\Delta E_{BD} = \frac{R_2 R_4 - (R_1 + \Delta R_1) R_3}{(R_1 + \Delta R_1 + R_2)(R_3 + R_4)} E \qquad (8-11)$$

当电桥接成全电桥时，即 R_1、R_2、R_3、R_4 受到应变后，阻值都有微小增量 ΔR_1、ΔR_2、ΔR_3、ΔR_4，这时电桥输出电压也有增量 ΔE_{BD}

$$\Delta E_{BD} = \frac{R_2 R_4}{(R_1 + R_2)(R_3 + R_4)} \left(\frac{\Delta R_1}{R_1} - \frac{\Delta R_2}{R_2} + \frac{\Delta R_3}{R_3} - \frac{\Delta R_4}{R_4} \right) E \qquad (8-12)$$

在全等臂电桥情况下，即 $R_1 = R_2 = R_3 = R_4 = R$ 且应变片的灵敏系数 $K_1 = K_2 = K_3 = K_4$，由 $\Delta R / R = K\varepsilon$ 得到：

$$\Delta E_{BD} = \frac{1}{4}K(\varepsilon_1 - \varepsilon_2 + \varepsilon_3 - \varepsilon_4)E \tag{8-13}$$

由上式可知，电桥输出电压的增量 ΔE_{BD} 与桥臂电阻变化率 $\Delta R / R$ 或应变 ε 成正比例。输出电压与四个桥臂应变的代数和呈线性关系，相邻桥臂的应变符号相反，相对桥臂的应变符号相同。

根据电桥的测量电路，对应变电桥的测量方法有下列几种。

a. 单点测量。单点测量时，组成测量电桥的四个电阻中，R_1 为电阻片电阻，其余三个为精密电阻（无电阻变化），则：

$$\Delta E = \frac{1}{4}EK\varepsilon_1 \tag{8-14}$$

b. 半桥测量。其方法是将半桥接电阻片，另半桥为精密电阻（$\Delta R_3 = \Delta R_3 = 0$），则：

$$\Delta E = \frac{1}{4}EK(\varepsilon_1 - \varepsilon_2) \tag{8-15}$$

c. 全桥测量。其方法是组成测量电桥的四个电阻全由电阻片组成，即：

$$\Delta E = \frac{1}{4}EK(\varepsilon_1 - \varepsilon_2 + \varepsilon_3 - \varepsilon_4) \tag{8-16}$$

根据应变电桥测量电路的分析，所建立的这些基本关系式表明了电桥的输出与桥臂电阻（由测量的接片需要可为电阻片和精密电阻组桥）的相对增量 $\Delta R / R$ 或应变 ε 成正比的关系。由此也可看出，电桥的增减特性：相邻的输出符号相反，电桥输出具有相减特性；相对两臂符号相同，电桥输出具有相加特性。

根据电桥的这些特性，我们就可以采用不同的测量（应变片接线）方法进行选择。

② 电阻应变仪分类。电阻应变仪按使用内容不同，分为静态应变仪、动态应变仪和静动态应变仪。下面介绍国内常用的江苏靖江东华测试技术有限公司 DH3816 多测点静态应变测试系统。

DH3816 静态应变测试系统是全智能化的巡回数据采集系统。通过 USB、RS-232 接口与笔记本电脑连接，计算机完成自动平衡、采样控制、自动修正、数据存储、数据处理和分析，生成和打印试验报告。可进行全桥、半桥、1/4 桥（公用补偿片）状态的静态应力应变的多点检测，能与

图 8-9　东华 DH3816 静态应变测试系统

各种桥式传感器、热电耦配合。DH3816 每个模块 60 测点，每台计算机最多可扩展到 16 个模块，扩展距离可达 300m。巡检采样速度 60 点/s，每个模块独立工作，960 个测点只需 1s 就可结束采样，应变测量范围±200 000με，分辨率 1με，零漂不大于 4με/4h，自动平衡范围为应变计阻值的±1%。

③ 电阻应变测量的温度补偿。用应变片测量应变时，它除了能感受试件受力后的变形外，同样也能感受环境温度变化，并引起电阻应变仪指示部分的示值变动，这称为温度效应。温度变化从两方面使应变片的电阻值发生变化。第一是电阻丝温度改变 Δt（℃），其电阻将会

随之而改变 ΔR_α。

$$\Delta R_\beta = \beta_1 R \Delta t \tag{8-17}$$

式中 β_1——电阻丝的电阻温度系数（1/℃）；

R——应变片的原始电阻值（Ω）。

第二是因为材料与应变片电阻丝的线膨胀系数不相等，但两者又粘合在一起，这样温度改变 Δt （℃）时，应变片中产生了温度应变，引起一附加的电阻的变化 ΔR_β。

$$\Delta R_\alpha = K_t (\alpha_j - \alpha) \Delta t R \tag{8-18}$$

式中 K_t——贴好的应变丝对温度应力的灵敏系数，$K_t = K_0$；

α_j——试件材料的线膨胀系数（1/℃）；

α——电阻丝的线膨胀系数（1/℃）。

因此，总的温度效应是两者之和：

$$\Delta R_t = \Delta R_\alpha + \Delta R_\beta = [K_t (\alpha_j - \alpha) + \beta_1] R \Delta t \tag{8-19}$$

令

$$\beta = K_t (\alpha_j - \alpha) + \beta_1 \tag{8-20}$$

则

$$\Delta R_t = \beta R \Delta t \tag{8-21}$$

式中 β——贴好的应变片总的电阻温度系数。

温度效应的应变值为

$$\varepsilon_t = K_0 \beta_1 R \Delta t \tag{8-22}$$

这个 ε_t 称视应变。当采用镍铬合金丝做成的应变片进行测量时，温度变动 1℃，会在钢材（$E = 2.1 \times 10^5$ MPa）中产生相当于 1.5MPa 左右的应力示值变动，这是不能忽视的，必须加以消除。消除温度效应的应变值主要是利用惠斯登电桥桥路的特性进行，称为温度补偿。

如图 8-8 所示，在电桥的 BC 臂上接一个与测量片 R_1 同样阻值的温度补偿应变片 R_2（简称补偿片）。测量应变片 R_1（简称工作片）贴在受力构件上，它既受应变作用又受温度作用，故 R_1 是由两部分组成。即：$\Delta R_1 = \Delta R_\varepsilon + \Delta R_t$。

补偿片 R_2 贴在一个与试件材料相同并置于试件附近，具有同样温度变化条件但不承受外力作用的小试块上，它只有 $\Delta R_2 = \Delta R_t$ 的变化。此时，电桥对角线上的电流计的反应为 $\Delta R_1 - \Delta R_2 = \Delta R_\varepsilon$，测得结果仅是试件受力后产生应变值，而温度效应所产生的视应变就消除了。

在实际工作中，为保证补偿效果，对补偿片的设置应考虑如下因素。

① 补偿片与工作片应该是同批产品，具有相同电阻值、灵敏系数和几何尺寸。

② 贴补偿片的试块材料应与试件的材料一致，并应做到热容量基本相等。如是混凝土材料，则需同样配合比和在同样条件下养护。

③ 补偿片的贴片、干燥、防潮等处理工艺必须与工作片完全一致。

④ 连接补偿片的导线应与连接工作片的导线同一规格、同一长度，并且相互平列靠近布置或捆扎成束。

⑤ 补偿片与工作片的位置应尽量接近，使两者处于同样温度场条件下，以防不均匀热源的影响。

⑥ 补偿片的数量多少，根据试验材料特性、测点位置、试验条件等决定。一般情况下，钢结构可用一个补偿片同时补偿 10 个工作片。对混凝土材料或木材可用一个补偿片补偿 5～

10 个工作片。如果要求严格或者是某些测点所处条件特殊时，应单独补偿，以尽量减少因补偿片连续工作而工作片间断工作所造成的温差影响。

上述桥路补偿的主要优点是方法简单、适用经济，在常温下补偿效果较好，但在温度变化梯度较大时，将会有一定误差。

目前除采用桥路补偿外，还有采用应变片温度自补偿的办法，即使用一种特殊的应变片，当温度变化时，其电阻增量等于零或相互抵消而不产生视应变。这种特殊应变片称温度自补偿应变片，它主要用于机械类试验中，在结构试验中国内目前尚少采用。

（3）光电图像式挠度检测仪。

1）光电图像法的基本原理。在桥梁的测试点上安装一个测试靶，在靶上制作一个光学标志点，通过光学系统把标志点成像在 CCD 的接收面上，当桥梁在荷载作用下产生位移时，测试靶也跟着发生位移，通过测出靶上标志点在 CCD 接收面上图像位置的变化值，就可以得到桥梁位移的位移值，其最小可测动态范围由 CCD 器件像元的分辨率决定，最大测量范围由镜头的视场角，光学系统放大率和 CCD 有效像元阵列长度决定。由于桥梁在载荷通过时可能为空间三维运动，我们通过光学解析系统把靶标的横向和纵向分量分别检出，传到线阵 $CCD\perp$ 和 $CCD\parallel$ 上。系统的 K 值（K_y、K_x），即 CCD 上每个像素代表的实际位移值，可在测量之前进行标定。CCD 为电荷耦合固体成像器件，它是用大规模硅集成电路工艺制成的模拟集成电路芯片，具有光电转换，电荷储存、传输和读出功能，在驱动电路的作用下，通过光电转换，电荷存储、传输、输出后，对初始信号进行预处理，获得幅度正比于各像素所接收图像光强的电压信号，用作测量的图像信号经过量化编码后，传输到单片机进行运算处理，通过接口把数据传输给笔记本电脑。

2）光电图像式挠度检测仪。以北京光电所 BJQN-4D 型挠度仪为例，光电图像式挠度检测仪构造如图 8-10 所示：

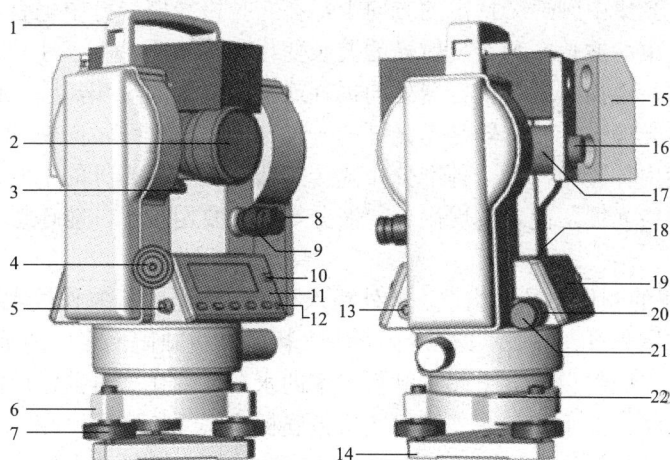

图 8-10　光电图像式挠度仪主机

1—提把；2—望远镜；3—粗瞄准器；4—对中器目镜；5—电源插座；6—基座；7—基座脚螺旋；
8—垂直微动手轮；9—垂直制动手轮；10—电源开关；11—操作键盘；12—照明开关；13—数据插座；
14—基座底板；15—光路盒；16—目镜调焦手轮；17—物镜调焦手轮；18—长水准器；19—屏幕；
20—水平制动手轮；21—水平微动手轮；22—圆水准器

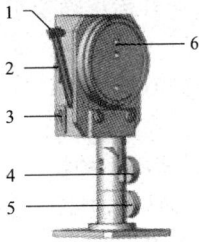

图 8-11　光电图像式挠度仪靶灯
1—靶标遥控器天线；2—标志点手动开关
3—靶标电源开关；4—靶标垂直锁紧旋钮
5—靶标水平锁紧旋钮；6—发光标志点

光电图像式挠度仪主要技术指标为：

① 测量距离：5～250m（靶标距主机距离）。

② 测量量程：水平最大：300mm；竖向最大：400mm。

③ 分辨率：测量量程的 3‰。

④ 不确定度：测量量程的 1%。

⑤ 动态采样速率：12～100Hz 连续可调。

（4）光纤光栅传感器。光纤光栅传感器是把光纤传感技术应用于测量领域的一种传感器件，同传统的电传感器相比，光纤光栅传感器在传感网络应用中具有非常明显的技术优势。

1）灵敏度高、动态范围大、频带宽，可靠性好、抗干扰能力强。由于光纤光栅对被感测信息用波长编码，而波长是一种绝对参量，它不受光源功能波动以及光纤弯曲等因素引起的系统损耗的影响，因而光纤光栅传感器具有非常好的可靠性和稳定性。

2）传感头结构简单、尺寸小，适用于各种场合，尤其适用于埋入材料内部构成所谓的智能材料或结构。

3）抗电磁干扰、抗腐蚀，能在恶劣的化学环境下和强磁场环境下正常工作。

4）可复用性强，采用多个光纤光栅传感器，可以构成分布式光纤传感网络。

5）光纤传感系统最具优势的地方在于它可同时作为传感元件和传输媒介，便于与光纤传输系统联网，以实现系统的遥测和控制。

布拉格光栅（Bragg Grating）传感器属于波长调制型非线性作用传感器。布拉格这个名字起源于 X 射线结晶学的先驱布拉格父子，他们发现准单色射线源从某一个特定角度入射晶体中，所有的反射光集中到一个特定的方向上，在布拉格光栅光纤中也有类似的效果。通过待测量调制入射光束的波长，测量反射光的波长变化进行检测。由于波长是一个绝对参数，不受总体光强水平、连接光纤及耦合器处的损耗或光源能量的影响，因此比其他光调制方式更加稳定。布拉格光栅光纤传感器是在光纤的一段范围内沿光纤轴向使纤芯折射率发生周期性变化而形成的芯内体光栅，是一种准分布式传感器。在　根光纤的不同位置处可以写入许多不同栅距的布拉格光栅，便于实现码分、波分等多路复用技术，能连接布拉格光栅的数量受光源带宽的限制。

1）布拉格光栅的制作及基本构造。紫外写入技术是光纤光栅制作技术上的巨大进步，其基本原理是利用含锗光纤在波长 240mm 附近有一因锗相关缺陷而形成的吸收峰，当光纤受这一波长附近的紫外光照射后，会引起光纤折射率的永久性变化。目前常用的紫外写入技术采用的是相位掩膜板法，即用紫外激光照射相位掩膜板或振幅掩膜板，在板后的光敏光纤中形成光栅。制作光栅的光纤为通信用普通单模光纤。布拉格光栅的基本构造如图 8-12 所示。

2）光纤布拉格光栅的传感原理。光纤布拉格光栅传感技术是通过对光纤内部写入的光栅反射或透射布拉格波长的检测，实现对被测结构的应变和温度量值的绝对测量，布拉格波长的变化反映了外界参量的变化。而光纤光栅的反射或透射波长光谱主要取决于光栅周期 Λ 和反向耦合模的有效折射率 n，任何使这两个参量发生改变的物理过程都将引起光栅布拉格波长的漂移。光纤布拉格中心波长可表达为：

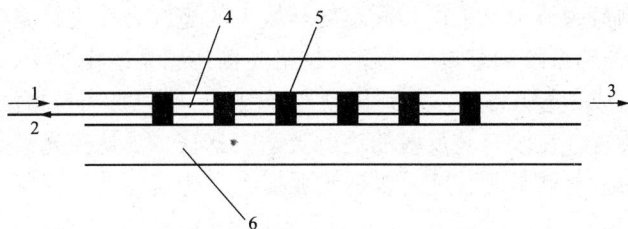

图 8-12　光栅基本构造示意图
1—输入信号；2—反射信号；3—传输信号；4—光纤光芯；
5—紫外写入光栅；6—布拉格光栅周期

$$\lambda = 2n\Lambda \tag{8-23}$$

式中　λ——光纤光栅的中心波长；

　　　n——纤芯的有效折射率；

　　　Λ——光栅周期。

　　在所有引起光栅布拉格波长漂移的外界因素中，最为直接的是应变参量。因为无论是对光栅进行拉伸还是压缩，都势必导致光栅周期 Λ 的变化，并且光纤本身所具有的弹光效应使得有效折射率 n 也随外界应力状态的变化而变化，这为采用光纤布拉格光栅制成光纤应变传感器提供了最基本的物理特性。同样，温度变化也会引起光栅布拉格波长的漂移。在轴向应力和温度变化单独作用下，可以分别得到轴向应力和温度变化引起的波长漂移公式。

　　应力应变引起光栅布拉格波长漂移可以用式（8-24）给予描述：

$$\frac{\Delta\lambda_{B}}{\lambda_{B}} = \left\{1 - \frac{n^2}{2}[p_{12} - \upsilon(p_{11} + p_{12})]\right\}\varepsilon \tag{8-24}$$

式中　$\Delta\lambda_{B}$——应变引起的波长漂移；

　p_{11}、p_{12}——光弹常数；

　　　υ——波松比；

　　　ε——外加轴向应变；

　　　λ_{B}——光纤光栅不受应变作用下的中心波长。

　　温度变化引起光栅布拉格波长漂移由式（8-25）给出：

$$\frac{\Delta\lambda_{B}}{\lambda_{B}} = \left(\alpha + \frac{1}{n}\zeta\right)\Delta T \tag{8-25}$$

式中　$\Delta\lambda_{B}$——温度变化引起的波长漂移；

　　　α——热膨胀系数；

　　　ζ——热光系数；

　　　λ_{B}——光纤光栅在某一温度下的中心波长；

　　　ΔT——温度变化量。

　　由以上可知，基于此原理的光纤光栅传感器是以波长为最小计量单位的，而目前对光纤布拉格光栅波长移动的量测达到了皮米级的高分辨率，因而其具有测量灵敏度高的特点。由于拉、压应力都能对其产生布拉格波长的变化，因此该传感器在结构检测中具有优异的变形匹配特性，其动态范围大（可达 10 000με）和线性度好。在结构应变测量中，为了克服温度对测量的影响，在测量系统中可采用相同温度环境下的光纤光栅进行温度补偿。

3）布拉格光栅传感系统的基本结构。布拉格光栅传感系统由光源、传感头和波长探测装置三个基本部分组成。光源将光入射到传输光纤中，一段包括布拉格波长的狭窄光谱被光栅反射回波长探测装置，在没有被反射的透射光谱中就缺少了这段光谱，如图 8-13 所示，应变和温度引起的布拉格波长漂移就可以通过反射光和透射光的光谱获得。

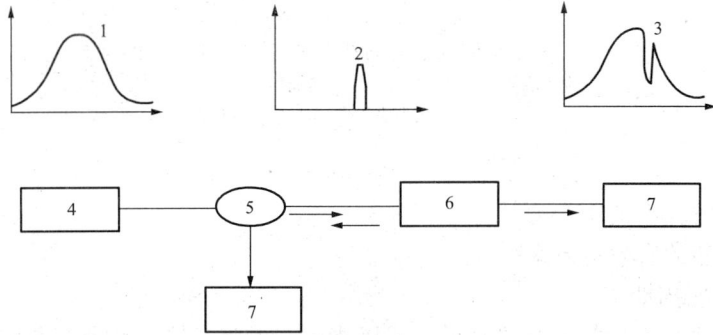

图 8-13　布拉格光栅传感系统示意图

1—光源光谱；2—反射光谱；3—投射光谱；4—宽带光源；
5—耦合器；6—布拉格光栅传感器；7—波长探测仪

8.4　试验现场组织

静载试验现场组织是实现预定的试验方案的重要保证，其内容包括试验前现场准备工作、加载测试工作及现场清理的全部内容。试验组织就是把上述内容按先后顺序互相衔接，形成一个有机、完整、高效率组织计划，并在试验中按照这个计划进行，只有遇到特殊情况或发现异常情况时，按照加载控制及加载终止的条件予以调整。

1. 现场准备及测试工作安排

静载试验现场准备及测试工作包括试验前准备工作、测试量测及试验后现场清理工作。一般来说，试验前准备工作比较庞杂，试验方案的大部分工作都要在加载试验前具体化，要占全部试验工作的大部分时间。

（1）试验前准备工作。

1）为了能够较方便地布置测点、安装仪表或进行读数，必要时要搭设测试支架、脚手架或使用升降设备。脚手架和测试支架应分开搭设互不影响，脚手架和测试支架应有足够的强度、刚度和稳定性。脚手架要保证工作人员的安全、方便操作。测试支架要满足仪表安装的需要，不因自身变形影响测试的精度，不影响试验对象的自由变形，不受车辆和行人的干扰。脚手架和测试支架一般采用建筑钢管支架。

要在距离测试部位适当的桥下或桥头位置，搭设活动房或帐篷，以安放数据采集仪器和操作仪器；通常试验现场没有 220V 电源，需要自带发电机，给测试仪器和照明设备供电。晴天进行加载试验时，测试仪器设备应遮挡阳光，以减小温度变化造成的观测误差。雨天进行加载试验时，应采取防雨措施。

2）进行仪器仪表、加载设备的检查标定工作。试验出发前应对所携带的仪器仪表、设备进行全面的检查与标定，确保仪器仪表状态良好，并注意无遗漏，同时准备好各类记录表格。使用汽车或重物加载，要采用地磅进行严格地称重。

3）按照试验方案所定的应变测点位置，进行应变测点的放样定位。对于结构表面测点，要先进行表面打磨处理或局部改造，再进行测点应变片和温度补偿片的粘贴、编号、防潮与防护处理；对于结构内部测点如钢筋计，则要在施工过程中预埋测试元件。

4）按照试验方案所定的变形测点位置，进行变形测点的定位布置。根据挠度理论计算值的大小和方向，安装百分表、千分表、位移计或光电挠度仪靶灯，并进行初读数调整及测读。

5）对于要进行裂缝观测的试验桥梁，要提前用石灰浆溶液进行表面粉刷分格，表面分格可采用铅笔或木工墨斗，分格大小以 20～300cm 见方为宜。

6）根据加载方案与加载程序，进行加载位置的放样定位。采用油漆、喷漆或粉笔明确地画出加载的位置、加载等级，且用不同颜色的标志区别不同加载工况时的荷载位置，以便正式试验时指挥加载车辆或加载重物准确就位。

7）对于运营桥梁试验准备工作要注意测试元件测试导线的防护，试验开始前应联系交警封闭交通，禁止闲杂人员和非试验用车辆进入。

8）建立试验领导组织，进行人员分工安排。根据试验实际情况，通常设指挥一人，其下可根据使用的仪器型式、测试项目的情况划分小组，每组由经验丰富的人员担任组长，配备对讲机等通信联络工具，以便统一指挥。正式开始试验前，根据试验程序向全体工作人员进行技术交底，交底的内容包括试验测试内容、试验程序、注意事项等，明确所有测试人员的职责，做到人人心中有数。

9）为了使结构进入正常的工作状态，检查仪器的工作状态，消除非弹性变形。在进行正式加载试验前，要用两辆载重加载车在试验孔跨中部位进行 2～3 次横桥向对称的反复预加载，预加载试验每一加载载位的持荷时间为 30min。预加荷载卸至零荷载，并在结构得到充分的零荷载恢复后，进行零荷载测量，读取各测点零荷载的读数。

（2）试验工作。

1）预加载卸至零荷载，并在结构得到充分的零荷载恢复后，可进入正式加载试验。正式加载试验按加载工况序号进行，完成一个序号的加载工况，在结构得到充分的零荷载恢复后，再进入下一个序号的加载工况。

2）加载的位置、顺序和重量要准确无误，利用汽车加载时，要有专人指挥汽车行驶到指定位置。

3）试验时，每台仪器应配备一个以上的观测人员进行观测记录，每级荷载作用下的实测值应与对应的理论计算值进行比较，如有异常情况应立即检查、分析原因，并立即向试验指挥人员汇报，以便试验指挥人员做出正确的判断。

4）在每级荷载作用下，待结构反应稳定后，不同类别的测试项目（应变、变形、裂缝）应在同一时间进行读数如某些项目观测时间较长，则应将观测时间较短的项目的读数时间安排在中间进行以使各测试项目的读数基本同步。

5）试验进行过程中，注意不要触动测试元件及测量导线，以免引起读数的波动。

（3）现场清理。

1）整理仪器仪表及可重复利用的测试元件，回收测试导线。

2）拆除脚手架和帐篷，清理现场，以便开放交通。

3）对于进行了打磨或局部改造的应变测点，要用混凝土或环氧砂浆进行修补。

2. 数据观测与记录

（1）温度稳定观测。仪表安装完毕后，一般在加载试验之前应对各测点进行一段时间的温度稳定观测；中间可每隔 10min 读数一次。观测时间应尽量选择在加载试验时外界气候条件对观测造成误差的影响范围，用于测点的温度影响修正。

（2）仪表的测读与记录。人工读表时，仪表的测读应准确、迅速，并记录在专门的表格上；以便于资料的整理和计算。记录者应对所有测点量测值变化情况进行检查，看其变化是否符合规律，尤其应着重检查第一次加载时量测值变化情况。对工作反常的测点应检查仪表安装是否正确，并分析其他可能影响其正常工作的原因，及时排除故障。对于控制测点应在故障排除后重复一次加载测试项目。

当采用仪器自动采集数据记录时，应对控制点的应变和位移进行监控，测试结果规律异常时，应查明原因采取补救措施。将记录结果整理成表，以便进行结果分析，并与原始记录一同保存备查。

（3）裂缝观测。加载试验中裂缝观测的重点是结构承受拉力较大部位及旧桥原有裂缝较长、较宽的部位。在这些部位应测量裂缝长度、宽度，并在混凝土表面沿裂缝走向进行描绘。加载过程中观测裂缝长度及宽度的变化情况，可直接在混凝土表面进行描绘记录，也可采用专门表格记录。加载至最不利荷载及卸载后应对结构裂缝进行全面检查，尤其应仔细检查是否产生新的裂缝，并将最后检查情况填入裂缝观测记录表，必要时可将裂缝发展情况绘制在裂缝展开图上。

3. 加载控制及终止条件

加载应在指挥人员指挥下严格按计划程序进行。采用重物加载时按荷载分级逐级施加，每级荷载堆放位置准确、整齐稳定。荷载施加完毕后，逐级卸载。采用车辆加载时，先由零载加至第一级荷载，卸载至零载；再由零载加至第二级荷载，卸至零载；……，直至所有荷载施加完毕（有时为了确保试验结果准无误，每一级荷载重复施加 1～2 次）每一级荷载施加次序为纵向先施加重车，后施加两侧标准车；横向先施加桥中心的车辆，后施加外侧的车辆。

（1）加载控制。

1）严格按照预定试验方案的加载程序进行加载，试验荷载的大小，测试截面的内力大小都应由小到大，逐步增加，并随时做好停止加载和卸载的准备。

2）对于变形控制点、应变控制点应随时观测、随时计算，必要时应对应变控制点的应变、典型裂缝的宽度进行实时监控观测并将测试结果及时报告试验指挥人员。如实测值超过理论计算值较多或裂缝宽度急剧增大或听到异常的声响，则应暂停加载，待查明原因后再决定是否继续加载。

3）加载过程中应指定专人注意观察结构的薄弱部位是否有新裂缝出现，组合结构的结合面是否出现错位现象，结构是否出现不正常的响声，加载时墩台是否发生摇晃现象等。如发生这些情况应及时报告试验指挥人员，以便采取相应的措施。

4）为控制加卸载稳定时间，应选择一个控制观测点（如简支梁的跨中挠度或应变测点），在每级加载（或卸载）后立即测读一次，计算其与加载前（或卸载前）测读值之差值 S_g，然后每隔 2min 测读一次，计算 2min 前后读数的差值 ΔS，并按式（8-26）计算相对读数差值 m：

$$m=\frac{\Delta S}{S_g} \tag{8-26}$$

当 m 值小于 1%或小于量测仪器的最小分辨值时即认为结构基本稳定,可进行各观测点读数。但当进行主要控制截面最大内力荷载工况加载程序时,荷载在桥上稳定时间应不少于 5min,对尚未投入营运的新桥应适当延长加载稳定时间。

某些桥梁,如拱桥,有时当拱上建筑或桥面系参与主要承重构件的受力,因连接较弱或变形缓慢,造成测点观测值稳定时间较长,如结构的实测变位(或应变)值远小于计算值,可将加载稳定时间定为 20~30min。

(2)终止条件。试验过程中发生下列情况时应中途终止加载。

1)控制测点应力值已达到或超过用弹性理论按规范安全条件反算的控制应力值时;

2)在试验荷载作用下,控制测点的应变或挠度超过规范允许值;

3)加载过程中,结构原有的裂缝的长度、宽度急剧增大,裂缝宽度超过规范允许值的裂缝大量增多,出现新裂缝,对结构的使用寿命造成较大影响;

4)拱桥加载时沿跨长方向的实测挠曲线分布规律与计算值相差过大或实测挠度超过计算值过多时;

5)发生其他损坏,影响桥梁结构的正常使用或承载能力。

8.5　试验数据分析

静载试验数据整理分析的直接目的是为了更好地达到预定的试验目的,以便对桥梁结构做出相应的技术评价。静载试验数据整理分析包括对现场实测数据进行修正、整理,也包括实测数据的评价方法与评价指标的取用。

1. 实测数据整理分析

试验的原始资料与原始记录是研究试验结果、评价桥梁使用性能与承载能力的主要依据。通过静载试验得到的原始数据、文字和图像描述材料是荷载试验最重要的资料。虽然它们是可靠的,但这些原始资料数量庞大,缺乏必要的条理性,不直观,不能够集中而明确地说明主要技术结论,评定承载能力,因此进行承载力评定之前必须对它们进行处理分析,得出直接进行承载能力评定的指标,以满足承载力评定的需要。同时,在测试数据整理过程中,要重视和尊重原始资料与原始记录,珍惜有用的点滴资料,保持原始记录的完整性与严肃性。此外,对于一些量测方法和量测内容,要按照科学合理的方法进行计算和修正,以获取有价值的数据或进行量测误差分配。

(1)试验资料的修正。

1)测值修正。根据各类仪表的标定结果进行测试数据的修正,如考虑机械式仪表的校正系数、电测仪表的率定系数、灵敏系数,电阻应变观测的导线电阻影响等。当这类因素对测值的影响小于 1%时可不予修正。

2)支点沉降影响的修正。当支点沉降量较大时,应修正其对挠度值的影响,修正量 C 可按式(8-27)计算:

$$C = \frac{l-x}{l}a + \frac{x}{l}b \tag{8-27}$$

式中　C——测点的支点沉降影响修正量；

　　　l——A 支点到 B 支点的距离；

　　　x——挠度测点到 A 支点的距离；

　　　a——A 支点沉降量；

　　　b——B 支点沉降量。

　　3）温度影响修正。温度对测试的影响比较复杂。结构构件的各部位不同的温度变化、结构的受力特性、测试仪表或元件的温度变化、电测元件的温度敏感性、自补性等等均对测试精度造成一定的影响。逐项分析这些影响是困难的。一般可采用综合分析的方法来进行温度影响修正，即利用加载试验前进行的温度稳定观测数据，建立温度变化（测点处构件表面温度或空气温度）和测点测值（应变和挠度）变化的线性关系，然后按式（8-28）进行温度修正计算：

$$S = S' - \Delta t \cdot K_t \tag{8-28}$$

式中　S——温度修正后的测点加载测值变化；

　　　S'——温度修正前的测点加载测值变化；

　　　Δt——相应于 S' 观测时间段内的温度变化（℃）；

　　　K_t——空载时温度上升 1℃ 时测点测值变化量。

$$K_t = \frac{\Delta S}{\Delta t_1} \tag{8-29}$$

式中　ΔS——空载时某一时间区段内测点测值变化量；

　　　Δt_1——相应于 ΔS 同一时间区段内温度变化量。

　　温度变化量的观测对应变宜采用构件表面温度，对挠度宜采用气温。温度修正系数 K_t 应采用多次观测的平均值，如测值变化与温度变化关系不明显时则不能采用。由于温度影响修正比较困难，一般不进行这项工作，而采取缩短加载时间、选择温度稳定性较好的时间（阴天或夜间）进行试验等办法以尽量减小温度对测试精度的影响。

　　（2）各测点变位（挠度、位移、沉降）与应变的计算。

　　根据量测数据作下列计算：

总变位（或总应变）　　　　　　$S_t = S_1 - S_i$ 　　　　　　　　（8-30）

弹性变位（或弹性应变）　　　　$S_e = S_1 - S_u$ 　　　　　　　　（8-31）

残余变位（或残余应变）　　　　$S_p = S_t - S_e = S_u - S_i$ 　　　（8-32）

式中　S_i——加载前测值；

　　　S_1——加载达到稳定时测值；

　　　S_u——卸载后达到稳定时测值。

　　引入相对残余变位（或应变）的概念描述结构整体或局部进入塑性工作状态的程度。相对残余变位（或应变）按式（8-33）计算

$$S_p' = \frac{S_p}{S_t} \times 100\% \tag{8-33}$$

式中 S_p'——相对残余变位（或应变），S_p、S_t 意义同前。

（3）测点应力的计算。根据测量到的测点应变，当结构处于线弹性工作状态时可以利用胡克定律计算测点的应力。

1）单向应力状态：

$$\sigma = E\varepsilon \qquad (8-34)$$

2）平面应力状态：

① 当主应力方向已知时：

$$\sigma_1 = \frac{E}{1-v^2}(\varepsilon_1 + v\varepsilon_2) \qquad (8-35)$$

$$\sigma_2 = \frac{E}{1-v^2}(\varepsilon_2 + v\varepsilon_2) \qquad (8-36)$$

式中　　　　E——构件材料弹性模量；

$\quad\quad v$　——构件材料泊松比；

$\quad \varepsilon_1$、ε_2——方向相互垂直的主应变；

$\quad \sigma_1$、σ_2——方向相互垂直的主应力。

② 主应力方向未知时需用应变花测量其应变计算主应力，应变花的常见形式为直角形或等边形，由三个应变片组成；也可以增加校核片布置为扇形和伞形。采用图 8-14 中的五种应变花时，测点主应力可以表示为

$$\sigma_1 = \left(\frac{E}{1-v}\right)A + \left(\frac{E}{1+v}\right)\sqrt{B^2+C^2} \qquad (8-37)$$

$$\sigma_2 = \left(\frac{E}{1-v}\right)A - \left(\frac{E}{1+v}\right)\sqrt{B^2+C^2} \qquad (8-38)$$

$$\tau_{\max} = \left(\frac{E}{1+v}\right)\sqrt{B^2+C^2} \qquad (8-39)$$

$$\phi_0 = \frac{1}{2}\mathrm{tg}^{-1}\frac{C}{B} \qquad (8-40)$$

其中参数 A、B、C 由应变花形式而定，常见应变花形式如图 8-14 所示，参数见表 8-3。

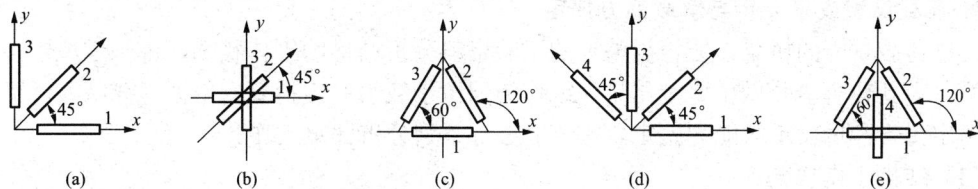

图 8-14　几种常见应变花形式

（a）直角形；（b）直角交叉形；

（c）等边三角形；（d）扇形；（e）伞形

表 8-3 应 变 花 参 数 表

应变花名称	应变花形式	A	B	C
45°直角应变花	图 8-14（a）	$\dfrac{\varepsilon_0 + \varepsilon_{90}}{2}$	$\dfrac{\varepsilon_0 - \varepsilon_{90}}{2}$	$\dfrac{2\varepsilon_{45} - \varepsilon_0 - \varepsilon_{90}}{2}$
60°等边三角形应变花	图 8-14（c）	$\dfrac{\varepsilon_0 + \varepsilon_{60} + \varepsilon_{120}}{3}$	$\varepsilon_0 - \dfrac{\varepsilon_0 + \varepsilon_{60} + \varepsilon_{120}}{3}$	$\dfrac{\varepsilon_{60} - \varepsilon_{120}}{\sqrt{3}}$
扇形应变花	图 8-14（d）	$\dfrac{\varepsilon_0 + \varepsilon_{45} + \varepsilon_{90} + \varepsilon_{135}}{4}$	$\dfrac{\varepsilon_0 - \varepsilon_{90}}{2}$	$\dfrac{\varepsilon_{135} - \varepsilon_{45}}{2}$
伞形应变花	图 8-14（e）	$\dfrac{\varepsilon_0 + \varepsilon_{90}}{2}$	$\dfrac{\varepsilon_0 - \varepsilon_{90}}{2}$	$\dfrac{\varepsilon_{60} - \varepsilon_{120}}{\sqrt{3}}$

（4）荷载横向分布系数的计算。对于由多片主梁组成的桥梁结构，荷载横向分布的量测与计算往往是桥梁检测的内容之一。通过对桥梁结构跨中截面各主梁挠度的测定，可以绘制出跨中截面的横向挠度曲线，然后按照荷载横向分布的概念，运用变位互等原理，即可计算出任一主梁的荷载横向分布系数。

（5）试验结果与理论分析的比较。为了评定结构整体受力性能，需对桥梁荷载试验结果与理论分析值比较，以检验新建桥是否达到设计要求的荷载标准，或判断旧桥的承载能力。比较时可以将结构位移、应变等试验值与理论计算值列表进行比较，对结构在最不利荷载工况作用下主要控制测点的位移、应力的实测值与理论分析值，要分别绘出荷载—位移（P—Δ）曲线；荷载—应力（P—σ）曲线，并绘出最不利荷载工况作用下位移沿结构纵向、横向分布曲线和控制截面应变沿高度分布图，绘制结构裂缝分布图（对裂缝编号注明长度、宽度、初裂荷载以及裂缝发展情况）。为了量化以及描述试验值与理论分析值比较的结果，此处引入结构校验系数，即

$$\eta = \frac{S_e}{S_s} \qquad (8\text{-}41)$$

式中 S_e——试验荷载作用下量测的弹性变位（或应变）值；

       S_s——试验荷载作用下的理论计算变位（或应变）值。

S_e 与 S_s 的比较可用实测的横截面平均值与计算值比较，也可考虑荷载横向不均匀分布而选用实测最大值与考虑横向增大系数的计算值进行比较。横向增大系数最好采用实测值，如无实测值也可采用理论计算值。

2. 荷载试验成果分析与承载能力评定

经过荷载试验的桥梁，应根据整理的试验资料分析结构的工作状况，进一步评定桥梁承载能力，为新建桥验收做出鉴定结论，或作为旧桥承载力鉴定检算的依据，并纳入桥梁承载能力鉴定报告和桥梁承载能力鉴定表。一般进行下列分析评定工作。

（1）结构工作状况。

1）校验系数 η。是评定结构工作状况、确定桥梁承载能力的一个重要指标。不同结构形式的桥梁其 η 值常不相同，η 值常见的范围可以参考表 8-4。一般要求 η 值不大于 1。η 值越小结构的安全储备越大。η 值过大或过小都应该从多方面分析原因。如 η 值过大可能说明组成结构的材料强度较低，结构各部分联结性较差，刚度较低等。η 值过小可能说明材料的实

际强度及弹性模量较高，梁桥的混凝土桥面铺装及人行道等与主梁共同受力，拱桥拱上建筑与拱圈共同作用，支座摩阻力对结构受力的有利影响，计算理论或简化的计算式偏于安全等等。试验加载物的称量误差、仪表的观测误差等也对 η 值有一定影响。

表 8-4　　　　　　　　　　　　　常见桥梁校验系数表

桥梁类型	应力校验系数	挠度校验系数
钢筋混凝土板桥	0.20～0.40	0.20～0.50
钢筋混凝土梁桥	0.40～0.80	0.50～0.90
预应力混凝土桥	0.60～0.90	0.70～1.00
圬工拱桥	0.70～1.00	0.80～1.00
钢桥	0.75～0.95	0.75～0.95

　　2）实测值与理论值的关系曲线。由于理论的变位（或应变）一般是按线性关系计算，所以如测点实测弹性变位（或应变）与理论计算值成正比，其关系曲线接近于直线，说明结构处于良好的弹性工作状况。

　　3）相对残余变位（或应变）。测点在控制荷载工况作用下的相对残余变位（或应变）S_p/S_t 越小说明结构越接近弹性工作状况。一般要求 S_p/S_t 值不大于 20%，当 S_p/S_t 大于 20% 时，应查明原因。如确系桥梁强度不足，应在评定时，酌情降低桥梁的承载能力。

　　（2）结构的强度及稳定性。当荷载试验项目比较全面时，可采用荷载试验主要挠度测点的校验系数 η 来评定结构的强度和稳定性。检算时用荷载试验后的梁桥检算系数 Z_2 代替《公路旧桥承载能力鉴定方法》中旧桥检算系数 Z_1，对桥梁结构抗力效应予以提高或折减。

砖石和混凝土桥

$$S_d(\gamma_{s0}\psi\sum\gamma_{s1}Q) \leqslant R_d\left(\frac{R_j}{\gamma_m}, \alpha_k\right) \times Z_2(1-\xi_e) \tag{8-42}$$

钢筋混凝土及预应力混凝土桥

$$S_d(\gamma_g G; \gamma_q \sum Q) \leqslant \gamma_b R_d\left(\frac{\xi_c R_c}{\gamma_c}; \frac{\xi_s R_s}{\gamma_s}\right) \times Z_2(1-\xi_e) \tag{8-43}$$

式中　ξ_e ——承载能力恶化系数；
　　　ξ_c ——混凝土构件截面折减系数；
　　　ξ_s ——混凝土构件截面折减系数。

　　根据 η 值可在表 8-5 中查取 Z_2 的取值范围，再根据下列条件确定 Z_2 值。符合下列条件时，Z_2 值可取高限，否则应酌减，直至取低限。

表 8-5　　　　　　　　　　经过荷载试验的桥梁检算系数 Z_2 值表

η	Z_2	η	Z_2
0.4 及以下	1.20～1.30	0.6	1.10～1.20
0.5	1.15～1.25	0.7	1.05～1.15

η	Z_2	η	Z_2
0.8	1.00~1.10	1.0	0.95~1.05
0.9	0.97~1.07		

注：1. η 值应经校核确保计算及实测无误。

2. η 值在表列之间时可内插。

3. 当 η 值大于 1 时应查明原因，如确系结构本身强度不够应适当降低检算承载能力。

1）加载内力与总内力（加载内力+恒载内力）的比值较大，荷载试验效果较好；

2）实测值与理论值线性关系较好；相对残余变位（或应变）较小。

3）桥梁结构各部分无损伤，风化、锈蚀、裂缝等较轻微。

η 值应取控制截面内力最不利荷载工况时最大挠度测点进行计算。对梁桥可采用跨中最大正弯矩荷载工况的跨中挠度；对拱桥检算拱顶截面时可采用拱顶最大正弯矩荷载工况时跨中挠度；检算拱脚截面时可采用拱脚最大负弯矩荷载工况时 $L/4$ 截面处挠度；检算 $L/4$ 截面时则可用上者平均值；如已安排 $L/4$ 截面最大正、负弯矩荷载工况，则可采用该程序时 $L/4$ 截面挠度。

对于旧桥采用 Z_1 值根据《公路旧桥承载能力鉴定方法》（第二章第三节）检算不符合要求，但采用 Z_2 值根据式（8–41）或式（8–42）检算符合要求时，可评定桥梁承载能力满足检算荷载要求。

（3）地基与基础。当试验荷载作用下墩台沉降、水平位移及倾角较小，符合上部结构检算要求，卸载后变位基本回复时。认为地基与基础在检算荷载作用下能正常工作。

当试验荷载作用下墩台沉降、水平位移、倾角较大或不稳定，卸载后变位不能回复时，应进一步对地基、基础进行探查、检算，必要时应对地基基础进行加固处理。

（4）结构的刚度要求。试验荷载作用下，主要测点挠度校验系数应不大于 1。各点的挠度不超过《公路钢筋混凝土及预应力混凝土桥涵设计规范》（JTG D62—2004）第 6.5.3 条和《公路圬工桥涵设计规范》（JTG D61—2005）第 5.1.11 条规定的允许值。即：

圬土拱桥：一个桥跨范围内的正负挠度的绝对值之和的最大值不大于计算跨径的 1/1000。

钢筋混凝土和预应力混凝土桥：梁式桥主梁的最大挠度处不超过计算跨径的 1/600，梁桥主梁悬臂端不超过悬臂长度的 1/300。

（5）裂缝。对于新建桥试验荷载作用下预应力结构不应出现裂缝、钢筋混凝土结构裂缝不超过《公路钢筋混凝土及预应力混凝土桥涵设计规范》（JTG D62—2004）第 6.4.2 条的容许值：

$$\delta_{max} \leq [\delta] \qquad (8–44)$$

钢筋混凝土构件和 B 类预应力混凝土构件，其计算的最大裂缝宽度不应超过下表 8–6 规定的限值：

表 8–6   裂缝计算宽度限值表

构 件 类 别	工 作 环 境	裂缝限值 $[\delta]$
钢筋混凝土构件	Ⅰ类和Ⅱ类环境	0.20mm
	Ⅲ类和Ⅳ类环境	0.15mm

续表

构 件 类 别	工 作 环 境	裂缝限值 [δ]
采用精轧螺纹钢筋的 预应力混凝土构件	Ⅰ类和Ⅱ类环境	0.20mm
	Ⅲ类和Ⅳ类环境	0.15mm
采用钢丝或钢绞线的 预应力混凝土构件	Ⅰ类和Ⅱ类环境	0.10mm
	Ⅲ类和Ⅳ类环境	不得进行带裂缝的 B 类构件设计

对于旧桥试验荷载作用下绝大部分裂缝宽度和荷载试验后所有裂缝宽度不应大于《公路桥涵养护规范》(JTG H11—2004) 第 3.5.2 条规定的限值，见表 8-7。

表 8-7 裂 缝 限 值 表

结构类别	裂 缝 部 位		允许最大裂缝宽度 /mm	其 他 要 求
钢筋混凝土梁	主筋附近竖向裂缝		0.25	
	腹板斜向裂缝		0.30	
	组合梁结合面		0.50	不允许贯通结合面
	横隔板与梁体端部		0.30	
	支座垫石		0.50	
预应力混凝土梁	梁体竖向裂缝		不允许	
	梁体纵向裂缝		0.20	
砖、石、 混凝土拱	拱圈横向		0.30	裂缝高小于截面高一半
	拱圈纵向（竖缝）		0.50	裂缝长小于跨径 1/8
	拱波与拱肋结合处		0.20	
墩台	墩台帽		0.30	
	墩台身	经常受侵蚀性水影响	有筋	0.20	不允许贯通 墩台身截面一半
			无筋	0.30	
		常年有水，但无侵蚀 性水影响	有筋	0.25	
			无筋	0.35	
		干沟或季节性有水河流	0.40	
		有冻结作用部分	0.20	

注：表中所列除特指外适用于一般条件。对于潮湿环境和空气中含有较强腐蚀性气体条件下的缝宽限制要求应严格一些。预应力混凝土梁指全预应力或部分预应力 A 类构件。

通过对桥梁结构工作状况、强度稳定性、刚度和抗裂性各项指标进行综合评定，并结合结构下部评定和动力性能评定。综合给出桥梁承载能力评定结论，将评定结论写入桥梁承载能力鉴定报告。

3. 试验报告的编制

在对全部试验资料整理与分析的基础上，提出桥梁结构静载试验报告。试验报告内容包括以下各项：

（1）试验概况。试验概况的主要内容包括：试验桥梁的结构型式、跨度、桥宽、设计荷载、构造特点、施工概况等。对于鉴定性试验，要说明设计或施工过程中存在的技术问题，以及其对使用性能的影响。对于科学研究性的试验,要说明设计施工中需要解决的问题。

(2)试验目的与依据。根据试验桥梁的特点,要有针对性的地说明结构静载试验所要达到的目的与要求,说明试验的依据,试验对象的选取等。

(3)试验方案。试验方案包括理论分析计算结果、加载方案及加载程序、观测项目、测点布置、测试人员组织安排及测试仪器选择等方面。

(4)试验日期及试验过程。主要说明组织桥梁静载试验的起讫日期,加载观测时间的安排及试验准备阶段的情况,此外,还要说明试验过程有无异常情况出现,试验时遇到的特殊问题及其解决方法等。

(5)试验成果与分析评价。依据桥梁静载试验的观测项目,将理论计算值、实测值及有关的参考限值进行比较,说明理论与实测的符合程度,从而说明试验对象的使用性能与承载能力,以及试验中所发现的新问题。综合实测数据、外观检查等方面的资料,说明试验对象的施工质量。对于一些科研性试验,要通过综合分析,说明计算理论的正确性或适用范围,以及存在的尚未解决的问题,如果试验资料丰富,还可以提出经验公式或参数图表。

(6)技术结论。在对测试资料综合分析的基础上,得出最后的技术结论,并对试验桥梁做出科学的评价,对于存在问题的桥梁结构,还要提出维修养护或加固改建的意见或建议。

(7)经验教训。从结构试验检测的角度,对本次试验的计划、程序、测试方法等方面,总结经验,提出不足或改进的意见。

(8)有关的试验记录。图表、照片。将试验实测数据,以图表曲线的形式表达出来对于试验桥梁所存在的缺陷,如果可能,以照片的形式记录下来。

8.6 桥梁结构动力载荷试验

1. 动载试验的目的、内容和方法

桥梁结构承受车辆、人群、风力和地震等动力荷载作用下产生振动,桥梁在动力荷载作用下的受力分析是桥梁结构分析的又一重要任务。桥梁的振动问题影响因素复杂,仅靠理论分析还不能满足工程应用的需要,需用理论分析与实验测试相结合的方法解决,桥梁动载试验就成为解决该问题必不可少的手段。桥梁的动力特性(频率、振型和阻尼比)是评定桥梁承载力状态的重要参数,随着我国公路桥梁检验评定制度推行,桥梁动载试验会将越来越受到重视。

结构振动问题涉及振源(输入)、结构(系统)和响应(输出),它们的关系为:

$$\boxed{振源(输入)} \longrightarrow \boxed{结构(系统)} \longrightarrow \boxed{响应(输出)}$$

在结构振动问题中,输入、系统和输出中知道其中两者,就可以求第三者,所以桥梁的动载试验可以划分为三类基本问题:

(1)测定桥梁荷载的动力特性(数值、方向、频率等)。

(2)测定桥梁结构的动力特性(自振频率、阻尼、振型等)。

(3)测定桥梁在动荷载作用下的响应(动位移、动应力等)。

桥梁的振动试验多是在原型结构上进行的非破坏性试验,也有模拟地震试验、抗风试验、疲劳试验等。本章着重介绍常规桥梁结构动力特性和动载响应的试验与分析。

2. 动载试验的测试仪器

结构振动的测试仪器包括：测振传感器、信号放大器、光线示波器、磁带记录仪和数字信号处理机。近年振动信号分析处理技术发展很快，已开发出多种以 A/D 转换和微机结合的数据采集和分析一体化的智能仪器，可以进行实时数据采集分析，并能实现数据储存，有取代磁带记录仪和专用信号处理机的趋势。

（1）测振传感器。振动参数有位移、速度和加速度。测量这些振动参数的传感器有许多种类。但由于振动测量的特殊性，如测量时难以在振动体附近找到一个静止点作为测量的基准点，所以就需要使用惯性式测振传感器。通常所指的测振传感器即为惯性式测振传感器（以下简称为测振传感器）。测振传感器的基本原理为：由惯性质量、阻尼和弹簧组成一个动力系统，这个动力系统固定在振动体上（即传感器的外壳固定在振动体上），与振动体一起振动。通过测量惯性质量相对于传感器外壳的运动，就可以得到振动体的振动，如图 8-15 所示。由于这是一种非直接的测量方法，所以这个传感器动力系统的动力特性对测量结构具有很重要的影响。

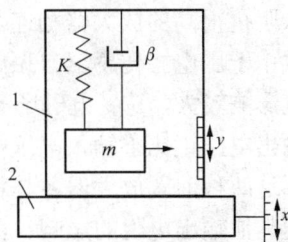

图 8-15　测振传感器力学原理
1—传感器；2—振动体

测振传感器除了要通过惯性质量、弹簧和阻尼系统感受振动外。还有将感受到的振动信号通过各种方式转换成电信号。转换方式有磁电式、压电式、电阻应变式等。传感器所测的振动量通常是位移、速度和加速度等，按转换方式和所测振动量可分成许多种类。

（2）光线示波器。光线示波器也是一种常用的模拟式记录器，主要用于振动测量的数据记录，它将电信号转换为光信号、并记录在感光纸和胶片上，得到的是试验变量与时间的关系曲线。

（3）磁带记录仪。磁带记录仪是一种常用的较理想的记录器，可以用于振动测量和静力试验的数据记录，它将电信号转换成磁信号并记录在磁带上，得到的是试验变量与时间的变化关系。

磁带记录仪由磁带、磁头、磁带传动机构、放大器和调制器等组成。

记录时，从传感器来的信号输入到磁带记录仪，经过放大器和调制器的处理，通过记录磁头把电信号转换成磁信号，记录在以规定速度作匀速运动的磁带上。重放时，使记录有信号的磁带按原来记录时的速度（也可以改变速度）作匀速运动，通过重放磁头从磁带"读出"磁信号，并转换成电信号，经过放大器和调制器的处理，输出给其他仪器。

磁带记录仪的记录方式有模拟式和数字式两种，对记录数据进行处理应采用不同的方法。

（4）信号处理机。动态信号数据处理，一般在专用信号处理机或利用数据处理软件在通用计算机上进行。目前数字信号处理技术发展很快，它以 FFT 硬件和专用软件为基础，可以在幅值域、时域、频域对各种类型的信号进行处理。输入信号首先通过低通抗混淆滤波器和前置放大器，然后经过模数转换器，将模拟电量信号转换成数字信号输入给计算机，在数据处理硬件和软件支持下进行各种数据处理，最后将分机结果显示在屏幕上或通过打印机（绘图仪）打印出来。

（5）测试系统的选配。根据常用的一些测振仪器的性能，一般可构成电磁式测试系统、压电式测试系统和电阻应变式测试系统等三种测试系统。

电磁式测试系统在桥梁的动力测试中应用较为普遍，这类系统通过仪器的组合变换可测位移、速度和加速度。电磁式测试系统的特点是输出信号强、灵敏度高、稳定性好、传感器输出阻抗低、长导线的影响较小，因此抗干扰性能好。系统的组成为：

电磁式传感器 → 信号放大器 → 记录装置

压电式测试系统一般用于测量加速度，由于压电式传感器具有高输出阻抗的特性，要求与输入阻抗很高的放大器相连。因此，放大器输入阻抗的大小将对测试系统的特性产生重大影响。由于压电式传感器自振频率较高，因此可测频响较宽。但系统抗干扰性差，细长导线对阻抗影响较大，易受电磁场干扰。配套的前置放大器有两种基本形式：一种是电压放大器，它的输出电压正比于输入电压；另一种是电荷放大器，它的输出电压正比于压电传感器输出电荷。这两种前置放大器各具特点，电压放大器的输出电压受输出电缆长度的影响，低频特性也受其他输出电阻的影响、由这种放大器组配的系统适用于一般频率范围的动力测试。而电荷放大器不受传输电缆分布电容的影响，低频特性也很少受输入电阻的影响，使用频率可达到零，它适用低频或超低频长距离的动力测试。系统的组成为：

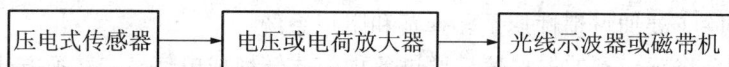

压电式传感器 → 电压或电荷放大器 → 光线示波器或磁带机

电阻应变式测试系统中传感器的种类较多，例如应变计、位移计、加速度计等，需配套使用的放大器是各类动态电阻应变仪，记录装置为常用的光线振子示波器或磁带机等。这类测试系统的低频响应好，可从零赫兹开始。动态电阻应变仪可作为各类电阻应变式传感器的放大器，但这类测试系统易受温度的影响，抗干扰性能较差。长导线对灵敏度也有影响。电阻应变式测试系统中各部分仪器具有通用性强、应用方便等特点，在桥梁动力试验中的应用是很普遍的。系统的组成为：

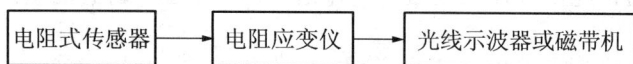

电阻式传感器 → 电阻应变仪 → 光线示波器或磁带机

在选配上述三类测试系统时，要注意选择测振仪器的技术指标，使传感器、放大器和记录仪器的灵敏度、动态范围、频率响应和幅值范围等技术指标合理配套，以保证测试结果的准确性和可靠性。

（6）测振仪器的主要技术指标。

1）灵敏度。测振传感器或测试系统的灵敏度是指它们的输出信号（电压、电荷、或应变等）与输入信号（位移、速度或加速度等）的比值。

2）频率响应。当所测振动的频率变化时，测量系统灵敏度，输出的相位等也随之变化，这个变化规律称为频率响应。对于一个阻尼值，只有一条频率响应曲线。

3）阻尼比。阻尼比是系统存在阻尼的一种量度，它等于实际阻尼系数与临界阻尼系数之比值。当阻尼比小于1时，系统呈欠阻尼状态；当阻尼比等于1时，系统呈临界阻尼状态；当阻尼比大于1时，系统呈过阻尼状态。

4）动态范围。测振仪器的动态范围（或线性度范围）是指输出信号与输入信号保持线性关系时，输入信号幅值的允许变化范围，即仪器的可测幅值范围。当二者偏离线性关系时称幅值失真。

5）频率特性范围。测振仪器的频率特性范围是指当仪器灵敏度不变或其变化不超过允许值时频率信号的允许变化范围即仪器的可测频率范围。当被测信号频率超出使用频率范围时，测试结果会产生很大误差。

6）相位特性。测振仪器的相位特性反映了仪器输出信号的相位差随频率而变化的情况。当测量由各种频率的简谐波合成的复杂周期波时，输出信号对输入信号的相位差应始终为零或与频率呈线性关系，这样信号波形才不会失真，否则会产生相位畸变。

进行测振仪器的选择时，一定要符合可测幅范围、可测频率范围，相位差不畸变要求，同时要注意仪器对环境条件的适应能力。

（7）桥梁动态测试系统。基于计算机控制的一体化动态数据测试系统是将来动载试验的主要仪器。一般来说，该系统主要由传感器、信号采集系统与信号分析系统三部分组成，详细结构组成为（见图 8-16）：

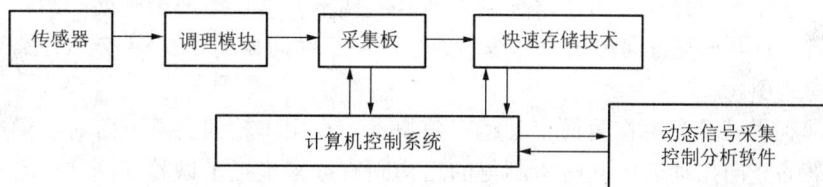

图 8-16　动态测试系统的组成

动载试验中使用的传感器要求具有较高的灵敏度和分辨率，同时，动态范围、幅值范围也是较为重要的指标，另外，使用频率范围是传感器的重要性能参数，一般测量中均要求使用超低频传感器，最好具有零频响应。

模块式数据采集分析控制软件 DASYLab 是用于数据采集系统的简单而易用的开发软件，具有多种连接硬件的接口如：RS232 IEEE USB、并口、ISA 总线和 PCI 总线等，此外 DASYLab 还提供大量用于测量和控制系统的功能模块。动态数据采集分析程序通常包括以下模块组：

① 输入/输出模块组：A/D 转换、D/A 转换、数据输入等，用于各种硬件输入数据的转换。

② 触发函数模块组：组合触发、前/后触发、开始/停止触发、需求触发等。

③ 数学计算模块组：算术运算、三角运算、比例定义、微积分、逻辑运算、二进制操作。

④ 数理统计模块组：最大/最小值、统计数值、信号位置、频率分布图、计数等。

⑤ 信号分析模块组：滤波、相关分析、数据窗口、傅立叶算法、极坐标/笛卡尔坐标。

⑥ 控制模块组：信号生成、开关、滑块、时间延迟、停止等。

⑦ 显示模块组：Y/t 图表、X/Y 图表、图标记录、列表显示等。

⑧ 文件模块组：读入数据、写入数据、备份数据。

根据需要，实际使用中可选择合适的模块组成信号采集、控制分析系统，方便的进行多通道记录。

3. 桥梁动载试验的激振方法

在进行桥梁动载试验时，首先要设法使桥梁产生一定的振动，然后应用测振仪器加以测试和记录，通过对记录的振动信号分析得到桥梁的动力特性和响应。可用于桥梁动载试验的激振方法很多，应根据被测桥梁的结构型式和刚度大小选择激振效果好、易于实施的方法。

（1）自振法（瞬态激振法）。自振法的特点是使桥梁产生有阻尼的自由衰减振动，记录到的振动图形是桥梁的衰减振动曲线。为使桥梁产生自由振动，一般常用突加载荷和突卸荷载两种方法。

1）突加荷载法（冲击法）。在被测结构上急速地施加一个冲击作用力，由于施加冲击作用的时间短促，因此，施加于结构的作用实际上是一个冲击脉冲作用。由振动理论可知，冲击脉中的动能传递到结构振动系统的时间，要小于振动系统的自振周期，并且冲击脉中一般都包含了从零到无限大的所有频率的能量，它的频谱是连续谱，只有被测结构的固有频率与之相同或很接近时，冲击脉冲的频率分量才对结构起作用，从而激起结构以其固有频率作自由振动。

对于中、小型桥梁结构，可用落锤激振器（或枕木）垂直地冲击桥梁，激起桥梁竖直方向的自由振动。如果水平方向冲击桥面缘石，则可激起横向振动。图 8-17 为公路界常用的落锤激振器的构造图。

工程界常利用试验车辆在桥面上驶越三角垫木，利用车轮的突然下落对桥梁产生冲击作用，激起桥梁的竖向振动。但此时所测得的结构固有频率包括了试验车辆这一附加质量的影响。图 8-18 为试验用解放载重汽车后轮在跨度为 25m 预应力混凝土简支梁桥的跨中位置越过 15cm 高三角垫木后，激起桥跨结构的振动波形记录。

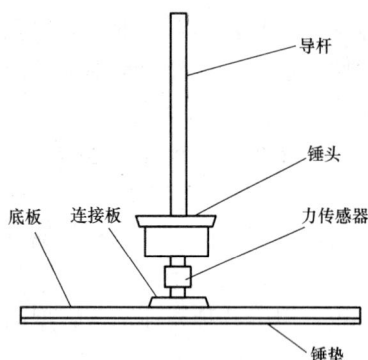

图 8-17　落锤激振器构造图

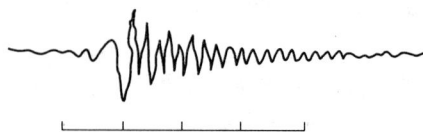

图 8-18　跳车引起的结构振动图形

近年来，在桥梁的动载试验中，还采用了爆炸和发射小型火箭产生脉冲荷载等办法来进行激振，但还不普及。采用突加荷载法时，应注意冲击荷载的大小及其作用位置。如果要激起结构的整体振动，则必须在桥梁的主要受力构件上施加足够的冲击力，冲击荷载的位置可按所测结构的振型来确定，如为了获得简支梁桥的第一振型，则冲击荷载作用于跨中部位，测第二振型时冲击荷载应加于跨度的四分之一处。

冲击法引起的自由振动，一般可记录到第一固有频率的振动图形。如用磁带记录仪录取结构某处之响应，通过频谱分析，则可获得多阶固有频率的参数。

2）突然卸载法（位移激振法）。采用突然卸载法时，在结构上预先施加一个荷载作用，使结构产生一个初位移，然后突然卸去荷载，利用结构的弹性性质使其产生自由振动。如图8-19 所示为卸载法的激振装置。

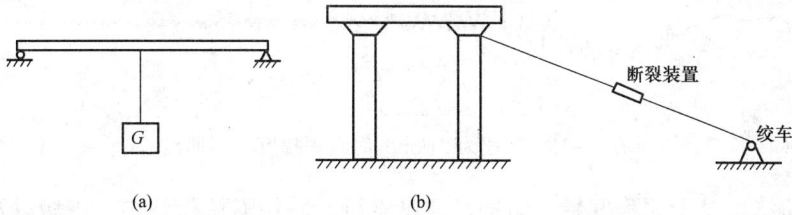

图 8-19　卸载法试验装置

为卸落荷载，可通过自动脱钩装置或剪绳索等方法，有时也专门设计一种断裂装置，当预施加力达到一定的数值时，在绳索中间的断裂装置便突然断离，从而激发结构的振动。突卸荷载的大小要根据所需最大振幅计算求出。

（2）共振法（强迫振动法）。激振设备有机械式激振器、电磁式激振器和电气液压式振动台。

共振法是利用激振器，对结构施加激振力，使结构产生强迫振动，改变激振力的频率而使结构产生共振现象并借助共振现象来确定结构的动力特性。

激振器在结构上的安装位置和激振方向要根据试验的要求和目的而定。使用时，激振器应牢固地固定于结构上，由底座将激振器产生的交变激振力传给结构。如果将两台激振器安放于结构的适当位置上，反向激振，则可进行扭转振动试验。

连续改变激振器的频率，当激振力的频率与结构的固有频率相等时，结构出现共振现象，此时，所记录到的频率即为结构的固有频率。

对于较复杂的结构，有时需要知道基频以后的几个频率。此时可以连续改变激振力的频率，进行"频率扫描"，使结构连续出现第一次共振，第二次共振，……等，同时记录结构的振动图形。由此可得到结构的第一频率（基频）、第二频率、……等，在此基础上，再在共振频率附近进行稳定的激振试验，则可准确地测定结构的固有频率与振型。图 8-20 为进行频率扫描时的记录曲线。

在上述频率扫描试验时，同时记录结构的振幅变化情况，则可作出共振曲线，即频率—振幅关系曲线，从而确定结构的阻尼特性。

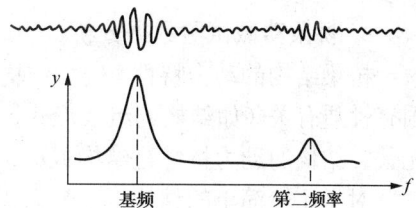

图 8-20　频率扫描时结构的振动图

对于自振频率较低的大跨度柔性桥梁结构，也可利用人群在桥面上作有规律的运动，使结构发生共振现象。

在桥梁的动载试验中，常用载重车队由低到高的不同速度驶过桥梁，使结构产生不同程度的强迫振动。在若干次运行车辆荷载试验中，当某一行驶速度产生的激振力的频率与结构的固有频率相接近时，结构便产生共振现象，此时结构各部位的振动响应达最大值。在车辆驶离桥跨以后，结构作自由衰减振动，这时可由记录到的波形曲线分析得出结构的动力特性。

图 8-21 为车速 21km/h，驶过 25m 预应力混凝土简支梁桥时，跨中挠度的时历曲线。振动波形曲线中 A、B 一段，是车辆离桥后，结构作自由衰减振动的波形记录，从中可分析计算出结构的固有频率和阻尼特性。

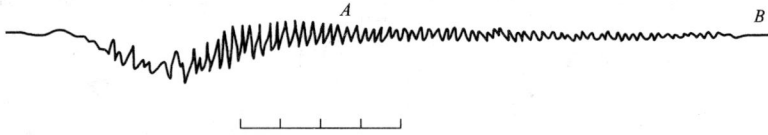

图 8-21   车速为 21km/h 时跨中挠度时历曲线

（3）脉动法。对于大跨度悬吊结构，如悬索桥、斜拉索桥跨结构、塔墩以及具有分离式拱肋的大跨度下承式或中承式拱桥，可利用结构由于外界各种因素所引起的微小而不规则的振动来确定结构的动力特性。这种微振动通常称为"脉动"，它是由附近的车辆、机器等振动或附近地壳的微小破裂和远处的地震传来的脉动所产生。

结构的脉动有一重要特性，就是它能明显地反映出结构的固有频率。因为结构的脉动是因外界不规则的干扰所引起的，因此它具有各种频率成分，而结构的固有频率的谐量是脉动的主要成分，在脉动图上可直接量出。如图 8-22 所示结构脉动记录曲线，振幅呈现有规律的增减现象，凡振幅大波形光滑之处的频率都相同，而且多次重复出现。此频率即为结构的基频。

图 8-22   结构脉动记录曲线

如果在结构不同部位同时进行检测，记录在同一记录纸上，读出同一瞬时各测点的振幅值，并注意它们之间的相位关系，则可分析得到某一固有频率的振型。

在桥梁结构的正常运营条件下，经常地作用于结构上的动力荷载是各类车辆荷载，在进行桥梁的动载试验中，首先应考虑采用车辆荷载作为试验荷载，以便确定桥梁在使用荷载作用下动力特性及响应。对需要考虑风动荷载或地震荷载的桥梁，应结合桥梁的结构型式作进一步的研究。

4. 桥梁动载试验数据分析

桥梁结构的动力特性（例如结构的固有频率、阻尼系数和振型等），它们只与结构本身的固有性质有关（如结构的组成形式、刚度、质量分布和材料的性质等），而与荷载等其他条件无关。结构的动力特性是结构振动系统的基本特性，是进行结构动力分析所必须的参数。

对于比较简单的结构，一般只需结构的一阶频率，对于较复杂的结构动力分析，还应考虑第二、第三甚至更高阶的固有频率及相应的振型。至于系统的阻尼特性只能通过试验的方法确定。

桥梁在实际的动荷载作用下，结构各控制部位的动力响应，如振幅、频率、速度和加速度以及反映结构整体动力作用的冲击系数等，除了可用来分析结构在动荷载作用下的受力状态外，还可验证或修改理论计算值，并作为结构设计的依据。

（1）结构固有频率的测定。按照前面叙述的激振方法，使桥梁产生自由振动，通过测试系统实测记录结构的衰减振动波形，如图 8-23 所示。在记录的振动波形曲线上，可根据时标符号直接计算出结构的固有频率 f_0：

$$f_0 = \frac{L_n}{t_1 S} \tag{8-45}$$

式中　L_n——两个时标符号间的距离（mm）；

　　　S——n 个波长的距离（mm）；

　　　t_1——时标的间隔（常用 1s、0.1s、0.01s 三种标定值）。

在计算频率时，为消除冲击荷载的影响，开始的一、二个波形应舍弃，从第三个波形开始计算分析。

使用激振器时，结构产生连续的周期性强迫振动，在激振器振动频率与结构的固有频率一致时，结构出现共振现象，振幅达到最大值，共振波峰处的频率即为结构的固有频率，如图 8-24 所示。

采用偏心式激振器时，由于激振力的大小与激振器转速的平方成正比，激振器转数不同，激振力大小不一样。为便于比较，应将振幅折算成单位激振力作用下的振幅，即振幅除以相应的激振力，或者将振幅换算为在相同激振力作用下的振幅，即 A/ω^2，其中 A 为振幅，ω 为激振器的频率。以 A/ω^2 为纵坐标，ω 为横坐标绘出共振曲线，如图 8-24 所示，曲线之峰值所对应的频率即为结构的固有频率。

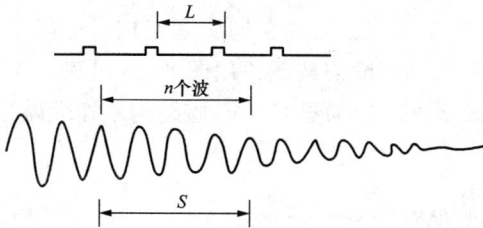

图 8-23　由衰减振动曲线求固有频率

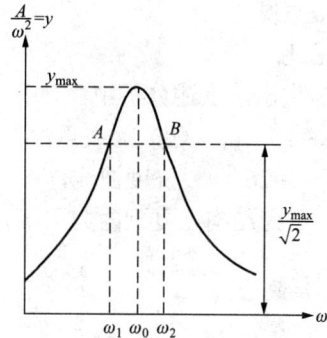

图 8-24　共振曲线

（2）结构阻尼的测定。桥梁结构的阻尼特性，一般用对数衰减率 δ 或阻尼比 D 来表示。实测的振动衰减曲线如图 8-25，由振动理论知，对数衰减率为

$$\delta = \ln \frac{A_i}{A_{i+1}} \tag{8-46}$$

式中　A_i、A_{i+1}——相邻两个波的振幅值，可直接有衰减曲线上量取。

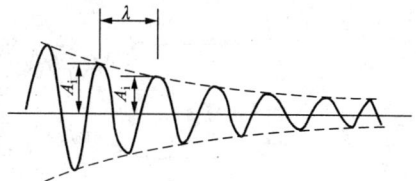

图 8-25　由衰减振动曲线求阻尼特性

实践中，常在衰减曲线上量取 m 个波形，求得平均的衰减率：

$$\delta_a = \frac{1}{m} \ln \frac{A_i}{A_{i+m}} \tag{8-47}$$

由振动理论知，对数衰减率 δ 和阻尼比 D 的关系为

$$\delta = \frac{2\pi D}{\sqrt{1-D^2}} \qquad (8-48)$$

对于一般材料的阻尼比都很小，因此：

$$D \approx \frac{\delta}{2\pi} \qquad (8-49)$$

图 8-26 为净跨 25m 预应力混凝土 T 型简支梁桥在动载试验时的自由振动和强迫振动波形曲线。

试验时，采用的激振方法是用解放牌载重汽车驶越垫木后给桥梁一个冲击作用，使结构产生自由振动。图 8-26（a）、（b）表示结构作自由衰减振动的波形记录。图 8-26（a）的波形是在跨中利用 WCD-5 型位移传感器，通过 Y6D-2 型动态电阻应变仪放大及 SC-16 型光线示波器记录的主梁挠度时历曲线。图 8-26（b）的波形是利用电阻应变片作为传感器测得的跨中断面预应力钢丝的应力时历曲线。由于挠度和钢丝应力的测点都位于同一控制断面，所以二者的波形相位是一致的。

按照前述的方法，可求出结构的动力特性：

固有频率 $f_0 = 4.56$（次/s）

对数衰减率 $b=0.087\ 6$

阻尼比 $D=0.013\ 9$

应当指出，上述分析中，包含有载重汽车这一附加质量的影响。

图 8-26（c）、（d）为载重汽车以 28km/h 的速度通过桥梁时引起结构产生强迫振动的记录曲线图 8-26（c）挠度曲线，图 8-26（d）为钢丝应力曲线。由图 8-26 可见，当汽车驶离桥跨后，桥跨结构恢复到静力平衡位置时仍在振动，只有在这个时候结构才作衰减自由振动。

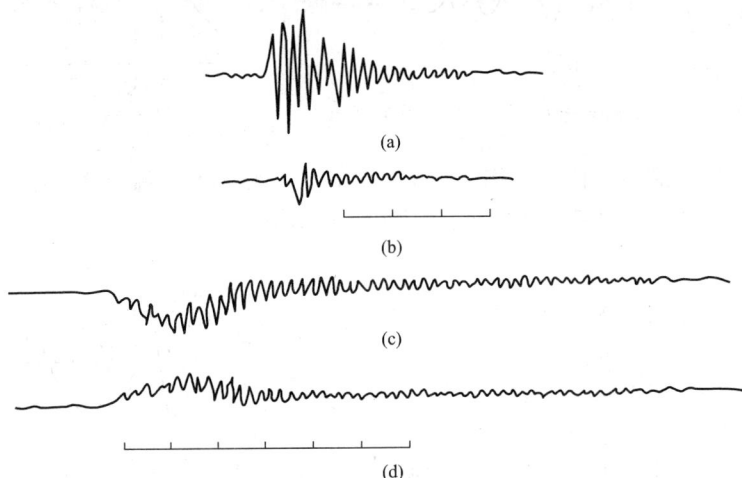

(a)

(b)

(c)

(d)

图 8-26　桥梁动载试验实测记录曲线

在结构作自由衰减振动这一段记录上，仍可按上述方法求出结构的动力特性，但此时没有载重汽车的附加质量的影响。

仍用上述方法求出结构的动力特性：

固有频率　　　　　　　　　　　　　　$f_0 = 4.56\,\text{Hz}$
对数衰减率　　　　　　　　　　　　　$b=0.062$
阻尼比　　　　　　　　　　　　　　　$D=0.096$

在实测的共振曲线上也可推算阻尼比，如图 8-24 所示，具体做法是取 $Y_{max}/\sqrt{2}$ 值作一水平线，同曲线相交于 A、B 两点，其对应的横坐标为 ω_1 和 ω_2，即

阻尼系数　　　　　　　　　　　$n = \dfrac{1}{2}(\omega_2 - \omega_1)$　　　　　　　　　　（8-50）

阻尼比　　　　　　　　　$D = \dfrac{n}{\omega_0} = \dfrac{1}{2\omega_0(\omega_2 - \omega_1)}$　　　　　　（8-51）

式中　　ω_0——结构的固有频率。

（3）振型的测定。结构的振型是结构相应于各阶固有频率的振动形式，一个振动系统振型的数目与其自由度数目相等。桥梁结构是一个具有连续分布质量的体系。也就是说，桥梁是一无限多自由度系统，因此，其固有频率及相应的振型也有无限多个。但是，如前所述，对于一般的桥梁结构，第一阶固有频率即基频，对结构的动力分析才是重要的。对于较复杂的动力分析问题，也仅需前几阶固有频率。也就是说即在一般情况下，一些低阶振型才是重要的。图 8-27 表示具有分布质量的各种梁的振型。

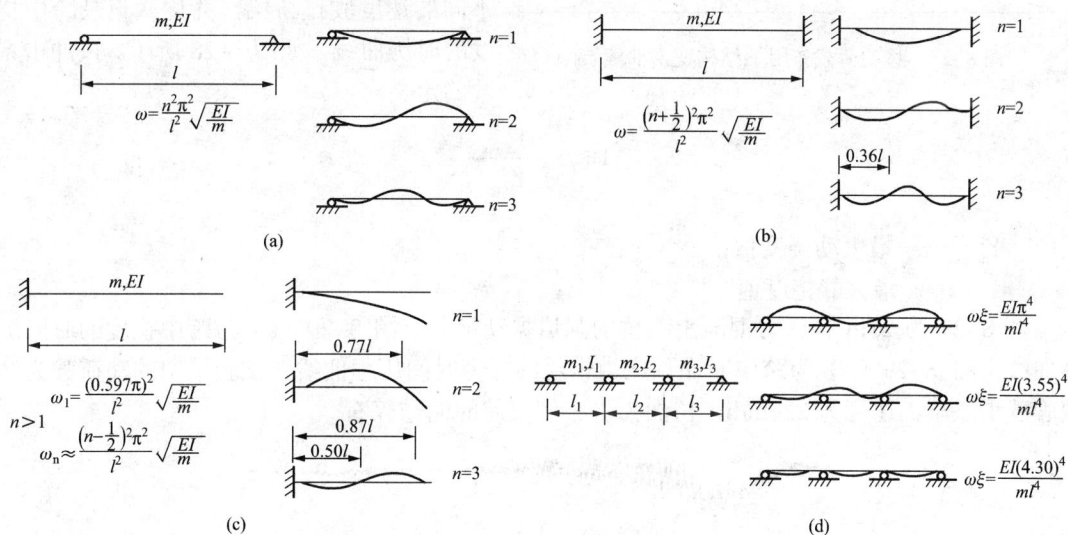

图 8-27　具有分布质量的各种梁的振型

（a）简支梁的主振型；（b）固端梁的主振型；（c）悬臂梁的主振型；（d）三跨连续梁的主振型

采用共振法测定振型时，将若干传感器安装在结构和有关部位，当激振装置激发结构共振的同时记录结构各部位的振幅和相位，比较各测点的振幅及相位便可绘出振型曲线。

传感器的测点布置视结构形成而定，一般要根据理论分析，估计振型的大致形状，然后在振幅较大的部位布点，以便能较好地连接出振型曲线。

振型的测定一般采用两种方法。一是在结构上同时安装许多传感器，这时必须保证预先精确标定所有传感器的灵敏度，在用多路放大器时，还要求放大器的特性相同。另一种方法

是用一个传感器,测试时要不断改变它的位置,以便测出各点的振幅。这种方法需要对传感器多次拆卸和安装,并且还需要有一个作用参考点不能移动的传感器,各次测定值均应同参考点比较。

DHMA 是基于 WINDOWS 环境下的一套后处理模态分析软件。利用这套软件可以观察和分析结构的动态特性,包括结构的固有频率、振型、阻尼比等模态参数。利用试验测得的响应信号,可以在三维结构模型上动画显示试验结果。还可以在时域或频域显示 ODS (Operating Deflection Shape 实际运行中动响应)。软件界面友好、操作简单、灵活。可通过 UFF(通用文件格式)与大部分数采设备配套使用。

(4)结构动力响应的测定。在动力荷载作用下,桥梁结构某些部位的振动参数如振幅、频率、位移、应力等的测定,可根据试验的具体要求和结构的型式布置测点,采用适当的仪表进行测试。动力荷载作用于结构上产生的动挠度,一般较同样的静荷载所产生的相应静挠度要大。动挠度与静挠度的比值称为活荷载的冲击系数。由于挠度反映了桥跨结构的整体变形,是衡量结构刚度的主要指标,因此活载冲击系数综合反映了荷载对桥梁的动力作用。它与结构的型式、车辆运行速度和桥面的平整度等有关。

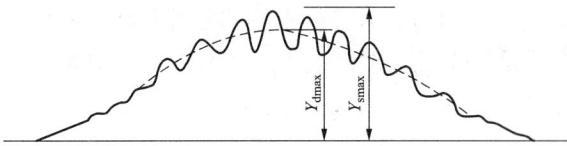

图 8-28 移动荷载作用下结构变形曲线

为了测定冲击系数,应使车辆荷载以不同的速度驶过桥梁,并逐次记录跨中挠度的时历曲线,如图 8-28 所示。按冲击系数的定义有:

$$1 + \mu = \frac{Y_{\text{dmax}}}{Y_{\text{smax}}}$$

式中 Y_{dmax} ——最大动挠度值;

Y_{smax} ——最大静挠度值。

图 8-29 为 25m 预应力混凝土梁桥的强迫振动记录。图 8-29(a)为跨中挠度的时间历程曲线,图 8-29(b)为跨中断面预应力钢丝的应力时间历程曲线。试验采用的动荷载为解放牌载重汽车,速度为 22km/h,桥面为平整度很差的泥结碎石。

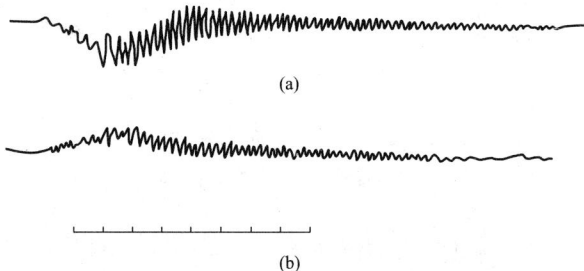

(a)

(b)

图 8-29 移动荷载作用下结构变形曲线

图 8-29 可根据光线示波器记录图上直接量取 Y_{d} 值和 Y_{s} 值,则活荷载的冲击系数($1 + \mu$)值为:

$$1 + \mu = \frac{Y_{dmax}}{Y_{smax}} = \frac{241.67}{166.64} = 1.45$$

5. 桥梁结构动力性能评价

桥梁结构动力性能的各参数，如固有频率、阻尼比、振型、动力冲击系数等，及动力响应的大小，是宏观评价桥梁结构的整体刚度、运营性能的重要指标；也是一些规范评价桥梁安全运营性能的主要尺度。目前，虽然国内外规范对桥梁结构的动力响应、动力特性尚无统一的评价尺度，但是一般认为：桥梁结构的动力特性反应了结构的整体刚度、桥面平整度及耗散外部振动能量输入的能力，同时，过大的动力响应会影响车辆的安全行使，会引起乘客的不舒适，应予以避免。在实际测试中，通常通过以下几个方面来评价桥梁结构的动力性能。

（1）比较桥梁结构频率的理论值与实测值，如果实测值大于理论计算值，说明桥梁结构的实际刚度较大，反之则说明桥梁结构的刚度偏小，可能存在开裂或其他不正常的现象。

（2）根据动力冲击系数的实测值来评价桥梁结构的行车性能，实测冲击系数较大则说明桥梁结构的行车性能差，桥面平整度不良，反之亦然。

（3）实测阻尼比的大小反应了桥梁结构耗散外部能量输入的能力，阻尼比大，说明桥梁耗散外部能量输入的能力大，振动衰减的快；阻尼比小，说明桥梁耗散外部能量输入的能力差，振动衰减的慢。但是，过大的阻尼比可能是由于桥梁结构存在开裂或支座工作不正常等现象引起的。

桥梁荷载试验是新建桥梁竣工验收和已建桥梁运营时进行承载力评定时，检测桥梁整体受力性能是否满足设计文件和有关标准规范要求，或评定出桥梁运营荷载等级最直接和有效的手段。桥梁荷载试验分为静载试验和动载试验。静载试验通过测试桥梁结构在试验荷载作用下的控制截面的应变、位移或裂缝分析判定桥梁的承载能力。动载试验通过测试桥梁在动载作用下的响应，分析桥梁的频率、阻尼和振型等模态参数，根据动力响应和模态参数进行桥梁承载能力评定。采用静载试验评定桥梁承载能力的方法是最成熟的传统方法，动载法以往和静载法结合使用。静载试验工作量较大，费用较高，动载试验工作量较小，费用低。近年来国内外对桥梁动载试验方法进行了大量研究，期待今后有与静载试验等效的动载测试方法。

复习思考题

1. 简述桥梁荷载试验的目的及静、动载试验的主要测试内容。

2. 常见的梁式桥和拱式桥静载试验时应考虑哪些加载工况？应变和位移的测点应如何布置？

3. 桥梁静载试验中常采用哪些加载设备？荷载如何称量？

4. 电阻应变片分哪几类？什么是应变片的"电阻应变效应"和灵敏系数？

5. 应变片选购和粘贴时应考虑哪些因素？

6. 简述应变仪的测试原理和应变仪的组成。

7. 应用电阻应变片测量应变时为什么要进行温度补偿？如何进行温度补偿？

8. 桥梁静载试验时如何进行荷载分级和安排加载程序？如何控制加载稳定时间和确定终止加载条件？

9. 进行桥梁动载试验时需用哪些主要设备，测试系统如何选配？

10. 桥梁的模态参数（频率、振型、阻尼比）对桥梁整体受力性能有何意义？

11. 如何测试桥梁的冲击系数？

12. 如何利用桥梁荷载试验的成果进行桥梁承载能力的评定？

13. 桥梁荷载试验报告应包括哪些内容？

14. 某简支梁桥计算跨径为 19.5m，桥面宽为净–7.5m，跨中截面设计控制内力为 4290kN·m，今以 800kN 标准平板挂车进行静试验。回答下面两个问题：

（1）静载试验效率 η_q？

（2）该平板挂车是否满足静载试验的需要？

第9章 桥梁荷载试验实例

9.1 桥梁静载试验实例

1. 概况

天津市海滨大道某简支梁桥，上部结构为两幅 36 孔 25m 后张预应力混凝土小箱梁，预制梁中线高 1.35m，每块宽度 2.3m，每幅桥设 5 片梁。设计荷载标准：汽车-超 20 级，挂车-120。每幅桥桥面布置为：护栏 0.5m+净 12.75m+护栏 0.5m＝13.75m。下部结构为双柱式桥墩，钻孔灌注桩基础。板式橡胶支座。

综合桥梁实际状况，经业主同意，选择东半幅岐口端第 2 孔作为试验孔。

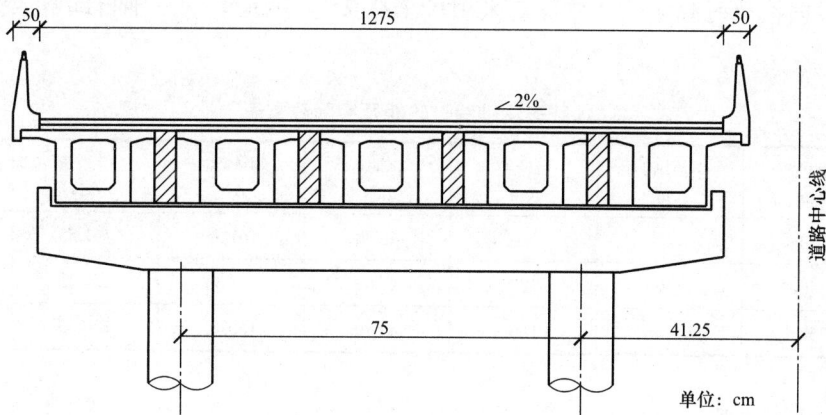

图 9-1 试验桥梁横断面

2. 静载试验方案

（1）试验目的。通过测定桥跨结构在试验荷载作用下的控制截面应力和挠度，与理论计算值相比较，判断桥梁结构实际承载能力是否满足设计要求，并为该桥日常管养积累数据资料。

（2）试验依据。

1）《公路桥涵设计通用规范》（JTG D60—2004）。

2）《公路钢筋混凝土及预应力混凝土桥涵设计规范》（JTG D62—2004）。

3）《大跨径混凝土桥梁的试验方法》（交通部公路科学研究所等，1982，北京）。

4）《公路旧桥承载能力鉴定方法》（交通部公路局，1988 年 1 月，北京）。

5）该桥设计、施工图纸与资料以及现场调查资料。

（3）测试内容。

1）结构控制截面的应力。

2）边梁和中梁跨中截面的竖向应力分布。

3）结构控制截面的挠度。

4）加载过程中的裂缝观测。

（4）测点布置。

1）应力测点布置：在试验孔 5 片梁的 $L/4$、$L/2$、$3L/4$ 断面梁底各布置 1 个应力测点；在边梁和中梁 $L/2$ 断面沿梁高各布置 5 个应力测点，共 25 个应力测点。

2）挠度测点布置：在试验孔 5 片梁的 $L/2$ 断面各布置 1 个挠度测点，5 片梁两端靠近支座位置各布置 1 个支座竖向变形测点，在边梁和中梁 $L/4$、$3L/4$ 断面各布置 1 个挠度测点。共 19 个测点。

3）派专人观察主梁跨中截面可能发生的裂缝及其发展。

（5）测试方法及仪器。

1）应力测试。应变测量采用 DH3815 静态应变测试系统，配以应变计、笔记本电脑等。

2）挠度测试。挠度测试采用悬挂钢丝法，采用数显百分表，配以重锤、磁性表座等。

3）裂缝观测。裂缝观测采用裂缝宽度仪。

（6）试验荷载。依据《大跨径混凝土桥梁的试验方法》第 3.2.1 条规定试验荷载效率 $0.8 < \eta \leqslant 1.05$，根据设计荷载标准计算确定采用单车总重约 360kN 的三轴自卸解放汽车作为试验荷载。

表 9-1　　　　加载车辆轴距、轮距及实际载重表

车号	前中轴距/cm	中后轴距/cm	后轮距/cm	前轴重/kN	中轴重/kN	后轴重/kN	总重/kN
01	350	140	180	46.70	161.55	161.55	369.8
02	350	140	180	43.00	157.30	157.30	357.6
03	350	140	180	42.70	160.45	160.45	363.6

3. 静载试验实施

（1）试验前准备与预加载。试验前现场准备工作包括：检查桥梁现状，搭设脚手架，测点放样及表面处理，布置测试元件，安装调试测量仪器仪表等。

为了使结构进入正常的工作状态，在进行正式加载试验前，用两辆试验车在主跨跨中部位进行 2～3 次横桥向对称的反复预加载。预加载卸至零荷载，并在结构得到充分的零荷载恢复后，进入正式加载试验。

（2）正式加载。正式加载试验按加载工况序号进行，完成一个序号的加载工况，在结构得到充分的零荷载恢复后，再进入下一个序号的加载工况。

本次静力加载试验共 4 个加载工况：

1）3 辆加载车辆排成 1 行 3 列，横桥向对称布载，纵向布置在试验孔（第 2 孔）$L/4$ 位置。

2）3 辆加载车辆排成 1 行 3 列，横桥向偏心布载，纵向布置在试验孔（第 2 孔）$L/4$ 位置。

3）3 辆加载车辆排成 1 行 3 列，横桥向对称布载，纵向布置在试验孔（第 2 孔）$L/2$ 位置。

4）3 辆加载车辆排成 1 行 3 列，横桥向偏心布载，纵向布置在试验孔（第 2 孔）$L/2$ 位置。

在试验过程中，对于每一种加载工况都要测量零荷载作用时的初始值。为了保证测试结果的正确性，对于每一种加载工况都进行了两次加载和测量。

静力试验选择在气温变化不大于 2℃和结构温度趋于稳定的时间间隔内进行。试验过程中，在量测试验荷载作用下结构响应的同时应相应地测量结构表面温度。

静力试验荷载持续时间，根据结构变位达到相对稳定所需要的时间而定，只要结构变位达到相对稳定后，才进入下一个荷载阶段。

4. 数据整理与分析

（1）试验荷载效率。主要工况所对应的静力试验荷载效率可见表9-2。

表 9-2　　　　　　　　**试 验 加 荷 效 率**

加 载 工 况	汽车 3 列 /（kN·m）	挂车 /（kN·m）	设计控制弯矩 /（kN·m）	试验荷载弯矩 /（kN·m）	试验加荷效率
第 1、2 孔跨中偏心加载	1354.72	1320.19	1354.72	1392.52	1.03
第 1、2 孔跨中对称加载	1217.31	1026.82	1217.31	1251.28	1.03

（2）试验数据。

1）挠度测试结果与分析。下面对各工况的挠度测试数据进行对比分析。

各工况具体测试及理论数据见表 9-3～表 9-7。

表 9-3　　　　**试验孔 1 号梁在 $L/4$ 试验荷载作用下的挠度对比表**

板号	测点位置	支点	1/4 跨	1/2 跨	3/4 跨	支点
偏心加载	理论值/mm	0.00	-4.83	-6.00	-3.84	0.00
	实测值/mm	0.00	-2.73	-3.21	-1.92	0.00
	校验系数	—	0.56	0.53	0.50	—
对称加载	理论值/mm	0.00	-3.98	-4.94	-3.16	0.00
	实测值/mm	0.00	-1.90	-2.38	-1.54	0.00
	校验系数	—	0.48	0.48	0.49	—

表 9-4　　　　**试验孔 3 号梁在 $L/4$ 试验荷载作用下的挠度对比表**

板号	测点位置	支点	1/4 跨	1/2 跨	3/4 跨	支点
偏心加载	理论值/mm	0.00	-4.26	-5.29	-3.38	0.00
	实测值/mm	0.00	-2.43	-2.81	-1.75	0.00
	校验系数	—	0.57	0.53	0.52	—
对称加载	理论值/mm	0.00	-4.34	-5.39	-3.44	0.00
	实测值/mm	0.00	-2.54	-2.95	-1.82	0.00
	校验系数	—	0.59	0.55	0.53	—

表 9-5 试验孔 1 号梁在跨中试验荷载作用下的挠度对比表

板号	测点位置	支点	1/4 跨	1/2 跨	3/4 跨	支点
偏心加载	理论值/mm	0.00	−6.00	−8.44	−5.69	0.00
	实测值/mm	0.00	−3.35	−4.69	−2.88	0.00
	校验系数	—	0.56	0.56	0.51	—
对称加载	理论值/mm	0.00	−4.94	−6.94	−4.68	0.00
	实测值/mm	0.00	−2.42	−3.50	−2.40	0.00
	校验系数	—	0.49	0.50	0.51	—

表 9-6 试验孔 3 号梁在跨中试验荷载作用下的挠度对比表

板号	测点位置	支点	1/4 跨	1/2 跨	3/4 跨	支点
偏心加载	理论值/mm	0.00	−5.29	−7.44	−5.01	0.00
	实测值/mm	0.00	−2.94	−4.15	−2.66	0.00
	校验系数	—	0.56	0.56	0.53	—
对称加载	理论值/mm	0.00	−5.38	−7.57	−5.11	0.00
	实测值/mm	0.00	−3.04	−4.35	−2.90	0.00
	校验系数	—	0.56	0.57	0.57	—

表 9-7 跨中对称和偏心加载时各梁跨中断面测点挠度值

加载工况	测点位置	1 号梁	2 号梁	3 号梁	4 号梁	5 号梁
跨中偏心加载	理论值/mm	−8.44	−8.11	−7.44	−6.46	−5.69
	实测值/mm	−4.69	−4.61	−4.15	−3.23	−2.33
	校验系数	0.56	0.57	0.56	0.50	0.41
跨中对称加载	理论值/mm	−6.94	−7.34	−7.57	−7.34	−6.94
	实测值/mm	−3.50	−4.11	−4.35	−4.01	−3.29
	校验系数	0.50	0.56	0.57	0.55	0.47

由表 9-3 和表 9-4 可知，在 $L/4$ 跨偏心和对称荷载作用下，1 号梁挠度最大，为 −3.21mm，其挠跨比为 1/7788；由表 9-5 和表 9-6 可知，在跨中偏心和对称荷载作用下，1 号梁挠度最大，为 −4.69mm，其挠跨比为 1/5330。挠跨比均远小于规范允许值（$L/600$）。

由表 9-3～表 9-7 列出的理论挠度值和实测挠度值及图 9-2～图 9-11 相应挠度曲线可以看出，所测的挠度曲线均能够反映出在活载作用下产生的是正弯矩的规律。根据试验荷载的布置，表中列出了相应的荷载工况下挠度理论计算值、实测值及校验系数 η，所有工况下所有测点的挠度校验系数均小于 1.0，其中跨中断面校验系数最大值为 0.57。说明该桥的承载能力能满足设计汽—超 20、挂车—120 级荷载要求，并具有较大的安全储备。

　　由表 9-7 和图 9-10～图 9-11 跨中断面在对称荷载和偏心荷载作用下产生的挠度曲线可知，跨中断面各梁之间联系很好，与理论挠度具有很好的相似性。说明该桥横向分布满足设计要求。

　　量测的残余变形值（S_p）与量测的总变形值（S_{tot}）的比值最大为 0.021，小于《大跨径混凝土桥梁的试验方法》中第 3.19.2 条规定 $\alpha_1 \leqslant 0.2$。这说明该桥梁结构的弹性工作效率高，符合设计理论的假设条件。

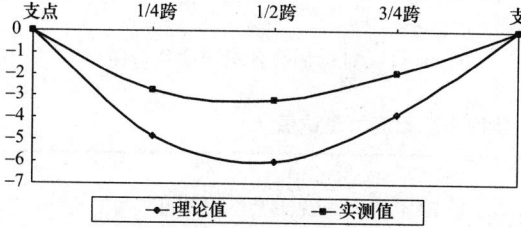

图 9-2　L/4 偏心加载 1 号梁挠度图

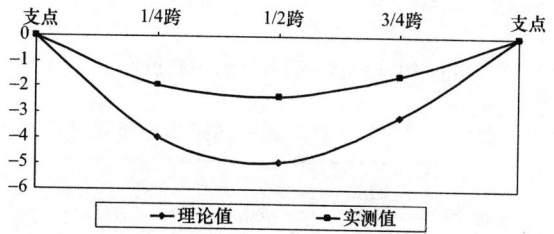

图 9-3　L/4 对称加载 1 号梁挠度图

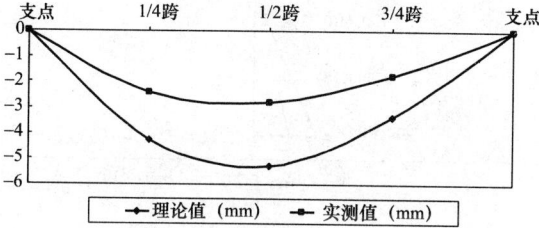

图 9-4　L/4 偏心加载 3 号梁挠度图

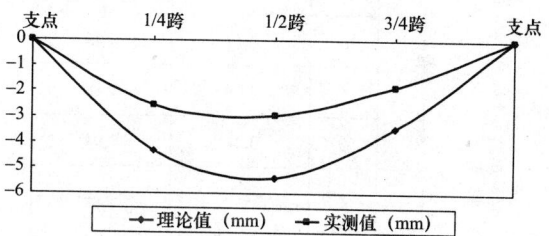

图 9-5　L/4 对称加载 3 号梁挠度图

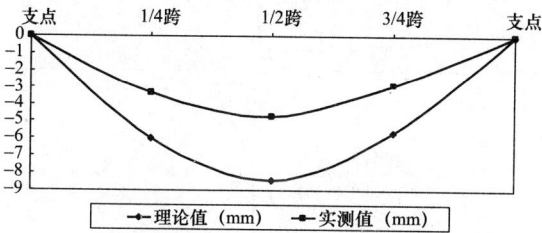

图 9-6　跨中偏心加载 1 号梁挠度图

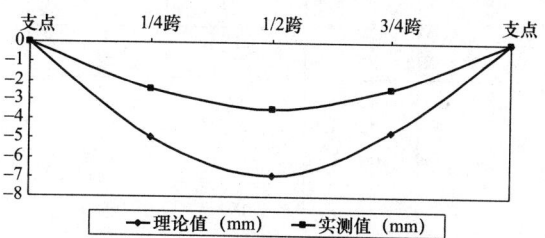

图 9-7　跨中对称加载 1 号梁挠度图

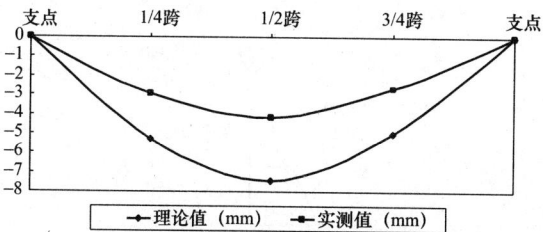

图 9-8　跨中偏心加载 3 号梁挠度图

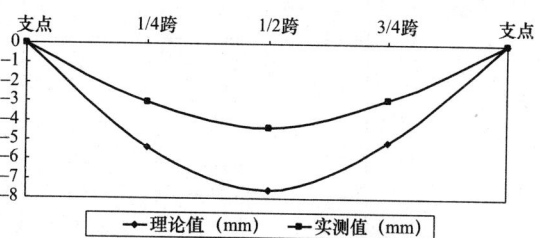

图 9-9　跨中对称加载 3 号梁挠度图

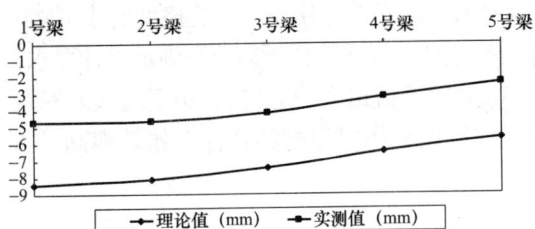

图 9-10　偏心加载各梁跨中挠度图　　　　图 9-11　对称加载各梁跨中挠度图

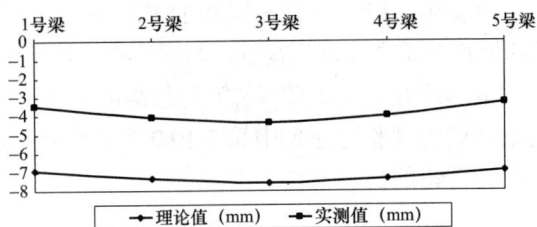

表 9-8　　　　　　　　跨中对称偏心布载时第 1、3 号梁跨中断面应力测试值

布载位置	测点位置		理论应力值/MPa	实测应力值/MPa	应力图形（括号内为实测值；括号外为理论值）
跨中对称布载	1号梁	1	−1.95	−0.63	−1.95(−0.63) −0.60(−0.25) 0.74(0.42) 2.09(1.18) 3.44(1.94)
		2	−0.60	−0.25	
		3	0.74	0.42	
		4	2.09	1.18	
		5	3.44	1.94	
	3号梁	1	−2.13	−1.23	−2.13(−1.23) −0.66(−0.06) 0.81(0.75) 2.28(1.95) 3.76(2.61)
		2	−0.66	−0.06	
		3	0.81	0.75	
		4	2.28	1.95	
		5	3.76	2.61	
跨中偏心布载	1号梁	1	−2.37	−0.59	−2.37(−0.59) −0.73(0.06) 0.91(1.01) 2.54(2.02) 4.18(2.71)
		2	−0.73	0.06	
		3	0.91	1.01	
		4	2.54	2.02	
		5	4.18	2.71	
	3号梁	1	−2.09	−1.41	−2.09(−1.41) −0.65(−0.06) 0.80(0.74) 2.24(1.87) 3.69(2.37)
		2	−0.65	−0.06	
		3	0.80	0.74	
		4	2.24	1.87	
		5	3.69	2.37	

　　2）应力测试结果与分析。根据中华人民共和国交通部部标准《大跨径桥梁试验方法》通

过测量混凝土表面应变来确定混凝土应力的方法规定。对各工况的测试数据理论计算值进行对比分析：

从表 9–8 在跨中对称和偏心荷载作用下 1、3 号梁跨中断面的理论应力值和实测应力值及相关图示，可见所测的应力能够反映出在活载作用下产生的应力分布的规律。从应力图上可以看出实测应力图形的中性轴上移，说明桥面铺装参与结构受力引起中性轴上移，提高了结构受力特性。

从表 9–9 各工况下 1、3 号梁顺桥向各测点应力值可知 1、3 号梁顺桥向不同工况荷载产生理论应力、实测应力值及校验系数 η，所测的应力能够反映出在活载作用下产生的是正应力的规律。所有工况下所有测点的应力校验系数均小于 1.0，其中跨中断面校验系数最大值为 0.80，小于 1.0。说明该桥的承载能力能满足设计要求，并具有一定的安全储备。

表 9–9　　　　　　　　　　各工况下第 1、3 号梁顺桥向各测点应力值

布载位置	测点位置	1 号梁			3 号梁		
		$L/4$	$L/2$	$3L/4$	$L/4$	$L/2$	$3L/4$
1/4 跨对称布载	理论应力值/MPa	2.56	1.96	0.98	2.79	2.14	1.07
	实测应力值/MPa	1.33	1.19	0.59	2.24	1.30	0.56
	校验系数	0.52	0.61	0.60	0.80	0.61	0.53
1/4 跨偏心布载	理论应力值/MPa	3.11	2.38	1.19	2.74	2.10	1.05
	实测应力值/MPa	1.89	1.35	0.70	1.92	1.05	0.42
	校验系数	0.61	0.57	0.59	0.70	0.50	0.40
跨中对称布载	理论应力值/MPa	2.14	3.44	1.72	2.33	3.76	1.88
	实测应力值/MPa	1.34	1.94	0.94	1.57	2.61	1.11
	校验系数	0.63	0.56	0.55	0.67	0.70	0.59
跨中偏心布载	理论应力值/MPa	2.60	4.18	2.09	2.29	3.69	1.84
	实测应力值/MPa	1.79	2.71	1.37	1.43	2.37	1.05
	校验系数	0.69	0.65	0.65	0.62	0.64	0.57

从表 9–10 跨中对称和偏心加载时跨中断面箱梁底部各测点应力值，从图 9–12 和图 9–13 可以看出应力分布规律与理论挠度分布规律具有很好的相似性，跨中断面各梁之间联系很好。说明该桥能满足设计要求，并具规范要求的安全储备。

表 9–10　　　　　　　　跨中对称和偏心加载时跨中断面梁底各测点应力值

加载工况	测点位置	1 号梁	2 号梁	3 号梁	4 号梁	5 号梁
跨中对称加载	理论应力值/MPa	3.44	3.64	3.76	3.64	3.44
	实测应力值/MPa	1.94	2.48	2.61	2.66	1.88
	校验系数	0.56	0.68	0.70	0.73	0.55
跨中偏心加载	理论应力值/MPa	4.18	4.02	3.69	3.20	2.82
	实测应力值/MPa	2.71	2.95	2.37	1.99	1.23
	校验系数	0.65	0.73	0.64	0.62	0.44

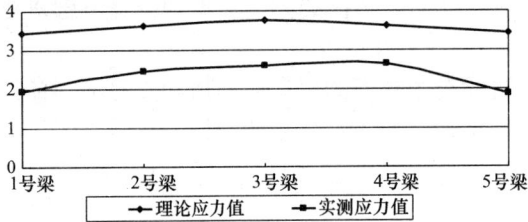

图 9-12　跨中对称加载应力图　　　　图 9-13　跨中偏心加载应力图

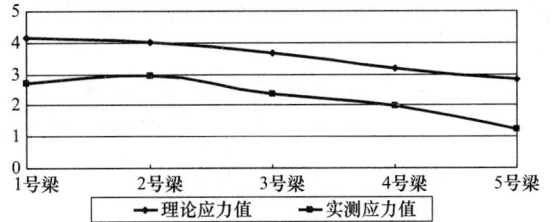

3）裂缝观测。在试验过程中派专人对箱梁控制截面进行全程跟踪观察，未发现有裂缝产生。

5. 试验结论

（1）挠度测试结果。在所有测试工况下，所测的挠度曲线均能够反映出在活载作用下产生的是正弯矩的规律，所有测点的挠度校验系数均小于 1.0，其中跨中断面校验系数最大值为 0.57。说明该桥的承载能力能满足设计汽—超 20、挂车—120 级荷载要求，并具有较大的安全储备。跨中断面在对称荷载和偏心荷载作用下产生的挠度曲线与理论挠度曲线具有很好的相似性。说明该桥各梁之间联系很好，横向分布满足设计要求。相对残余变形最大为 0.021，说明该桥梁结构的弹性工作效率高，符合设计理论的假设条件。

（2）应力测试结果。在所有测试工况下，所测的应力能够反映出在活载作用下产生的是正应力的规律，所有测点的应力校验系数均小于 1.0，其中跨中断面校验系数最大值为 0.80，小于 1.0。说明该桥的承载能力能满足设计要求，并具有一定的安全储备。应力分布规律与理论挠度分布规律具有很好的相似性，跨中断面各梁之间联系很好。说明该桥能满足设计要求。

（3）在试验过程中未发现有肉眼可见裂缝产生。

9.2　桥梁静动载试验实例

1. 概况

本次试验检测桥梁为冀东油田一座简支梁桥，上部结构为 3 孔 8m 钢筋混凝土简支实心板结构，板高 55cm；下部结构为单排双柱式墩，钻孔桩基础。

设计荷载等级：汽—20 级，挂—100。桥面宽度：净 7m+2×0.5mm 人行道及栏杆，全宽 8m。桥面横坡：双向 1.0%。桥面板、梁、桥墩 C35 混凝土；桥面铺装 C40 细石防水混凝土。桥台设四氟板支座，桥墩设板式橡胶支座，支座均为圆形，直径 200mm，高度 49mm。

2. 试验目的及依据

（1）试验目的。通过对桥梁进行动静载荷试验，测试在汽—20 级的试验荷载作用下，桥梁结构的实际承载能力、动力性能是否达到设计标准，能否满足使用要求，并为今后的维修和养护提供原始参考资料。

（2）试验依据参照静载试验。

3. 静载试验

（1）测试内容。

1）试验孔 1～8 号板跨中断面的正应力；

2）试验孔 1～8 号板跨中断面的挠度；

3）加载过程中的裂缝观测。

（2）测点布置。

1）应力测点布置：在试验孔 8 片梁板的 $L/2$ 断面板底各布置 1 个应力测点，如图 9–14 所示。

2）挠度测点布置：在试验孔 8 片梁板的 $L/2$ 断面板底各布置 1 个挠度测点，两端靠近支座位置各布置 1 个支座竖向变形测点，如图 9–15 所示。

3）派专人对梁板跨中截面观察可能发生的裂缝及其发展。

（3）测试方法及仪器。

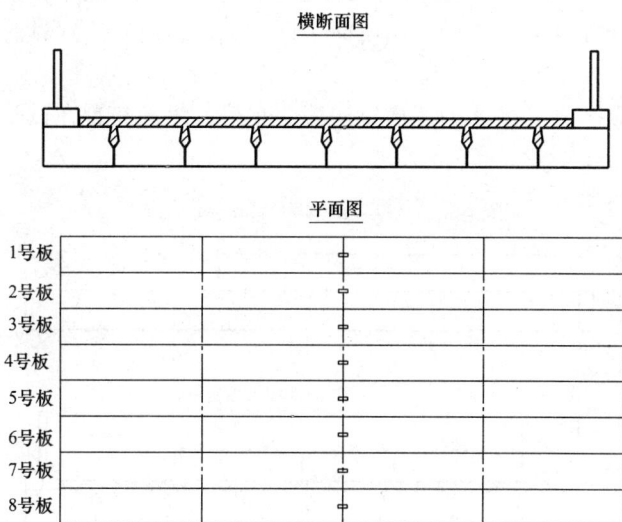

图 9–14 应力测点布置图

1）应力测试。应变测量采用 DH3815N 静态应变测试系统，配以应变计、笔记本电脑等。

2）挠度测试。挠度测试采用悬挂钢丝法，采用数显百分表，配以重锤、磁性表座等。

3）裂缝观测。裂缝观测采用裂缝宽度仪。

（4）试验荷载。依据《大跨径混凝土桥梁的试验方法》第 3.2.1 条规定试验荷载效率 $0.8 < \eta \leqslant 1.05$，根据设计荷载标准计算确定采用单车总重约 360kN 的三轴自卸解放汽车作为试验荷载。加载车辆规格和静载试验效率见表 9–11。

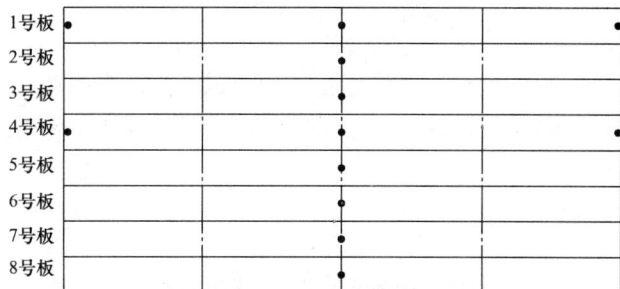

图 9–15 挠度测点布置图

表 9-11   加载车辆轴距、轮距及实际载重表

车号	前中轴距/cm	中后轴距/cm	后轮距/cm	前轴重/kN	中轴重/kN	后轴重/kN	总重/kN
01	350	130	180	88.2	133.2	133.2	354.6
02	350	130	180	91.6	142.2	142.2	376.0

表 9-12   静 载 试 验 效 率 表

工　况	设计弯矩/kN·m	试验弯矩/kN·m	试验效率 η
对称加载	128.25	120.41	0.94
偏心加载	132.00	123.93	0.94

（5）加载工况。本次静力加载试验共 2 个加载工况，加载车辆布置如图 9-16 所示：

1）2 辆加载车辆排成 1 行 2 列，横桥向对称布载，纵向布置在试验孔（第 2 孔）$L/2$ 位置。

2）2 辆加载车辆排成 1 行 2 列，横桥向偏心布载，纵向布置在试验孔（第 2 孔）$L/2$ 位置。

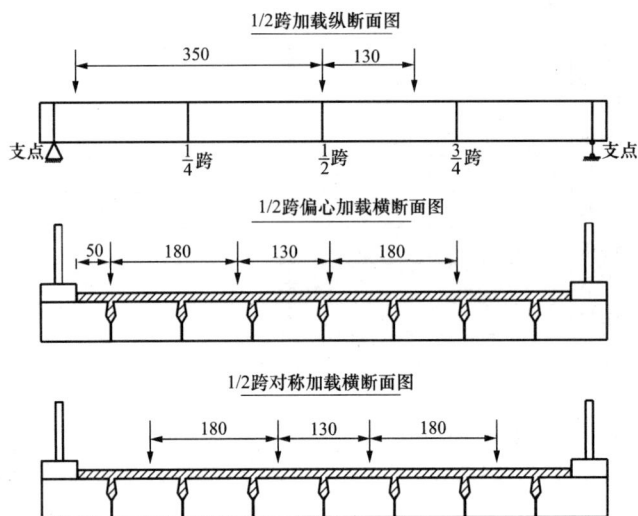

图 9-16　加载车辆布置图

（6）试验实施。为了使结构进入正常的工作状态，在进行正式加载试验前，用两辆试验车在主跨跨中部位进行 2～3 次横桥向对称的反复预加载。预加载卸至零荷载，并在结构得到充分的零荷载恢复后，进入正式加载试验。

正式加载试验按加载工况序号进行，完成一个序号的加载工况，在结构得到充分的零荷载恢复后，再进入下一个序号的加载工况。

在试验过程中，对于每一种加载工况都要测量零荷载作用时的初始值。为了保证测试结果的正确性，对于每一种加载工况都进行了两次加载和测量。

静力试验选择在气温变化不大于 2℃和结构温度趋于稳定的时间间隔内进行。试验过程

中在量测试验荷载作用下结构响应的同时应相应地测量结构表面温度。

静力试验荷载持续时间，根据结构变位达到相对稳定所需的时间而定，只要结构变位达到相对稳定后，才进入下一个荷载阶段。

（7）静载试验数据。

1）挠度测试结果与分析：对称和偏心各板跨中断面挠度，如图 9-17 和图 9-18 所示。由表 9-13 可以看出，在偏心和对称荷载作用下，各板跨中测点的实测挠度值，均小于理论挠度值，其校验系数最大值为 0.39，小于 1.0。

由表 9-14 可以看出，实验测得的最大相对残余变形为 0.13，小于《公路旧桥承载能力鉴定方法》中第 3.19.2 条规定 $\alpha_1 \leq 0.2$。

由所测挠度数据可知，各测点的挠度校验系数均小于 1，说明桥梁结构刚度满足汽—20、挂—100 荷载要求。相对残余变位值小于规范值，说明结构在加载过程中基本满足弹性工作状态。

表 9-13　　　　　　　　　　　各板跨中断面挠度对比表

加载工况		1号板	2号板	3号板	4号板	5号板	6号板	7号板	8号板
对称加载	理论值	2.60	2.78	2.94	3.06	3.06	2.94	2.78	2.60
	实测值	0.71	0.79	0.95	1.19	1.13	0.97	0.80	0.60
	校验系数	0.27	0.28	0.32	0.39	0.37	0.33	0.29	0.23
偏心加载	理论值	3.09	3.12	3.15	3.12	2.96	2.72	2.42	2.19
	实测值	0.79	1.15	1.11	0.99	0.84	0.60	0.46	0.38
	校验系数	0.26	0.37	0.35	0.32	0.28	0.22	0.19	0.17

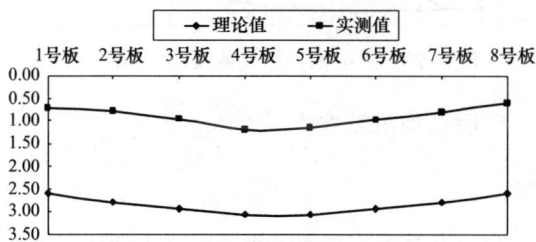

图 9-17　对称加载各板跨中断面挠度

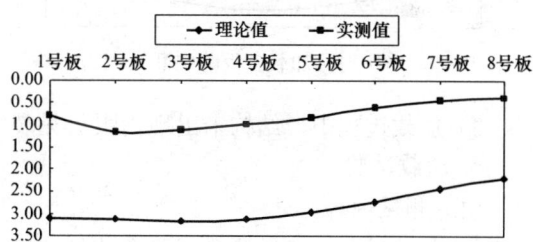

图 9-18　偏心加载各板跨中断面挠度

表 9-14　　　　　　　　　　　各板跨中断面相对残余变形表

板号	1号板	2号板	3号板	4号板	5号板	6号板	7号板	8号板
总变形	0.79	1.15	1.11	0.99	0.84	0.60	0.46	0.38
残余变形	0.06	0.12	0.08	0.05	0.03	0.04	0.06	0.05
相对残余变形	0.08	0.10	0.07	0.05	0.04	0.07	0.13	0.13

2）应力测试结果与分析：跨中对称加载各板跨中断面应力如图 9-19 所示。跨中偏心加载各板跨中断面应力如图 9-20所示。由表 9-15 可以看出，在对称荷载作用下，5 号板实测钢筋应力最大，校验系数也最大为 0.44，小于 1.0。在偏心荷载作用下，3 号板实测钢筋应力最大，校验系数也最大为 0.38，小于 1.0。

由所测应力数据可知，各测点的应力校验系数均小于 1，说明桥梁结构强度满足汽—20、挂—100 荷载要求。

表 9-15 各板跨中断面混凝土应力对比表

测点位置	跨中对称布载			跨中偏心布载		
	理论值/MPa	实测值/MPa	校验系数	理论值/MPa	实测值/MPa	校验系数
1 号板	53.88	1.81	0.03	63.89	4.50	0.07
2 号板	57.59	13.57	0.24	64.54	24.45	0.38
3 号板	60.77	15.36	0.25	65.31	24.67	0.38
4 号板	63.46	27.65	0.44	64.51	23.51	0.36
5 号板	63.46	28.01	0.44	61.39	16.41	0.27
6 号板	60.77	14.98	0.25	56.35	10.13	0.18
7 号板	57.59	10.21	0.18	50.12	5.50	0.11
8 号板	53.88	1.86	0.03	45.28	1.69	0.04

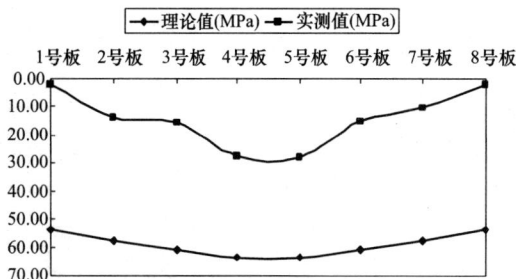

图 9-19 跨中对称加载各板跨中断面应力

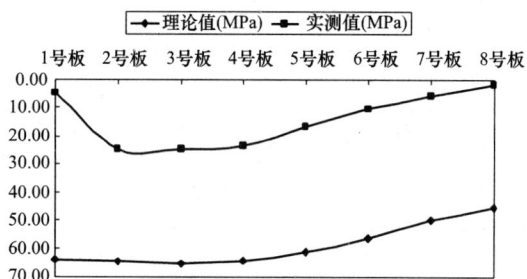

图 9-20 跨中偏心加载各板跨中断面应力

3）加载过程中，结构未出现肉眼可见裂缝。说明结构抗裂性满足要求。

4. 动载试验

（1）测试内容。

1）脉动试验，通过测量试验孔的加速度时程信号，计算桥梁的自振频率及阻尼比。

2）跑车试验，通过测量不同车速的试验车辆在试验孔上行驶，记录动挠度测点的位移时程信号，计算桥梁在试验荷载作用下的动挠度和冲击系数。

（2）测点布置。

1）脉动试验测点，纵向布置在试验孔的支点、$L/8$、$L/4$、$3L/8$、$L/2$、$5L/8$、$3L/4$、$7L/8$ 处，横向布置在试验孔的两侧栏杆的内侧。

2）跑车试验动挠度测点位于 1 号板板底跨中位置。

（3）测试方法及仪器。

1）脉动试验采用 INV-DASP2000 桥梁振动测试系统配以 891 型加速度传感器。

2）跑车试验动挠度测量采用的仪器是 BJQN-4D 型光电图像式桥梁挠度检测仪。

（4）试验实施。

1）本次动载试验的测试内容包括脉动测试、跑车测试 2 项。试验时，先从动力响应小的测试项目做起，即先进行脉动测试、再进行 20km/h、40km/h 跑车试验，并根据动力响应的大小及时调整测量放大器的放大系数，避免量测溢出。

2）进行跑车试验时，尽量准确控制试验车辆的车速，并根据测试传感器的布置，确定试验车辆行驶途中进行数据采集的起止位置，以免测试数据产生遗漏。

3）每次测试后，要在现场进行数据回放和频谱分析，并与测试桥梁动力特性的理论计算值进行比较，检查测试数据是否正常，实测频率是否与理论计算值接近。如有异常情况应立即检查、分析原因，必要时应重新进行测试。

4）试验进行过程中，注意不要触动测试元件及测量导线，以免引起读数的波动。

（5）动载试验数据。

1）脉动试验。由于桥梁采用板式橡胶支座，而这种支座对桥梁横向振动不能起到严格意义的约束作用，根据测试信号得不出清晰的横向振动振型。因此该桥只对竖向振动振型进行分析。具体结果见表 9-16，实测结构时域信号、振动幅值谱、一阶、二阶振型图见图 9-21～图 9-24。

表 9-16　　　　　　　　　自 振 特 性 汇 总 表

阶数	理论频率/Hz	实测频率/Hz	阻尼比
1	15.384	8.669 9	0.132%

依据上表自振频率的数值范围看，试验孔桥梁属于低频小阻尼振动。其特征参数与同类桥梁相比，在正常范围之内。

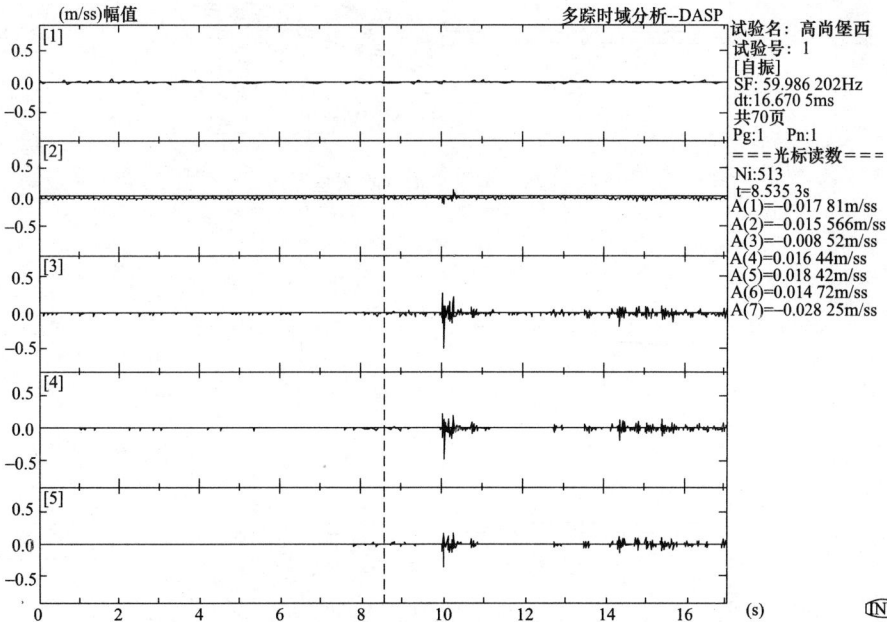

图 9-21　实测结构时域信号

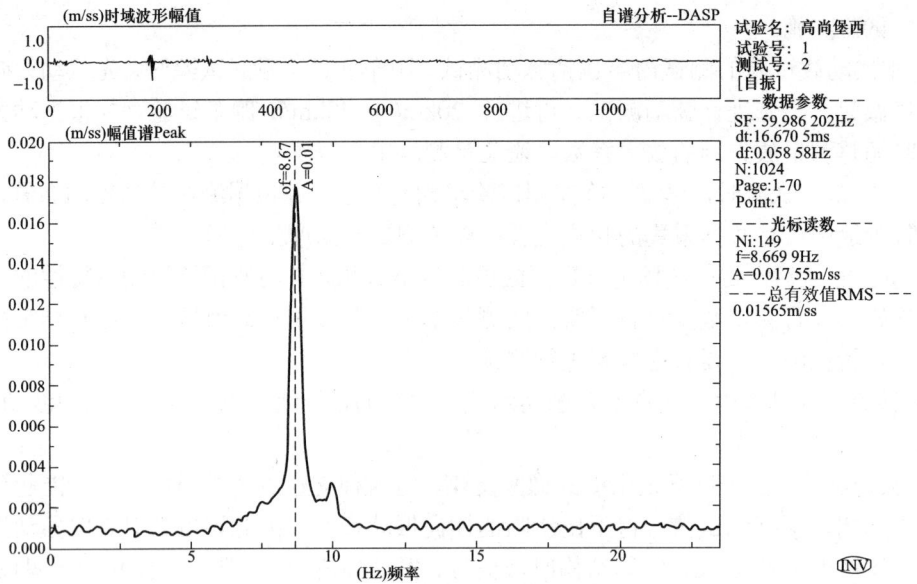

图 9-22　实测结构振动幅值谱

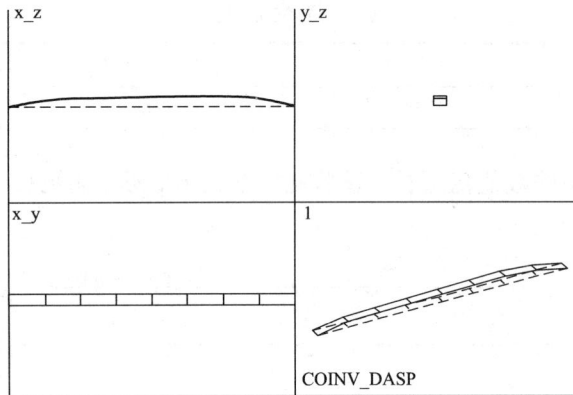

图 9-23　实测结构一阶振型图

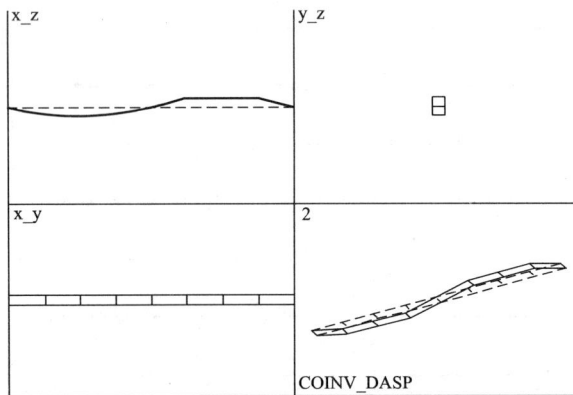

图 9-24　实测结构二阶振型图

2）跑车试验。2 辆车分别以 20km/h、40km/h 通过试验孔的跑车测试，测得的数据见表 9–17。位移时程曲线见图 9–25 和图 9–26 所示。

表 9–17 动载跑车试验数据汇总表

序号	荷载工况	最大动挠度/mm	实测冲击系数	理论冲击系数
1	2 辆车 20km/h	0.39	1.200 0	1.45
2	2 辆车 40km/h	0.36	1.161 3	

从表 9–17 可以看出：试验孔 8m 简支板在 2 辆车以 20km/h 和 40km/h 速度通过时，实测的冲击系数均小于理论计算值。这说明该桥目前的行车性能较好。

5. 试验结论

（1）静载试验。

1）挠度测试结果。由所测挠度数据可知，各测点的挠度校验系数均小于 1，最大值为 0.39，说明桥梁结构刚度满足汽—20、挂—100 荷载要求。相对残余变位值小于规范值，说明结构在加载过程中基本满足弹性工作状态。

2）应力测试结果。由所测应力数据可知，各测点的应力校验系数均小于 1，最大为值 0.44，说明桥梁结构强度满足汽—20、挂—100 荷载要求。

3）加载过程中，结构未出现肉眼可见裂缝。说明结构抗裂性满足要求。

（2）动载试验。

1）由所测数据可以看出，桥梁实测频率小于理论频率，属于低频小阻尼振动。其特征参数与同类桥梁相比，在正常范围之内。

2）由所测数据可以看出，高尚堡南环路 1 号桥实测的冲击系数均小于理论计算值，这说明该桥目前的行车性能较好。

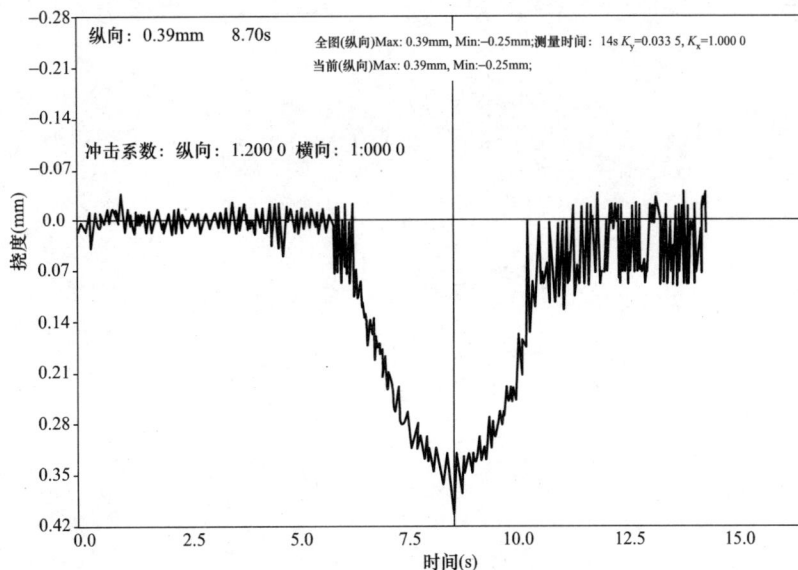

图 9–25　2 辆车 20km/h 通过时的位移时程曲线

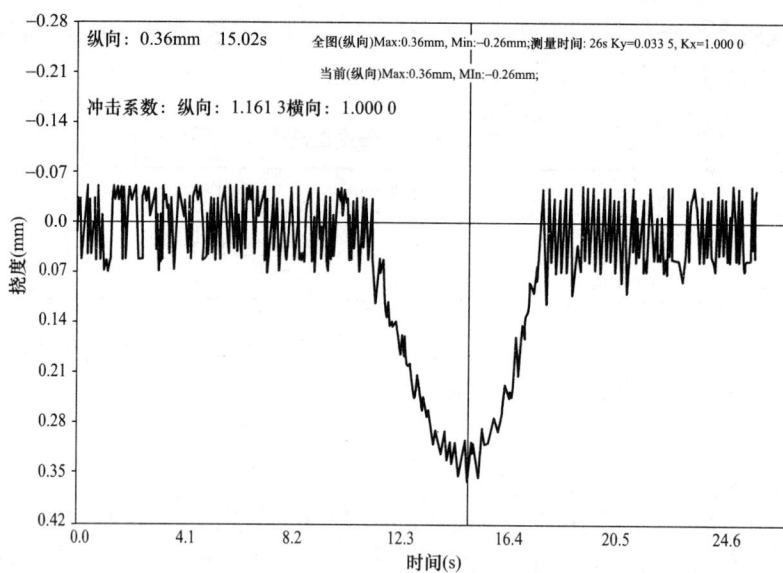

图 9-26 2 辆车 40km/h 通过时的位移时程曲线

（3）总体评价。桥梁的结构承载能力满足汽—20，挂—100 荷载的要求。

附　　录

附录Ⅰ　正态分布概率系数表

正态分布概率系数表 $\left(\int_{Z_a}^{\infty} \frac{1}{\sqrt{2\pi}} e^{-\frac{x^2}{2}} \mathrm{d}x = \beta \right)$

Z_a	0.00	0.01	0.02	0.03	0.04	0.05	0.06	0.07	0.08	0.09
0.0	0.500 0	0.496 0	0.492 0	0.488 0	0.484 0	0.480 1	0.476 1	0.472 1	0.468 1	0.464 1
0.1	0.460 2	0.456 2	0.452 2	0.448 3	0.444 3	0.440 4	0.436 4	0.432 5	0.428 6	0.424 7
0.2	0.420 7	0.416 8	0.412 9	0.409 0	0.405 2	0.401 3	0.397 4	0.393 6	0.389 7	0.385 9
0.3	0.382 1	0.378 3	0.374 5	0.370 7	0.366 9	0.363 2	0.359 4	0.355 7	0.352 0	0.348 3
0.4	0.344 6	0.340 9	0.337 2	0.333 6	0.330 0	0.326 4	0.322 8	0.319 2	0.315 6	0.312 1
0.5	0.308 5	0.305 0	0.301 5	0.298 1	0.294 6	0.291 2	0.287 7	0.284 3	0.281 0	0.277 6
0.6	0.274 3	0.270 9	0.267 6	0.264 3	0.261 1	0.257 8	0.254 6	0.251 4	0.248 3	0.245 1
0.7	0.242 0	0.238 9	0.235 8	0.232 7	0.229 6	0.226 6	0.223 6	0.220 6	0.217 7	0.214 8
0.8	0.211 9	0.209 0	0.206 1	0.203 3	0.200 5	0.197 7	0.194 9	0.192 2	0.189 4	0.186 7
0.9	0.184 1	0.181 4	0.178 8	0.176 2	0.173 6	0.171 1	0.168 5	0.166 0	0.163 5	0.161 1
1.0	0.158 7	0.156 2	0.153 9	0.151 5	0.149 2	0.146 9	0.144 6	0.142 3	0.140 1	0.137 9
1.1	0.135 7	0.133 5	0.131 4	0.129 2	0.127 1	0.121 5	0.123 0	0.121 0	0.119 0	0.117 0
1.2	0.115 1	0.113 1	0.111 2	0.109 3	0.107 5	0.105 6	0.103 8	0.102 0	0.100 3	0.098 5
1.3	0.096 8	0.095 1	0.093 4	0.091 8	0.090 1	0.088 5	0.086 9	0.085 3	0.083 8	0.082 3
1.4	0.080 8	0.079 3	0.077 8	0.076 4	0.074 9	0.073 5	0.072 1	0.070 8	0.069 4	0.068 1
1.5	0.066 8	0.065 5	0.064 3	0.063 0	0.061 8	0.060 6	0.059 4	0.058 2	0.057 1	0.055 9
1.6	0.054 8	0.053 7	0.052 6	0.051 6	0.050 5	0.049 5	0.048 5	0.047 5	0.046 5	0.045 5
1.7	0.044 6	0.043 6	0.042 7	0.041 8	0.040 9	0.040 1	0.039 2	0.038 4	0.037 5	0.036 7
1.8	0.035 9	0.035 1	0.034 4	0.033 6	0.032 9	0.032 2	0.031 4	0.030 7	0.030 1	0.029 4
1.9	0.028 7	0.028 1	0.027 4	0.026 8	0.026 2	0.025 6	0.025 0	0.024 4	0.023 9	0.023 3
2.0	0.022 8	0.022 2	0.021 7	0.021 2	0.020 7	0.020 2	0.019 7	0.019 2	0.018 8	0.018 3
2.1	0.017 9	0.017 4	0.017 0	0.016 6	0.016 2	0.015 8	0.015 4	0.015 0	0.014 6	0.014 3
2.2	0.013 9	0.013 6	0.013 2	0.012 9	0.012 5	0.012 2	0.011 9	0.011 6	0.011 3	0.011 0
2.3	0.010 7	0.010 4	0.010 2	0.009 90	0.009 64	0.009 39	0.009 14	0.008 89	0.008 66	0.008 42
2.4	0.008 20	0.007 98	0.007 76	0.007 55	0.007 34	0.007 14	0.006 95	0.006 76	0.006 57	0.006 39
2.5	0.006 21	0.006 04	0.005 87	0.005 70	0.005 54	0.005 39	0.005 23	0.005 08	0.004 94	0.004 80
2.6	0.004 66	0.004 53	0.004 40	0.004 27	0.004 15	0.004 02	0.003 91	0.003 79	0.003 68	0.003 57
2.7	0.003 47	0.003 36	0.003 26	0.003 17	0.003 07	0.002 98	0.002 89	0.002 80	0.002 72	0.002 64
2.8	0.002 56	0.002 48	0.002 40	0.002 33	0.002 26	0.002 19	0.002 12	0.002 05	0.001 99	0.001 93
2.9	0.001 87	0.001 81	0.001 75	0.001 69	0.001 64	0.001 59	0.001 54	0.001 49	0.001 44	0.001 39
Z_a	0.0	0.1	0.2	0.3	0.4	0.5	0.6	0.7	0.8	0.9
3	0.001 35	0.03968	0.03687	0.03483	0.03337	0.03233	0.03159	0.03108	0.03723	0.03481
4	0.04317	0.04207	0.04133	0.05854	0.05541	0.05340	0.05211	0.05130	0.06793	0.06479
5	0.06287	0.06170	0.07996	0.07579	0.07333	0.07190	0.07107	0.08599	0.08332	0.08182
6	0.09987	0.09530	0.09282	0.09149	0.010 777	0.010 402	0.010 206	0.010 104	0.011 523	0.011 260

　　注：1. 表中数字为 β 值。

　　　　2. 0.03968 即为 0.000 968。

附录Ⅱ t 分布概率系数表

t 分 布 概 率 系 数 表

n	双边置信水平			单边置信水平		
	99%	95%	90%	99%	95%	90%
	$t_{0.995}/\sqrt{n}$	$t_{0.975}/\sqrt{n}$	$t_{0.95}/\sqrt{n}$	$t_{0.99}/\sqrt{n}$	$t_{0.95}/\sqrt{n}$	$t_{0.90}/\sqrt{n}$
2	45.012	8.985	4.465	22.501	4.465	2.176
3	5.730	2.484	1.686	4.201	1.686	1.089
4	2.921	1.591	1.177	2.270	1.177	0.819
5	2.059	1.242	0.953	1.676	0.953	0.686
6	1.646	1.049	0.823	1.374	0.823	0.603
7	1.401	0.925	0.734	1.188	0.734	0.544
8	1.237	0.836	0.670	1.060	0.670	0.500
9	1.118	0.769	0.620	0.966	0.620	0.466
10	1.028	0.715	0.580	0.892	0.580	0.437
11	0.955	0.672	0.546	0.833	0.546	0.414
12	0.897	0.635	0.518	0.785	0.518	0.393
13	0.847	0.604	0.494	0.744	0.494	0.376
14	0.805	0.577	0.473	0.708	0.473	0.361
15	0.769	0.554	0.455	0.678	0.455	0.347
16	0.737	0.533	0.438	0.651	0.438	0.335
17	0.708	0.514	0.423	0.626	0.423	0.324
18	0.683	0.497	0.410	0.605	0.410	0.314
19	0.660	0.482	0.398	0.586	0.398	0.305
20	0.640	0.468	0.387	0.568	0.387	0.297
21	0.621	0.455	0.376	0.552	0.376	0.289
22	0.604	0.443	0.367	0.537	0.367	0.282
23	0.588	0.432	0.358	0.523	0.358	0.275
24	0.573	0.422	0.350	0.510	0.350	0.269
25	0.559	0.413	0.342	0.498	0.342	0.264
26	0.547	0.404	0.335	0.487	0.335	0.258
27	0.535	0.396	0.328	0.477	0.328	0.253
28	0.524	0.388	0.322	0.467	0.322	0.248
29	0.513	0.380	0.316	0.458	0.316	0.244
30	0.503	0.373	0.310	0.449	0.310	0.239
40	0.428	0.320	0.266	0.383	0.266	0.206
50	0.380	0.284	0.237	0.340	0.237	0.184
60	0.344	0.258	0.216	0.308	0.216	0.167
70	0.318	0.238	0.199	0.285	0.199	0.155
80	0.297	0.223	0.186	0.266	0.186	0.145
90	0.278	0.209	0.175	0.249	0.175	0.136
100	0.263	0.198	10.166	0.236	0.166	0.129

附录Ⅲ　相关系数检验表

相 关 系 数 检 验 表 γ_β

$n-2$	显著性水平 β		$n-2$	显著性水平 β		$n-2$	显著性水平 β	
	0.01	0.05		0.01	0.05		0.01	0.05
1	1.000	0.997	15	0.606	0.482	29	0.456	0.355
2	0.990	0.950	16	0.590	0.468	30	0.449	0.349
3	0.959	0.878	17	0.575	0.456	35	0.418	0.325
4	0.917	0.811	18	0.561	0.444	40	0.393	0.304
5	0.874	0.754	19	0.549	0.433	45	0.372	0.288
6	0.834	0.707	20	0.537	0.423	50	0.354	0.273
7	0.798	0.666	21	0.526	0.413	60	0.325	0.250
8	0.765	0.632	22	0.515	0.404	70	0.302	0.232
9	0.735	0.602	23	0.505	0.396	80	0.283	0.217
10	0.708	0.576	24	0.496	0.388	90	0.267	0.205
11	0.684	0.553	25	0.487	0.381	100	0.254	0.195
12	0.661	0.532	26	0.478	0.374	200	0.181	0.138
13	0.641	0.514	27	0.470	0.367	300	0.148	0.113
14	0.623	0.497	28	0.463	0.361	400	0.128	0.098

附录Ⅳ 测区混凝土强度换算表

平均回弹值 R_m	测区混凝土强度换算值 $f_{cu,i}^c$ /MPa												
	平均碳化深度值 d_m /mm												
	0	0.5	1.0	1.5	2.0	2.5	3.0	3.5	4.0	4.5	5.0	5.5	≥6.0
20.0	10.3	10.1	—	—	—	—	—	—	—	—	—	—	—
20.2	10.5	10.3	10.0	—	—	—	—	—	—	—	—	—	—
20.4	10.7	10.5	10.2	—	—	—	—	—	—	—	—	—	—
20.6	11.0	10.8	10.4	10.1	—	—	—	—	—	—	—	—	—
20.8	11.2	11.0	10.6	10.3	—	—	—	—	—	—	—	—	—
21.0	11.4	11.2	10.8	10.5	10.0	—	—	—	—	—	—	—	—
21.2	11.6	11.4	11.0	10.7	10.2	—	—	—	—	—	—	—	—
21.4	11.8	11.6	11.2	10.9	10.4	10.0	—	—	—	—	—	—	—
21.6	12.0	11.8	11.4	11.0	10.6	10.2	—	—	—	—	—	—	—
21.8	12.3	12.1	11.7	11.3	10.8	10.5	10.1	—	—	—	—	—	—
22.0	12.5	12.2	11.9	11.5	11.0	10.6	10.2	—	—	—	—	—	—
22.2	12.7	12.4	12.1	11.7	11.2	10.8	10.4	10.0	—	—	—	—	—
22.4	13.0	12.7	12.4	12.0	11.4	11.0	10.7	10.3	10.0	—	—	—	—
22.6	13.2	12.9	12.5	12.1	11.6	11.2	10.8	10.4	10.2	—	—	—	—
22.8	13.4	13.1	12.7	12.3	11.8	11.4	11.0	10.6	10.3	—	—	—	—
23.0	13.7	13.4	13.0	12.6	12.1	11.6	11.2	10.8	10.5	10.1	—	—	—
23.2	13.9	13.6	13.2	12.8	12.2	11.8	11.4	11.0	10.7	10.3	10.0	—	—
23.4	14.1	13.8	13.4	13.0	12.4	12.0	11.6	11.2	10.9	10.4	10.2	—	—
23.6	14.4	14.1	13.7	13.2	12.7	12.2	11.8	11.4	11.1	10.7	10.4	10.1	—
23.8	14.6	14.3	13.9	13.4	12.8	12.4	12.0	11.5	11.2	10.8	10.5	10.2	—
24.0	14.9	14.6	14.2	13.7	13.1	12.7	12.2	11.8	11.5	11.0	10.7	10.4	10.1
24.2	15.1	14.8	14.3	13.9	13.3	11.9	11.6	11.2	10.9	10.6	10.3	24.2	15.1
24.4	15.4	15.1	14.6	14.2	13.6	12.2	11.9	11.4	11.1	10.8	10.4	24.4	15.4
24.6	15.6	15.3	14.8	14.4	13.7	12.8	12.3	12.0	11.5	11.2	10.9	24.6	15.6
24.8	15.9	15.6	15.1	14.6	14.0	13.0	12.6	12.2	11.8	11.4	11.1	24.8	15.9
25.0	16.2	15.9	15.4	14.9	14.3	13.8	13.3	12.8	12.5	12.0	11.7	25.0	16.2
25.2	16.4	16.1	15.6	15.1	14.4	13.9	13.4	13.0	12.6	12.1	11.8	25.2	16.4
25.4	16.7	16.4	15.9	15.4	14.7	14.2	13.7	13.2	12.9	12.4	12.0	25.4	16.7
25.6	16.9	16.6	16.1	15.7	14.9	14.4	13.9	13.4	13.0	12.5	12.2	25.6	16.9
25.8	17.2	16.9	16.3	15.8	15.1	14.6	14.1	13.6	13.2	12.7	12.4	25.8	17.2
26.0	17.5	17.2	16.6	16.1	15.4	14.9	14.4	13.8	13.5	13.0	12.6	26.0	17.5
26.2	17.8	17.4	16.9	16.4	15.7	15.1	14.6	14.0	13.7	13.2	12.8	26.2	17.8
26.4	18.0	17.6	17.1	16.6	15.8	15.3	14.8	14.2	13.9	13.3	13.0	26.4	18.0
26.6	18.3	17.9	17.4	16.8	16.1	15.6	15.0	14.4	14.1	13.5	13.2	26.6	18.3
26.8	18.6	18.2	17.7	17.1	16.4	15.8	15.3	14.6	14.3	13.8	13.4	26.8	18.6
27.0	18.9	18.5	18.0	17.4	16.6	16.1	15.5	14.8	14.6	14.0	13.6	27.0	18.9

续表

平均回弹值 R_m	测区混凝土强度换算值 $f^c_{cu,i}$ /MPa												
	平均碳化深度值 d_m /mm												
	0	0.5	1.0	1.5	2.0	2.5	3.0	3.5	4.0	4.5	5.0	5.5	≥6.0
27.2	19.1	18.7	18.1	17.6	16.8	16.2	15.7	15.0	14.7	14.1	13.8	27.2	19.1
27.4	19.4	19.0	18.4	17.8	17.0	16.4	15.9	15.2	14.9	14.3	14.0	27.4	19.4
27.6	19.7	19.3	18.7	18.0	17.2	16.6	16.1	15.4	15.1	14.5	14.1	13.6	12.9
27.8	20.0	19.6	19.0	18.2	17.4	16.8	16.3	15.6	15.3	14.7	14.2	13.7	13.0
28.0	20.3	19.7	19.2	18.4	17.6	17.0	16.5	15.8	15.4	14.8	14.4	13.9	13.2
28.2	20.6	20.0	19.5	18.6	17.8	17.2	16.7	16.0	15.6	15.0	14.6	14.0	13.3
28.4	20.9	20.3	19.7	18.8	18.0	17.4	16.9	16.2	15.8	15.2	14.8	14.2	13.5
28.6	21.2	20.6	20.0	19.1	18.2	17.6	17.1	16.4	16.0	15.4	15.0	14.3	13.6
28.8	21.5	20.9	20.2	19.4	18.5	17.8	17.3	16.6	16.2	15.6	15.2	14.5	13.8
29.0	21.8	21.1	20.5	19.6	18.7	18.1	17.5	16.8	16.4	15.8	15.4	14.6	13.9
29.2	22.1	21.4	20.8	19.9	19.0	18.3	17.7	17.0	16.6	16.0	15.6	14.8	14.1
29.4	22.4	21.7	21.1	20.2	19.3	18.6	17.9	17.2	16.8	16.2	15.8	15.0	14.2
29.6	22.7	22.0	21.3	20.4	19.5	18.8	18.2	17.5	17.0	16.4	16.0	15.1	14.4
29.8	23.0	22.3	21.6	20.7	19.8	19.1	18.4	17.7	17.2	16.6	16.2	15.3	14.5
30.0	23.3	22.6	21.9	21.0	20.0	19.3	18.6	17.9	17.4	16.8	16.4	15.4	14.7
30.2	23.6	22.9	22.2	21.2	20.3	19.6	18.9	18.2	17.6	17.0	16.6	15.6	14.9
30.4	23.9	23.2	22.5	21.5	20.6	19.8	19.1	18.4	17.8	17.2	16.8	15.8	15.1
30.6	24.3	23.6	22.8	21.9	20.9	20.2	19.4	18.7	18.0	17.5	17.0	16.0	15.2
30.8	24.6	23.9	23.1	22.1	21.2	20.4	19.7	18.9	18.2	17.7	17.2	16.2	15.4
31.0	24.9	24.2	23.4	22.4	21.4	20.7	19.9	19.2	18.4	17.9	17.4	16.4	15.5
31.2	25.2	24.4	23.7	22.7	21.7	20.9	20.2	19.4	18.6	18.1	17.6	16.6	15.7
31.4	25.6	24.8	24.1	23.0	22.0	21.2	20.5	19.7	18.9	18.4	17.8	16.9	15.8
31.6	25.9	25.1	24.3	23.3	22.3	21.5	20.7	19.9	19.2	18.6	18.0	17.1	16.0
31.8	26.2	25.4	24.6	23.6	22.5	21.7	21.0	20.2	19.4	18.9	18.2	17.3	16.2
32.0	26.5	25.7	24.9	23.9	22.8	22.0	21.2	20.4	19.6	19.1	18.4	17.5	16.4
32.2	26.9	26.1	25.3	24.2	23.1	22.3	21.5	20.7	19.9	19.4	18.6	17.7	16.6
32.4	27.2	26.4	25.6	24.5	23.4	22.6	21.8	20.9	20.1	19.6	18.8	17.9	16.8
32.6	27.6	26.8	25.9	24.8	23.7	22.9	22.1	21.3	20.4	19.9	19.0	18.1	17.0
32.8	27.9	27.1	26.2	25.1	24.0	23.2	22.3	21.5	20.6	20.1	19.2	18.3	17.2
33.0	28.2	27.4	26.5	25.4	24.3	23.4	22.6	21.7	20.9	20.3	19.4	18.5	17.4
33.2	28.6	27.7	26.8	25.7	24.6	23.7	22.9	22.0	21.2	20.5	19.6	18.7	17.6
33.4	28.9	28.0	27.1	26.0	24.9	24.0	23.1	22.3	21.4	20.7	19.8	18.9	17.8
33.6	29.3	28.4	27.4	26.4	25.2	24.2	23.3	22.6	21.7	20.9	20 0	19.1	18.0
33.8	29.6	28.7	27.7	26.6	25.4	24.4	23.5	22.8	21.9	21.1	20.2	19.3	18.2
34.0	30.0	29.1	28.0	26.8	25.6	24.6	23.7	23.0	22.1	21.3	20.4	19.5	18.3
29.2	22.1	21.4	20.8	19.9	19.0	18.3	17.7	17.0	16.6	16.0	15.6	14.8	14.1
29.4	22.4	21.7	21.1	20.2	19.3	18.6	17.9	17.2	16.8	16.2	15.8	15.0	14.2
29.6	22.7	22.0	21.3	20.4	19.5	18.8	18.2	17.5	17.0	16.4	16.0	15.1	14.4
29.8	23.0	22.3	21.6	20.7	19.8	19.1	18.4	17.7	17.2	16.6	16.2	15.3	14.5

平均回弹值 R_m	测区混凝土强度换算值 $f_{cu,i}^c$ /MPa												
	平均碳化深度值 d_m /mm												
	0	0.5	1.0	1.5	2.0	2.5	3.0	3.5	4.0	4.5	5.0	5.5	≥6.0
30.0	23.3	22.6	21.9	21.0	20.0	19.3	18.6	17.9	17.4	16.8	16.4	15.4	14.7
30.2	23.6	30.2	23.6	30.2	23.6	30.2	23.6	30.2	23.6	30.2	23.6	30.2	23.6
30.4	23.9	30.4	23.9	30.4	23.9	30.4	23.9	30.4	23.9	30.4	23.9	30.4	23.9
33.6	29.3	33.6	29.3	33.6	29.3	33.6	29.3	33.6	29.3	33.6	29.3	33.6	29.3
33.8	29.6	33.8	29.6	33.8	29.6	33.8	29.6	33.8	29.6	33.8	29.6	33.8	29.6
34.0	30.0	34.0	30.0	34.0	30.0	34.0	30.0	34.0	30.0	34.0	30.0	34.0	30.0
34.2	30.3	34.2	30.3	34.2	30.3	34.2	30.3	34.2	30.3	34.2	30.3	34.2	30.3
34.4	30.7	34.4	30.7	34.4	30.7	34.4	30.7	34.4	30.7	34.4	30.7	34.4	30.7
34.6	31.1	34.6	31.1	34.6	31.1	34.6	31.1	34.6	31.1	34.6	31.1	34.6	31.1
34.8	31.4	34.8	31.4	34.8	31.4	34.8	31.4	34.8	31.4	34.8	31.4	34.8	31.4
35.0	31.8	35.0	31.8	35.0	31.8	35.0	31.8	35.0	31.8	35.0	31.8	35.0	31.8
35.2	32.1	35.2	32.1	35.2	32.1	35.2	32.1	35.2	32.1	35.2	32.1	35.2	32.1
35.4	32.5	35.4	32.5	35.4	32.5	35.4	32.5	35.4	32.5	35.4	32.5	35.4	32.5
35.6	32.9	35.6	32.9	35.6	32.9	35.6	32.9	35.6	32.9	35.6	32.9	35.6	32.9
35.8	33.3	35.8	33.3	35.8	33.3	35.8	33.3	35.8	33.3	35.8	33.3	35.8	33.3
36.0	33.8	36.0	33.8	36.0	33.8	36.0	33.8	36.0	33.8	36.0	33.8	36.0	33.8
36.2	34.0	36.2	34.0	36.2	34.0	36.2	34.0	36.2	34.0	36.2	34.0	36.2	34.0
36.4	34.4	36.4	34.4	36.4	34.4	36.4	34.4	36.4	34.4	36.4	34.4	36.4	34.4
36.6	34.8	36.6	34.8	36.6	34.8	36.6	34.8	36.6	34.8	36.6	34.8	36.6	34.8
36.8	35.2	36.8	35.2	36.8	35.2	36.8	35.2	36.8	35.2	36.8	35.2	36.8	35.2
37.0	35.5	37.0	35.5	37.0	35.5	37.0	35.5	37.0	35.5	37.0	35.5	37.0	35.5
37.2	35.9	37.2	35.9	37.2	35.9	37.2	35.9	37.2	35.9	37.2	35.9	37.2	35.9
37.4	36.3	37.4	36.3	37.4	36.3	37.4	36.3	37.4	36.3	37.4	36.3	37.4	36.3
37.6	36.7	37.6	36.7	37.6	36.7	37.6	36.7	37.6	36.7	37.6	36.7	37.6	36.7
37.8	37.1	37.8	37.1	37.8	37.1	37.8	37.1	37.8	37.1	37.8	37.1	37.8	37.1
38.0	37.5	38.0	37.5	38.0	37.5	38.0	37.5	38.0	37.5	38.0	37.5	38.0	37.5
38.2	37.9	38.2	37.9	38.2	37.9	38.2	37.9	38.2	37.9	38.2	37.9	38.2	37.9
38.4	38.3	38.4	38.3	38.4	38.3	38.4	38.3	38.4	38.3	38.4	38.3	38.4	38.3
38.6	38.7	38.6	38.7	38.6	38.7	38.6	38.7	38.6	38.7	38.6	38.7	38.6	38.7
38.8	39.1	38.8	39.1	38.8	39.1	38.8	39.1	38.8	39.1	38.8	39.1	38.8	39.1
39.0	39.5	39.0	39.5	39.0	39.5	39.0	39.5	39.0	39.5	39.0	39.5	39.0	39.5
39.2	39.9	39.2	39.9	39.2	39.9	39.2	39.9	39.2	39.9	39.2	39.9	39.2	39.9
39.4	40.3	39.4	40.3	39.4	40.3	39.4	40.3	39.4	40.3	39.4	40.3	39.4	40.3
39.6	40.7	39.6	40.7	39.6	40.7	39.6	40.7	39.6	40.7	39.6	40.7	39.6	40.7
39.8	41.2	39.8	41.2	39.8	41.2	39.8	41.2	39.8	41.2	39.8	41.2	39.8	41.2
40.0	41.6	40.0	41.6	40.0	41.6	40.0	41.6	40.0	41.6	40.0	41.6	40.0	41.6
40.2	42.0	40.2	42.0	40.2	42.0	40.2	42.0	40.2	42.0	40.2	42.0	40.2	42.0
40.4	42.4	40.4	42.4	40.4	42.4	40.4	42.4	40.4	42.4	40.4	42.4	40.4	42.4
40.6	42.8	40.6	42.8	40.6	42.8	40.6	42.8	40.6	42.8	40.6	42.8	40.6	42.8

平均回弹值 R_m	测区混凝土强度换算值 $f_{cu,i}^c$ /MPa												
	平均碳化深度值 d_m /mm												
	0	0.5	1.0	1.5	2.0	2.5	3.0	3.5	4.0	4.5	5.0	5.5	≥6.0
40.8	43.3	40.8	43.3	40.8	43.3	40.8	43.3	40.8	43.3	40.8	43.3	40.8	43.3
41.0	43.7	42.0	40.2	38.0	36.0	34.8	33.2	32.3	31.5	29.7	28.4	27.1	26.2
41.2	44.1	42.3	40.6	38.4	36.3	35.1	33.5	32.6	31.8	30.0	28.7	27.3	26.5
41.4	44.5	42.7	40.9	38.7	36.6	35.4	33.8	32.9	32.0	30.3	28.9	27.6	26.7
41.6	45.0	43.2	41.4	39.2	36.9	35.7	34.2	33.3	32.4	30.6	29.2	27.9	27.0
41.8	45.4	43.6	41.8	39.5	37.2	36.0	34.5	33.6	32.7	30.9	29.5	28.1	27.2
42.0	45.9	44.1	42.2	39.9	37.6	36.3	34.9	34.0	33.0	31.2	29.8	28.5	27.5
42.2	46.3	44.4	42.6	40.3	38.0	36.6	35.2	34.3	33.3	31.5	30.1	28.7	27.8
42.4	46.7	44.8	43.0	40.6	38.3	36.9	35.5	34.6	33.6	31.8	30.4	29.0	28.0
42.6	47.2	45.3	43.4	41.1	38.7	37.3	35.9	34.9	34.0	32.1	30.7	29.3	28.3
42.8	47.6	45.7	43.8	41.4	39.0	37.6	36.2	35.2	34.3	32.4	30.9	29.5	28.6
43.0	48.1	46.2	44.2	41.8	39.4	38.0	36.6	35.6	34.6	32.7	31.3	29.8	28.9
43.2	48.5	46.6	44.6	42.2	39.8	38.3	36.9	35.9	34.9	33.0	31.3	30.1	29.1
43.4	49.0	47.0	45.1	42.6	40.2	38.7	37.2	36.3	35.3	33.3	31.8	30.4	29.4
43.6	49.4	47.4	45.4	43.0	40.5	39.0	37.5	36.6	35.6	33.6	32.1	30.6	29.6
43.8	49.9	47.9	45.9	43.4	40.9	39.4	37.9	36.9	35.9	33.9	32.4	30.9	29.9
44.0	50.4	48.4	46.4	43.8	41.3	39.8	38.3	37.3	36.3	34.3	32.8	31.2	30.2
44.2	50.8	48.8	46.7	44.2	41.7	37.6	36.6	34.5	33.0	30.5	31.5	30.5	30.5
44.4	51.3	49.2	47.2	44.6	42.1	38.0	36.9	34.9	33.3	31.8	30.8	31.8	30.8
44.6	51.7	49.6	47.6	45.0	42.4	40.8	39.3	38.3	37.2	35.2	33.6	32.1	31.0
44.8	52.2	50.1	48.0	45.4	42.8	41.2	39.7	38.6	37.6	35.5	33.9	32.4	31.3
45.0	52.7	50.6	48.5	45.8	43.2	41.6	40.1	39.0	37.9	35.8	34.3	32.7	31.6
45.2	53.2	51.1	48.9	46.3	43.6	42.0	40.4	39.4	38.3	36.2	34.6	33.0	31.9
45.4	53.6	51.5	49.4	46.6	44.0	42.3	40.7	39.7	38.6	36.4	34.8	33.2	32.2
45.6	54.1	51.9	49.8	47.1	44.4	42.7	41.1	40.0	39.0	36.8	35.2	33.5	32.5
45.8	54.6	52.4	50.2	47.5	44.8	43.1	41.5	40.4	39.3	37.1	35.5	33.9	32.8
46.0	55.0	52.8	50.6	47.9	45.2	43.5	41.9	40.8	39.7	37.5	35.8	34.2	33.1
46.2	55.5	53.3	51.1	48.3	45.5	43.8	42.2	41.1	40.0	37.7	36.1	34.4	33.3
46.4	56.0	53.8	51.5	48.7	45.9	44.2	42.6	41.4	40.3	38.1	36.4	34.7	33.6
46.6	56.5	54.2	52.0	49.2	46.3	44.6	42.9	41.8	40.7	38.4	36.7	35.0	33.9
46.8	57.0	54.7	52.4	49.6	46.7	45.0	43.3	42.2	41.0	38.8	37.0	35.3	34.2
47.0	57.5	55.2	52.9	50.0	47.2	45.2	43.7	42.6	41.4	39.1	37.4	35.6	34.5
47.2	58.0	55.7	53.4	50.5	47.6	45.8	44.1	42.9	41.8	39.4	37.7	36.0	34.8
47.4	58.5	56.2	53.8	50.9	48.0	46.2	44.5	43.3	42.1	39.8	38.0	36.3	35.1
47.6	59.0	56.6	54.3	51.3	48.4	46.6	44.8	43.7	42.5	40.1	38.4	36.6	35.4
47.8	59.5	57.1	54.7	51.8	48.8	47.0	45.2	44.0	42.8	40.5	38.7	36.9	35.7
48.0	60.0	57.6	55.2	52.2	49.2	47.4	45.6	44.4	43.2	40.8	39.0	37.2	36.0
48.2	—	58.0	55.7	52.6	49.6	47.8	46.0	44.8	43.6	41.1	39.3	37.5	36.3
48.4	—	58.6	56.1	53.1	50.0	48.2	46.4	45.1	43.9	41.5	39.6	37.8	36.6

续表

平均回弹值 R_m	测区混凝土强度换算值 $f^c_{cu,i}$ /MPa												
	平均碳化深度值 d_m /mm												
	0	0.5	1.0	1.5	2.0	2.5	3.0	3.5	4.0	4.5	5.0	5.5	≥6.0
48.6	—	59.0	56.6	53.5	50.4	48.6	46.7	45.5	44.3	41.8	40.0	38.1	36.9
48.8	—	59.5	57.1	54.0	50.9	49.0	47.1	45.9	44.6	42.2	40.3	38.4	37.2
49.0	—	60.0	57.5	54.4	51.3	49.4	47.5	46.2	45.0	42.5	40.6	38.8	37.5
49.2	—	—	58.0	54.8	51.7	49.8	47.9	46.6	45.4	42.8	41.0	39.1	37.8
49.4	—	—	58.5	55.3	52.1	50.2	48.3	47.1	45.8	43.2	41.3	39.4	38.2
49.6	—	—	58.9	55.7	52.5	50.6	48.7	47.4	46.2	43.6	41.7	39.7	38.5
49.8	—	—	59.4	56.2	53.2	51.0	49.1	47.8	46.5	43.9	42.0	40.1	38.8
50.0	—	—	55.9	56.7	53.4	51.4	49.5	48.2	46.9	44.3	42.3	40.4	39.1
50.2	—	—	—	57.1	53.8	51.9	49.9	48.5	47.2	44.6	42.6	40.7	39.4
50.4	—	—	—	57.6	54.3	52.3	50.3	49.0	47.7	45.0	43.0	41.0	39.7
50.6	—	—	—	58.0	54.7	52.7	50.7	49.4	48.0	45.4	43.4	41.4	40.0
50.8	—	—	—	58.5	55.1	53.1	51.1	49.8	48.4	45.7	43.7	41.7	40.3
51.0	—	—	—	59.0	35.6	53.5	51.5	50.1	48.8	46.1	44.1	42.0	40.7
51.2	—	—	—	59.4	36.0	54.0	51.9	50.5	49.2	46.4	44.4	42.3	41.0
51.4	—	—	—	59.9	56.4	54.4	52.3	50.9	49.6	46.8	44.7	42.7	41.3
51.6	—	—	—	—	56.9	54.8	52.7	51.3	50.0	47.2	45.1	43.0	41.6
51.8	—	—	—	—	57.3	55.2	53.1	51.7	50.3	47.5	45.4	43.3	41.8
52.0	—	—	—	—	57.8	55.7	53.6	52.1	50.7	47.9	45.7	43.7	42.3
52.2	—	—	—	—	58.2	56.1	54.0	52.5	51.1	48.3	46.2	44.0	42.6
52.4	—	—	—	—	58.7	56.5	54.4	53.0	51.5	48.7	46.9	44.4	43.0
52.6	—	—	—	—	59.1	57.0	54.8	53.4	51.9	49.0	46.9	44.7	43.3
52.8	—	—	—	—	59.6	57.4	55.2	53.8	52.3	49.4	473	45.1	43.6
53.0	—	—	—	—	60.0	57.8	55.6	54.2	52.7	49.8	47.6	45.4	43.9
53.2	—	—	—	—	—	58.3	56.1	54.6	53.1	50.2	48.0	45.8	44.3
53.4	—	—	—	—	—	58.7	56.5	55.0	53.5	50.5	48.3	46.1	44.6
53.6	—	—	—	—	—	59.2	56.9	55.4	53.9	50.9	48.7	46.4	44.9
53.8	—	—	—	—	—	59.6	57.3	55.8	54.3	51.3	49.0	46.8	45.3
54.0	—	—	—	—	—	—	57.8	56.3	54.7	51.7	49.4	47.1	45.6
54.2	—	—	—	—	—	—	58.2	56.7	55.1	52.1	49.8	47.5	46.0
54.4	—	—	—	—	—	—	58.6	57.1	55.6	52.5	50.2	47.9	46.3
54.6	—	0	—	—	—	—	59.1	57.5	56.0	52.9	50.5	48.2	46.6
54.8	—	—	—	—	—	—	59.5	57.9	56.4	53.2	50.9	48.5	47.0
55.0	—	—	—	—	—	—	59.9	58.4	56.8	53.6	51.3	48.9	47.3
55.2	—	—	—	—	—	—	—	58.8	57.2	54.0	51.6	49.3	47.7
55.4	—	—	—	—	—	—	—	59.2	57.6	54.4	52.0	49.6	48.0
55.6	—	—	—	—	—	—	—	59.7	58.0	54.8	52.4	50.0	48.4
55.8	—	—	—	—	—	—	—	—	58.5	55.2	52.8	50.3	48.7
56.0	—	—	—	—	—	—	—	—	58.9	55.6	53.2	50.7	49.1
56.2	—	—	—	—	—	—	—	—	59.3	56.0	53.5	51.1	49.4

续表

平均回弹值 R_m	测区混凝土强度换算值 $f^c_{cu,i}$ /MPa												
	平均碳化深度值 d_m /mm												
	0	0.5	1.0	1.5	2.0	2.5	3.0	3.5	4.0	4.5	5.0	5.5	≥6.0
56.4	—	—	—	—	—	—	—	—	59.7	56.4	53.9	51.4	49.8
56.6	—	—	—	—	—	—	—	—	—	56.8	54.3	51.8	50.1
56.8	—	—	—	—	—	—	—	—	—	57.2	54.7	52.2	50.5
57.0	—	—	—	—	—	—	—	—	—	57.6	55.1	52.5	50.8
57.2	—	—	—	—	—	—	—	—	—	58.0	55.5	52.9	51.2
57.4	—	—	—	—	—	—	—	—	—	58.4	55.9	53.3	51.6
57.6	—	—	—	—	—	—	—	—	—	58.9	56.3	53.7	51.9
57.8	—	—	—	—	—	—	—	—	—	59.3	56.7	54.0	52.3
58.0	—	—	—	—	—	—	—	—	—	59.7	57.0	54.4	52.7
58.2	—	—	—	—	—	—	—	—	—	—	57.4	54.8	53.0
58.4	—	—	—	—	—	—	—	—	—	—	57.8	55.2	53.4
58.6	—	—	—	—	—	—	—	—	—	—	58.2	55.6	53.8
58.8	—	—	—	—	—	—	—	—	—	—	58.6	55.9	54.1
59.0	—	—	—	—	—	—	—	—	—	—	59.0	56.3	54.5
59.2	—	—	—	—	—	—	—	—	—	—	59.4	56.7	54.9
59.4	—	—	—	—	—	—	—	—	—	—	59.8	57.1	55.2
59.6	—	—	—	—	—	—	—	—	—	—	—	57.5	55.6
59.8	—	—	—	—	—	—	—	—	—	—	—	57.9	56.0
60.0	—	—	—	—	—	—	—	—	—	—	—	58.3	56.4

注：本表是按全国统一曲线制定。

参 考 文 献

[1] 中华人民共和国交通部. 公路工程质量检验评定标准（JTG F80/1—2004）. 北京: 人民交通出版社, 2004.

[2] 中华人民共和国交通部. 公路工程无机结合料稳定材料试验规程（JTJ 057—1994）. 北京: 人民交通出版社, 1994.

[3] 中华人民共和国交通部. 公路工程沥青及沥青混合料试验规程（JTJ 052—2000）. 北京: 人民交通出版社, 2000.

[4] 中华人民共和国交通部. 公路路基路面现场测试规程（JTG E60—2008）. 北京: 人民交通出版社, 2000.

[5] 回弹法检测混凝土抗压强度技术规程（JGJ/T 23—2001）. 北京: 中国建筑工业出版社, 2001.

[6] 超声回弹综合法检测混凝土强度技术规程（CECS 02: 2005）. 北京: 中国建筑工业出版社, 2005.

[7] 超声法检测混凝土缺陷技术规程（CECS 21:2000）. 北京: 中国建筑工业出版社, 2000.

[8] 大跨径混凝土桥梁的试验方法（1982.10）. 北京: 人民交通出版社, 1982.

[9] 公路桥涵设计通用规范（JTG D60—2004）. 北京: 人民交通出版社, 2004.

[10] 城市桥梁设计荷载标准（CJJ 77—1998）. 北京: 人民交通出版社, 1998.

[11] 公路桥涵地基与基础设计规范（JTJ D63—2007）. 北京: 人民交通出版社, 2007.

[12] 公路土工试验规程（JTG E40—2007）. 北京: 人民交通出版社, 2007.

[13] 公路工程岩石试验规程（JTG E41—2005）. 北京: 人民交通出版社, 2005.

[14] 公路工程水质分析操作规程（JTJ 056—1984）. 北京: 人民交通出版社, 1984.

[15] 公路工程集料试验规程（JTG E42—2005）. 北京: 人民交通出版社, 2005.

[16] 公路工程技术标准（JTG B01—2003）. 北京: 人民交通出版社, 2003.

[17] 公路水泥混凝土路面设计规范（JTG D40—2003）. 北京: 人民交通出版社, 2003.

[18] 公路水泥混凝土路面施工技术规范（JTG F30—2003）. 北京: 人民交通出版社, 2003.

[19] 公路沥青路面设计规范（JTG D50—2006）. 北京: 人民交通出版社, 2006.

[20] 公路沥青路面施工技术规范（JTG F40—2004）. 北京: 人民交通出版社, 2004.

[21] 公路路基设计规范（JTG D30—2004）. 北京: 人民交通出版社, 2004.

[22] 公路路基施工技术规范（JTG F10—2006）. 北京: 人民交通出版社, 2006.

[23] 公路路面基层施工技术规范（JTJ 034—2000）. 北京: 人民交通出版社, 2000.

[24] 公路工程地质勘察规范（JTJ 064—1998）. 北京: 人民交通出版社, 1998.

[25] 公路钢筋混凝土及预应力混凝土桥涵设计规范（JTG D62—2004）. 北京: 人民交通出版社, 2004.

[26] 公路桥涵施工技术规范（JTJ 041—2000）. 北京: 人民交通出版社, 2000.

[27] 公路工程基桩动测技术规程（JTG/T F81—01—2004）. 北京: 人民交通出版社, 2000.

[28] 王建华，孙胜江. 桥涵工程试验检测技术. 北京：人民交通出版社，2004.

[29] 张超，郑南翔，王建设. 路基路面试验检测技术. 北京：人民交通出版社，2004.

[30] 金桃，张美珍. 公路工程检测技术. 北京：人民交通出版社，2005.

[31] 夏连学，赵卫平. 路基路面工程. 北京：人民交通出版社，1997.

[32] 梁晋文，何贡. 误差理论与数据处理. 北京：中国计量出版社，1988.

[33] 胡大琳. 桥涵工程试验检测技术. 北京：人民交通出版社，1997.

[34] 国家建筑工程质量监督检测中心. 混凝土无损检测技术. 北京：中国建材工业出版社，1996.

[35] 吴新璇. 混凝土无损检测技术手册. 北京：人民交通出版社，2003.

[36] 杨广庆. 路基工程. 北京：中国铁道出版社，2003.

[37] 李宇峙，邵腊庚. 路基路面工程检测技术. 北京：人民交通出版社，2005.